四川大学“中国语言文学与中华文化全球传播学科群”·名家文库

汉语历史词汇语法论集

俞理明 著

科学出版社

北京

内 容 简 介

汉语历史词汇研究中有许多有待解决的问题，包括理论认识和某些具体现象，需要结合实际材料，深入展开。本书立足于丰富的基础材料和严密的分析，通过如"'保镖'保的是什么"等一些有趣的例子，总结汉语词汇和语法历史发展的规则，归纳分析汉语词汇的基本特点。尝试用科学的分析手段揭示汉语历史词汇变化的诸多细节，准确描写变化的过程以及促成变化的各种因素，可以帮助读者很好地理解词汇历史语法和一些称谓的由来，尝试对一些流行的看法提出矫正，富有新见。

本书可为汉语语言学研究者和汉语研究爱好者提供参考，也可能为语言学理论的研究者提供某些启发。

图书在版编目（CIP）数据

汉语历史词汇语法论集 / 俞理明著. —北京：科学出版社，2023.7

（四川大学"中国语言文学与中华文化全球传播学科群"·名家文库）

ISBN 978-7-03-075813-2

Ⅰ. ①汉… Ⅱ. ①俞… Ⅲ. ①古汉语－词汇－语法－文集 Ⅳ. ①H131-53

中国国家版本馆CIP数据核字（2023）第105448号

责任编辑：常春娥 / 责任校对：贾伟娟

责任印制：李 彤 / 封面设计：润一文化

科学出版社 出版

北京东黄城根北街16号

邮政编码：100717

http://www.sciencep.com

北京建宏印刷有限公司 印刷

科学出版社发行 各地新华书店经销

*

2023年7月第 一 版 开本：720×1000 1/16

2024年1月第二次印刷 印张：25 3/4

字数：400 000

定价：158.00元

（如有印装质量问题，我社负责调换）

四川大学“中国语言文学与中华文化全球传播学科群”·名家文库

编委会成员

王兆鹏（四川大学文学与新闻学院教授）
傅其林（四川大学社科处处长，文学与新闻学院教授）
陈华明（四川大学研究生院副院长兼研究生工作部部长）
蔡尚伟（四川大学文学与新闻学院教授）
王炎龙（四川大学文学与新闻学院教授）
胡易容（四川大学文学与新闻学院副院长）

作 者 简 介

俞理明，四川大学文学与新闻学院教授、博导。四川省学术带头人，四川省语言学会会长。主持教育部人文社会科学重点研究基地重大项目3项（“历代笔记小说俗语言研究”“六朝道经韵部研究”“历代笔记小说俗语词汇释”）、国家社科基金项目2项（“东汉佛道文献词汇研究”“早期天师道文献词汇描写研究”）、国家语委科研规划领导小组重大课题 1 项（“词语缩略规范研究”）。出版专著8部（独著5部、合著3部）。发表论文100余篇，其中CSSCI来源刊物53篇、人大复印资料全文转载11篇。获得四川省政府奖5项、四川省哲学社会科学研究优秀成果一等奖1项、二等奖1项、三等奖3项。

序

中国是世界上唯一一个文明没有出现过断层的国家，是四大文明古国之一。中华文明经历了比其他文明更坎坷、更漫长的旅程，如今仍然枝繁叶茂、繁荣昌盛，我们理应为自己的文明感到骄傲。中国语言文学，是中华文明数千年来的瑰丽结晶。刘勰在《文心雕龙》“原道”篇开篇即言：“文之为德也大矣，与天地并生者何哉？”曹丕于《典论·论文》中说：“盖文章，经国之大业，不朽之盛事。”中国以一个“文”架起了“德”与“道”，构建起了中国人最基本的文化认同感。事实上，也正是一代又一代文人志士的努力，才使得中华文化在文学中传承千古，造就了中国今天底蕴深厚的文学大国形象。

全球化真正波及中国的时间只有 100 多年，且是伴随着近代受到列强的侵略展开的。我们从 100 多年前敞开国门之时，便开始学习西方，从学习科技、学习制度到学习文化，由外及里，逐渐深入。中国的人文社会科学学科同样如此，至今为止，其西化程度是惊人的。受到西方科学化、体系化的逻辑思维影响，中国人文社会科学在步入现代化教育体系的同时，也因西方话语的席卷而“失语”，中国学术在世界上的声音在一定程度上还处于“有理说不出、说了传不开”的境地，并未获得与中国国际地位相称的话语权。

建构中国学术话语体系，既是解决中国学术话语国际“失语症”这一重要问题的途径，也已成为国家的重要文化战略。目前，我国高度重视中华优秀传统文化的传承传播与中国特色学术话语体系建设，强调要“讲好中国故事，展现真实、立体、全面的中国，提高国家文化软实力”，明确提出中国哲学社会科学学术话语体系要具有“中国特色、中国风格、中国气派”。

本套丛书的出版起源于四川大学“中国语言文学与中华文化全球传播学科群”的建设。2017 年 9 月，四川大学入选世界一流大学建设 A 类名单，由曹顺庆教授担任首席科学家的"中国语言文学与中华文化全球传播学科群"，入选为四川大学12个重点建设的学科（群）之一。学科群植根于四川大学深厚的人文底蕴，致力于研究全球化语境下中华文化的传承创新与传播，设立了"中国语言文学与中华文化全球传播学科群文库"，"名家文库"是其中一个子库。本套丛书的出版，就是希望能够通过整理和出版四川大学学者的论著，将中国文学与文化推广出去，提升中国文化的影响力，打造中华优秀传统文化与传播研究的世界学术高地，以期为中华民族积极参与构建世界新文明体系贡献四川大学的声音与智慧。

四川大学中国语言文学学科，传承优良学统，凭借雄厚的师资力量，重视四川大学中文学科资源整合，成立中华文化研究院，深入探索中华文化经典，并进一步研究中华文化对外传播研究与实践，创新中国学术话语理论，开辟了中国文化经典研究在英语世界、法语世界、德语世界以及"一带一路"沿线国家中的译介与传播研究。四川大学杰出教授项楚的敦煌学研究，改变了"敦煌在中国，敦煌学在国外"的窘境，用翔实的学术事实，折服欧美及日本学者，为祖国赢得学术声誉，提升了中国文化软实力；四川大学杰出教授、欧洲科学与艺术院院士、长江学者特聘教授曹顺庆提出的"失语症"问题直面中国学术话语体系建设，创立"比较文学变异学"学科理论新话语，其专著《比较文学变异学》（Shunqing Cao, *The Variation Theory of Comparative Literature*, Springer, Heidelberg，2013）作为比较文学创新话语在西方的亮相引起了国际广泛关注，受到美国科学院院士苏源熙（Haun Saussy）、法国索邦大学教授佛朗哥（Bernard Franco）和欧洲科学院院士拉森（Svend Erik Larsen）等著名学者的高度评价；由从英国归国的赵毅衡教授领衔的四川大学符号学团队注重中华传统符号学遗产发掘，被誉为"符号学东方学派"，与传播学融合发展拓展中华文化国际传播研究与实践的新路径；还有四川大学杰出教授詹石窗的宗教学文献研究、长江学者特聘教授张弘的佛教文学研究、长江学者特聘教授盖建民的宗教文献研究、长江学者特聘教授傅其林的东方马克思主义文论研究、长江学者特聘教授金惠敏的西方文论研究、二级教授李怡的现当代文学研究、二级教授刘福春的现当代文献学研究、二级教授蒋晓丽的新闻学研究、二级教授刘亚丁的俄罗斯文学研究、二级教授石坚的美国印第安文学研究、二级教授舒大刚的古典文献学研究、二级教授王晓路的中西文论与文化比较研究、二级教授周裕锴的宋代文学研究、二级教授徐新建的文学人类学研究，二级教授俞理明的古汉语研究、二级教授阎嘉的文艺美学研究、二级教授易丹的电影研究、二级教授曹明伦的外国文学研究、二级教授张泽洪的宗教文化研究，以及青年长江学者周维东的现当代文学研究，等等。以上提及的研究者都是“中国语言文学与中华文化全球传播学科群”学术研究的佼佼者。

本套丛书的第一批作者有：曹顺庆、詹石窗、曹明伦、李怡、刘亚丁、舒大刚、徐新建、阎嘉、俞理明、张泽洪等 10 余位四川大学杰出教授与二级教授。所精选的论著论题广泛，论述深刻，内容涉及中国古代文学、中国现当代文学、中国古典文献学、语言学、文艺学、比较文学与世界文学、外国语言文学、宗教文化等领域，学术内涵丰富，意义深远，传播价值高，集四川大学中国语言文学与中华文化研究领域之精品于一堂。

“高山仰止，景行行止。”高山纵使令人景仰，若要更好地看清它，还需要攀登到更高的山头上，方可整体性地纵观全局。在阅读本套丛书时，希望读者不必拘泥于某个“窄而精”的研究范围，而是可以打破学术视野和思维局限，重新建立中国语言文学与文化的汇通知识体系，也希望本套丛书能够助力读者向“博通古今，学贯中西”的境界再迈进一步。

四川大学“中国语言文学与中华文化全球传播学科群”

2019 年 10 月

前　言

我于 1986 年硕士毕业留校，嗣后随向熹先生编写称谓词典，十年间浏览秦汉直至当代的历代通俗文献，寻找各种称谓用例，接触了很多词汇材料。2003 年在学院领导和项楚先生的提携下，承乏摄职，开始指导博士生并开设相关课程。当时即以上述材料为基础，草写了汉语历时词汇学讲义六章。此后，每年为博士生讲一次，不断修改充实，同时陆续用其中的一些材料、问题和想法作为素材，就汉语词汇历时变化的现象和规则，写了一些文章。有关汉语历时词汇学的内容至今未能成书，本文集的词汇部分就是这一工作的前期积累。

涉及词汇的变化，不得不谈一下词汇研究与修辞的关系。修辞学的研究与语言本体（诸如语音、词汇、语法乃至于文字）的研究，是在同一材料基础上的两个完全不同角度的观察分析。修辞学重在分析如何利用语言材料来提高语言的表达效果，语言本体研究则重在观察语言材料本身的性质和特点。由于语用中修辞的需求直接影响了语言材料本身的变化和发展，二者自然形成了交汇关系。其中，词汇作为基本的语言表达单位，易受人关注，许多修辞手段对词汇的影响也是显而易见的。但是，不能因此就用修辞学的分析来代替词汇学的分析，同一语言现象，可以从修辞的角度给予解释，但修辞的解释不能代替词汇的分析，二者各有自己的立足点，各有自己的系统。基于这样的认识，那些影响词汇变化和发展的修辞现象自然成为词汇研究必须认真面对的语言材料。

本文集中另一些文章涉及语法，其中关于词类的，有的回溯汉语词类研究历史，并及“词类活用”。汉语词类的观念，始自汉代训诂中对不表实义的“辞”“语助”一类“字”的辨析，许慎《说文解字》（以下简称“《说文》”）把这类成分称为“词”，并把它跟文辞的“辞”相区别。不过，许慎的意见没有得到认同，历代文献中，“词”“辞”混用。清代王引之《经传释词》采用了许慎的界定，专以“词”表虚词，其后清代吴昌莹《经传衍释》、杨树达《词诠》、徐仁甫《广释词》递相沿袭，他们做了正本清源的努力。不过，学界至今对“词”的这个意义仍有足够的认可。

唐人承六朝骈俪之风，诗歌讲究对仗。对仗要求两句对应的用词语法属性相同，人们因此对汉语词性-词类有了深入的认识。“虚”“实”概念被提了出来，宋代更有“实字”“虚字”“死字”“活字”等区分，据以分析对仗的优劣是非。“词类活用”现象在唐代也受到关注，如杨万里评杜甫诗“弟子贫原宪，诸生老伏虔”中的“老”字，说“诗有实字而善用之者以实为虚”[①]，其中实字指名词，虚字指名词以外的动词、形容词、副词等，上文中“以实为虚”就是“以实字为虚字”，就相当于现在常说的“把名词活用为动词”。

宋儒治学，有通过区分词性解析经典语句者，其水平不逊今人，可见汉语的词类观念至少在一部分人中已经成形。明清学者也在词性-词类方面做过不少研究，甚至还有分类罗列各类词的专书《对类》，但这些研究多从辞章的角度展开，没有被依附经学的“小学”吸纳。《马氏文通》把词性变化归入“假借”，用“用如某字”进行说明。其后陈承泽提出“词类活用”概念，为今人承用。有关古代汉语词类研究的素材，郑奠、麦梅翘二先生的《古汉语语法学资料汇编》一书搜罗甚丰，可惜未能得到中国语言学史研究者的充分利用。

20世纪60年代王力先生主编《古代汉语》，对古代汉语词类活用现象进行了系统描写，其后的研究可以从两个方面概括：一是在认同词类活用概念的基础上，探讨词类活用和词的兼类、词的本用的关系，界定词类活用所包括的具体类型，活用现象的临时性和修辞性，等等。[②]这些研究，从不同的细

---

① 宋代杨万里《诚斋集》卷一百一十四“诗话”。

② 参聂鸿音《古代汉语问答》，广西民族出版社，1986 年；高守纲《关于词类活用问题的再认识》，《古汉语研究》1991 年第 4 期，第 51—56 页；张家文《古汉语名词活用说的再认识》，《古汉语研究》1999 年第 3 期，第 7—11 页；袁庆德《勿以词义引申为词类活用》，《古汉语研究》2009 年第 1 期，第 55—59 页。

部对词类活用现象进行了深入的考察，深化了我们的理解。

还有一些研究涉及对词类活用的认识。对词类的关注，源于对仗用词要求语法属性类同，因此，这个问题一开始就定位在词性-词类上。20世纪80年代结构主义风靡一时，词类活用中的词性被强调，意义被忽略。张伯江（1994）采用功能偏移说，重视词类活用中与意义密切相关的功能变化，为立足于词性分析的词类活用研究另辟思路。①

词类活用中的意义，前贤早有顾及。像张静和张桁（1964）、张世禄（1978）都强调词类活用中词性伴随意义变化。杨军用“兼语”（1983）、“兼类词”（1987）解释这类现象，认为是一个词兼有两种词的词性和意义，是名词分化演变的结果。任福禄（1992）则直接认为这是词汇问题。②事实上，从20世纪80年代起，一些古汉语词典就为词的常见活用义立项，突破了词类活用属临时用法、不应处理为义项的认识。把词类活用放到词的层面处理，为解读者提供不少方便。不过，一些缺乏复现率的用例，被归入偶发的修辞现象而不单立词项，导致同类现象被分别对待，未为圆满。

也有学者从句结构来分析词类活用现象，如冯胜利（2014）用轻动词理论分析词类活用③。我们从语法-语义的角度，借助辅重论，认为词类活用现象是一种特殊的汉语句子结构关系。发生“活用”的词本身的意义和词性都保持不变，变化在于它兼括了上位成分的意义和功能，相当于一个下属兼任了上级的职责，就如在战场上，一个士兵在班长牺牲后代理班长，排长牺牲后又代理排长……可以逐层递升，因此，这实际上是一种“兼位”现象。兼位现象出现在特定的语法环境中，它表现为两个按语法-语义关系不能直接组合的词，在词性和词义不变的情况下发生组合，从它们本应占据的位置出

---

① 参张伯江《词类活用的功能解释》，《中国语文》1994年第5期，第339—346页。

② 参张静、张桁《古今汉语比较语法》，河南人民出版社，1964年；张世禄《古代汉语》，上海教育出版社，1978年；杨军《古代汉语“隐型兼语”初探：关于名词的分化与演化现象》，《新疆师范大学学报（哲学社会科学版）》1983年第2期，第62—66页，杨军《古代汉语“名词用如动词”的提法应当否定——兼论简单兼类词与复杂兼类词》，《陕西理工大学学报（社会科学版）》1987年第3期，第46—52页；任福禄《古代汉语“词类活用”说质疑》，《西藏民族学院学报》（哲学社会科学版）1992年第2期，第75—84页。

③ 参冯胜利《上古汉语轻动词的句法分析优于词法加缀说例证》，载何志华、冯胜利主编《承继与拓新：汉语语言文字学研究》下卷，商务印书馆（香港）有限公司，2014年，第233—257页。

发，兼表句中其他相关的语义成分。其中连接这两个词的部分意义关系没有形式表现，存在空位。这时，以其中的主干成分为中心，另一个下位成分通过兼具语境中没有出现成分的意义并占其位置，连接起中心成分而完成表达。“追飞逐走”中，“追”“逐”占谓语位，“飞”“走”占定语位，宾语缺位；“飞”“走”就兼占宾语位并兼表“飞（鸟）”“走（兽）”的意义。在这样的语境中，发生兼位的词处在句结构边缘的下位成分，具有了多重身份和复合意义；但离开具体的语法环境，发生兼位的词又恢复它的本来面貌。一个词在兼位变化中的复杂程度，取决于具体语法环境中下位词跟中心词二者之间空位的数量。

由于兼位是一种结构现象，兼位的过程可以从结构关系得到说明。兼位现象在汉语古今雅俗语体中广泛出现，说明它是汉语语法规则的产物，虽然这一规则颇为特殊。

文集中有一篇论文是关于副词分类的，汉语副词内部的分类，众说不一，但大多受副词的词汇意义干扰，分类没有贯彻语法标准。如果坚持从语法-语义出发，根据副词在句中与其他成分的关系，可以分为限谓副词（修饰谓语，表时间、程度等）、句中照应副词（与句中谓语之外的成分互相照应，表范围、数量等）、句外照应副词（与邻句的谓语照应，表关联）、情态副词（表示陈述对象的态度）四大类，其中各大类内还可分出不同的小类。从这个标准来看，目前多数分类中的否定副词，在语法上并没有一致性，不是一个语法的分类。

有关语法的另一些论文，涉及几个特殊句式的形成。在句式发展研究方面，几千年积累的丰富语料是汉语研究得天独厚的优势。我们可以通过语料充分了解一些句式变化的过程。一个句式的变化，往往是句中各成分变化的累积和综合；我们可以从每一个局部的历史变化来观察整个句式变化的过程，以及系列的句式系统之间的关系。在具体语用中，对相同或近似的意义从不同的角度进行表述，促成了句式复杂关系的产生，其中同义近义句式对于分析句式变化有重要作用。

我们深信语言是在规则的支持下运行的，任何能够顺利地用于交际的语言成分，都有语法规则作为保障，只是有些规则我们不太了解，导致在分析中用错了规则，给读者造成了困惑。我们研究的目的，就是为不同的现象描写归纳出客观的规则，因此，研究中材料固然十分重要，但更重要的是论证的逻辑和思考的方向，只有把它们恰当地结合在一起，才能得出符合语言事实的结论，避免偏颇。

教学相长，我在多年的教学中从学生处获益不少。借此机会谨向所有合作者致谢，谢谢各位在合作中为论文成稿付出的努力，谢谢各位在学术研究中给我带来的启发。

学力所限，文章不乏疏失。这次结集，个别地方做了补正，需要处则加了说明。按编辑规范，补了部分参考文献并按照文集的格式统一列在书末。文集中未尽的错谬，尚祈方家不吝赐正。

俞理明

2023 年 5 月

目　录

词汇历史研究中的宏观认识

一、词汇的特性

在语言学中，词汇指一种语言里所有词（或者再加上相当于词的成分）和熟语的总汇[①]，也可用来指某个人或某部作品所使用的词和固定词组[②]。但在一般的表达中，常常有人用它指某个具体的词汇成分，比如把一个词称作"一个词汇"，或者用很专业的口气谈论"汉语中的一些词汇""几个汉语词汇"或"汉语新词汇"（汉语中新产生的词）之类的说法，本文不采用这种定义。

本文把词汇看作"词的总汇"，而把组成词汇的不同个体或个体群称为"词汇成分"，并在此基础上从空间和时间两个维度展开分析。据我的认识，词汇具有以下特性。

1. 词汇的全民性

以汉语为例，汉语词汇应该指所有汉语使用者在汉语交际中使用的词汇成分。其中既包括母语是汉语的人在用汉语交际时使用的词汇成分，也包括第二语言使用者在用汉语交际时正常使用的词汇成分。地域、行业以及文化背景等方面的差别，不影响他们所使用的词汇成分作为汉语词汇成员的资格。

2. 词汇内部的社团性

在全民性的前提下，词汇被看作一个整体；但是，一种语言的使用者内部关系非常复杂，一种语言统一体内部成员多样化。受地域、行业等因素的

---

① 参《辞海·语言文字分册》。

② 参《现代汉语词典》第7版。

影响，在同一种语言的使用者中形成了不同的交际群体，适用于某些交际圈的词汇成分在其他交际群体中的使用率常常较低。一些长期稳定的交际群体还产生出大量适用于本群体交际的词汇成分，这些成分很少出现在其他交际范围中，在使用范围方面，有别于词汇中全民通行的部分，呈现出社团性的特点。社团词汇成分具有如下特点：①社团词汇成分具有社团特征，是满足社团内成员对某些特定表达需求的成分。②社团词汇成分是词汇的局部，不同的社团词汇成分形成不同的词汇局部。③社团词汇成分不是词汇的主干部分，而是词汇中不成系统的、次要的、辅助的成分，即它们一般需要借助全民通行的词汇成分来构成语句、完成交际。④社团词汇成分具有社团的多维特征，社团的区分维度有多个，如地域、行业、性别、年龄、社会阶层、文化教养、兴趣爱好等，这些都是形成交际社团的基本因素。⑤社团词汇成分还体现了社团之间的交叉重合。由于行业和地域、性别、年龄、社会阶层、文化教养或兴趣爱好有关，社团成员性别、年龄或文化教养不同则会有不同的兴趣爱好，等等，这都使得具体的个人总是不只隶属于一个交际社团，因此，交际中常常需要“看人说话”，以保证用词得体。⑥社团词汇成分具有开放性。首先，社团词汇成分依附于全民通行的词汇成分，并把它作为自己的源头；其次，专用于特定交际群体的社团词汇成分，受社团成员在交际中角色的多重性和社团间交流需要的影响，会向其他社团扩散，因此，有些社团词汇成分可能适用于几个社团；再次，某些社团人物事件受到公众关注，会使一些表达社团特有概念的词语超出原有交际范围而进入全民视野。民族性实际上是一种语言的综合社团特性与另一种语言的综合社团特性之间的区别，可以不作另外的讨论。

3. 词汇的动态性

我们把词汇比作一个湖泊，具有生命力的词汇总是处在不断的变化中，新词源源不断地产生，旧词不断地发生变化或者消亡，这使得词汇成为语言中非常活跃的部分。从词汇成分个体来看，每个个体都有自己的历史，不同的个体有不同的产生时代和背景，蕴含着不同的历史因素，它们在某一共同的历史断面上的聚合，形成了特定时期的词汇。

4. 词汇的共时性

尽管词汇的成分不断变化，词汇整体也在不断变化中，但是，要说两个词属于同一词汇，前提应该是它们在同一时期内使用，否则就不能说它们是同一个词汇中的成分。因此，共时性是词汇的另一特点，具有共时关系的是同一词汇中的成分，没有共时关系的就不是同一词汇中的成分。对于同一种语言来说，不同时期的词汇是不同的。虽然严格地说，词汇无时无刻不在发生变化，但是，为了方便观察，我们通常确定一个时间段，把其中的词汇成分都看成是共时的，忽略其中的非共时因素。

词汇的历时性和共时性既相关又区别，不同时期产生并流传的词汇成分，在同一时期聚集成一个词汇；而同一个词汇中的成分，可以在不同的历史时期分属于不同的词汇，致使不同的词汇成分可能在某一时期的词汇中共存，而在另一些时期的词汇中互相排斥。因此，词的历史和词汇的历史既有联系又有区别：词的历史侧重于个别词的变化，而词汇的历史则注重每个时期所有词之间的关系，以及随着时间的推移，这种关系所发生的变化。

二、词汇内部的宏观分析

词汇内部的宏观分析，是指以整个词汇为对象所进行的分析。

通常，我们把词汇划分为基本词汇和一般词汇两个部分。不过，在实际的研究中，这种分法似乎没有太多的指导意义，就我们所看到的情况而言，至少在汉语研究领域，论者除了任意地举出若干个词作为基本词汇或一般词汇的样本之外，没有人以基本词汇或一般词汇为特定对象展开描写性的研究，甚至对于如何区分基本词汇成分和一般词汇成分，都没有一个很明确的标准，讨论往往依据个人的语感而定，带有很大的主观性和随意性。我们需要一个比较客观的可操作的标准，以便于进行分析研究。

综合共时和历时两个方面来观察，从使用范围来看，不同的词汇成分存在时间和空间两方面的差异，即词汇成分在稳定性和普遍性方面的差异，据此，我们把词汇分为四个部分：基本层、常用层、局域层、边缘层。词汇四个部分的划分如下。

表 1 词汇四个部分的划分

划分依据	基本层	常用层			局域层			边缘层
稳定性	＋＋	±	＋	±	＋或±	－	－	－－
普遍性	＋＋	＋	±	±	－	＋或±	－	－－

注：表中符号表示范围和程度的等次关系：＋＋ ＞ ＋ ＞ ± ＞－＞－－

可以把表 1 中的符号进一步量化，以词汇成分使用的普遍度为例：高普遍度应该是 90%以上的人都掌握，次高普遍度是 70%左右，中普遍度是 50%左右，次低普遍度是 30%左右，低普遍度在 10%以下。这样，一个词汇成分在使用中的普遍情况，可以通过具体的调查来作出准确的认定。

对于词汇成分使用的稳定性，应该参考社会和个人的生命周期。古人以 30 年为一世，通常，一代人的计算标准是 20~30 年，这个时间是一个人生命中对社会影响很大的时期，一个词汇成分如果使用时间超过这个时段，它就是反映一代人风尚的词语；而使用时间段短于一代人的时间的，只反映了一时的时尚，即使它在当时广泛流行，但仍远远谈不上稳定。人的生命一般在 60~80 年，如果一个词语在某人出生时已经存在，并且到他去世时依然在使用，那么，它的稳定性就可以肯定了，但还谈不上高度稳定。中国历史上的重大分期，通常以 400~500 年为一段，比如两汉、六朝、隋唐五代、宋元、明清，等等；这种分段，反映了社会的重大变化，从语言与社会的关系来说，社会面貌（包括社会体制、经济文化状态、人员分布等）的重大变化，会在更大程度上影响语言的使用，一个能够跨越这种大时段而沿用不衰的词语，才可以被认为是高度稳定的词汇成分。因此，考虑某些后滞因素，从时间上分析，词汇成分使用期若超过 500 年则具有高稳定性，使用期若是 101~500 年则具有次高稳定性，使用期若是 41~100 年则具有中稳定性，使用期若是 21~40 年则具有次低稳定性，使用期若是 20 年及以下则具有不稳定性。

这四个部分形成一个环靶状结构（图 1）：

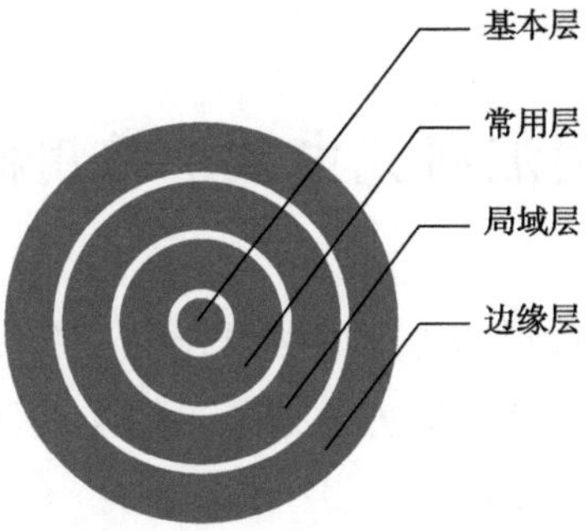

图 1　词汇四个部分形成的环靶状结构

词汇基本层和常用层是词汇中全民通用的部分，它们适用于各种人群和场合，能够满足一般交际的需求，是词汇的主体部分。从共时的角度来看，二者其实并没有区别，一些常用层的词汇成分，在语用中可能比基本层的词汇成分更加活跃，它们的区别在于其具有不同的历史背景，基本层的词汇成分是经过长期使用稳定下来的，而常用层的词汇成分没有基本层的稳定。

与此相对，词汇的局域层和边缘层是词汇的外围部分；局域层包括了各种社团性的词汇成分，是词汇中最具特色的部分，我们将在下面再行讨论。边缘层则是那些已经退出词汇或尚未进入词汇的成分，它们都不是全民通行的。

一方面，在汉语中，有许多词语曾经使用一时，后来就不再使用了；但是，这些词语并没有彻底消失，它们可能留在一些人的记忆中，或者保存在文献之中。这些退出交际的词语有可能随着我们对某些过去事件的追述或者对文献的查证引用重新出现在交际中，由于它们的客观存在并且随时有“死灰复燃”的可能，因此有必要在词汇的边缘部分为它们保留一个位置。

另一方面，在语言应用中也常常有一些个人的创新成分或通过语言接触的外来成分进入本语交际。这些刚刚出现在交际中的新成分，具有偶发性，在没有被交际群体接受之前，它们都只能算是候补的词汇成分，它们可能在此后的交际中被群体接受，成为社团词汇成分甚至通行于全民范围，如果没有被人接受，就作为一种不成功的尝试而夭折。这类词汇成分，也可能保留在文献或记忆中，应该在词汇的边缘层占据位置。

三、历史词汇研究中几个常用概念的定位

在历史语言研究，特别是历史词汇研究中，方言、口语、白话、俗语等概念经常出现，这是几个从不同方面划分、相互重合又不完全相同的概念，都具有社团性，与局域层有关。

1. 方言

方言在这里专指地域方言，跟全民使用的通语或标准语相对，一般解释为“一种语言中跟标准语有区别的、只在一个地区使用的话”①，它是一种语言的地方变体，受地理阻隔的区域受本身的自然和社会人文环境的影响，以及与邻接方言或其他语言接触，发生了有别于通语的变化。

在方言中，词汇是自成系统的；但是，这种自成系统的方言又跟全民的通语系统密切相关，它们之间，尤其在主体上存在着重合关系。如果不考虑语音的差异（即把方言间有系统对应关系的语音差异看成一致关系），仅从词汇的角度来看，方言中的词汇成分，尤其主干部分中的词汇成分，大多跟通语一致。因此，在研究中，通常谈论的方言词，只指那些跟通语不同的词汇成分。由于我们关注方言词汇，只在意其中与通语不同的成分，因此，一般对方言词汇的描写，都不是完整的系统描写，而是描写一个有别于通语的不完整系统，即对系统的补缺描写。在方言描写中，我们很少关注那些方言和通语共有的词汇成分，这从描写词汇学来说，不能不说是一种缺憾。

方言区跟其他方言和通语除了有空间上的距离之外，它本身还有自己独特的历史背景和与周边环境的特殊联系。受到空间间隔维护的方言群体成员，其长期的共同定居或聚集使一些方言社团具有高度的稳定性，这样，一些方言独有的词汇成分使用很长时间，具有很高的稳定性，这种稳定性使我们有可能通过现代的方言来考察过去的方言。当然，这种历史的比较应该谨慎，因为一些现代的方言成分在古代很可能是通语成分，或者是大范围流行

① 《现代汉语词典》第7版。

的成分，并非今天我们所看到的小范围使用的方言成分。

2. □语

口语跟书面语相对。对于口语和书面语，有时有理解上的分歧。有一种理解，把口头说的话定义为口语，把书面表达或书面记载的语言定义为书面语。如果是这样定义的话，我们就可以简单地从二者的存在形式来加以区分，没有必要再进行讨论了。事实上，通常我们用这两个概念来表示两种具有不同倾向的用语习惯。

口语和书面语有差别在于，比起口头用语，书面用语有更多的修饰推敲的余地；文化的传承和积淀，社会经济、行政、司法等公共事务方面的需要，使语言中一些表现力强或表达明确的成分，通过书面被固定下来，广泛传扬，具有更多的典范性。口语的特点在于，口头表达往往有不假思索的倾向，缺乏反复推敲的余地；直接对话时的语境支持，使得表达中的很多要素不必用言辞说明，话语倾向简短，多有缺略跳脱，然而生动活泼。因此二者形成各自的表达色彩，各有交际优势。

书面和口头用语都对词汇产生影响，产生了与一般通行的表达有差异的成分。一方面，通过这些途径积累的适用于书面的词汇成分，包括大量通过文献和文化教育传承的古雅成分，和通常书面表达形成的习惯用语，成为适于书面的表达形式。但不假思索的口头表达，以未经整饰为标志，背离通行的表达方式，形成词汇中的新成分，具有不同的社团性特点。

在书面语和口语之间，没有一条截然分明的界限。既然是同一种语言的不同表现形式，区别就是局部的、有限的，而基础是共同的。从词汇的角度来看，有大量的词汇成分，既适用于口语，也适用于书面语。因此，从狭义的角度说，那些只适用于口语的是口语词，只适用于书面语的是书面语词。

口语和书面语，在口头形式和书面形式的关系上是交叉的。虽然多数情况下口头表达多用口语，但是，在某些情况下，当我们“咬文嚼字”或“文绉绉”地说话时，就是在口头表达中使用了一些本来适用于书面的词汇成分，即把书面语用在口头了。至于朗读念诵，更是直接把书面语用口头形式表达出来。反之，书面记述或书面表达中，为了绘声绘色或实事求是地反映人物的实际言语，或者为了满足对特定对象宣讲的需要，书面上大量记述或采用口语也是常有的事。因此，通过一些古代文献了解古代的口语词是可行的。

确定语料的口语性，还应该参考文献体裁。语录体、对话体的文献，作为口头文学底本的文献（如变文、话本、戏曲及口头传诵的诗歌谣谚等），纪实性文献中的人物对白和行为描写，这些文献中都会有丰富的口语材料。同一种文献中，有时还会有差异，一些文献的陈述、评价部分可能有较强的书面倾向，戏曲小说中某些文人气较重的抒情描写或诗文，也可能倾向于书面语。在一些重视用书面语记述的文献中，人物的对话也可能被改造为典范的书面语，这类文献，从寻找口语材料的角度来看，就没有什么意义了。

网络时代的来临，形成了一个“虚拟世界”，出现了一种有别于传统的口语和书面语的表达方式：网络用语。网络用语有广义和狭义两种：广义来说，可以把使用网络联系时的用语都称为网络用语，不过，很多人在使用电脑或上网的时候，用语并没有什么变化，把这些用语归入网络用语没有意义。部分利用互联网快捷手段进行聊天或讨论的人们，尤其是一些有意创新的年轻人，在网上一改通常的表达方式，借助网络交际特点创用大量新的表达方式，这是狭义的网络用语。

网络用语，从形式上看，应该是一种特殊的书面语，它把原来书面书写的方式，改作成键盘输入、数码储存、电子显示的形式。由于网络用语的使用群体，以及文化背景、技术手段、交际目的等方面的特殊性，涌现出的大量新兴词汇成分，从中折射出这个群体的知识背景和心理特点，具有明显的社团性，不具有全民性特点。出现在网络用语中的新兴成分，虽然流行很快，但都缺乏稳定性，它的影响从历时的角度看，是有限的。

3. 白话

白话和文言相对。文言是一种特殊的书面语。汉语文言是汉代以来，通过对先秦经典为主体的古代文献用语的摹仿而形成的一种书面语；随着时间的推移，口头使用的汉语不断地发生变化，而文言由于基本典范不变，所以虽然也出现了一些变化，但在总体上是稳定的，因此跟后来各时代口头表达用语的距离不断扩大，从而促使新的书面表达，即白话的产生。

对白话有两种理解，一种理解就相当于口语，从这个意义上看，文言之前就有白话，并且文言本身也是以先秦白话为基础的，因为总是先有口头说的话，后有书面记载，这个跟口语相同的白话，可以不必再讨论。这里讨论的是另一种理解，专指书面记载的白话，即白话文，如《现代汉语词典》（第 7 版）“白话”条就解释为“汉语书面语的一种”。白话文也是书面语，是一种切近当时口语的书面语。由于各时代的口语有差异，各时代的白话文也有差异。

从这样的定义来看，白话文和文言文其实都属于书面语，不同在于，文言是产生于纪元之初、通行于两千年之中、得到历代官方和知识阶层高度认可的书面语，白话则是一个统括性的概念，大约在汉末开始，出现了以口语为基础、有别于文言的书面材料，此后近两千年中，不同时代都有在当时口语基础上形成的白话文献，一直到现代。不同时代的白话，跟不同时代的口语关系密切，而不同时代的白话之间存在着明显的差异，反映了不同的语言系统面貌。

语言的创新在文言和白话中都会产生，不过，文言的创新通常是传统书面语的创新，创新的结果主要保持在传统书面语的范畴之内，我们可以在六朝以后的文言文献中，看到一些先秦文献和当时口语都不使用、字面古奥的词语，这些就是文言创新的结果。白话跟口语关系密切，白话中的创新，大多来自于口头，或者从书面的创新又返回到口头。

我们把书面语和口语作为两种不同的社团用语加以区分，其中又涉及文言文和白话文的关系，如何处理这两组关系？

首先，文言文是纯粹的书面语，有浓厚的存古或拟古色彩，而白话文是以口语为基础的书面语，更多地反映当时的日常用语情况，尤其是新产生的口头用语情况。白话文中纳入了大量的口语成分，包括大量在社会上已经通行的口语成分，这些成分因为缺乏古奥典雅的色彩，在过去的书面语中是受排斥的，但是，它们在白话文的文献中属于正常用语。这样，白话文献中出现了许多当时已经出现或长期使用，但未被文言文献记录的口语成分。

其次，由于口头用语不断发生变化，不同时期的白话文也因此各有自己的时代性。不同时期的文言用语基本一致，而不同时期的白话文各有自己的特色，不能把不同时期的白话文混为一谈。

再次，作为书面语，白话文和口头表达总是有区别的，并且，不同时代的代表性白话文献各有自己的文体特征，反映在白话文的用语上，也会出现一些口头并不说而只用于书面行文的成分。这类材料可能不多，但如果我们认真分析，还是可能发现的。

所以，白话文也不能等同于口语，它是倾向于吸纳大量过去产生的、未被书面采纳的口语成分，同时，又多少跟同时代的口头表达有一点差异。

4. 俗语

俗语常常指和谚语、歇后语、成语等相对的流行于民间的一类固定表达形式，是一种成句的形式[①]，但是词汇研究中所称的俗语或俗语词，跟上面所指的俗语不同，指的是从社会角度区分的一个词汇小类，与雅言相对。

一方面，从词汇研究的角度来看，“俗”用于语言表达方面，可以有两种理解：一是从地域的角度，理解为土俗、方俗，这一意义的“俗语”或“俗语词”，实际上就是方言或方言词；雅言则是在文化政治和用语方面居各地中心、具有通行语或标准语作用的全民通行用语。另一方面，从社会阶层差异的角度，把“俗”理解为凡俗、低俗、庸俗，这样俗语则指那些无须讲求礼节场合的用语，或者在不讲礼节的场合使用的词语，或不宜在严肃场合使用的词语；反之，适用于比较正式的场合，包括官方的、正式的、公共的、上层社会的、体现社会文明和道德典范的用语，都是雅的。

从总体上看，俗语可指在全民（全社会）典范度和通行度两个方面有明显局限的用语，即缺乏典范度，适用于相对较随便场合的用语。雅言则是适于作为全民用语典范而用于正式、严肃场合的用语。

5. 方言、口语、白话、俗语之间是交错重合的

从区分的角度来看，方言有比较明显的界限，它以地域为标志，使用群体的分布可以从空间上进行划分；而口语、白话、俗语则是将同一社会群体

① 参徐宗才《俗语》，商务印书馆，1999 年。

的用语根据使用情况进行区分的，我们只能根据语境（语言的使用场合），从同一个空间范围内的人群甚或在同一个人的用语中来区分它们。

简单地说，口语是那些不宜进入典范书面语的语言成分，或者说，是在典范书面语中通常不使用的语言成分，在这一点上，它跟方言有相同点。不过，方言强调地域特点，而口语则是泛方言的，淡化地域区别。

白话和口语在某种意义上应该是同义的，因为平时口头说的话就是白话。但是，在各个历史时期的口语基础上产生的白话文，使白话语料含有了另外的意义，它与各个历史时期密切相关，是在各历史时期形成的受口语影响较深的书面语，而书面语又是跟口语直接相对的概念。白话主要是反映特定时期口语面貌的书面语。

“俗”在汉语中被定位为不登大雅之堂，或者处在社会下层、限于一方不值得被大众效仿或不宜向全民推广的，含有普通的、低下的意义，这可以从由“俗”组成的常用词看出，比如庸俗、鄙俗、低俗、俚俗等，“俗语”中的“俗”也含有这样的意义。从这个角度来看，和通语、书面语和文言相对的方言、口语、白话，都应被归入“俗”的范围。

另外，从相对的概念来看，跟方言相对的是全民性的通语，而跟口语、白话、俗语相对的书面语、文言、雅言，并不完全是全民性的，各具明显的社团用语色彩。从词汇的历时研究来说，出现新质的词主要在局域层或边缘层，关键是这些新质可能各有自己的背景，不能混为一谈。

四、四重环靶状词汇分析与词汇研究的思考

我们从宏观上提出了对词汇的新认识，需要在此基础上，探讨这样的认识对于词汇研究的作用，或者说，怎样把这种认识与词汇研究结合起来。

1. 词汇基本层和常用层词汇分析

基本层是词汇的核心，它与常用层的词汇成分的相同之处是意义和形式比较常见，不会构成阅读理解障碍，从解疑释难的角度来看，没有必要研究。所以，对过去各个时代的词汇，都缺少基本层和常用层的全面描写，论

者最多随便举一些例子，说明它们的存在。目前，我们几乎完全不了解各时代最常用的词是哪些，也不了解其中哪些是长期稳定使用的，哪些是一时流行的；我们也不了解汉语基本词汇的大致数量及它们的变化情况。但是，从历时词汇学的角度来看，这样的描写是很有必要的基础工作。

在现代汉语研究中，根据语文教学的需要，根据汉字的使用率，跟词汇的基本层研究关系密切的常用字、次常用字被列了出来。但是，从词汇的角度来看，这项统计针对的汉字个体，是单音词或语素的书面形式。对于包括大量复音形式的现代汉语词汇来说，这个常用字表是否反映或在多大程度上反映汉语词汇的基本层，还需要加以研究。

从历时词汇学来看，以汉字为单位进行词汇分析具有可行性。古代汉语以单音词为主导，许多单音词在失去独立性而蜕变为不独立的语素之后，仍然具有很高的活性/能产性（可与其他语素组合），不能独立表意的汉字是极少数的，我们可以对它们单独进行处理。学者郑锦全通过统计分析提出，不论是在以单音词为主的古代，还是在词汇复音化的现代，在同一时期需用的汉字，总在七八千之内，问题是，这些字是在不断地变化，还是有一个大致稳定的范围？变化是肯定的，但变化的具体情况，恐怕只有通过切实的调查才能获知。

汉语词汇复音化已经经历了数千年，但我们至今在话语中仍需要用很多的单音词。事实上，无论说话还是作文，如果想在一篇文章或一席话中完全不用单音词，而只用复音词，是很难做到的。历史词汇的研究者往往注重某些文献中词汇的复音化程度，通过一些统计说明这一进程。但是，从词汇的基本层和常用层的角度来看，大量的复音词是如何从局域层进入常用层和基本层的，还缺乏认真的考察，我们看到，许多历史文献中的新生复音词其实并不稳定，多数没有被沿用下来。因此，在对复音化的考察中，新生复音词的大量产生并不足以反映汉语复音化的全貌，复音词如何在汉语词汇中站稳脚跟，单音词如何在常用层以及基本层被取代，这才是汉语词汇复音化研究应该深入考察的内容。

国内借鉴西方学者200基本词或100个基本词的研究，涉及了对古代汉语词汇基本层的研究。不过，这里的基本词，是根据对古印欧语的考察提出的，借鉴到汉语词汇研究中，已经变成了一些基本概念，而不是基本词了。自然和人文环境的差别影响到人们对事物的认识，一些在印欧语中具有高稳定性的词汇成分，在汉语中可能不那么稳定，那么，汉语中最稳定的词汇成分是哪些呢？应该通过对汉语词汇的历史观察来决定。

2. 词汇局域层异常复杂

在多数的词汇研究中，我们把焦点集中在局域层。在这一个层面上，集中了各种不同的社团性的词汇成分，这些成分由于没有被广泛持久地使用，它们是词汇中可能造成交际障碍的主要因素，同时它们也是集中体现词汇变化的部分，受到关注是理所当然的。

一方面，在语用实践中，一个人不可能在一次或几次表达中，把自己掌握的词汇成分都依次使用一遍，出现在一个人一次具体的言语行为或一部著作中的词汇成分，都只能是他所掌握的词汇成分的一部分，其中有的词汇成分的使用率很高，有的词汇成分却是难得一用，在一定的语境限制下，我们掌握的有些词汇成分基本不能使用。但文献所记载的语境，是有限制的，有许多交际环节不会被文献记录，因此，语料中出现的词汇成分具有随机性的特点，受表达内容、表达方式和语言环境等因素的影响，词汇的使用者选择了自己大脑词库中某些词汇成分，而没有使用另外一些词汇成分。从这个意义上说，专人专书甚至断代的词汇描写，都是一种不完整、不全面的描写，还有一些词汇成分没有进入我们的视野。但是，在表达中，使用频率高的词汇成分，被使用的机会多，重复使用的可能性也大，只有那些使用频率低的词汇成分才会经常出现在遗漏之列，因此，通过一定范围的描写，我们总能了解到词汇的主体部分。

另一方面，由于特定表达的需要，语言材料中会有许多社团性的成分，一些使用频率不高的成分，可能由于话题或行文风格等方面的缘故，出现在某一种或一些文献中，甚至还有较高的复现率。因此，在一次对专人或专书的描写中，有必要对这类成分进行专门的分析。不过，对这类成分描写的难度比较大，局域层的社团性词汇成分本身依附于处在词汇核心部位的常用层和基本层，具有不完整性（缺损性），那么这种随机出现在某一文献中的行业词语或方言词语更是不完整的，要进行深入研究就应该广泛采用含有同类语言材料的共时文献，展开更全面的搜索。这方面，一些以行业用语为目标的研究，已经做了很好的工作，不过，语言社团分布十分复杂，它们的材料又非常分散，全面系统地对社团用语的分析还有待进一步的努力。

局域层中，社团词汇成分跟全民用语的关系，应该加以注意。全民用语作为社团用语的母体，不仅在于它是社团交际中的基础部分（社团用语通常是社团交际的补充部分，用来表达某些本社团特有的事物，或满足本社团的特殊表达方式），而且，社团用语本身也是以全民用语为基础发展起来的。社会的发展和分工、分化，导致了社团用语的产生，很多原来是全民用语的成分，由于某些行为由一般化转向专门化，与这些行为有关的词语也开始从全民的范围向专门范围（社团）转化。当然，社团本身在社团化过程中也有许多语言的创新，形成独具特色的社团用语，借助于大量全民用语的引入，在一些发展比较成熟的行业中，我们也可以看到比较成系统的词汇成分。

社团之间存在的交流，也影响了词汇成分的分布。关系密切的社团之间，用语共享的可能性增大，比如某些受地域影响较大的行业与某些方言会有密切的联系，某些社团之间成员的重合也会促进这些社团用语的交流，学生球迷们一度把“下课”带进了体育界，给了它一个新的意义；某一社团对全民影响的增大，会促使这个社团的某些用语向其他社团或者全民范围扩散，这样的情况，不会是现代才发生的偶然情况，在历史词汇的研究中，这些也是需要注意的。

3. 词汇边缘层词汇分析

我们可以把历史词汇研究中多数的疑难生僻词语，归入词汇边缘层，因为这些成分都只是偶或一用，缺乏同类用例。不过，对边缘层成分的讨论并不限于此，语文批评中涉及的不当用语或者生造词，都跟词汇边缘层成分有关。

在词汇的发展中，不同的语言规则都在发生作用，许多新生的词汇成分并不像某些推论所预判的那样具有无限的生命力，恰恰相反，新生的词汇成分，从产生伊始，就面临严峻的考验，新生词汇成分的高淘汰率使很多成分成为词汇中匆匆的过客，有一些新生词汇成分，几乎没有怎么流通就退出了交际。交际中出现的生造现象、用语失误、用语不当，多数在当时就受到纠正，没有进入流通领域。但是，那些受到交际参与人支持的、在语用中重复使用的这类成分，却有可能固定下来，从有限的小范围向大范围扩散，从边缘层走向某个局域层中的社团。

边缘层的成分，都是在交际中被淘汰的成分，或者没有进入大众交际的成分。这些成分，虽然没有被继续使用，但是，它们可能保存在某些人的记忆中，或者被记录在某些文献中。在后来的语言实践中，如果回忆者追溯过去，可能旧话重提，把这些残留在记忆中的词汇成分重新激活；一些被记录在古代文献中的边缘层成分，也可能因为某些历史人物、历史事件或历史文物被提及，或者文献的征引，重新回到语用中来，甚至盛行一时。因此，现在还保存在文献或记忆中、还可能寻找的词汇成分，仍然是当前词汇的构成部分。对于历史词汇研究来说，边缘层词汇成分的重要性在于，它们不仅保留了过去词汇发展的某些痕迹，而且，它们之中的某部分随时都可能“起死回生”，尽管可能性很小，数量也很少。

（原刊《江苏大学学报》2008 年第 3 期，《高等学校文科学术文摘》2008 年第 4 期介绍，人大复印资料《语言文字学》2008 年第 9 期转载）

词汇的外围成分[①]

一、词汇的全民性和分层

词汇具有全民性，但词汇全民性到底指一种语言的所有使用者都掌握的词，还是指这种语言的使用者中有人使用的词，存在分歧。具有全民性的词汇成分可能包括：①在全民中通行，即这种语言母语使用者全都掌握的词。②除上述第一类词语之外，还包括那些部分人使用、未在全民中通行的词。③除上述前两类词语之外，母语使用者或者非母语使用者在使用该语言时所出现的变异词。

有人主张只有全民通行的词才有资格充当词汇成分，未能在全民中通行的词（比如所谓的“生造词”），不具全民性，因此，它们不是这种语言的词汇成分。这种意见看似严谨，但在实际的分析中却面临困境。因为，如果认为生造词不属于词汇，比如，汉语说话人使用的生造词不是汉语词汇成分，那么它是什么？难道是外语，或是非语言的成分？

交际中使用未在全民中通行的词，可能造成交际障碍，不利于人际沟通，因此颇受排斥。但是，事实上，不仅是生造词，凡在交际中涉及人们不熟悉的概念，都会造成交际障碍，这种障碍的出现，与人的知识经验有关，而与表达单位的新旧无关。陌生的词汇成分影响人们的理解，但我们不能因为自己的不了解而否定客观的存在，生造词不符合语用的典范，但既然它在交际中作为“独立运用的最小单位”出现，就无法否定它的词汇成员的资格。

因此，本文认为，词汇的全民性，应该指一种语言的所有使用者在使用

---

① 本文是四川大学博士课程“汉语历时词汇学”绪论的一部分，发表前作了补充。

这种语言交际时出现的所有的词，不论它是否通行，也不论对话人是否理解。因为在这样的情况下，说话人是在使用这种语言造句单位进行表达，并且没有在表达中杂入其他成分。

总之，全民通行的词汇成分只是词汇中的一个部分，它非常重要，但不是全部。词汇中还有数量巨大的、只用于某些限定范围的成分，或者叫外围成分，它们是词汇中容易造成交际障碍，也是容易带来新鲜感的成分，是词汇中多变的成分，具有更多的特殊性，值得关注。

我们把人们在使用某种语言进行交际时所使用的所有的词都看作这种语言词汇的构成成分，但是，这些词汇成分在稳定性和普遍性方面存在差异，在词汇内部形成基本层、常用层、局域层、边缘层这四个层面，呈环靶状。词汇中，长期而普遍使用的词聚集在词汇的中心，构成了词汇的基本层；普遍使用而未经过历史选择的，或长期使用但普遍度略缺的，构成了词汇的常用层；各种只限于某些局部范围内使用的词，组成词汇的局域层；已经退出语用和新产生尚未被群体接受的词汇成分，处在词汇的边缘层。其中，基本层和常用层构成词汇的主体部分，它们是完成交际的基本用词，可以满足一般的交际需要。局域层和边缘层的词汇成分，主要反映交际中特殊表达的需要，它们本身是不自足的，即不能脱离词汇主体部分的成分来完成交际，形成词汇的外围部分。

二、词汇的边缘层和新生词、历史词

语用中个人的创新和语用的变异，都造成了词汇的新成分。很多时候，人们认为那些流传不广的生僻词或生造词没有取得词汇成员的资格。但是，既然这些成分已经进入了语用，参与了交际，生硬地把它们排斥在词汇之外无济于事，因为它们实际上（至少在某一次交际中）已经充当了语言交际中“独立运用的最小单位”的角色，应该承认它们的词汇成员的地位。问题是这类成分未被众人接受时，缺乏复现的机会，活性不足，处在词汇的边缘。

从以往的语文批评实践来看，词汇中的“生造”和“新造”之间没有明确可辨的界限，对二者的判断取决于人们的主观态度。新生的词汇成分有违人们的语言经验，具有陌生感，面对这种陌生感，人们可能采取两种相反的态度：鼓励变化的人们通常采取肯定的态度，说它们是新生的、新鲜而富有生气的；反之，主张不变的人们站在否定的立场，就认为它们是生造的、生硬的而不可接受的。不过，这种基于个人语感的判断，带有很大的随意性，从以往报刊上发表的语文批评来看，20世纪80年代以前人们对这类词多持否定态度，但是不少被批评为生造的词后来却被大众所接受，成为充满活力的新词；反之，20世纪90年代以来，被一些论者认为有生命力的词却未被大众接受，销声匿迹了。其中的偏差十分明显。

也有人主张，根据语用实践，把未能流传的新词归入生造，而把大众接受、流传开来的词判为新造，那么，我们在评论一个新出现的词汇成分的时候就需要测知它的未来，根据未来为当前的新词下结论。但要准确地测知一个词的未来，目前还没有这样的可能。而且，这种根据未然为已然的事实下结论，未免颠倒因果。公众的接受度是一种事后的认定，这种“成者为王败者为寇”的判断标准，可以体现词在语用中的适宜程度或活力，但不足以判定它是否是词。因为，一个不成功的新词也是词，既然是词，当然是词汇的成员。因此，重要的不是区分是否生造词，重要的是正确地认识新产生的词。

从已有的研究来看，新生的词汇成分中，当然会有一部分一路走高，经过不断发展成为后代词汇的常用成分，但还有许多成分，只在当时或某一历史阶段有一些用例，过后就不再被使用了，甚至有些新生的词汇成分，只在文献中有少量甚或个别的记载，离开这些特殊的语境之后，就再没有出现了。以当代汉语的新生成分为例，有人在1978~1999年在《语文建设》《汉语学习》等语言类刊物刊登的讨论词汇新质的论文中，搜集到214例新词新义，用北大现代汉语语料库对它们的使用情况展开考察，结果发现，其中有17例（约占7.9%）在语料库中没有用例，罗列如下：

闷包、胖管、搭批、吃床腿（以住宿费的名义报销本应自理的外出费用)、二名烟、形状书(根据故事情节剪成图画的儿童读物)、支票饭(支票结账的公款饭局)、不发言权、健康步道、点子商品、售外服务、电报拜年、拳头作品、三保三压、商标西瓜(贴有商标的西瓜)、一孩农户、空中教育/空中学校

另外,有 21 例(约占 9.8%)在语料库中出现不到 10 例,罗列如下:

打托儿、廉业(使行业廉洁)、台阶论、三无小说、礼品音带、换位意识、抢手商品、二十响/手榴弹(行贿用的烟酒)(以上出现频次为 1),三笔字、二手商品、金牌营业员(以上频次 2),咽喉项目(频次 3),愚昧消费(频次 4),冒富大叔、转亲(换亲)(以上频次 5),站立服务、食品一条街、地方粮票(国家指标之外聘任的技术职称)(以上频次 6),折子工程、可批性(以上频次 7),电霸(频次 8)

通常,被论文提及的是比较引人注意、通行度比较高的词汇新成分,而不是词汇新成分的全部,即使如此,仍有近两成的新词新义其实并不流行,或者很少进入文献记载。当然,也有出现率很高的词汇新成分,比如有 62 例出现频次超过 1000,约占 29.0%,其中有 13 例(约占 6.1%)在语料库中的出现频次范围为 5000~9999,5 例(约占 2.3%)出现频次超过 10 000,数量可观,罗列如下:

创汇(频次 5218)、热点(频次 5331)、群体(频次 5346)、窗口(频次 5530)、评估(频次 6369)、软件(频次 6515)、台阶(层次,频次 7332)、包装(频次 7824)、出台(频次 8247)、扶贫(频次 8320)、启动(频次 8512)、对话(频次 9211)、辉煌(指杰出的、灿烂的,频次 9771),力度(频次 11228)、含(包括,频次 15038)、引进(频次 19234)、参与(频次 28015)、开放(频次 55952)

然而,短时内曾经有过较高使用率的词,未必都能够长期沿用,在 214 例中,有些词现在已经很少见或者基本不用了,比如:

脑体倒挂(频次 33)、治愚(频次 122)、大包干(频次 357)、三角

债（频次 417）、大团结（十元面额的人民币，频次 470）、BP 机（频次 702）、大锅饭（平均主义的分配方式，频次 1052）、大哥大（频次 1119）、卡拉 OK（频次 1407）、下海（频次 2064）①

有一部分新生的词汇成分逐渐普及、流传后世，从词汇的边缘部分走向词汇的中心。但对于多数新生词汇成分来说，从产生之后就面临巨大的淘汰压力，未必都具有强大或旺盛的生命力。那些偶或一现或短时使用的词汇成分，都留在了词汇的边缘部分。

许多词在历史的发展中，退出了交际，成为词汇中的消亡成分，我们把它们称作历史词。通常，历史词指古代使用过而现代不再使用的那些词，因此，也有人称它们为古语词。不过，历史词与古语词是有区别的，有些因时间的推移不再使用的词，它们使用的时代其实离现在不远，但也成了历史词，比如“基干民兵”“五保户”“赤脚医生”“双抢”“三夏”“四清”“清队”等几十年前曾高频使用过的词，虽然还留在一代人的记忆之中，但时过境迁，已经罕为使用，成了不是古语词的历史词。

对于汉语这种具有漫长历史和丰富记录文献的语言来说，历史上消亡的词汇成分，并没有彻底消失。大量已经从汉语交际中退出的词汇成分，留在人的记忆中，或保存在传世文献和未出土文献中。当旧时或传世文献中的某些内容重新受到世人的关注，或者埋藏的文献出土面世，那些已经退出交际的词汇成分，又可能重新回到我们的交际中。因此，那些曾经使用过的词汇成分，不论它们退出交际有多久，只要它们还以某种方式保存着，就没有真正从词汇中消失，它们被保留在词汇的边缘部分，随时有被启用的可能。

对于词汇来说，边缘部分的意义在于，其中的成员虽然不是词汇中有活力的成分，但是，不仅其中的新生成分可能从此发展，那些退出交际的成分，在需要的时候也可能重新获得活力，来适应交际的需要，如曾一度高频使用的“拨乱反正”“小康”等词，都是从历史文献中重新启用的。因此，可以认为边缘层也是词汇的备用部分。

---

① 参赵静《新词新义与对外汉语教学》，四川大学 2013 年硕士学位论文。

三、词汇的局域层和方言词、行业词

词汇的基本层和常用层中的成分，是全民共同使用的词汇成分，它们构成了词汇的主体，能够基本保证公共交际的正常开展。然而，还有不少只适用于某些群体或某些场合、通行度受到限制的词汇成分，形成词汇的分块。这些词汇分块中的词汇成分，只适用于有些群体成员或有些交际场合之中，而不被其他社会成员接受或不适用于其他交际场合。

局域层中的词汇分块，主要由两个方面的因素所造成。自然的因素形成了语言的地域差异，即方言差异，致使某一地方的部分用词与其他地方不同，产生了所谓的方言词。通常意义上的方言词，专门指那些有别于其他方言或共同语的用词，而不包括一种方言中所有的词，因此，方言词只是一种方言词汇中有地方特点的部分，各方言词汇的主体部分与共同语相同，方言不是有别于共同语的独立系统。

通常，我们把那些只用于方言、不用于共同语的词，理解为方言词。但是，也常有人把来自方言而出现在共同语中的词称为方言词，这是两个不同的概念。出现在共同语中的方言词，其实已经脱离了原有的使用范围而进入全民交际，它的方言色彩只是反映它的来源背景，所以准确地说，还是称为方源词为好，这样可以区别于那些仍然只用于某些地方的方言词。

来自社会的因素跟人的社会活动和社会角色有关。由于社会分工、信仰兴趣等原因，具有相同关注点的人们，在日常活动中会经常在一起，谈论共同关心的话题，形成固定的交际群体，并且产生了一批适于本群体交际需要的社团用词，这样的词被称为行业词或者行话。

社会的行业大多是从全民公共活动中区分出来的，行业也需要与公众交流，因此，行业用词中会有相当多的成分与公共用语相同，具有开放性。但是，行业特有的专门知识和特定的交际需要，催生了一批只有同行同道中人才有必要使用的词，这类成分往往是行外人所不了解的，具有封闭性，形成行业词。社会分工的细化，各种的职业或专业、兴趣爱好都促成了行业性交际社团的形成，使行业词趋向多样化、复杂化。

在群体内部，出于保密等特殊的交流需要，会为一些常用概念专门创造出与众不同的表达形式，代替通行词语，这就是所谓的隐语或者黑话，形成一种特殊的行业词。近年来颇受关注的网络用语，也是一种行话。尽管借助现代技术，这类词语流行迅速，波及面广，但它们仍然缺乏全民公共性，是一种特殊的局域用语。

人的年龄、性别、文化修养、语境等因素也造成词汇使用中的群体性差异，比如，在表达同样内容时，小孩用词与成人用词有差别，男性用词与女性用词有差别，文化修养不同、交际场合的不同、语体和文体的不同，都会导致群体性的用词差异。不过，这类群体用语与行业用语不同，它们不是特定交际群体内部使用的词汇成分，而是不受交际对象限制、反映说话人本身的修辞习惯的词汇现象，反映使用者个人的修养和语言运用能力，主要体现说话人用语的得体程度，具有很高的开放性。

四、局域分块的交叉

生活在同一社会中的人，彼此之间必须有足够的联系，这样，就促成了不同群体用语之间的交流。因此，出现在词汇局域层的群体性用词，一方面存在着明显的界限，另一方面也有着不同程度的关联。

首先，所有群体性的用语，都不能脱离全民的用语，在一般情况下，不论是地域还是行业造成的群体用语，都会有相当一部分跟全民的用语直接相通，成为全民用语的一部分。只有越出了全民关注范围的地域性行业性很强的概念，相关的用词才会成为局域性的成分。此外，由于地域、历史或群体特殊约定而造成的与全民用语相异的成分，也构成了局域性的词汇成分，但这类成分大多以全民用语为基础而创造，并跟全民词汇成分有对应关系。这样，一个地域或行业的群体用语中，只有一部分保持了本群体用语的特殊性，另有一部分跟全民用语发生重合，形成全民用语在局域中通行的现象。

其次，局域层词汇成分可向外渗透。人们在社会上的角色是多样的，因此，一个人需要参与不同的交际群体，跟不同的人在不同的交际场合根据适宜性选择不同用词进行交流。但是，也存在相反的情况，由于交际群体的相邻关系或其他原因，表达者在与甲群体的交流中使用了乙群体的用语，最后导致乙群体用语渗入甲群体，造成不同群体用词的交流和共享，使部分行业性或地域性的词汇局域成分出现在多个群体用语之中，甚至出现在全民用语之中，形成局域性词汇成分并扩散。

反之，一些全民通行的词汇成分，在历史发展中，由于社会分工细化或词汇历时更替等原因，退出了全民使用范围，只保留在部分群体之中，成为局域性的词汇成分。

由于以上原因，局域层中的词汇分块之间存在复杂的关系，其中有的彼此界限分明，有的互相交错，兼容相依。

五、外 来 词

从来源而论，一种语言的词汇大致可以分为两个部分：本语词和外来词。本语词是指某种语言内部产生的词，也可以叫本源词；外来词则指从其他语言借入的词，也可以叫外源词。在本语词中，如果有方言与共同语区别的话，共同语中，还可区分出共同语的自有词和来自方言的词，即上文已经提到的方源词。①

使用同一语言的人中与外族交往较多的群体，有更多的机会接触和吸纳外来词语，外来词语通过这些群体向全民扩散。语际接触通常集中在某些邻接地区，因此，引入汉语的外来成分可能存在方域背景，尤其在音译词的转写方面，比如把 Wall 翻译为“华尔”，其中“华”的汉语普通话发音跟英语差别很大，但是，用上海话来读，就很接近了。②

语言接触中的外来影响即在语际交流中受到的其他语言和文化的影响，表现为直接引入外语的成分，或是受外语或外文化的影响，本语的成分发生

---

① 参彭晓《当代汉语词汇新质研究》，四川大学 2010 年博士学位论文。

② 参四川大学博士吴开秀的文章。

了变化。在这些变化中，外来的影响不可忽视，本语的影响也全面存在。在受外语影响出现的本语变化中，材料和规则都是本语的，只是变化的动因是外来的，本语因素自然不必赘言。即使是直接引入外语的形式，本语的影响也明显可见，比如音译的外来词进入汉语采用汉字记录，并按照汉语的习惯发音，甚至引入的字母词，发音也明显地带有汉化倾向。

从词汇的角度来看，外来影响包括意译、音译、书面借形等几种方式。

意译是用本语的词汇成分或本语的词汇材料和规则构成新词转译外来的概念。意译大量地建立在汉语词与外语词的语义对应关系上，并不存在外来影响下的汉语的变化。语言接触中的外来影响指改变汉语成分的外来因素。导致汉语词汇变化的意译包括两个方面：①引发汉语词义变化，又分为“用汉语比附外语”和“翻译外语词本义，为汉语引入引申义”，前者如用指佛教徒的“僧侣”指欧洲的宗教徒，后者如把英语 dry（干，缺水的）的引申义“低糖的”引入汉语，用于葡萄酒的分类名称“干红”“干白”。②催生汉语新词，又分为“通过汉语的理解造新词”和“仿照外语词结构，通过语素对译形成仿译词”，前者如飞机、轮船，后者如黑板、篮球、蓝牙。

上述“翻译外语词本义，为汉语引入引申义”和“仿照外语词结构，通过语素对译形成仿译词”，有人称为直译或仿译。对于意译词，有人认为它是外来的，因为它是在语言接触的背景下，受外来事物的影响而产生的；有人则认为它是本语的，因为意译词使用的是本语的材料和规则，分歧在于对外来词的判定标准。我们倾向于后者，因为外来事物不等于外语，外来事物引进后会迅速本土化，并激发本语的创新，比如现代流行的电脑、手机都不是中国人的发明，如果把这类词都说成是外来词，跟大众的语感相去太远。此外，新词的产生可能受多种因素的刺激，如把受与外语有关的外来事物的刺激而产生的新词单独归为外来词，那么受其他因素刺激产生的词又如何归类，目前尚无可行的研究与探讨，无法形成合理的分类系统。因此，根据构词材料和规则，意译的词汇是受外来影响产生的本语词汇新成分。

借词指借用外语形式的汉语新词，是公认的外来词，包括音译和书面借形两种方式：①音译指通过汉字记音的方式引入外语表达的概念，包括纯记音和记音附义。纯记音指用表音不表意的汉字翻译外来词，即用汉语的发音习惯说外语，包括译词和译字（字母缩写形式的翻译），如尼古丁、克格勃。记音附义指用有表意作用的汉字作音译用字，但汉字意义与外语原词无关，是假性的意译，如可乐、脱口秀。②书面借形指直接采用外语的书面形式，借的形包括日语汉字词、字母词和阿拉伯数字。借日语汉字词的形指采用日语汉字词的意思，按汉语发音，如干部、景气。采用字母词形指采用外语字母词的原形，读音汉化，如 OK、WTO。采用阿拉伯数字形指按汉语读音，在一定条件下可与汉语数字替换。后两类词具有超语言的符号功能，可以出现在不同的语言中，用不同的读音表达相同的意义，比如H7N9可以用于不同语言，但汉语读法跟其他语言不同。

在外来词的引进中，也可以综合运用音译和书面借形两种手段，用复合的方式造出借词，包括重译和混译：①重译指对一个词的部分或全部进行重复翻译，构成译词，包括“记音加意译，在全音译以后加上意译的类名、特征或全意译形式，构成译词” 和“借形加意译，在采用外语词的全形后，附上意译的成分”，前者如芭蕾舞、酒吧、麦克风话筒，后者如 IC 卡（集成电路卡，integrated circuit 的缩写）。②混译指采用两种译法分别翻译一个词的两部分，包括“半音半意，对外语词一部分用音译，另一部分用意译”“半音半形，对外语词一部分用音译，另一部分借用外语原形”“半意半形，对外语词一部分用意译，另一部分用外语原字形”这三种。第一种如冰淇淋、新西兰，第二种如 T 恤、卡拉 OK（无人乐队。卡拉，音译自日语から；OK，指英 orchestra，借用英语字母之形），第三种如 X 光、维生素 A（英语 vitamin A）。

以上以现代汉语中的外来成分为例对词汇的外来影响进行了讨论。事实上，社会在不同种群的交往和融合中发展，语际的接触和社会的发展相伴相随，汉语在每一个历史时期都吸纳了相当数量的外来成分。但是，进入汉语的外来词，随着时间的推移和文化的交融融入了汉语之中，它们的外来面貌已经模糊不清了。只有那些没有采用汉字的外来成分，由于书写形式的标示作用，才会长时间地保持外来的面貌。对外开放使和外来语的接触剧增，外来文字对汉语影响因此大增，大量西文字母混迹于汉字之中，对汉语的书面表达系统产生巨大冲击，汉语的书面形式面临三种选择：①保持中西文字混用的状况；②在趋同性的作用下，走向拼音化；③保持汉字体系，外文字母被汉字同化。发展前景值得关注。

需要说明的是，外来词、方源词的分类，是基于单纯群体关系的词汇来源，不考虑词汇的普遍性和稳定性。因此，在词汇分层分析中，外来词不是一个独立的部分，它可以分别归入基本层、常用层、局域层的各部分（比如某一方言、某一行业用词之中）以及边缘层。

六、词汇的外围成分与汉语词汇研究

词汇的外围成分表达的对象有两种，一是某些领域内的特有概念，二是作某些通行概念的同义形式。跟词汇的主体成分相比，它们缺乏普遍性或稳定性，本身不成系统，通常不能独立完成表达或胜任一个交际过程，是词汇的次要部分。

但是，换个角度来看，词汇中的主体部分，因为公共性强，大众熟悉度高，在语用中带有很强的泛化色彩，它们的个性就比较弱，缺乏新鲜度和刺激性，不易引人注意，交际效果比较平淡。反之，形式新颖的词或者意义变化了的词，即所谓新词新义，由于与人们的语言经验存在距离而形成陌生化，导致接受和理解方面出现障碍。交际中的障碍，虽然影响交际的顺畅进行，但同时也给交际者带来新鲜的刺激，激发交际参与者解读疑难的兴趣，这样的刺激加深了人们对这个概念的印象，获得良好的交际效果。

在汉语历史上，存在大量对旧词的翻新，即对已有表达形式的概念采用其他表达形式，形成了数量可观的同义词群。为旧词所表达的概念再造一个新的形式（新词）或改用其他形式（新义），其中的新造成分，最初应该是个人言语行为的结果，属边缘层成分。但如果它能被群体接受，就进入了局域层，但能否进入常用层或基本层而替换旧词，还受到其他诸多因素的制约。

从最近几十年来的词汇历史研究，尤其是从专书或专题的词汇描写来看，出现在古代文献中的当时词汇新成分，大多缺乏充足的用例，对这类词汇成分进行共时考察，可以看到，不少词汇新成分很少或没有共时材料的支持，有的只见于某一文献或某人作品之中，甚至只有孤证。这正反映了词汇外围成分的分布特点。从历史追踪来看，不少词在同时期文献及后时期文献中偶或一见，且沿用不久，有些可能会有稍长的历史延续期，只有很少的一部分词汇新成分能够被长期沿用而流传至今。因此，词汇历史研究中涉及的词汇新成分，都是词汇的外围成分，它们或许有成为词汇主体成分的可能，但尚需历史的考验。

尽管如此，词汇新成分的考察和搜集仍是汉语词汇历史研究的一个重要方面，因为，不论后代是否沿用，词汇新成分的出现都是词汇变化的一个重要部分，不对这些变化加以描写，历史变化就无从说起。

当前颇受关注的现代汉语的新词新义研究，也属于词汇外围成分研究的范畴。因为现代的新词新义也有一个产生和变化的过程，变化的结果不一定都获得全民认可，从近年来的观察可以看到，有些盛行一时的词，在三五年之后就销声匿迹了，还有更多的词汇新成分还没有流行开来就被人放弃了。当代语言生活中新词新义的表现，跟历史文献中的词汇新成分同出一辙，它们共同证明，词汇新生成分的高产出和高淘汰是词汇发展的基本特点之一。

（原刊《苏州大学学报》2014年第1期）

词汇描写的思路和方法①

一、词 汇 描 写

本文所说的词汇，是狭义的学科概念，即一种语言中词的总汇，或在某个特定的语用材料中全部的词。单个的词，只能算是“词汇成员”或“词汇成分”，它们隶属于词汇，不足以代表词汇整体。

“描写”在语言研究中也常常有人提及，使用者对于它的理解各不相同。本文所说的“描写”指从某一角度对对象进行无遗漏的陈述，而不是带有任意性或选择性的部分陈述。

词汇是“一种语言中词的总汇”，其中应该包括这种语言的所有使用者掌握的、在本语交际中所可能使用的词，因此，词汇所包含的词的总量很大。另外，受语用需求的驱使，词汇中新质不断产生，已有成分逐渐消退，词汇处在不断变化之中，所以，从研究的实践来看，对一种语言的词汇进行完整陈述，还只能是理论上的，实际难以做到。具有可行性的词汇描写，还是以特定的语言材料为对象，在特定的范围内对其中的词进行完整的陈述。

交际中，受语境和交际目的的制约，人们从词汇中择取某些成分，来达成交际。词汇在语用实践中的这种选择性，造成了词汇使用的不平衡。受话题、语境、语体等因素的影响，不同的词语有不同的适宜环境，呈现不同的使用率，它们出现在文献中或被记录的机会也各不相同。一方面，不同的文献对词汇成分的使用具有不同的偏向，有些词汇成分在某些类型的文献中出

---

① 本文是“东汉佛道文献词汇新质研究”（与顾满林合作，教育部人文社会科学研究十五规划第一批项目01JB740010、国家社科基金后期资助项目，11FYY004）和“早期天师道词汇描写研究”（与田启涛合作，国家社会科学基金一般项目，09BYY043）两个课题的总结，内容也是四川大学语言类博士课程“汉语历时词汇学”绪论的一部分，发表前作了补充。

现得较多，有些则较少出现，或者不出现。另一方面，从文献总体来看，词汇中有些成分在文献中有的会有较高的出现率，而有些则相反，甚至难得有进入文献的机会。因此，语料中反映的词汇现象，只能是局部的和抽样的，对语料中展现的词汇面貌的观察，也带有局部和抽样的性质，它更多地反映了词汇的某些部分，而非整体。总之，处在词汇主体部分的成分，即基本层和常用层中的成分，出现在不同文献中的可能性高，处在词汇外围的局域层和边缘层中的成分，出现在文献中的机会少，甚至没有机会出现。

词汇材料的这种随机性和不完备性是普遍的、无可避免的，如果在这样的材料基础上，再加上考察者的任意选择，观察结果的片面性就更大，因而缺乏可信度。因此，本文主张对语料中所展现的词汇成分进行无遗漏的考察，弥补词汇材料本身的不完备性。

二、词汇描写中的语料处理

利用某一文献展开词汇描写，首先须对这种文献进行断词处理，即把语料中所使用的词都一一分离出来。断词是一项看起来容易、做起来很难的工作，它不仅非常繁杂琐碎，还涉及大量词的甄别问题，需要对词的判断标准有很好的掌握。关于词的判断标准，前贤时哲已经有了大量宝贵的意见可供参考，难点在于把这些处理原则具体落实到断词的工作中，使处理原则前后一致，不发生矛盾。

对于古汉语研究者来说，还可能面临另一个大障碍，因为这项工作要求处理者首先理解语料中的每一个句子以及各句子中每一个词的意思，否则断词就无法继续进行。在这种情况下，如果出现无法解读的语句，需要把它们作为存疑材料附列于后，而不能回避。这样做也有一个好处，一些在任意选择的情况下被有意或无意回避了的问题，在全面描写的要求下显露了出来，而在多数情况下，不容易解决的问题很可能正是深入研究的突破口，是研究纵深的切入点。

在完成文献断词之后，可以给这些词附上所在的句子，进行归并，这时，我们就可以看到目标文献中每一个词的使用次数。这时还有一项工作要做，就是区别同形词和多义词的义项。一方面，由于通假和结构差异等原因，在汉语中，同样的文字形式可能记录了不同的词，需要加以区分；语用实践中一些词会有多个义项，而词不同的义项与不同的词相应，因此多义词要以义项作为考察分析的基本单位。另一方面，由于异体字、通假字的存在，一个词可能有两种或多种写法，这些写法不同的词项需要合并，以其中一个为正目，另一个用括号附在其后。经过这样的处理，我们可能获得文献中所有的词项，即这种文献中所使用的全部词汇单位。

然后，在上述工作的基础上，对搜集到的词进行分类处理。很多时候，分析者采用了语法的标准，比如根据词类或词的内部结构关系，对词汇进行分类。我们以为这是不妥当的，因为词汇与语法是对语言不同角度的分析，语法研究重在语言单位之间的组合关系，分析语言单位内部的组合关系是构词法，分析语言单位之间的组合关系得到的是词类。

根据索绪尔的意见，语言单位之间存在两种关系：组合关系和聚合关系。既然组合关系已经归由语法分析处理，词作为语言的备用单位，应该考虑从聚合关系加以切入，这样的分析，才能分清词汇研究与语法研究的界限，更有效地促进词汇和语法研究的深入。

从聚合的角度对词作分类，无非是从词的形式和词的意义两个角度考虑，不同的角度，会有不同的分类结果，需要仔细斟酌，寻找更适宜词汇研究的分析方法。

词的形式包括口头形式和书面形式两种，口头形式就是词的语音形式，把语音相同、相近的词放在一起，就形成了通常词典编写中的音序排列。根据词的书面形式分类，就是根据记录汉语词汇的汉字形体为词分类，可以单纯根据笔画，或者结合偏旁部首和笔画来给词分类，这也是汉语词典常用的分类手段。

关于汉语词的形式，除了字音和字形之外，还有词汇的长度。汉语的词汇，经历了一个由单音向复音发展的过程，词汇的长度也成为汉语词汇研究中非常引人注目的一个方面。但是，词汇的长度分类，从整体上说，有单音和复音两大类；在复音词中，又可以从音的音节数再分为双音词、三音词、四音词等，整体分类过于简单，无法满足对词汇深入分析的要求。因此，从这个角度切入的研究者，往往在复音词中引入“的”结构的分析，把词汇的分析转入了语法的分析。我们不反对对词汇成分作语法分析，但主张在语法研究中作这样的分析，而不赞同用语法分析取代词汇分析。因为用语法分析取代词汇分析，实际上放弃了对词汇的研究，导致阻碍词汇研究的深入。

根据词的形式对词汇进行分类后，词可以方便查找。但是，这种归类不能深入反映词汇内部的系统关系，语用中人们对词汇的使用和选择是为了表达语意，候选的词汇成分应以意义为纽带进行排列，等候被人选择的，因此，词汇的分析需要从意义的角度切入。

其实，词汇的意义分类由来已久，最早的汉语词典《尔雅》就根据意义将词分为十九类，其后的《释名》也是以意义为标准，将词分为二十七类。现代许多专业性的工具书也多采用对词进行意义分类的方法。词汇按意义分类，是把不同形式的词，按同义、近义、类义的关系排列在一起，更方便人们比较、选择和使用。但是，词的意义关系非常复杂，如何对词进行意义分类，各家意见不同，分类的结果也各不相同，这是困扰词汇意义分类的最大的问题。

我以为，词的意义分类，应该选取人本角度，以意义为线索，根据由近及远、由实到虚、由显入微的原则，结合具体语料中的用词特点，从名物、行为、性状三个方面展开。

选取人本角度是基于这样的考虑：词是世界众多事物现象在人们认识中概念化的结果，而人们对于外界事物现象的认识，有一个从自身向外界、从具体到抽象、从粗略到细微、不断扩大的过程，从人自身出发的分类方法，可以充分照顾这一过程，比较客观、系统地反映词汇的意义关系。

三、词的意义分类设想

在各类词之间，从词所表示概念是否具有实体性出发，可以把词分为表示实体性事物的名物词和表示事物实体状态性质的非实体词两大类。

名物词表示各种事物，它们具有独立存在的可能；而非实体词依附于各种事物，体现事物的表征，这些表征往往存在于不同事物之间，具有一定的普遍性，但它们不能脱离具体的事物而单独存在。在非实体词中，反映事物的变化、运动和互相作用，即反映事物动态状况的是行为词，反映事物外观和内在静态特征以及行为发生条件的是性状词。

就此，我们把词汇按意义主要分为名物词、行为词和性状词三大类，各类内部又按意义再作区分。

1. 名物词

名物词表达各类事物的概念，它们所指称的对象具有实体性，能够独立存在。包括以下这些。

（1）人物神灵类词。人物神灵即各种指称人的概念。神灵是人们想象中的生命体，具有与人相似而超乎人的意识和行为，因此附入此类。在人物用词中，有以人与人的关系为命名依据的，包括亲缘关系和社会关系：亲缘关系包括亲属类和家庭族类；在社会关系中，又有不对等的尊卑主次关系（尊卑类）和对等关系（友邻敌对类）之分。

除了亲缘关系和社会关系，还有许多根据人物特性产生的人物用词，包括如下类别：生理特性；才质品性；行为职业；人物统称；神灵精气（如天帝神仙、精灵鬼怪、气）；人物姓氏。

（2）肢体寿命类词。人的肢体器官和寿命属于生命体的构成部分，但不是独立的生命，通常被认为是人的所有物。动物的肢体器官与人相类，用词大多混同。肢体寿命类名物词主要包括如下类别：头部五官；肢体内脏；寿命。

（3）动植诸物类词。动植物也属于生命，但从人的观念来看，它们却属于“物”，跟器物工具同类，人们依据它们的使用价值加以处置。据此，此类名物词主要包括如下类别：万物禽兽昆虫；植物药物饮食；服装织物；器物工具；文书典籍；财利金属；废弃物。

（4）自然环境类词。自然界的星辰大地、处所方位等，不仅是客观存在的实体，也是人和物存在的环境或背景，其中有自然形成的部分，也有人为建造或划分的部分，主要包括如下类别：建筑道路；方位区域；国土疆界地名；地理气象；天文；八卦五行。

（5）智能意念类词。智能意念指人们思维活动产生的各种观念和意识，主要包括如下类别：语言音乐；性情欲念；声望力量；要旨缘由；方法途径。

（6）社会事物类词。社会事物指各种社会组织机构和社会现象，主要包括如下类别：名称机构职衔；事务情实；功业福德；过失罪行；吉凶灾异；天命典制。

2. 行为词

行为词反映事物的变化、运动和互相作用，事物的动态状况表示各种事物自身变化、运动和事物间互相作用等运动情况，即事物的动态。行为依附于实体，不同的行为与不同的个体以及个体的部位有关，因此，行为词在一定程度上可以与上述名物的分类对应。行为词主要包括如下类别。

（1）有生行为类词。有生行为反映人物的生命过程，比如婚恋生育、生老病死等，主要包括如下类别：生命过程（婚恋生育，生存衰亡）；疾病治疗（疾病生理；医治康复）。

（2）五官肢体行为类词。五官肢体行为指人体各部分的本能行为，以及各种肢体器官发出的外现行为，主要包括如下类别：口部行为（食饮享用，呼唤使令，言论告白，叹誉骂詈，宣教诵读）；耳目鼻首行为；四肢行为（手部行为，脚部和躯体行为）；躯体位移（离去，前往，来到，回归，上下，经历，移动）；生活行为（起居，衣饰卫生，游戏，修养，信仰）。

（3）心理感受类词。心理感受词反映人们内心活动和感受，主要包括如下类别：感知；适意安宁；胆量勇气；悔愧悲苦；怨怒憎忌；控制放纵；欲求；能愿。

（4）人际行为类词。人与人之间的各种行为，体现各种社会关系和交际关系，主要包括如下类别：慈爱尊奉亲近；佑助保护；会聚追随；施受传递；轻鄙背欺；敌对冲突；社会治理（任职管理，请求约定，依顺，防禁，过恶惩贷）。

（5）役物行为类词。役物行为指人针对其他事物的反映和各种处置行为，主要包括如下类别：解知辨识（解知，称名判定，思考谋划，专心忆念）；生产经营（劳作，设立备办，理财）；寻求获取致使；占有留存；弃除亡失。

（6）事物运行类词。事物运行指人类以外的各种事物本身的运行变化，主要包括如下类别：现隐；运行通塞难易；散布；增减变化；起止成毁；事物关系。

3. 性状词

性状表示各类事物行为的不同表象和特征，这些表象特征依附于事物或行为，或通过事物行为的存在而表现出来，性状具有客观的实在性，但却没有自身的独立存在方式。一些不宜归入名物词和行为词两类的成分也附见于此，包括如下类别。

（1）人的性状类词，主要包括如下类别：外貌；生理状态；心境；心智修养；真伪善恶；富贵贫贱。

（2）物体性状类词，主要包括如下类别：外形；色彩光泽；声音；气味净污；触感；盛衰整缺；质地。

除了名物词、行为词和性状词这主要的三类外，词汇还有如下的其他类别：事物的类属类词；数量类词；时间类词；范围程度类词；结构关系类词；称代指示类词；等等。

事物的类属类词主要包括如下类别：等次位序；比似类同差异。

数量类词主要包括如下类别：表量单位；定数；不定数和少量；大量；频次。

时间类词主要包括如下类别：久暂；定指时间（时点时段，始末）；相对时间（过去，现在，将来）。

范围程度类词主要包括如下类别：空间；遍及；接续；限制；揣测强调否定；程度。

结构关系类词主要包括如下类别：介引；助语。

称代指示类词主要包括如下类别：人物指称；指示事物；疑问指代。

我们在“东汉佛道文献词汇新质研究”和“早期天师道词汇描写研究”两个课题中，通过摸索，以上述的思路尝试作了词汇的意义分类，把意义相同和相关的词排列在一起，完成了描写工作，证明了上述分类的可行性。

四、描写结果的纵深分析

描写是词汇研究的重要部分，但描写不是目的，我们希望通过描写，对词汇作深入的了解，因此，需要对描写的结果展开分析，分析可以从多方面切入，并且每一个方面可以从共时和历时两个角度作纵深的探讨。

对于词汇描写的结果，首先看词汇内部整体分布的情况，比如一共有多少个词，它们在各大类中的分布情况等，这是静态的共时分析。如果深入追究，分别考察各个词的产生时代，那么我们就可以看到在全部的用词中，哪些产生得比较早，哪些稍晚一些，哪些是刚刚产生的。通常，在这类分析中，我们以先秦作为一个时段，两汉作为一个时段，六朝作为一个时段，以此类推，大概每四百年为一段，观察时间变化在词汇中留下的痕迹，了解词汇内部新陈代谢的节奏和趋势。

汉语词汇经历了一个以单音词为主转变为双音词和多音词逐渐增多的发展过程，这个过程至今还在延续，考察历史文献中汉语词汇的长度，是汉语词汇复音化研究的重要一环。

复音化分析，首先是对单音词和复音词数量的统计，其中，词的绝对数量和词的使用频率是两个不同的参数。很多文献中，单音词的数量不多，但使用率很高，以词目为单位的描写中，单音词已经不具优势，文献用词似乎已经复音化了。但是，在文献记载的语流中，即实际阅读文献获得的感受来看，读者在每个句子中遇到的单音词数量仍比复音词多，单音词在语用中仍然占据优势。所以这两个数据都应该受到足够的重视，否则得出的结论就会有明显的偏差。

复音化的程度和进展，也可以从同一文献中各单音词和复音词产生时代的分布来观察，其中包括不同时期来源的单音词和复音词的个体数量、使用率等，从而为复音化作出更准确的判断。

词汇处在不断的变化中，一个时期的词汇中，既有大量承袭前代的用词，也有许多新质。在词汇新质中观察到的单音与复音的关系，是词汇复音化研究的另一个有价值的角度，它可以让人了解单音词与复音词在能产性方面的差异，也就是词的活力的差异。

词汇发展中还有一个倾向，就是词的多义化。一些在词汇中根基较深的成分，多义化现象比较明显，而那些根基较浅、偶或一用的词，意义大都比较单一，词的多义化也是词的活力的体现，它不仅是词汇复音化进程中值得关注的指标，也是观察各词在词汇整体中地位的重要依据。

通常，词的使用率是我们了解一个词活力的重要依据，但是，词汇成分在使用中可能面临各种特殊原因，比如作者个人的用词习惯、话题的限制或影响等，都可能使某些词的使用率发生偏差，从而跟它们在词汇中的实际使用情况不符。因此，由简单数量统计获得的一般使用率，还须通过一定的手段进行修正，词的覆盖率就值得注意。词的覆盖率是指一个词在不同文献中的使用情况，在使用率相同的情况下，覆盖率高的词，即出现在多种文献中的词，它的使用普遍程度显然高于覆盖率低的词，因为它说明多位作者在多种情况下都使用了这个词。

在观察词的使用率和覆盖率的时候，还要注意那些由于引用而造成的词汇复现现象。应该把由于引用而出现的使用率和覆盖率，跟那些在不同作者、不同话题、不同语句中重现的词明确区分出来，排除其中的不可靠因素。

使用率和覆盖率是观察词汇成分在词汇中地位的重要依据。我们把词汇分为基本层、常用层、局域层和边缘层四个部分，其中，使用率和覆盖率高的成分，应该属于词汇的主体部分，即应该是基本层和常用层的成分，那些没有广泛用例的词汇成分，应该是局域层的成分，其中只有孤例的成分，处在词汇的边缘。

词汇基本层和常用层成分的判定，还须结合词汇成分的历史。那些在共时材料中使用频繁、覆盖面广的词，如果有悠久历史的话，无疑是词汇的基本层成分，而缺乏长期使用的词汇成分，即使有很高的使用率和覆盖率，也只能是常用的词汇成分。

词汇成分的历史性，还可以通过向下延伸进行观察。一些原属于基本层的词汇成分，可能在若干年之后，失去活力，退出词汇基本层；而一些原非基本层的词汇成分，可能在后来的语用中有很高的使用率和覆盖率，获得了历史的稳定性，进入词汇的基本层。

词汇的基本层和常用层是词汇的主体部分，这两个层面中词汇成分的变化，也是汉语词汇研究的重要方面。随着时代的变化，通过历史的角度观察分析各词汇成分的变化，在语料库的支持下已经不再是遥不可及的，我们可以通过一定的语料，来观察词汇的主体部分，即基本层和常用层中成员的大致面貌，以及它们在历史变化中的大致趋向。

从描写的角度对文献中出现的词根据其意义进行分类，首先需要把意义相同的词放在一起，然后再分析意义相近和相关的词。这样，文献中的同义关系就得以全面展现出来。从经济性和必要性来说，一个概念有一个表达形式就可以了，因此，有一种颇为流行的意见认为，同义词中意义完全相同的等义词是多余的。然而，从语用实际来看，其实不然。

首先，意义相同的词之间有形式差异，比如单音与双音、三音、四音的差别、构成语素的读音差异，这些差异在构句时会有不同的修辞功能，可以适应句子在语音、字数、句式结构等不同方面修饰的需要，也可以避免表达形式的重复单调。其次，意义相同的词之间存在构成语素的差异或结构的差异，蕴含着不同的语义背景和不同的构词理据，形成不同的词汇形式关联和词义联想，从而各具特色、各有表达功能，不能互相替代。再次，意义相同的词之间往往还有其他色彩风格方面的差异，这些细微差异也有各自的适宜性，具备不同的表达功能。

其实，等义词的概念只考虑了词的意义关系，忽略了词的形式所具有的语用效果。等义词也是词汇发展变化的一种方式，对它们不能采取一笔抹杀的态度，而应给予必要的关注。进一步说，把等义词单列进行讨论是没有意义的，应该把它们归入同义词讨论。

在汉语的历史上，人们会为某些概念一再创制新的表达形式，有时多达数十、上百个，这里有两个问题值得深思：为什么人们会不厌其烦地创制这些同义形式？为什么有的词会有很多同义形式，而另外的词却没有？显然，这与表达者的表达目的和表达方式有密切关系，从我们的观察而言，同义形式多的概念往往是表达中更受重视的概念，反映当时人们的关注焦点，或更能体现表达者的意愿，因此，这方面的因素可以深入追究。同义关系也反映了词汇发展中多元因素的互相作用，可以从中观察人们对同义词语的选择和淘汰的理由，了解词汇发展的深层关系。

观察词汇的不同部分，可以看到它们的数量是有差异的，这种差异不仅反映在同义词方面，也反映在各类词的绝对数量和意义完善性方面，呈不平衡的状态。从词汇描写所看到的这种不平衡，可能是文献在词汇使用中偏颇的表现，也可能是词汇发展本身不平衡的表现。展现在共时状态下的这种词汇的不平衡，如果结合各词汇成分的历史背景分析，或许会有更多的发现。结合文献中各个用词的历史背景分析，我们可以看到，词汇的某些部分长期使用，保持了相对稳定的状态，而某些部分则相对活跃，变化颇多，形成了词汇的生长点，反映当时社会生活和观念的不同变化。词汇生长点的变化，也跟文献作者和时代的变化密切相关。

五、结　　语

词汇是语言中变化最迅速的部分，因此，词汇的变化也最容易引人注意。但是，纷纭变化的词汇现象使人不易妥善处理词汇变化中个别现象和整体规则之间的关系，难于看清词汇表象之下的词汇规则，容易让人陷入迷茫。我们需要作出努力，寻找更为科学和严密的方法，来克服词汇研究中可能出现的以偏概全的现象，获得对词汇整体的更深入的了解。

（原刊《汉语史研究集刊》第十六辑，巴蜀书社 2013 年）

词汇翻新及其动因

一、词汇的变化

对于语言本体，通常从语音、词汇和语法三个角度展开分析，其中，词汇是最能直接感知的语言部分，也是语言中变化最多、最为活跃的部分。

几乎所有的词汇学著作都肯定地说，词汇变化或词汇发展跟社会的发展紧密联系在一起，社会发展导致新事物、新概念的出现，这些新事物、新概念的表达，引起或促进了词汇的发展。词汇为满足对自然和社会变化的表达而发生变化，这是毋庸置疑的。不过，反过来说，是否所有的词汇或语言的变化，都是由于客观外界事物变化的刺激，或者是新事物、新概念的发生而引起的？这就有待斟酌。

词汇的新成分，也就是词汇新质，包括新词和新义。从语言事实来看，许多词汇新质确实表达了社会新出现的事物或概念，但是，也有一些大家觉得很新的词，它们表达的内涵其实并不新鲜。以一个现时的词语为例，“忽悠”一词在短时间内迅速传遍各地，是一个公认的新词，但它所表达的内涵，却并非过去不存在、大家从来不提及的。不考虑色彩和语义上的细微差异，在《现代汉语词典》（第7版）中，我们可以找出一批意义和“忽悠”相同或相近的词，比如：骗、欺、蒙、哄、诈、欺哄、欺瞒、欺骗、欺诈、蒙蔽、蒙混、蒙骗、蒙哄、瞒哄、哄骗、哄弄、糊弄，等等。

语言有系统性，这种系统性会影响其中各成员的关系，引发各成员调整性的变化，比如复音化对汉语词汇变化产生的重大影响。但是，语言作为基本的社会交流工具，其变与不变更多地取决于使用者的需求，即受制于语用实践。那些没有现成表达手段的概念，当然需要通过创用新的形式或借用旧形式以实现表达，但是，表达者也可能因为不满于现有的表达形式而再造新的表达方式，这种为已有表达方式的概念再造新的表达方式的做法，是一种翻新，它也通过创造新形式，或者在旧形式基础上增入新义来完成。

二、词汇翻新

词汇翻新具有很强的语用基础，词汇翻新现象普遍地出现在古今语料中，是丰富语言表达方式的重要手段。

王力先生《汉语史稿》第六十节以“概念是怎样变了名称”为题，讨论了词汇在意义不变的情况下形式的变化。受时代的影响，其论述着重强调社会的影响。不过，需要注意的是，《汉语史稿》中所举的促成概念表达形式变化的社会影响，比如时代风俗和避讳、禁忌、避亵、委婉等，都跟社会文化心理有关，带有浓厚的主观性，它们并不是自然或社会客观现实变化的反映：事实已经存在且无任何变化，也已经有了明确的表达手段，但为了满足某些交际中的心理需求或显示表达者个人的态度，表达者放弃旧形式而创用了新的形式。

除了受时代风俗影响的群体心理因素之外，表达者个人的求新求异意识，也促成了许多词汇成分翻新形式的产生。人们在说话或作文时，出于避免陈词滥调、彰显个性、展示自我、提高表达效果等方面的原因，在措词上，往往不愿意因袭流俗常语，也导致词汇翻新。这种词汇翻新，追求的是形式上的变化或差异，并不在意词内部的意义构成或词与词之间的意义区别。表示程度高的时候，除了单音的“甚”“极”“很”以及它们的组合形式之外，还可以有“非常、分外、格外、特别”等词，举例如下：

唐代李德裕《昭义军事宜状》：“其端氏城，是刘从谏近年修筑，**非常**牢固。”

唐代高蟾《晚思》诗：“虞泉冬恨由来短，杨叶春期**分外**长。”

宋代侯寘《风入松》词：“少年心醉杜韦娘，曾**格外**疏狂。”

巴金《寒夜》九：“他走得很慢。身子摇摇晃晃；头变得**特别**重。”

虽然这几个词的取义都是“与众不同、超出一般”，但表达者通过不同语素的组合，用相同的取义方式完成相同意义的表达，取得表达形式的个性或表达形式的差异效果。

这种形式的变化，在汉语词汇史上，有时显得很极端。例如：表示同类的人，有单音词“侪、俦、等、党、伦、流、曹、匹、辈”等，它们来源不尽相同，但表示同样的意义。在汉语复音化的过程中，它们又降级为构词语素，互相组合形成了一大批同义的复音词，出现在汉魏以下的文献中，例如：

侪伍、侪类、侪匹、侪侣、侪伦、侪流、侪偶、侪等、侪徒、侪众、侪属

俦伍、俦类、俦匹、俦侣、俦伦、俦辈、俦党、俦比、俦亚、俦列、俦夷、俦似、俦与、俦丽

等伍、等类、等伦、等辈、等侪、等曹、等俦、等比、等流、等列、等夷、等伴

党伍、党类、党辈、党比、党仇、党伴、党偶

伦伍、伦类、伦匹、伦辈、伦侪、伦党、伦等

流伍、流类、流辈、流比、流亚

曹伍、曹辈、曹侣、曹偶（耦）

匹侣、匹俦（畴）、匹侪、匹群

辈类、辈流

有时，这类同义形式可能集中地出现在某一时期的某一类文献中。在我们对东汉末期的佛教和道教文献调查中，发现许多新产生的同义词，其中超出 10 个的有 30 多组，比如有关人的情绪的几组词。

（1）表示烦恼忧愁：愁恼、愁易、流热恼忧、流恼热忧、热毒、热恼、热疲苦恼、热疲悔恼、热疲忧恼、热忧疲恼、热恼疲恼忧、恼忧、忧恼、忧悲苦恼、忧愁恼、忧苦恼、忧念想、忧悲恼、愁戚[1]；患忧、愁毒、愁怖[2]。

（2）表示惊恐畏惧：侧息、周慞、情悸、怖惧（怖懅）、怖畏、怖惶、

① “愁恼”至“愁戚”见于佛经。
② “患忧”至“愁怖”见于道经。

怖惧、惶怖、畏怖、恐畏怖[①]；怖悸[②]；征营、怔忪、失气、悸切、恐悸、怖惶、惶惧、惶栗、惧骇、不战自栗[③]。

（3）表示愤恨：怼恨、瞋怒、瞋恨、瞋恚怒、协恨、含瞋、念怒[④]；恨[⑤]；恨怨、悒悒忿忿、忿忿悒悒、急怒[⑥]。

像这样用同义语素交叉组合或各自复合所构成的新词，其实并没有什么新义可言，它们之间的色彩差异也并不明显，但创用者却以乐此不疲的态度，通过这样繁多的组合变化，来实现用词的变化。

当然，也有一些词汇翻新形式具有鲜明的形象色彩，向熹先生《简明汉语史》中提到了一批月亮的别称，我们据《汉语大词典》补充后，分组罗列如下：

月子、月色、月明、月亮、月华、月波、月御（月驭）、月窟、月灵、冷月、宵月、寒月、宝月、瑞月、瑶月、璧月、明月、朗月、碧月、白月、皎月、皓月、素月、雪月、霄月、霞月、霁月、麝月

月桂、桂月、桂魄、桂轮、桂宫、玉宫

兔月、白兔、顾兔、玄兔、金兔、玉兔、阴兔、兔魄

金蟾、银蟾、玉蟾、蟾桂、蟾兔、蟾魄、蟾轮、蟾月、蟾蜍、玉蜍、魄蜍

娥月、娥轮、娥魄、金娥、素娥、月娥、月婆

玉镜、金镜、月镜、圆光、月轮、玉轮

魄、魄渊、魄宝、月魄、夜魄、冰魄、地魄、圆魄、圜魄、宵魄、寒魄、玉魄、珍魄、莹魄、晚魄、朏魄、素魄、霜魄、阴魄、金魄、暗魄（闇魄）、丽魄、月魂

以上“玉宫”的“宫”指传说中月亮上的广寒宫，“桂”“兔”“蟾

① “侧息”至“恐畏怖”见于佛经。
② “怖悸”见于佛经和道经。
③ “征营”至“不战自栗”见于道经。
④ “怼恨”至“念怒”见于佛经。
⑤ “恨”见于佛经和道经。
⑥ “恨怨”至“急怒”见于道经。

蜍”“嫦娥”也都是传说中月亮上的人或物，是以月中的人物代称月亮；道教以“魂”为阳，“魄”为阴，如《参同契》卷中有“阳神日魂，阴神月魄。魂之与魄，互为室宅”的说法，“魄、阴、玄、地、渊”因指月亮，但与云相对的时候月却又称“魂”，唐代皮日休《茶中杂咏·茶瓯》：“圆似月魂堕，轻如云魄起。”

另外，从形状上描写，月亮为“圆、圜”，或比喻作“轮、镜”；从视觉和触觉上描写，有“金、银、玉、珍、宝、素、白、皎、皓、亮、明、朗、霁、碧、霞、莹、暗、朏、丽、寒、冷”，或比喻作“瑶、璧、霜、冰、雪”；从时间上描写为“夜、宵”；等等。

不同的作者，从这些与月亮有关的概念中选择适合自己表达需要的成分（语素），组成了众多表示月亮的新词。不同的名称，虽然所指相同，但蕴含不同语源背景和形象特征，有不同的文化含义，各具色彩。

语用中求新求异的需求，通过词汇翻新，为同一个概念推陈出新，造出了这么多的表达形式。同一概念的不同表达形式，在语用中接受使用者的选择，优胜劣汰，成为词汇历时替换的基础和动力。

三、词汇翻新的语用效果

同义词历来是词汇研究的重点之一，但是同义现象是怎样产生的，却很少涉及。词汇翻新是造成同义现象的原因，它的产生出于语用修辞中多方面的需要。

（1）适应语境，区别对待。由于交际对象和交际目的不同，形成了不同群体、不同场合的不同表达习惯。举例如下：反映典雅语境的，如在书面、正式的严肃场合和礼貌交际中表敬表谦的用语；反映特殊群体内部关系的，如行业、帮会、秘密社团的内部交际用语；反映日常交际中各种亲密的、随意的、俚俗的、方域的、粗鄙的交际关系或态度的用语；等等。以上这些都可能对同一概念的表达形式提出不同的要求。恰当地使用符合交际语境的用语以达成交际的目的、取得最佳的交际效果，是交际策略和交际技巧的重要构成部分。

（2）满足特殊语体在形式上的需要，比如诗文中涉及押韵、排比对仗、句式和用词的对应、上下文衔接，等等。有时，这类变化会很极端，比如“妙法莲花经”一语在《敦煌变文集·妙法莲华经讲经文》一文中出现的多个变体①：

我有大乘，名《**妙法莲花**》。（p488）
闻佛号兮受持，得《**莲经**》口[兮]讽转。（p488）
有何意，舍荣花，刚要求闻《**妙法花**》!（p490）
谁人解讲《**法花经**》？万劫千生终不负。（p488）
忽若便能谈**妙法**，身充奴仆不相违。（p491）
窃闻《**妙法莲花经**》是南阎浮提众生病之良药。（p494）
我有《**莲花**》中道经，世间之中应罕有。（p498）
一个世尊来出世，一遍宣扬《**妙法经**》。（p499）
情存《**妙法花经**》，转更心生恭敬。（p500）

（3）通过对不同色彩或形象的选择，增加表达的适宜度、生动性和感染力。比如上举有关月亮的各种名称，就是由不同的联想形成不同用词，造成生动鲜明的表达效果，使用者可以根据表达的需要，从众多月亮的联想中，采用适合当时语境形象色彩的联想来完成表达，增加表达的感染力。

（4）在表达中，通过形式的变化，对某些需要重复的概念，采用有变化的表达形式形成刺激，避免令人生厌的单调重复或陈词滥调，活跃交流气氛。

（5）展示表达者的气质涵养和个人风采，体现表达的个性化，实现语用创新的意愿。语言的使用，除了完成彼此间的信息交流和沟通，也有说话人展示自我的作用。人的言谈，反映人的内在。在社会生活中，人们不仅需要合群、与大众融为一体，也有使自己出类拔萃、不同凡响的愿望，在这种心理的驱动下，通过个性化的用语，显示自己的才华气质、修养内涵，达到引人注意、受人尊重的目的。

---

① 各例后标注的是王重民等《敦煌变文集》（人民文学出版社，1984 年）的页码。

词汇翻新具有满足表达需要、丰富表达手段、提高表达效果、促成交际目的实现等积极意义，它对词汇发展变化的实际影响，可能超过我们的预期。我们在对东汉佛道文献词汇新质的研究中作了一个抽样调查，在 78 条彼此没有同义关系的、有关人体的词汇新质中，发现将近一半由词汇翻新所造成，即用新词新义表达旧有形式所表达的概念、与旧词形成同义关系，联系古今汉语中存在的大量同义词，这个数字具有代表性。

四、语言的经济原则和冗余现象

新造的一个词，却表达一个已有表达形式的概念；或者，一个词增添的新义，只是代替另一个词来完成表达，由此造成许多同义的形式，形成了冗余，显然违反语言的经济原则。

经济原则是指在语言表达中，采用更为简洁的方式，以达到省便的目的。经济原则作用于组合关系，使得表达某一意义的某个具体语言形式（比如语句或词）出现缺略、简化等变化，长度缩短。经济原则对聚合的直接作用是，使得表达某个或某类意义的多个语言形式个体减少或合并归一，使语言系统中的某些部分发生萎缩性的变化。经济原则可以使表达简略快捷，减轻学习和记忆负担，提高交际速度和效率。

很多时候，我们把经济原则看得很重要，甚至有人认为它在主导语言发展的方向。事实或许相反，从整体上看，语言跟整个社会一样，是朝着冗余的方向发展的，正如我们有了一件衣服穿着在身，还希望有第二件、第三件甚至更多，这不仅在于满足换洗、新旧更换时的蔽体需要，还在于我们希望在不同场合都衣着得体，使自己形象体面，既满足自我的审美，又获取他人的好感。可见，冗余有两个作用：一个是增加保险系数以应对客观的不时之需；另一个是满足参与交际的双方主观心理需要。因此，冗余现象普遍地存在于语言的各个层面，以适应这样的语用需求。

冗余是在语言表达中，采用更为繁复的方式，达到强调、细化或准确分辨的目的。它表现在两个方面：一个是形式的延长，如“送”“赠送”“免费赠送”，三者意思不变，但形式一再延长，无非是强调“不要钱”以吸引顾客，甚至还可以说“不要钱免费赠送”；另一个是形式的多样，多样的形式除了来自形式延长之外，更多的是采用不同语素、不同方式造成的各类同义形式。

在冗余现象作用下，聚合中表达某个意义的形式出现分化、增加、繁衍等情况，语言系统中的某个局部发生扩充性的变化，内部成员，包括同义的成员增多，以实现表达中对所指意义的强化。同义形式的增多还有助于表达同类事物中不同个体的细微的区别，可以使我们在表达中有更多的选择，使表达更为精密细致或准确生动。

当然，听任这种冗余无休止地发展，也会走向反面。语言形式无节制的翻新会造成过量的同义关系，或导致语言形式的过度延长，增加语言学习者的记忆负担，在交际中造成繁琐或累赘，令人不堪承受。这时，经济原则就会发生作用，通过删减，使冗余保持在适当的程度之内。

经济原则和冗余现象，在组合中影响语言形式的长度，在聚合中它们影响语言形式的个体数量和语言系统中各部分所占的比例，影响语言系统的面貌。这两条原则具有相反的语用特性，但并非完全对立，而是存在互补性。经济原则可以避免表达中的烦冗累赘，而冗余却可以避免粗略草率，二者互有长短，各有所宜，相反相成。

从总体上说，语言的发展是趋向繁复的，冗余是必然的，它是语言发展的常态，是先行的语言现象；而经济原则是对冗余的调节和补充，以维持语言系统的平衡。语言不能承受无限繁复的表达，但更不可能无限制地简化，繁复与简化的度取决于表达的需要。

五、关注度对语言的影响

词语表达概念，但是，词语和概念之间不是严格的一对一关系。一方面，概念具有概括性，一个概念包括相当数量的同类事物，有时可以再作细分；另一方面，相似的概念可以加以合并。举例如下：在汉语历史上，

"马"根据年龄、毛色、体格等方面的差别，出现过数以百计的名称，反映不同特点的马之间的差别；反之，也可以把马和牛合称为"牲口"，混为一谈：对事物的关注程度决定了表达上的精细或粗略。人们既可以用多个形式表达一个意义，形成词的同义关系，也可以用一个形式表达多个概念，形成多义词语。使用者对事物的认识和分类变化影响了表达的形式。

因此，语言系统和语言成分的繁复或简略，跟人们对事物概念的关注或重视程度有关。表达中，到底是选择简略还是选择繁复，取决于对所表达内容的关注程度。关注程度高、需要强调的内容，在表达上偏向于繁复；而关注程度低、可以忽略的内容，在表达上偏向于简略。有一些因素直接影响了关注的程度。

（1）事物与表达者关系的密切程度。人们对于跟自己息息相关的事物，主要是那些处在变化状态下对人们造成直接影响的事物，关注程度要高些，对它们的观察、区分会更细致。

（2）事物给予我们的印象。给人印象深刻的事物，人们对它的关心程度要高些。对人们的印象发生作用的，有时是事物的新奇程度或对人的刺激程度，新鲜事物或新的信息更能吸引人们的注意，引发较高的关注程度，而见惯不惊、习以为常的事物会使人漫不经心甚至视而不见。

（3）对于事物差别的关注。有些事物跟人的社会评价有密切关系，事物之间的差别，跟人的差别产生了某种对应关系，因而有了区分的必要。对此类事物，我们会给予更多的关注来区分它们之间的差异，把这些事物的不同特征在表达中努力体现出来，提高了表达中的关注程度。

（4）我们对事物认识水平或观察了解的程度。观察细致、认识深刻的事物，关注程度要高些。

（5）个人态度。表达者主观上的重视程度，产生了强调和淡化的需要。出于强调的需要，我们会提高自己的关心程度；反之，对于想要淡化的内容，则会在表达中降低对它们的关心程度。

（6）语用环境对表达态度的影响，庄重严肃的气氛会提高表达的关注程度，表达用语中词句成分都趋向完整，而在休闲放松的时候，关心程度就会降低，说话的完整性降低，省缺跳跃的表达增多。

以上因素根据不同的交际需要而发生作用。同样的概念，因在交际中所受到的关心程度不同而产生了不同的词汇需求，从而引起了表达上的变化。

因此，我们承认客观外界对词汇的影响，也同意语言系统本身对词汇的影响（比如复音化催生了一大批代替单音形式的复合新词，方言交流形成的词汇交流，等等）；但是，词汇并不是客观外界的影子，词汇在反映客观的同时，也要满足语用中使用者的主观需求，这种需求也是语言发展的动力。使用者对于不同语言成分的需求是不同的，比如在汉语的副词中，有一些类别如否定副词，非常简洁；但有些副词则异常繁复，比如表示高度的程度副词、表示全部的范围副词，这些类别的副词形式多样，数量众多，复音化程度高，历代都有翻新，替换频繁，并且在现代汉语中仍然保持着大量的同义形式。原因就是这些副词所表达的概念，往往与说话人想要强调的内容关系密切。为了通过用语的刺激引起对方注意，用词一再翻新在所难免。

六、结　　语

很多时候，客观外界的变化，包括自然的或者社会的变化，是引起语言变化的主要动因，但是，主观作用对语言变化的影响也是显而易见的。一方面，在概念和形式之间并不存在严格而单一的对应关系，很多新事物被我们归入了旧有事物的分类中，用旧词语表达，结果只造成了旧形式内涵增大，使它有了一个新的意义而没有产生新的形式。另一方面，我们常常为旧词创造新的表达形式，产生新词。换言之，词汇中出现的新成分，可能基于新概念，也可能只是旧概念的一个新的表达方式；而新概念可能采用一个新创形式表达，也可能依附于一个旧形式，给它增加一个新义。这样的现象，正是语言任意性特点的反映。

语言的创新要求出自多个方面，客观事物的变化和主观认识的变化或者主观心理的需求都会引起语言的变化，关键是人对这些事物的认识和态度。当人们的认识或态度发生变化的时候，即使这些事物不变，也会有新的表达需求发生。词汇翻新造成词的同义形式，为我们在交际中提供了更多的选择，丰富了语言的表达方式，也使整个词汇系统更为完善，有它的积极意义。但是，我们也应该看到，太多的同义形式所造成的衍余，会使词汇系统过于庞杂，加重语言的学习者和使用者的记忆负担，有它的不利一面。因此，并非所有的翻新成分都会在词汇中站稳脚跟，由词汇翻新所造成的词汇新形式，面临巨大的淘汰压力，只有通过沙里淘金般的语用选择，由翻新造成的词汇新成分才有可能在语用中站住脚，并且流传后世。

汉语词汇的历史发展中，由词汇翻新引发的词汇变化，随处可见。但在以往的讨论中，人们往往囿于某些成见，片面地强调新词新义对社会客观的反映，忽略了语用中对表达形式翻新的主观需求；而在同义词的研究分析中，也未充分注意到同义词的产生与词汇新兴成分之间的关系，这是令人遗憾的。

由词汇翻新造成的词汇冗余，使一个概念可以有多个不同的表达形式，这不仅形成同义关系，还造成大量的等义关系。曾经有人认为，等义词是语言中的累赘，而从语用实际来看，表示同一概念的词，比如“今天—今日”“哥哥—哥”“鞋子—鞋”等，只要有差异，就会有不同的表达效果和适用的场合，意义的等同，不等于语用中表达功能的等同，词汇中的等义关系并非一种完全消极的现象。

总之，词汇翻新并非人所未知的现象，但长期以来缺乏应有的关注，而由此形成的一些不当认识却成为词汇学研究中的结论。因此，客观地观察汉语词汇各种表象，探讨词汇翻新对词汇发展的影响并给予恰当的评价，应该是历史词汇研究不可缺少的一部分。

（原刊《汉语史学报》第十五辑，上海教育出版社 2015 年，人大复印资料 2016 年第 5 期转载）

对汉语词汇复音化研究中数据分析的思考

复音化是 20 世纪 80 年代末至 21 世纪初汉语词汇历史研究中的热门话题，从对中古以来汉语词汇的复音化程度的评价，我们可以看到一些非常乐观的结论。通常认为，汉语词汇在中古时期已经进入了以复音形式为主流的状态，一些文献中词汇的复音现象，比如在南朝宋刘义庆《世说新语》中等，被当作汉语词汇进入复音化为主的状态的统计依据。

然而，当我们翻开这类文献，在阅读时却感受不到强烈的复音化状态，在大量的语句或段落中，我们遇到的仍是一个又一个的单音词，复音词偶或一见。许多被认为词汇已经复音化的文献中，句子仍由多数单音词和少数复音词组成，在这些文献中，能够感受到的，仍然是一个以单音词为主的词汇系统。

问题出在什么地方呢？提出这类文献已经高度复音化的论者，都是对文献中的词汇材料作过仔细的调查分析的，对文献中的词作了逐一的调查和统计后作出的，其中或许有个别词的判定（比如它们到底是词或词组）可以讨论，但他们的结论，应该是有事实根据的，不应随意否定，但是，我们又确实不能改变我们在阅读中的真实高度单音倾向的感受。事实上，这种冲突的发生，是观察角度不同造成的，这种差异的存在，反映了汉语词汇复音化中统计方法和思路上存在的缺陷，应该给予必要的补充或矫正。

一、复音化研究的基点和材料

复音化研究有两个视点。复音化的过程是一个历时的过程，它要求我们观察汉语词汇怎么由单音形式向复音形式变化。但是，对这种历时变化过程的研究，必须建立在共时分析的基础上，二者既密切相关，又不能混为一谈。

复音化的共时分析，是指对一种文献或一批共时性文献，在不考虑它的历时因素的前提下，展开分析，材料本身作为一个整体，不再作区别。

复音化的历时分析，可以采用两种方法，比较常见的是，以一组体现不同时期词汇特征的文献为依据，对每一种文献都作一共时描写，然后把这一组统计数据放在一起，考察复音化的进展。这种方法，有一些局限，可能影响结果的可靠性，主要表现在如下方面。

（1）对不同时期不同文献进行多点的统计，材料量太大，个人往往无法完成，从而采用他人已有的研究统计结果。但是，其中不同研究者在材料处理方面的原则或尺度会有差异，致使统计数据本身的基础不一致。

（2）从不同时期各选取一种文献，这种文献的典型程度到底怎么样？同一时期的文献，复音化程度肯定是有差别的，由于没有对同一时期材料作普遍的了解，被选文献是否具有代表性是需要考虑的。

（3）用于分期比较的材料本身有差异，比如文体的差异、内容的差异、作者用语风格的差异等，这些非语言因素会导致材料在词汇使用方面的某些偏向。这种差异引发的偏向在复音化方面的反映则是复音化统计的结果也可能具有偏向性。

我们也可以尝试用另外一种方法来考察汉语词汇的复音化进程，即利用同一种或同一组共时的文献，对其中的词汇成分，从本身形式和产生时代等方面，作逐一的分析、归类和统计，从而分析出同一文献中蕴含的历时信息。

这个做法是基于这样一个认识：汉语的词汇是随着时代的发展而不断变化发展的，每一个时期的汉语成分，都是过去不同时代汉语成分发展变化的一种积淀。不同时期产生的新成分，跟汉语的原有成分，在经受了语用的选择和淘汰之后，留存到后代。因此，我们可以从一个共时的材料中，看到不同历史时期保留下来的不同“遗迹”，从而反推过去不同时代的词汇面貌，总结出过去不同时代词汇之间的差异。这个方法，可以避免采用多种文献以及多人研究时，在材料或手段方法方面的不一致，提高分析数据的可信度。

当然，也应该预计到这种方法可能存在的局限。因为过去时代产生的词语，在进入当时的语言并保存下来时，受到多方面因素的影响，其中，保存在作为语料的某一种或某一组文献中的材料，只是其中的一个部分，具有抽样性的特点。对一种材料的抽样，可以让我们观察到某些事实，但是，在理论上，它仍可能会有某些偏差，因为它只是一个抽样。

二、词的统计研究

对一本书中的词汇材料，用统计的方法进行处理的时候，从不同的角度入手，会有很不相同的结果，首先，是对复音化的判断，可以有不同的方式，比如：

（1）假设在一本书中，统计后获得1000个词的个体，那么，复音词占多少时可以算进入词汇复音化阶段呢？通常以多数为衡量的尺度，比如 1000 个词中有 600 个复音词，可以认定，这本书中的词汇已经进入了复音化阶段。

（2）也可以从这本书中的新词来考察，假设在一本书的1000个词中，有 100 个新词，其中复音新词有 60 个，单音新词仅 40 个，我们可以说，复音词的能产力超过了单音词，进入了复音化阶段。由于复音词的能产性逐渐上升，单音词主要集中在旧词中，因此，对同一文献中的词汇材料采用这种分析，会把汉语词汇的复音化时间大大提前。

（3）还可以综合这种文献的历时考察。由于语言的继承性，任何一个共时状态中的语言材料，都有它们不同的历史背景。从产生年代来看，有些词会早些，有些词要晚些。所以，在研究中，可以把一种文献中的词，根据它们产生的时期，进行分析。比如在某种文献的 1000 个词中，据产生（指文献始见例）时间的早晚分成如下时期：最早的A时期、稍后的B时期、较近的C时期以及当代的 D 时期四个时期。对结果的分析可采用如下方法：先统计四个时期各有多少个词（假定 A 时期有 500 个词，B 时期有 200 个词，C 时期有 200 个词，D 时期有 100 个词），再分析各时期词的单音与复音的比例，也可以对汉语词汇的复音化提出一个结论。从这个结论可以看出汉语词汇中，单音形式能产性与复音形式能产性的消长，较上述分析更具综合性和历史价值。

可见，即使是同一种文献，由于采用了不同的分析方法，结论也会大不相同。我们需要考虑如何处理其中的矛盾，以得出一个能够照顾到各个方面的更为客观真实、更具可信度的结论。

三、义位在统计中的影响

问题并不止于此。作为意义表达的单位，在交际实践中，不同的词表意能力有大有小，形成多义词和单义词的差异，从表意能力来看，一个多义的词，在运用中相当于多个单义词，因此，现在很多词汇研究者都以义位作为词汇研究的单位。

从义位的角度来观察词汇的新兴成分，引发我们更深入的思考。以对词汇中的新兴成分观察为例，如果仅仅对新词进行分析，就可能忽略词汇发展中的另外一些部分，即旧词的新义（比如那些表达新义的旧词），形成疏漏。因此，把义位作为词汇研究的基本单位，具有合理性。通常的研究中，总是把新词和新义放在一起讨论，因为二者都是词汇中的新质，反映了词汇的新变化。

在讨论词汇的发展变化时，有一种观念几乎成为定式，就是把词汇中的新质跟新事物新概念简单地等同起来，认为新词新义就是为了表达新事物新概念，或者对新事物新概念表达的需要，就是词汇新质（新词新义）产生的原因或动力，这是不全面的。我们当然不否定新事物新概念对新词产生的促进作用，但是，确实有很多新词并不表达新概念，而是表达旧概念的。交际中，为了避免用语陈旧而对原有概念的表达形式作别出心裁的翻新，在语用实践中屡见不鲜。因此，词汇中的新质，从形式和意义的关系来看，实际上包括以下几个方面：①用新形式表达新概念，通常定义为新词；②用旧形式表达新概念，通常定义为新义；③用新形式表达旧概念，通常定义为新词；

④用旧形式表达其他的旧概念，通常定义为新义。

以义位为研究的基本对象，有一些显而易见的好处。它使我们的研究进入一个更细致的层面，这样，就能够更加真实地反映出不同的词汇个体在词汇中的地位，同时避免在判断某些词是否分化时的纠缠。

但是，从这样的角度来看，使用上述材料和上述方法，统计的结果又会很不一样。差异主要在于多义词的分布。词的多义化，是词汇发展的基本倾向，大体上，一些使用年代久远的词、一些流行较广、使用频率比较高的词多义化的可能性要大些，新词则大体以单义为主。因此，从整体上看，早期产生的词汇个体，多义化的程度远高于后来产生的词汇。这样，以上文"二、词的统计研究"中第三组的假定材料再作分析，结果可能是：A 时期的 500 个词，以每个词 3 个义位计，会有 1500 个义位；B 时期的 200 个词，以每个词 2.5 个义位计，会有 500 个义位；C 时期的 200 个词，以每个词 2 个义位计，会有 400 个义位；D 时期的 100 个词，以每个词 1.5 个义位计，会有 150 个义位。

由于缺乏具体的研究样本，这一分析是假设的。虽然各时期产生的词在用义位统计时，数量都增加了，但是，由于旧词和新词义位增加的幅度不同，各时期词汇中单音和复音形式所占的比重也不同，新兴成分，包括复音词的影响，在这一统计中会有明显下降。

采用这样的分析，有些关系可能要颠倒过来，比如（上文"二、词的统计研究"中的第一组）当 1000 个词中，400 个单音词每个有 3 个义位，而 600 个复音词每个有 1.5 个义位，单音词的义位共 1200 个，复音词的义位共 900 个，我们能说这种文献中的复音化已经占了上风吗？

四、词的使用率

以往的一些统计结果跟我们阅读感受的矛盾，主要在于词汇个体统计数跟它们的使用率之间的不一致。

我们在说话的时候，并不是很"公平"地把我们所知道的词汇成分都依次说出来，我们只按照意义表达的需要，选择适合的词汇成分。因此，表达中，词汇成分的使用，受表达的内容、表达的环境、表达者的个人习惯等因素的影响，具有随机性。其中，有的词汇成分，在表达中被经常使用，有的则很少使用。

有两个概念应该区分开来，即"交际中实际使用的语言成分"和"人们所掌握的可能被使用的语言成分"。我们的语感来自实际使用的语言成分，活生生的语流；而不是保存在人脑（词库）中可能被使用的语言成分①。

已有的一些研究和统计，主要是对语料的词汇个体作的统计分析，谈到的是词库成分，而不是语用中体现的实现成分。因此，就出现了这样的局面，我们在一些被断定为复音化已经占了上风的文献中，读到了大量由单音词为主体构成的句子，而很少遇到一个复音词占多数的句子，这种严重违反语感的结论，显然存在着某些偏颇。

因此，判断汉语词汇的复音化，必须考虑语用因素，充分注意文献材料给予阅读者的语感，把词的使用率作为一个复音化分析的必要因素。

不同的分析，会有不同的结论，像谭代龙以唐代译师义净的一种译经《根本说一切有部毗奈耶破僧事》为基础材料，在剔除佛教用语后的一般用词中，单音词和复音词的情况如表 1 所示。

表 1 《根本说一切有部毗奈耶破僧事》中一般用词的单复音词词量、词次、频次统计

单复音词划分	词量/个	词量占比/%	词次/次	词次占比/%	频次
单音词	1521	26.925	75 171	78.245	49.422
复音词	4128	73.075	20 900	21.755	5.063
合计	5649	100.000	96 071	100.000	17.007

这一部佛经中单音词和复音词的关系，从词量来看，单音词与复音词的比例大约是 1 : 3，这个统计数据显示，词库中单音词比复音词少得多；但是，从使用率（词次）来看，单音词与复音词的比例却是约 3 : 1，它告诉我们，从语料反映的语流来观察，单音词出现的次数比复音词高得多，因为，

① 保存在人脑中可能被使用的语言成分是零散不完整表意的、列举性的清单。

单音词的平均使用率是 49.422，而复音词的平均使用率只有 5.063，从使用率上看，单音词的使用率接近于复音词的 10 倍，这样，在具体的语句中，复音词在个体的数量上的巨大优势被化解了，单音词反而占了大多数。这一分析可以解释我们在上文中提到的复音化分析中数据与语感的不一致现象。

五、复音化研究中的数据分析

在作复音化数据处理的时候，有一些问题应该注意。

研究者的主观态度。汉语词汇的复音化，是汉语词汇研究的重要方面，但是，研究者在工作中应该客观冷静。汉语史的研究中，有一项工作就是发现新材料，复音化程度的提高，也是研究中强调的一个方面。但是，不能把复音化程度与研究成果的价值等同起来，避免在数据方面的片面追求，结论中复音化的程度高并不等于研究的成果价值大。

我们在上面的分析中，谈到了复音化数据分析的多种可能，这多种可能，反映了复音化在词汇不同层面的表现，因此，我们需要进行科学的复音化数据分析，应该充分注意到这些数据的差别和彼此之间的联系。

综合上述分析，我们以为，一种文献词汇材料的复音化反映在多个层面上。

（1）新词层面。这个层面要看在一个时期产生的新词中，有多少个复音形式、多少个单音形式。

（2）词汇新质层面。这个层面要看在一种文献中体现的词汇新质，有多少个复音形式、多少个单音形式，即考察发生变化语言的最小自由运用表达单位，了解复音化的程度。

（3）词汇个体层面。把一种文献中所有的词汇成分个体逐一列出，进行复音化的分析。

（4）词汇的义位层面。以义位为单位，对词汇中的复音化程度进行分析。

（5）词汇的应用层面。以词的使用率（复现率）为基础，对单音词和复音词的出现次数进行分析。

以上各层面的分析，结果是很不相同的。但是，正是这种不同，反映了复音化在汉语词汇不同层面的发展细节，通过这样比较细致的分析，我们或许可以更为客观真实地了解汉语词汇发展的过程。

（原刊《蜀语新声》，四川辞书出版社 2009 年）

补记：本文提出的汉语复音化研究的设想，在我们对早期天师道词汇研究中进行了实践，研究从几个层面对汉语词汇复音化的情况作了数据分析，并综合这些数据对这批文献的复音化程度作了评价。研究的具体成果题为《汉语词汇复音化的观察视点和方法——以早期（魏晋）天师道文献为例》，发表在《中国语文》2016 年第 3 期，人大复印资料 2016 年第 9 期转载，可参。

2019 年 7 月

汉语词汇中的非理复合词
——一种特殊的词汇结构类型：既非单纯词又非合成词

汉语词的结构分析，通常以字为单位展开。在多数情况下，一个汉字代表一个语素，单语素构成单纯词，语素与语素构成复合词，偶尔也有两个或多个汉字作为一个语素的情况。一般说来，语素与语素根据一定的规则组合成词，整个词的意义和它的构成语素之间有直接关系，语素之间的关系也是可以分析的。但是，在历时演变中，一些词语内部的语义结构和外部的形式之间失去了对应，出现了一些由多个成分组成、却又不能按照常规语义结构规则进行分析的词语。对于这类词，向熹先生在讨论“超层次的复合词”时曾举了数例作了分析[①]，我们从结构分析的角度出发，把非单纯结构又不能按常规语义结构规则进行分析的词称为非理复合词，并试图对这类词汇成分作出描写。

从来源上看，非理复合词大致可以分成以下几类。

一、跨层次凝合词

不同意义的语素按一定规则组合成复合词，有时，一些不同结构层次的成分在某个语法环境中，经常在一起以固定的顺序表示固定的意义，成了一个具有特定语法意义的成分，久而久之，凝合成词。在汉语中有不少通过这个途径产生的词，以下是一些被收入《现代汉语词典》（第 7 版）中的凝合词，它们产生的时代不一，但至今还常使用，例如：

---

① 见向熹编著《简明汉语史》（上），高等教育出版社，1993 年，第 515 页。

不比、不必、不曾、不但、不独、不如、不无、不屑、不宜、不致、从而、否则、可不、可谓、可以、何不、何必、何曾、何谓、无比、无不、无非、无怪、无须、毋宁、毋庸、然而、然则、因而、再不、在乎、在于、至于、所以

这一类词形成的原因是一些局部可替换的多层短语中，经常变换的成分与变换的剩余成分在结构关系上的不对应。以“不必去”这一词组为例，本是副词“不”否定状中关系的“必去”，是用两个状语作双重限定的双层复合结构，其中中心语“去”可以用同类动词替换，组合出“不必行”“不必说”“不必相信”等。这样，在一个 A+BC 的组合中，处于上位的 BC（如“不必去”中的“必去”）中的 C 是一个自由度很大的、经常被替换的独立成分，剩余的 B 就和 A 成了这个组合的基础成分，因而引起语法结构的重新分析，把剩余成分 AB 作为一个词。把 A+BC 认识成 AB+C 的结构，这样的结果，似乎是语法关系上不处在同一层次的 AB 通过反复连用凝合成词，其实是局部替换中剩余成分在语感上的一体性导致的重新分析。这个过程，可以用图 1 表示：

A+（B+C 或 D、E、F、G……） ⟶ AB+（C 或 D、E、F、G……）

图 1　跨层次凝合词形成过程

对词语成分的误认也会引起跨层凝合，如《诗·伐檀》中“河水清且涟猗”一句，宋代朱熹《诗集传》说：“猗，与兮同，语词也。”但“猗”作语气词用例很少，后人不了解，而它在节律上又与“涟”构成一个音步，就把它和“涟”放在一起理解，字也写作“涟漪”。“猗”从一个附在全句之后的语气词，成为形容词“涟”的后附成分，结构关系也变了。

二、层内偏合词

连词等起关联作用的词，连接同一语法层次中的词或词组，在同一层级的两个语言成分之间起黏合作用。由于关联成分在语义上除了连接上文，还

提示下文，与后一成分的关系更紧密。一些关联词就在这样的情况下和经常出现在它后面的词凝合，例如：

以后、以近、以来、以免、以内、以期、以前、以上、以外、以往、以下、以远、以至、以致、之后、之前

在这类词语中，“以后”“之前”等中的“以”“之”等是没有自立能力、靠前后成分夹持而出现在话语中的。但是，由于关联词前的成分的相对完整性和它本身提示下文的作用，加上某些关连组合中后续成分也比较固定，在音律等因素的支持下，它就疏远了前面的成分，和后面的成分合成一个语言单位。这样凝合成的词语，最初仍需有前加成分，如“……以内”“……以外”等；后来经过进一步发展，这样的词可以不要前加成分而单独成立，如“以前”“以后”等，彻底完成了层内偏合的过程。这个过程可以用图 2 表示：

B 或 C、D、E、F…… + & + A ⟶ B 或 C、D、E、F…… + &A ⟶ &A

图 2　层次偏合词形成过程

三、合音缩略词

由于习惯性的语流加速，有时两个密切相连的音节缩合造成一个新音节，这是合音缩略词。这一过程，是从原有的两个音节中选取部分音素组成一个与原形式不同的、单音节的新形式。古代汉语中，一些常用的虚词成分，包括一些跨层成分，多发生合音缩略。合音缩略词，有时新造一字来记录，有时则借用另一个字来表示，例如：

不可—叵、何不—盍、之于—诸、之乎—诸、不要—别、三十—卅

还有一些合音缩略词只见于口语，而没有书面的记录形式，例如：

今吴中乡妇呼阿母，声急则合而为黯，轻躁之子呼先生二字，合而为襄，但未有此字耳。（明代陆容《菽园杂记》卷七）案：至今浙江宁波话“阿母”常说成 am。呼唤母亲时再加一语气词作“阿母欸”，三个音节在口语中说成 ammei 两个音节。

现代口语中，这类情况仍然时常出现，如北方一些方言把“干什么”说成“干吗”甚至“嘛”，四川话中的“做啥子”用于表示不满或愤怒的场合，说成“zua 子”，都是同类的现象。这种词的特点在于用一个音节（一个汉字）表示了两个语素，与一般汉语记录中词大于或等于汉字的习惯不同。由于在多数情况下表意的汉字要么记录一个语素，要么记录一个语素的部分，所以，对汉语词语的书面分析，我们总是以音节（字）为最小单位展开的。然而，在这里我们看到汉语中还有非单一结构的单音词，即可以作内部语义结构分析的单音词。

四、选字缩略词

由于交际省便的要求，一些较长的词或词组通过反复使用发生缩略。说话人采用原词语中部分字来代表这个整体，受话人通过代表形式的提示结合自己的语言经验把它还原成原词语来理解它。不论原词语是词还是词组，缩略后都成为一个词。由于缩略词的代表成分选用不以语法或语义结构为基础，所以缩略形成的词从字面上看往往是无理据的[①]。例如：

① 本文对缩略采用比较严格的形式判别标准，主张缩略后形式中的每一个成分都应该来自于它的原型，所以，我们认为“三好”“五讲四美三热爱”等不是缩略，而把“何不”说成“盍”却应该是缩略。同时我们也主张缩略只是从一个词语的原型中选取部分有代表作用的语音成分来代表这个词语的整体，而不是选取其中在结构或意义上有代表作用的成分。有关论述可参俞理明：《汉语词语缩略概论》，《汉语史研究集刊》1999 年第 8 期，第 161—176 页；俞理明《词语缩略中的任意性基础和约定作用》，《语文建设》1999 年第 6 期，第 8—12 页；俞理明《词语缩略的界定及其理论诠释》，《四川大学学报（哲学社会科学版）》2000 年第 2 期，第 124—128 页。

何为—为、何所—所、何缘—缘、何等—等①

这类缩略词在古代文献中分布很广，比如："牛郎织女"被说成"牛女"，"绮襦纨裤"被说成"绮襦""纨裤""绮纨"，"同日而语"被说成"同日""同语"。不仅一般词语，一些专用名词也有缩略的现象，如《论语》《孟子》二书被称作"语孟"或"论孟"，《史记》《汉书》被称"史汉"；人的姓名也有缩略的，如把司马迁和班固两人合称为"班马"，单独称司马迁为"马迁"，称杨得意为"杨意"，等等。这种现象已引起前人注意，例如：

今之称复姓者，皆从省文，如司马则曰马，诸葛则曰葛，欧阳则曰欧，夏侯则曰侯，鲜于则曰于……唐永贞元年十二月，淳于姓改为于，以音与宪宗名同也，至今二于无复可辨。（宋代费衮《梁溪漫志》卷三）

有的成语也是通过缩略形成的，如《尚书大传》卷三"爱人者兼及其屋上之乌"，后来在这句话的基础上缩略产生了成语"爱屋及乌"，字面上是"喜爱房屋连及乌鸦"，但实际意义还是它的本义，即"喜爱一个人而兼及他住房上的乌状饰物"。成语本身也可以被缩略，比如"守株待兔"说成"守株"或"守兔"。由于语素形式的省缺，从字面上看，缩略后的形式在字面上往往无法涵盖原形式中的各局部意义，却并不影响对整个词语意义的表达。可见，缩略代表成分并非选用有代表意义的语素。缩略词的这种非理据性的特点，常常造成字面意义相悖，比如"如"有"不如"的意思，如下例：

母欲立之，己杀之，如勿与而已。(《春秋公羊传·隐公元年》）何休注："如即不如，齐人语也。"

---

① 《汉书·赵后传》："帝曰：'今故告之，反怒为？殊不可晓也。'"颜师古注："故以许美人产子告汝，何为反怒？"三国吴康僧会译《六度集经》卷八："王号制胜，行国严界，睹女疲息，问：'尔何人，为道侧乎？'"（何为/为）《汉书·武五子传》："王孺见执金吾广意，问帝崩所病，立者谁子，年几岁。"（何所/所）。《太平经》卷六十七："今当名天师所作道德书字为等哉？"（何等/等）在汉魏佛经中有大量的同类用例，还有把"何缘"作"缘"、"何从"作"从"等用例，参俞理明《佛经文献语言》，巴蜀书社，1993 年。

现代汉语中，缩略普遍运用，产生了缩略词素。一些常用的缩略成分，由于类比作用，在不同的词语中得到了广泛的使用，与原词语中部分成分在意义上形成对应关系，比如“委”表示“委员”或“委员会”，“大”表示“大会”或“大学”，等等。应该看到，这些词素的形成是较早产生的缩略词在语用中被普遍仿拟的结果，并不是在缩略之初就是以这些成分作为词素来构词的。由于缩略词素的产生，现在常见的缩略词可以分成两类：一类是原发的缩略词，如“严打”（严厉打击刑事犯罪活动）、“推普”（推广普通话），没有形成确定的可供仿照的模式，更明显地表现出表意不明确性和形式的不可分析性；另一类是仿照原有的缩略格式，对词语中相同成分采用相同代表形式，形成的可分析的缩略词，通常人们是从这种角度来认识缩略词的。在不少情况下，一些缩略词虽然有一个可供摹仿的模式，但是其中的一些成分尚未形成约定意义，所以从字面上看理解起来也是有困难的，例如：“打非”（打击非法出版物，仿“打假”）、“普九”（普及九年制义务教育，仿“普法”）等。缩略词的构成成分即便都已词素化了，在理解的过程中也还会有问题，比如在成都，“成师”指成都师范学院，“川师”指四川师范大学，同一“师”在类似的语境中所指对象不同。反之，类似的名称有时也不能同样缩略。对缩略词的结构和意义的可靠分析只能通过形式的还原才能得出。

掌握词语缩略的规则，可以弄清一些从字面上看语义结构不清的词语的构成理据，如宋代欧阳修《归田录》卷二说：“宗室女封郡主者，谓其夫为郡马；县主者为县马，不知何义也。”宋代袁文《瓮牖闲评》卷三也同样表示疑惑：“驸马者，天子之婿也，以副马给之，故称驸马。不知所谓郡马、县马者何义。”汉代在“公主”之下有“郡公主”“县公主”的封号，六朝以后略称为“郡主”“县主”，作为皇族庶出或别支的妇女封号。在封爵系统中公、郡、县依次递降，公主、郡主、县主形成一个系列。魏晋以下俗称公主的丈夫为“驸马”，郡公主、县公主的丈夫本应作“郡驸马”“县驸马”，但“郡公主”“县公主”已经缩略成了郡主、县主，所以“郡驸马”“县驸马”也通过缩略构成双音的“郡马”“县马”，与双音的“驸马”相类，也正与公主、郡主、县主相配。缩略掩盖了它们的造词理据。

五、隐 缺 词

在汉语词语中有一种特殊的形式，就是在一个完整的习用词语中把其中表意所需的部分隐而不说，用剩余部分来表示这个隐去的内容，不论它的结构是否完整、表意是否合理。陈望道先生《修辞学发凡》中称为藏词，后来有的学者根据它们所处的位置分别称为藏头词和歇后词。隐缺词和缩略词有一些相似的地方，它也是在一个常用形式的基础上略去部分成分构成的，也不考虑被保留部分结构和意义的完整性，但是，这类词语的代表形式取舍不是任意的，而是有定的，例如：

友于，指“兄弟”，出自《尚书·君陈》：“友于兄弟。”三国魏曹植《求通亲亲表》：“今之否隔，友于同忧。”

居诸，指“日月”，时光。《诗·柏舟》：“日居月诸，胡迭而微。”孔颖达疏：“居、诸，语助也。”唐代韩愈《符读书城南》：“岂不旦夕念，为尔惜居诸。”

倚伏，指“祸福”，出自《老子》五章：“祸兮福所倚，福兮祸所伏。”唐代徐夤《招隐》：“鬼神只阚高明里，倚伏不干栖隐家。”

而立，指“三十岁”，出自《论语·为政》：“吾十有五而志于学，三十而立，四十而不惑，五十而知天命，六十而耳顺，七十而从心所欲，不逾矩。”宋代严有翼《艺苑雌黄》：“顷有人年七十余，置一侍婢年三十。东坡戏之曰：‘侍者方当而立岁，先生已是古稀年。’”

秋胡戏，指“妻”，出自古代故事秋胡戏妻，见汉代刘向《列女传》，历代话本戏剧中多用为素材。《金瓶梅》二十三回：“只嫂子是正名正顶轿子娶将来的，是他的正头老婆秋胡戏。”

七大八，指“小”，小老婆。俗语“七大八小”本指众多纷杂大小不一的样子。明代徐翙《春波影》三出：“我眼里见了多少人家七大八，不似这个真是能诗能画。”

乘龙快，指“婿”，女婿。朱琳《洪门志》“隐语”：“婿，称乘龙快。”

城隍老，指“爷”，父亲。城隍老爷，传说中守护城池的神，旧时各地例有神庙供祭。《民俗》1928年第23、24期《序闽歌甲集》：“让我拿所知的苏州话举出数例。譬如说：‘这人的父亲做了官，纳了一个妾。’这句话太直捷了，不妨改作：‘俚格（他的）“城隍老”（爷）做仔“秃头判”（官），讨仔一个“七大八”（小＝妾）’。”

猪头三，指“牲”，谐“生”，指生人、外行人或不懂世面不会处事的人，猪头三在《沪苏方言记要》中“为称初至沪者之名词。‘牲’‘生’谐音，言初来之人，到处不熟也”。

相较于原型词语，变化后的词语中保存的形式略去了意义，而保存的意义却略去了形式，它在形式和意义上取舍相反，有很强的典故性，接近于猜谜。所以虽然我们可以找到不少这类例证，但是大多使用不广，具有很强的区域性和时限性。用这种方法造的词语在结构上往往是残缺、无理据的，只有通过复原并重新取舍才能正常理解它的语义结构。

六、非理仿词

仿词是用一个同类词素替换原词中的相应词素从而构成一个新词，如仿“阔人”而作“窄人”之类。在修辞层面上构成的这类成分大多是临时性的成分，它影响汉语词汇的使用，而并未给汉语词汇增加新的成分。但是也有一些词是用这个方法造的，比如把“空中小姐”缩略成“空姐”，后来仿造出了“空嫂”“空哥”。词语在仿造过程中，往往伴随着对其中词素义的重新理解，如“空姐”指飞机上的女服务员，其中的“姐”来自于“小姐”，对年轻女子的敬称。但是在仿造的时候，却把它理解为另一个意义“未婚年轻女子”，与已婚的中青年妇女称“嫂”、年轻男子称“哥”相对，然后仿造出了“空嫂”“空哥”。“空嫂”同时还与“军嫂”有仿拟关系，但与“军嫂”的“嫂”不同，“空嫂”的“嫂”只宽泛地表示已婚并不指某类人的妻子。“空哥”的“哥”也不是同父母所生的年纪较大的男子，所以，尽管称谓中“哥”“嫂”相对，但“空嫂”与“空哥”大多只是同行或同事，并无婚恋关系。仿词的产生，与语言运用中的趋时心理有密切关系。有一段时间，北京流行“面的”，一时以“的”为基础的仿词十分兴隆，如“摩的”“板的”“马的”等；还出现了与“空姐”相应的仿词如“的哥”“的姐”“的嫂”等。这类仿词在仿造过程中，虽然对其中的语素意义作了重新认识，但是从整体结构上看，仿造是在比较严格的同类对应前提下进行的，所以仿造出的词从结构和意义的分析上看，是合乎常规词语结构的。

有些仿词的情况就不同，大约是在仿造过程中对原词的认识只限于这个词的整体，只考虑它的整体对应性，所以其中的替换并未遵循同类替换的原则，使得新生的仿词在结构上与原词出现很大差别。例如：在台湾的方言中，仿“太保”而造的“太妹”，它的语义结构与“太保”就不一样，“妹”表示少年女子，“保”并无相对的少年男子的意思，但它被“妹”替换了。类似的词还有仿“酒吧”的“啤吧”“水吧”“茶吧”“果吧”，来自英语 bar 的“吧”原指小酒馆，在这些“~吧”中，喝的不必是酒，也可以是茶水或饮料（其中“果”还是一个缩略成分，指的是果汁）；同时，另一类“吧”也出现了，如“爵士吧”“迪吧”“书吧”“网吧”“话吧”等，在提供饮料的同时，还有一项主要的服务，虽然在形式上还相似，但语义结构已不同于前一类“~吧”，由此造成了一些无法直接分析的词语，具有非理据性。

旧时军人称“丘八”，这是把“兵”字拆分后形成的一个单纯词。但是，在后来的仿造中，人们把它当成是一个合成词，造出了一些新形式，例如：

> 那个粗壮汉子惊奇地问：“你们带这些本本做什么？”罗四维冷冷地说：“读书人不带书带什么？”有人笑问道：“你们是丘九？是学生哥？”林珊也笑着说：“我们是丘十，是教书的。”这两句惹得大伙笑起来，空气缓和得多了。（李英敏《夜走红泥岭》）

五四以后流行说“工农兵学商”，学排在兵之后，所以，仿“丘八”造了一个“丘九”称学生。对话中又有人开玩笑把教师称为“丘十”。在重庆一带的方言中，还有一个也是“丘八”的仿词，即“丘二”，意思是雇工，目前在当地口语中，“二”已弱化。但是，我们看到，在较早的四川作家作品中，都写作“丘二”：

早知道这样，我不该退了佃当丘二！（沙汀《催粮》）

我走什么运，还不是当跑腿的丘二吗？（马识途《京华夜谭》六）

“丘二”来自于“丘八大爷”。过去当雇工与当兵在劳动强度、不稳定性以及社会地位方面有不少相似处，因此，军人称“丘八大爷”，雇工承“大爷”排行称“丘二”。还有一条跟“丘八”有关的仿词，1998 年在成都市抚琴小区邻接青羊小区处有一家退伍军人开的“丘三川菜馆”，在店堂当门的屏风上有一首打油诗，说到店名的来由：“当兵当到头，丘八变丘三。”据 2003 年就读四川大学中文系的李佳同学调查[①]，这是把“丘八退伍”解作“八减五为三”，因戏称“丘三”。

非理据仿词在古代汉语中也有实例，如反问语气的“何~”与陈述语气的“无~”构成同义关系，像表示反问的“何知”就是“无知”、“何有”就是“无有”。所以，“何所”有它的同义形式“无所”，“无所”又产生了它的反义形式“有所”；“何以”有它的同义形式“无以”，“无以”又有它的反义形式“有以”。从结构上分析，“何所”表示“所……何”，是一个谓语前置的结构，“何”是一个谓词，而仿造的“无所”“有所”中的“无”和“有”就不能作这样的分析，通常把它们分析成动词，而把“所……”作为它们的宾语；“何以”是一个介宾结构，“何”作介词“以”的宾语，但是，“无以”“有以”中的“无”“有”无法作这样的分析，只有作整体理解，因为它们是在仿似中通过不对应替换进入这个词的，从而构成了非理据关系。

非理据结构的词语，是历时变化的产物。从来源上说它们不是单语素词，但是却又具有整体特征，不能像一般合成词那样作结构分析。这些词语

---

① 这是林丽同学提示的，谨致谢。

成为汉语词汇共时分析中的难点，论者每以“固定词语不可分析”而避而不谈。但是，科学的分析不应该回避研究中所面临的任何问题，在汉语词汇结构的分析研究中，应该对处在共时层面中的所有的词汇成分加以处理，既然所有的汉语复合词都是通过“固定”形成的，而这些复合词大多可以分析，那么，对其中不易分析的成分弃而不论是不恰当的，需要深入研究，提出解决的办法。本文认为，从现代汉语词汇的共时层面上看，在汉语的合成词与单纯词之间还有一类由词汇历时变化造成的非理据结构的词语，它们由合成词变化而来，却具有单纯词那样形义整体对应的特性，不能作语义结构分析，以往构词分析中无法适当处理的词汇成分，基本上都可以归入这一类别中。另外，本文认为一些单音词也含有合成因素，它们在词源分析中可以作结构上的溯源。这都是已有词汇研究中尚未受到重视的问题，希望本文的这些想法对汉语词汇的结构分析会有促进。①

（原载《四川大学学报》2003 年第 4 期，人大复印资料 2003 年第 11 期转载）

① 本文所讨论的部分现象，前人从修辞的角度作过讨论，它们的产生也确实与修辞有关。但是，我们认为，既然这些成分已经进入了汉语词汇，是汉语词汇大家庭中的一部分，其中有的还有较高的能产性，直接影响了汉语词汇，尤其是汉语常用词汇的面貌，因此从词汇的角度对它们作必要的研究，对它们的结构特征作出描写，在构词法中给它们适当的位置是合理的。

汉字形体对汉语词汇的影响

文字是记录语言的书写符号系统，它在语言的基础上产生，二者相比，语言是第一性的，文字是第二性的。因此，在经典的语言学著作中，认为文字存在的唯一理由就是为了记录语言，是声音符号的书面代表形式，具体地说，是文字记录语音，语音代表语义。

不过，语用实践中语音和文字的关系常常脱节，以表意著称的汉字情况更为特殊，以致罗宾斯在强调文字是口头形式代表时，还指出“汉语有几千个各不相同的书写符号，它们常常被称为字（characters），并且常常被看作直接表示了概念，因而也称为意符（ideograms）”①。汉字脱离语音的跨时代超方言的交际功能，得到中西一些学者的肯定，甚至被称为“中国文化的脊梁”②。

我们肯定语言对文字的决定性意义，但也有文字对语言的反作用。汉字有字义、字音、字形，我们通常使用汉字的字义、音和形为表义服务；但我们也可只用字音，比如通假字或者记音字（如音译用字）等，这时字义不起作用，字形为记音服务。此外，表达中还可以只用字形而不顾字义，即我们说到某个字的时候，表达的不是它所蕴含的语义，而仅仅说某个形体的轮廓跟这个字的形体相同或相似。“语言中有些词语是在某些字的基础上创造的，例如汉语的‘八字脚’‘丁字尺’‘丘八’‘十字路口’‘三人成众’‘人言为信’等，就是这样”③。文字的造词功能，存在于中西语言文字中，但是，汉字特有的形音义关系，以及复杂多变的汉字形体，使得汉字影响汉语词语的实例非常丰富，形式多样，有着自己的特点，值得关注。本文

---

① ［英］罗宾斯《普通语言学概论》，李振麟、胡伟民译，上海译文出版社，1986 年，第 137 页。

② ［英］L. R. 帕默尔《语言学概论》，李荣等译，商务印书馆，1983 年，第 99 页。

③ 高名凯、石安石主编《语言学概论》，中华书局，1963 年，第 191 页。

试就汉字形体对汉语词汇的影响作一粗略的探讨。

一、会 意 表 达

以汉字为基础创造词语，首先与汉字的造字结构分析有关。在传统的六书中，会意的分析法把构成汉字的几个部件都看作是表意的部分，其中文字形体的组合与意义的复合吻合，因此，一些字所表示的词义，可以根据它们的构成部分的意义，用复合词或词组的形式表达。在语用中，人们扩大了这种表达方式的使用范围，把会意分析扩大到那些不是用会意方法组合成的合体字或独体字中，违反造字理据析形造字，形成了假性的会意表达，产生了一些在字面上有理可循但没有意义组合关系且具有单纯词性质的词语。由此产生了以下词语类型。

1. 会意词组

把一个用会意字记录的单音词，按它的会意结构，扩大为词组，比如“止戈为武”“人言为信”“三人为众”之类，有时，也可以把一个词组中的各字分别这样表达，例如：

相——木边之目；思——田下之心。《清平山堂话本·刎颈鸳鸯会》：“再说秉中已回，张二官又到。本妇便害些‘木边之目’‘田下之心’，要好，只除相见。”“木边之目”指“相”，“田下之心”指“思”，合起来就是“相思”一词。《说文》：“相，省视也，从目，从木。”徐灏笺注：“戴氏侗曰：相，度才也。工师用木，必相视其长短、曲直、阴阳、刚柔、之所宜也。”思，从心从囟，隶写囟与田相混。这里的会意表达，并列组成的字符用偏正关系显示。其实“木”与“目”、“田”与“心”之间没有限定关系，偏正语义关系不起作用，文字不仅造成了新的词汇形式，还影响了结构意义。

2. 误解会意字的意符而产生的词

这种情况会使意符原有的意义组合关系在新的表达方式中荡然无存。

比如：

分——八刀。明代徐畛《杀狗记·雪中救兄》：“不是我一个人要，还有那一位官人要八刀的。”明代罗贯中、明代冯梦龙《平妖传》第十七回：“我且抬到庙中，与道士共同商议，大家八刀。”一些地方把离婚隐称为“打八刀”，周立波《暴风骤雨》第二部二一：“咱们识字班有个人叫我来打听打听：她要打八刀能不能行？”《说文》：“分，别也。从八，从刀。刀以分别物也。”又：“八，别也。象分别相背之形。”“八”通常作数字，一些辞书 “八”字下没有“分别”一义，这样在一般理解中“八刀”就不再是用刀分别物这么一个意义组合了。

吴——口天。旧时江湖上用“口天”隐称吴姓，如清代傅崇矩《成都通览·成都之呼物混名》：口天，吴也。李子峰《海底》“隐语”：吴——口天子；张口巴。万伯龙《孙美瑶股匪临城劫车案始末》：“他们最忌暴露姓名，彼此都以江湖术语相称……姓郭的叫盖口子，姓吴的叫口天子。”《说文》：“吴，大言也。”“吴”字的“口”下原是“夨”字，意思是人“倾头”，整个字象一个人伸着脖子张开大口在说话喊叫，如《诗·周颂·丝衣》：“不吴不敖，胡考之休。”毛传：“吴，哗也。”“吴”因此有“大”的意思，如汉代扬雄《方言》：“吴，大也。”把“夨”理解为“天”不是造字的本意。

生——一牛。指戏曲中的生角。清代傅崇矩《成都通览·成都之江湖言词·娼优类》：“生——牛一。”《说文》：“生，进也。象草木生出土上。”在古文字中，“生”字底下的“一”表示土地，上面是草木的苗，跟“牛”没有关系。

另外，像罗的繁体字“羅”析作“四维”，把这个字上半部分认读为“四”，而它本来是“网”字。

3. 把非会意字解为会意字而产生的词

以形声字中表音的部分或者指事字中标记符号的表达为表意构件，构成词语。例如：

刘（劉）——卯金刀、卯金。指刘姓。《汉书·王莽传中》：“夫刘

‘（劉）’之为字，卯、金、刀也。”《后汉书·孔融传》：“我大圣之后，而见灭于宋。有天下者，何必卯金刀。”也可以略作“卯金”，《后汉书·卷一上·光武帝纪第一上》：“谶记曰：‘刘秀发兵捕不道，卯金修德为天子。’”李贤注：“卯金，‘刘’字也。”其中的“卯”本是这个字的声符（与“柳”字的声符相同）。

张——弓长。张姓。南朝梁沈约《宋书·王景文传》：“时太子及诸皇子并小，上稍为身后之计……而景文外戚贵盛，张永累经军旅，又疑其将来难信，乃自为谣言曰：‘一士不可亲，弓长射杀人。’一士，王字；弓长，张字也。景文弥惧，乃自陈求解扬州 。”“张”从弓长声，是一个形声字，表示把弓弦安上，使弓绷紧（平时弓不使用，弓弦是松开的），其中“长”不表意。

胡——古月。指胡人，唐代房玄龄《晋书·载记第十四·苻坚下》：“谶云：‘古月之末乱中州，洪水大起健西流，惟有雄子定八州。’”清代傅崇矩《成都通览·成都之江湖言词·人物类》：“鞑子——柳叶儿、柳州通、古月通、犬羊生。”也指胡姓。李子峰《海底》“隐语”：“胡，古月子。”本为从肉古声的形声字，隶变后，作偏旁的“肉”写法与“月”混同。

末——一木。指戏曲中的末角。清代傅崇矩《成都通览·成都之江湖言词·娼优类》：“末——一木。”“木”上的一横，是一个指事符号，表示“末”字意义所指的部分。

4. 破结构作会意分析而产生的词

不按照造字理据分析字形，而是根据主观臆断，违背合体字的构成关系，把字强行拆分成几个部分，用会意的方式表述。如上引南朝梁沈约《宋书》例把“王”字分析成“一士”，又如：

兵——丘八。指军队或军人。宋代李昉《太平御览》卷四百引《续晋阳秋》：“苻坚之遣慕容垂，侍中权翼谏不听。于是翼乃夜私遣壮士要路而击之。垂是夜梦行路，路穷。顾见孔子墓傍[旁]坟有八。觉而心恶之。召占梦者占之，曰：‘行路穷，道尽也，不可行。孔子名丘，八以配丘，此兵字，路必有伏兵。’”兵本是一个会意字，从斤、廾，象双手持斤。斤，是一种斧类器械，廾，象左右双手，隶变成“兵”，析分为“丘”下一个“八”字，与造字的原意完全无关了。

李——十八子。指李姓。北朝北齐魏收《魏书·李势传》：“建国十年，司马聃将桓温伐之，势降于温。先是频有怪异……童谣曰：‘江桥头，阙下市，成都北门十八子。’”宋代吴处厚《青箱杂记》卷七：“衍在蜀时，童谣曰：‘我有一帖药，其名为阿魏，卖与十八子。’其后衍兄宗弼果卖国归唐。”《说文》：“李，果也。从木，子声。”把其中象形的“木”析分成“十八”两字，与“子”组合，用会意的方式表达。

尽——尺二。“尽”是古俗写字，同繁体的“盡”。宋代孙奕《履斋示儿编·文说·声画押韵贵乎审》：“初，诚斋先生杨公考校湖南漕试，同寮有取《易》义为魁。先生见卷子上书‘盡’字作‘尽’，必欲擯斥。考官乃上庠人，力争不可。先生云：‘明日揭榜，有喧传以为场屋取得个尺二秀才，则吾辈将胡颜？’竟黜之。”“尺二秀才”指采用俗写用字不合典范的书生，与长度无关。

5. 把会意析字作为说明而产生的词

把会意析字作为说明，附在本字前，造成一个偏正结构的新词语。汉语中一些姓有同音关系，为了区别这种同音关系，在表达人姓用字的时候，常常采用会意的表达方式，把字形中可以析分单独表达的部分用不同的字表示，构成表达这个字的词组，如：“人则俞”“人禾余”“弓长张”“立早章”“关耳郑（繁体作‘奠耳鄭’）”“双口吕”“圈吉周”“走肖赵（趙）”“木子李”“耳东陈”“木易杨（楊）”，等等。这种方式，也用于说明其他方面的字形区别，其中有的符合造字结构，有的不符合造字结构，这方面的分析，已见上文，此略。

二、整字的形体描写

表意性的汉字，字形本身有形象的特点，在不同的汉字之间，字的形体有的大致相仿，有的局部相似，利用这种形体上的关系，产生了一些词语，具体造词方法如下。

1. 改造近似字

采用一个形体相近的字，通过笔画的修正，用来表示这个字，形成一个新的词语形式。例如：

丑——破田。指戏曲中的丑角。清代傅崇矩《成都通览·成都之江湖言词·娼优类》："丑——破田。" "田"字左边少一竖，近似于"丑"字，即破了框的"田"字。

火——分炎。指火。清代傅崇矩《成都通览·成都之江湖言词·天文类》："火——……分炎。"把一个"炎"字分成两部分，就是单独的"火"字。

匠——斤丘。指匠人。清代傅崇矩《成都通览·成都之江湖言词·人物类》："匠工——……斤丘。" "匠"字象"丘"字中间有"斤"字。

旧时有人就比附通行汉字的办法，造成系列的隐称，如清代傅崇矩《成都通览·成都之各行人买卖通用言词·道士端公言词》记载，当时巫师行业中用"旦底，拖工，横川，不回，假丑，断火，毛根，入开，像丸"分别指一到九，具体如下：

一——旦底。指"旦"的底下部分，是个"一"字；

二——拖工。指"工"字上下拖开，去掉中间连接一小竖，成为"二"；

三——横川。指把"川"字横过来，就是"三"；

四——不回。指像"回"而不是"回"，与"回"形体相近，即"四"字；

五——假丑。指像"丑"而不是"丑"字，而形体与"丑"相近，即"五"；

六——断火。指"火"字中间一撇断开（再把左右两点连成一笔），形成"六"字；

七——毛根。指"毛"字下半的部分，即"七"；

八——入开。指"入"字两笔分开，即"八"字；

九——像丸。指像"丸"少一点的字，即"九"。

在汉语的教学中，一些偏旁的表述采用这类表达方式，比如："辶"叫"走之底"，指它的形状像"之"，表示"走"的意思，用在字的下方；"刂"叫"立刀旁"，指其中的两笔都是直竖；"阝"称"耳朵旁"或"包耳"，以人的耳朵作为比拟的对象；"宀"称"宝盖"，指它是"宝"字的上部；"冖"则称"秃宝盖"，因为它比"宀"头上少了一点，其他还有"艹"称"草字头"，"犭"称"反犬旁"，"攵"称"反文旁"，"忄"称"竖心旁"，"纟（糸）"称"绞丝旁"，等等。

2. 描写不成字的偏旁

采用一个可以独立使用的字来表示不成字的偏旁，与字中可以独立成字的部分组合在一起，造成一个新词语。例如：

客——盖各。指客人。清代傅崇矩《成都通览·成都之江湖言词·人物类》："客人——盖各、容同……。""宀"通常称为"宝盖头"，这里称为"盖"，与下面的"各"合成"客"。（其中，"容同"指"客"与"容"字形相似，是字形近似关系。）

净——争工。指戏曲中的净角。清代傅崇矩《成都通览·成都之江湖言词·娼优类》："净——争工。""净"字左边两点，与"工"相近，所以叫"争工"。

冯——马带铃。指冯姓。清代傅崇矩《成都通览·成都之呼物混名》：马带铃，姓冯者。是把"冯"字左旁的两点比喻成马脖子上的铃铛，颇为诙谐。

3. 描绘字的轮廓，再用一个有理据的方式表达出来

这类的举例如下：

井——列九。"井"字四划，把一个方格分成了九小格，因此称为"列九"。清代傅崇矩《成都通览·成都之江湖言词·地理类》："井——地窟、水窖、中公、列九（凿饮人曰区九）。"另外，这里的"凿饮人"即挖井人，"九"表示井，"区"与"匠"字近似，"区九"，即"井匠"。

田——棋盘。"田"字方格，与通常的围棋的棋盘中方格相同，因此把田地称为"棋盘"。清代傅崇矩《成都通览·成都之江湖言词·人物类》：

“种田人——棋盘身。”

有时，这种笔画的描述采用计数的办法，比如对一些汉字偏旁的称述，“亻”称为“单人旁”或“单立人”，指人字旁只有一撇，与带两撇的“双人旁（彳）”相区别。其实“彳”作为偏旁，与道路或行走有关，并不表示“人”的意思。又如，“两点水（冫）”“三点水（氵）”“四点底（灬）”等也用描述形体点数的方法表示，其中“三点”表示“水”的偏旁，两点却是“冰”旁，四点则是“火”旁。

4. 因形成词

即根据字的形状，用描绘的方式，造成一个新的形式。

阿拉伯数字与汉字不属同一文字系统，但是，随着文化的交流和教育普及，已经融入汉字，并且常常可以与汉字替换使用。由此产生了一些别致的数目称呼，流行于部分行业中，比如：零（0）像是一个“洞”，五（5）像是一个“钩”，七（7）像是一个“拐”（手杖），等等，这些数字因此有这样的别称，形成了新的语言形式。

有的汉字的多音关系，也与字形有关，如“凹”在《现代汉语词典》（第7版）中的规范拼音为 ao，但是，它还有一个 wa 的拼音写法，流行在一些方言中。“凹”在《汉语大词典》[①]中低陷义的拼音为 ao，而读 wa 一音定为“同‘洼’”，也用于地名。其实，在一些地区，比如西南官话区的不少地方，低陷义也读 wa，不读 ao。

与“凹”相对的“凸”，在《现代汉语词典》（第 7 版）中读为 tu，但是，西南官话区的不少地方也有相应的另一读：gong，据我了解，这个读音没有被辞书收入。

从语源上来看，“凹”在《广韵》中除了于交切还有乌洽切一音，后者与 ao 和 wa 似乎都有点关系；而“凸”读 tu 时与“突”“特”同义，读 gong 与“弓”“拱”等有关，这两个读音之间在语音上没有联系，来源不同。从方言来看，表示“凹凸”的意义，在某些地区只有 ao、tu 二音，某些地区只有 wa、gong 二音，它们之间是同义而非同源或同形的关系。但是，由于字形

---

① 汉语大词典出版社 1988 年第 2 卷。

上的明确表义性，本来该读 ao 和 tu 的“凹凸”，在有些地区（如西南地区）据它们的字形结合当地的表达习惯，读成 wa 和 gong。

三、局部描写

一些字的形体特征，尤其是跟同音字相比，主要表现在这个字某个局部，因此，在表达中，可以用一个复合形式，描写字的局部特征，用来表示这个字。具体局部描写的方式如下。

1. 用局部描写代替全体

通过对字的局部特征的描写，造成一个新的词语，来代表这个字，例如：

徐——双飘带。指徐姓。清代傅崇矩《成都通览·成都之呼物混名》：双飘带，姓徐者。“徐”字“彳”旁，比起“亻”旁多一撇，为两撇，因此称为“双飘带”。

梁——木脚。指梁姓。宋代蔡绦《铁围山丛谈》卷六：“朝廷贵臣，又皆繇其门，遂不复有庙堂，士大夫始尽向之，朝班禁近，咸更相指目：此立里客也，此木脚客也。”宋代宣和年间，童贯和梁师成权倾当朝，朝中大臣多出其门下，其中出自梁师成门下的称为“木脚客”，就是取梁字下部的“木”，称为“木脚”。

万（萬）——草头。指万位数。茅盾《子夜》十二：“那么，我先打一个电话找陆匡时来，——谋事在人；我们化一个草头，也许可以提前两天。”一个草头，就是一万（萬）。

郭——盖口子。郭姓。万伯龙《孙美瑶股匪临城劫车案始末》：“他们最忌暴露姓名，彼此都以江湖术语相称……姓郭的叫盖口子，姓吴的叫口天子。”这是描写“郭”左边的“享”，上面一点一横被称为“盖”，下面分别是一个“口”和“子”，合成“盖口子”。

这类局部的描写，方法多样，或描摹局部形状的如“双飘带”，或采用汉字构件别称的“草头”，或者把局部构件用会意方式析分表达的“盖口子”。

2. 用局部描写作为说明，附在本字前，造成一个偏正结构的新词语，表示的是中心成分的意义

这在区别同音时使用较多。比如在上海方言中，“王”“黄”谐音，因此，在表达“黄”姓和“王”姓的区别的时候，就常常说成“草头黄”或“三划王”，如“我姓王，三划王”之类。姓“虞”的则常常称为“虎头虞”，以与“俞”“于”“余”等同音的姓相区别。

在这类描写中，有的重点描写某一笔画，如“干钩于”指这个“于”字像“干”字，但下面有一钩，在采用形近字说明的同时，重点描写其中的钩笔；“扌”称“提手旁”，强调最后一笔是一提；作偏旁的“王（玉）”称“斜玉旁”也是点明最后的一提。

四、取形表达

取形表达是指立足于汉字的形体特征，忽略它的原有意义和读音，加以重新分析理解，构成新的词语或新的意义，运用在表达中，这给一些汉字带来了新的意义。

1. 形近得意

汉字中有许多形近的字，通常，区分形近字是学习使用汉字中十分重要的一方面。但是，在表达中，有人专门采用形近的字来进行隐晦表达。例如：

传（傳）——傅姓。清代傅崇矩《成都通览·成都之呼物混名》：老传，姓傅者也。“传”的繁体形式“傳”与“傅”形近，因此，用来代替“傅”。

近年来，有人把“万”称为“方”、“千”称为“干”，一万元钱被叫成了“一方”，一千元钱被叫成了“一干”，也就是取“万”和“方”、“千”和“干”在字形上的相似关系，用故意读错字的办法，造成隐称。

2. 析形得意

把一些字的形体加以析分，并且在此基础上对各局部形体的意义作重新

认定，用来表达其他的意义。例如：

吕——接吻。《清平山堂话本·刎颈鸳鸯会》：“秉中等至夜分，闷闷归卧。次夜如前，正遇本妇，怪问如何爽约，挨身相就，止做得个‘吕’字儿而散。”清代翟灏《通俗编·妇女》：“《元池说林》：‘狐之相接也，必先吕。吕者，以口相接。’按此传奇中猥亵廋语，乃亦有本。”“做得个吕字儿”指接了个吻，“必先吕”指先以两口相接触，把“吕”字图解为两个人或动物的口碰在一起，因此有这样的意思。有关“吕”字的本义，《说文》：“脊骨也。象形。”本象脊椎骨的样子，两个方形表示的是相连接的骨节。现在被附会成两个“口”字，并理解为两人的口相接，跟原意毫无关系了。它的意义来源，就在于字形的巧合。

也有把一个字强行析分成另一字来表意的，例如：

七——容貌丑陋的女子。搭子——容貌美丽的女子。宋代太平老人《袖中锦》：“京师妇人美者谓之搭子，陋者谓之七。盖搭子者，女旁着子为好字；七字不成女字，谓其不成妇女也。”“女”字少一撇，就像一个“七”字，用“七”指女子，意为女子有缺陷或不足，因指容貌丑陋的女子。反之，女子容貌美丽称为“搭子”，意思是在“女”的旁边加一个“子”，成为“好”，“好”本指容貌美丽。

3. 以形为意

汉字具有象形的特征，一批最基本的汉字，是描摹仿照客观事物的外形而造出来的。反过来，在汉字的使用中，人们可以用汉字的形体来描绘客观事物，使一些汉字在使用中脱离了它的意义，只采用它的形体。例如：

十字：南朝梁吴均《行路难》诗之三：“君不见西陵田，纵横十字成陌阡。”十字，表示两个直线形的物体交叉。

一字：唐代白居易《二月二日》诗：“轻衫细马春年少，十字津头一字行。”一字，表示排成直行的人或物体。

山字：唐代孟棨《本事诗·嘲戏》：“国初长孙太尉见欧阳率更姿形幺陋，嘲之曰：‘耸膊成山字，埋肩畏出头。谁言麟阁上，画此一猕猴。’”山字，形容人瘦，两肩耸起时在头与肩之间有很深的空隙。

卍字：宋代洪迈《夷坚丁志·蔡相骨字》："及启棺改殓，皮肉消□（枯）。已尽，独心骨上隐起一卍字。"

亚形：宋代张抡《绍兴内府古器评·商父乙觚》："凡器之有亚形者，皆为庙器，盖亚形所以象庙室耳。"亚形，指古青铜器上的"亚（亞）"字形饰纹。

丁字：清代钱谦益《留题秦淮丁家水阁》诗："夕阳凝望春如水，丁字帘前是六朝。"丁字，表示一横中间和竖的一端垂直相接。

一些事物就根据它们的形体与某字相似而得名，例如：

西字脸——横阔的脸型。宋代张端义《贵耳集》卷下："裹上幞头西字脸，恐官家见了笑。"

品字坑——交错排列的陷坑，用于军事防御。明代沈德符《万历野获编·内阁·内阁密封之体》："至七月十五日，又召三臣对于暖阁，为边上用品字坑也。"

心字香——弯曲成心字状的香。明代杨慎《词品·心字香》："范石湖《骖鸾绿》云：'番禺人作心字香，用素馨茉莉半开者着净器中，以沉香薄劈层层相间，密封之，日一易，不待花蔫，花过香成。'所谓心字香者，以香末萦篆成心字也。"

卍字巾——顶部交叉成卍字形的头巾。明代沈德符《万历野获编·礼部二·教坊官》："按祖制，乐工俱戴青卍字巾，系红绿搭膊。常服则绿头巾，以别于士庶。""卍字"也作"万字"，《水浒传》："头裹芝麻罗万字顶头巾，脑后两个太原府纽丝金环。"但这个"万"与头巾样式或形状没有什么关系了。

另外，眉间的皱褶可以用"山"或"川"来描写，人张开两手两脚可以用"大"来描写，这类词语中有一部分我们已经很习惯了，如"金字塔"因轮廓像个"金"字而得名，"十字架"因两根木头纵横交叉而成，英国的国旗称为"米字旗"，书法学习中有"米字格""田字格"，日常使用的还有"八字胡""八字脚""十字镐""丁字尺""十字路口""工字钢""人字梁"等，都是采用形体对称的汉字形体来描摹事物而得出的命名方式，其中的"~字"表示"~字形"，即像某个字的形状。一些字形可以直接用来代称具有同类形状特征的事物，例如：

之字，曲折的小路。唐代刘昭禹《送人游九疑》逸句：“漆灯寻黑洞，之字上危峰。”

八字，眉毛或胡子。唐代薛逢《夜宴观妓》诗：“愁傍翠蛾深八字，笑回丹脸利双刀。”

一些城市中心十字交叉的大街就称为“大十字”。不少事物因此得名，成为专称，其中名称中的“字”字也可以不用，例如：

巴江：以江面曲折像“巴”字而得名。元代马端临《文献通考·舆地考七》：“巴江自古集来派于（巴州）郡治之右，状如‘巴’字，又曰字江。”

卡座、卡位：饭馆里一种像火车车厢的座位，侧看像一个横放的“卡”字。周而复《上海的早晨》第一部二：“卡座里的人都是一男一女，在低低地谈着，谁也听不见他们在谈啥。”黄谷柳《虾球传》第一部：“他就带虾球踏进大三元的卡位去吃饭。”

同类的还有，浙江别称“之江”，以江流曲折像“之”字形；在中国象棋中，有“马走日，象走田”的说法，用“日”和“田”的字形，形象地表现了中国象棋中马和象的特殊位移方式。在这些词语中的字，都只取它们的形体来表意，而不用这些字原有的意义。

汉字多姿的形体，给人丰富的联想。我们不仅可以只采用字的形体轮廓，也可以只采用汉字的笔画。比如在一些简单的统计中，我们采用画“正”字的方法来计数，这时的“正”字就只有表数量“五”的功能，原有的意义不起作用了。

综上，从词汇学的角度来看，由于汉字形体的影响而产生的词语有许多特殊的方面，这些方面，目前的词汇研究的理论对此关注不多，还不足以作出充分的解释，需要我们认真思索。总结如下。

（1）语素用字的表形功能。通常，汉字音、形、义三个方面中，音是语言的形式；义是音所荷载的内容，是信息传达的对象；形是音的书面记录，兼有记义的作用，汉字作为语素的记录符号，是字义在起作用。但是，一些词语中语素用字的概念意义（字义）并不起作用，字的线条形象成为表达的内容，因此，需要对词语中语素的表义作用作出补充和修正：由于文字形体的形象性，在词语中，以语素形式出现的汉字，可以不表示概念意义，而表示线条形象的意义。文字的视觉特性对词汇发生了影响。

（2）违背常规的词语复合关系。多数复合的汉语词汇成分，在语素和语素结合的同时，实现了意义和结构的组合。本文讨论的词语，往往只有形式的组合关系，没有进行意义上的组合，在意义上，它们是单一的，具有单纯性。例如："金字（塔）"，表示三角轮廓的形体，其中"金"不表示黄金或金属，"立早（章）"，表示一个字两部分的形状，其中"立"与"站立"无关，"早"与"早晚"无关。"金字"和"立早"虽然可以分析为偏正结构和并列结构，但分析出的结果（语素）只有形体意义。采用了偏正结构的"木边之目"，在语义上并非用"木"修饰或领属"目"，表示的仅仅是"木"旁有一个"目"的字。

（3）文字形体的造词功能。用字的形体而不是意义来构词，字形创造了语言形式，这样，对"文字是记录语言的符号"的定义，应该作出修正。文字记录语言，反过来，它又影响语言，成为语言创造的一个因素。

（4）社会基础。从我们搜集的例子来看，违反造字理据的会意表达，大多产生于社会底层，其中不少是江湖隐语，有浓厚的行业性；而其他的一些表达，也大多用于日常生活，其中虽然不少涉及文化教育和文学表达，但都不上大雅之堂，很难进入典范用语的范围，具有浓厚的俚俗特性和行业性。据我们的了解，至少汉魏时期已经出现了这类词语，随着时间的推移和识字人的增加，渐趋增多，具有相当的活力。

（5）文化基础。就人类的发展来说，文字是语言和社会文化高度发展的产物，因此，文字本身带有自然的高雅特性。文字影响词汇的现象，虽然产生于俚俗之间，但是，它以典雅文化（尤其是典雅文化在俗间的传播）为基础的，没有这个基础，这种影响不可能发生。同时，汉字的形体变化，使许多汉字的造字理据在形体上不再明确体现，为这类词语的产生提供了条件。

（6）语用功能。基于汉字的形象性特征而创造的词语，具有特殊的修辞功能，它们的复合性质和对字义特殊的处理，具有反常规的特点，能够适应一定的社会需求，包括江湖行帮秘密交流，或者文学表达中的形象描写，或者仅仅是文化教育或日常交流中浅显明了的说明，甚至游戏心理的需要，都是一般表达无法替代的。

（7）这类词语在词汇中的地位。我们肯定这类词语的存在和它们的价值，但是，必须明白，这类词语在整个汉语词汇中只占很小一部分，虽然随着文化普及和人口识字率的增加它们可能还会发展，但不足以构成词汇的主体，这些造词方式也不是汉语词汇新质产生的主流。

尽管如此，作为词汇的一种结构类型，这类词语对于词汇学的研究来说十分重要，对它们的研究，可以完善汉语构词的理论系统，也有助于加深我们对汉语词汇的认识，更好地解释各种词汇现象。

（原刊《四川大学学报》2007年第2期）

补记：关于字形对字义的影响，有一些从修辞角度对字形研究的论文可参，比如：孙雍长《汉字对汉语修辞表达的影响》，《语文建设》1996年第9期；孙雍长《汉语中的汉字化现象》，《语言文字应用》2006年第4期；赵宁子《漫谈汉字的望字生义及其它》，《语文月刊》2004年第3期；王俊霞《汉字形体的修辞作用》，《修辞学习》2006年第5期，等等。

2019年7月

汉语称谓词概说

一、称谓词的定义和分类原则

称谓有广义和狭义两种理解。广义的称谓，是指对各种事物的称说；狭义的称谓，专指称述各类人物的词。本文采用狭义的概念，讨论称述各类人物的词。

我们按照称谓词所反映的人物特征展开分类。由于人在社会上处于复杂的关系之中，出现在称谓词中的各项特征，有时不具有唯一性，一些称谓涉及多项特征，具有综合的特点。因此，分类中可能出现亦此亦彼的现象，需要采取措施作适当的处理。

在一个词的多个意义要素之间，有一些要素倾向反映事物的个性，而有的要素则更多地反映事物的类同关系。反映事物特点的语义要素，个性特点越鲜明，它的类同性就越差；反之，个性特点不够鲜明、相对比较隐晦的语义要素，类同性会更强。二者呈相反相对的关系。

就具体的称谓词分类操作而言，从技术上说，从上述两个角度采用不同的优先顺序都是可操作的，但各有长短。若以称谓词最鲜明的意义特点为分类的优先条件，各词的意义特点可以更为突出，各类别中的成员数量也会比较平衡，但同类词中的类同性就比较差；而若优先考虑类同性的话，分类的类同关系能得到比较好的照顾，但却导致意义特点差异没有在分类中充分体现，并且导致各个类别词的数量很不平衡。分类主要考虑的是类别关系，以类同性为优先考虑的条件，以确保分类系统的严整关系。

从类同优先的角度看称谓词，不同语义要素的先后顺序可作如下排列：首先是表示人物行辈、性别、年龄、种族的语义要素，其次是有关人物职业的语义要素，再次是有关人物的生理心理的语义要素，以及财富和身份地位等语义要素。

从称谓词的形式构成来看，通常，修饰限定成分突显人物的特点，受限成分反映人物的类同关系。词汇的形式与意义关系之间存在一定的对应性，可以作为分类的直接参考。

二、称谓词的整体分类

从语义上看，称谓词大致有两个功能：有的反映不同人物的社会关系，为关系称谓词或社会关系称谓词；有的与人物关系无关的、单纯地反映各类人物各方面特征，为特征称谓词。

关系称谓词也可能包含人物的某些特征，但关系称谓词的最大特征是在语境中两相对立且彼此依存。当我们使用了某一关系称谓词的时候，它意味着与之相应的另一个称谓对象的存在。例如，在提到某人是儿子的时候，一定有与他相对的父亲或母亲存在于语境中。在关系称谓中，假如一方不存在，那么另一方也无法存在，比如不存在没有丈夫的妻子、没有徒弟的师父，等等。

不涉及人物社会关系的特征称谓词，主要反映人物在生理、心理、个人行为、社会职业等方面的特征，这类称谓词在语境中的出现是独立的、彼此不相依附的。比较“老人在前面走着”和“母亲在前面走着”两句的差异，“老人”并不涉及其他的人的存在，而“母亲”则暗示女儿或儿子的存在。

三、社会关系称谓词

关系称谓词也可以叫作社会关系称谓词，它反映存在于人与人之间的各种社会关系。

人是社会性的，因此人们总是生活在各种关系之中，这些关系归纳起来有两种基本类型：基于血缘的亲属关系和基于社会交际的社交关系。

但是，二者之间存在交叉，亲属关系中有些人之间没有血缘的联系，而在社交关系中，人们会引入亲缘的因素。结果，在汉语的关系称谓词中，产生了一种介于二者之间的中间状态的关系：结亲关系。

因此，社会关系中包括了三种类型：血亲关系、结亲关系、社交关系。血亲关系是家庭或家族关系的基础；社交关系是社会活动中人际关系的反映；而结亲关系介于二者之间，兼有血亲关系和社交关系两方面的部分因素，但既不等同于血亲关系，也不等同于社交关系。

（一）血亲关系

血亲关系指具有血缘联系的人们之间的亲缘关系，亲缘关系具有天然的、不可选择的特点，也是形成家庭宗族关系的客观基础。

从使用的角度来看，对最近的第一层血亲关系区别最清晰，“父、母、子、女、兄、弟、姊、妹”，次清晰的是第二层的“祖、孙、伯、叔、姑、舅、姨”等，第一层和第二层血亲关系同时表达了性别、辈分。在同类关系不止一人时，古人还以“伯、仲、叔、季”这种形式来作区别，这种区分，后来改用序数“大（一）、二、三、四、五”等标写在相应的称谓词前，甚至直接用它们来表示人的排行，或直接作人名，如“张三、李四”，或前加表称谓的词头“阿”或“老”称人，比如“阿大、阿二”或“老三、老四”等。以标序区分各种同辈亲属排行的方法，流行到现在。

血亲关系中，有直接亲缘关系与间接亲缘关系的差异，形成反映远近不同关系的、具有层次性的亲属网络。在汉语称谓中，为了强调血缘关系的亲近，可以在称谓词前加上“亲、嫡亲、亲生、胞”等限定成分，而用“从、堂、叔伯、远房、本家、薄”等修饰成分表示血缘关系的疏远。

此外，受父系社会宗法观念的影响，父系亲属与母系亲属在亲属关系网络中的地位也有了内外中表之别。古人从男子的角度，把兄弟的儿子称为“从子、犹子、比儿”，姐妹的儿子则称为“甥”；女子则把兄弟儿子称为“侄”，把姐妹的儿子称为“甥”。男系的后代得到更多的关注，称谓用词区分细致，而女系的后代则不作区分了。由于宗法观念与一夫多妻制的综合影响，“妻”生的儿子，被称为“嫡子”（或专指嫡长子），而“妾”生的孩子是“庶子”，他们要以父亲的“妻”为“嫡母”，生身母亲只能称“生母”或者比母亲疏远一点的“姨”等。

一些涉及女系方面的称谓词前，可加上限定成分“外”表示非本宗族的亲缘关系，比如“外公、外婆、外甥、外孙”等，或用“表”兼表血缘和宗族关系的疏远，如“表兄、表妹、表叔、表姑、表舅、表侄、表甥”等。

（二）结亲关系

结亲关系指不具血缘关系的人们，通过建立某种紧密的社会联系，把社交关系转化为家庭关系。

结亲关系有三种表现形式：通过婚姻形成的姻亲关系；通过结义、拜认、领养等形成的义认关系；还有，在社交场合中，用亲属称谓称呼无亲属关系的人，构成拟亲关系。三种关系都基于社交活动，但结果并不相同，其中有的造成了新的家庭组合，有的只表示对人的亲近态度，它们对于人际关系的影响，也大不相同。

结亲关系通过社交形成，不具备天然性而有很高的自由度，有很强的选择性和扩散性。

1. 姻亲关系

人际的婚配行为，通过本无血缘关系的男女结合，使得两个家族群体之间形成了确定的姻亲关系，对人际关系的影响最大。

首先，婚配把本无血缘关系的人，通过生育，转换为有血缘联系的人；其次，它把本来不是同一家庭或宗族的成员联系在一起，形成了新的亲族关系。由于婚姻，本来没有亲缘联系的家庭被联结在同一个亲属系统中，使他们之间有了血缘的关联，关系有了质的变化。

汉语称谓中，对于关系最近的姻亲关系会作出一些区别，比如以“岳父、岳母、大舅子、小舅子、大姨子、小姨子”或“公公、婆婆、大伯子、小叔子、大姑子、小姑子”等分别区分夫妻双方的父母和兄弟姐妹；也可以在亲属称谓词前附加“亲（qìng）”或“亲家”来表示这种姻亲关系。但对于关系稍远的姻亲就不加区别了，比如在父母辈的亲属中，有血缘关系的“伯父、叔父、舅父、姑妈、姨妈”等长辈归入“父、母”类别中，同样，把他们的没有血缘关系的配偶“伯母、叔母、舅母、姑父、姨父”也归入了“父、母”类别中，不加标识。

有些表示婚姻关系的称谓词，还标示婚姻状况。比如，用“未亡人”表示婚后失去了丈夫的妇女，此外，用“寡、孀”作为修饰限定成分，构成了一批与婚姻关系有关的称谓词，如“寡母、寡婶、寡妻、寡嫂、寡姊、寡妹、寡女、寡媳”或“孀母、孀姑、孀妻、孀嫂、孀姊、孀女”等兼婚姻状况和亲缘因素的称谓词。“望门寡”被用来指失去了未婚夫的女子，她们通过订婚进入了婚姻的程序，但男方在成婚前去世了。此外，还有用“新”表示处在成婚过程中的男女，比如“新人、新娘、新郎”，或用“前”标示曾经有过、因死亡续配或离异而中断的婚姻关系，比如“前夫、前妻”。

婚姻关系对群体规模的影响与家庭成员的数量相关，家庭成员数量越多，婚姻发生得就越多，由此产生的姻亲群体关系的规模就越大。在称谓上，与婚配人物关系切近的人物，都有专门的称谓用词，而稍远的姻亲关系就随婚配对象称呼，或用“姻”作为限定以示区别，比如“姻兄、姻弟、姻伯、姻叔、姻翁、姻母、姻亲”等。

2. 义认关系

义认把本无亲缘关系的人，视为家庭成员，也是一种结亲。义认的方式很多，它的结果，可能是让没有血缘关系的人组成一个家庭，也可能仅仅是一种社交关系的亲密化，并不形成新的家庭。

义认关系常常不加标识，以示亲近。但在需要区别的时候，可以作标识。比如，组成同一家庭的义认关系，用“养”限定，如“养父、养母、养子、养女”等；没有组成家庭的义认关系，用“干”或“义”“契”作为限定，如“干爹、干娘、干儿、干女、干兄、干弟、干姊、干妹”或“义父、义母、义子、义女、义兄、义弟”或“契父、契母、契子、契女、契兄、契弟、契妹”等；明清以来江湖上男子互相结盟义认，称“拜把子”，则用“把、拜、盟”作为这类关系的限定标识，如“把兄、把弟、拜兄、拜弟、盟兄”等。

义认关系在理论上是没有限制的，一个人能跟多少人发生义认关系是无法确定的。但在实际生活中，能够把非家庭成员纳入家庭之中，或者把非家庭成员认同为家庭成员，彼此之间一定存在密切的利害关系或者情感联系，受这种利害关系和情感联系的制约，义认关系的认定其实也是有限制的。

此外，义认关系意在缩小人际距离，以形成一种亲近感。但是，在社会生活中，人际的距离，尤其是异性之间应该保持适当的距离，不能过度接近而越过道德的底线。但实际的生活中，有人在义认的名义下，掩饰不正常的婚外关系，部分带“契”的称谓词，因此有了指称情恋包括同性恋关系的含义，比如“契兄、契弟、契兄弟”等。

3. 拟亲关系

拟亲关系指在社会交际中，把本无亲缘亲属关系的人，包括从未谋面的陌生人，当作亲属称呼，由此形成一种亲切感，拉近彼此的情感距离，以利沟通，获取良好的交际效果。

拟亲称谓词的使用出于交际策略，目的是拉近与对话人的关系，因此，拟亲称谓用词在原则上是越近越好。但人际过于亲近，会导致关系的质变，所以，这种亲近不能过分。拟亲关系的称谓，主要采用表示第二层的亲缘关系的长辈亲属称谓词和非婚平辈亲属称谓词。

从形式上看，拟亲称谓跟亲属称谓词没有区别，如爷爷、奶奶、伯伯、叔叔、阿姨等都既可以用来称呼血缘亲属，也可以用作拟亲称呼素不相识的人。从交际效果来看，这些用词既可以满足拉近对方距离的需要，又不至于因过分亲昵而引起误会。

那些涉及成人的、体现最亲近关系的亲属称谓词，如爸爸、妈妈、儿子、女儿、丈夫、妻子等，都不能用于拟亲关系称谓，否则会被认为有失庄重，是严重的不得体。但是，非婚配的平辈亲属用词就没有这方面的限制，如姐姐、妹妹、哥哥、弟弟等，经常出现在儿童的拟亲称谓中；成人公共交际有“大哥、兄弟（男性称比自己年轻的男子，女性通常用‘大兄弟’）、大姐、大妹子、大嫂”等，这些词有时比直接称呼事实亲缘关系的用词要多一点加敬的成分，比如赘一个“大”——这也形成了一种区别，避免与真正的亲缘关系发生混淆。

拟亲关系称谓是使用亲缘称谓词称呼无亲缘关系的人来表示亲近，关系疏远的亲属称谓词就不宜用于拟亲称谓，比如父系长辈男亲“叔叔”“伯伯”都可以称呼陌生人，但是母系的“舅舅”则不宜使用，关系更远的“舅母”“姑父”“姨父”则绝不能这样用了。

由于拟亲关系称谓词主要是一种交际手段，并不具备实质性，不需要实际的联系或利益作支撑，因此它所称呼的对象就相当广泛。尽管如此，拟亲关系称谓的使用还是有一定的限制的，从整体上看，拟亲关系称谓词的使用者，小孩比大人多，妇女比男子多，生人比熟人多——从这个角度来看，拟亲称谓词的使用目的是通过拉近关系来求得对方善意以消解自身在交际中的弱势。

采用同辈友朋的称谓称呼友朋的亲属，是把自己当作友朋的兄弟姐妹，并从这个角度称呼友朋的亲属，是一种顺应语境的修辞行为，并不改变这些亲属称谓词的语义。

（三）社交关系

社交关系称谓词，反映社会生活中亲缘亲属关系之外的人与人之间的各种关系，比如社会管理关系、社会交易关系、交友关系，等等。

1. 社会管理关系

社会管理关系反映社会上人与人之间的等级和尊卑差异，就整个社会而言，有反映统治与被统治关系的君王和臣下的关系，有长官与属民的关系，有上级与下级关系，等等。

社会管理的层级相当复杂，因此，反映社会管理的称谓词多数只在人物的统称方面形成对应关系，那些具体反映不同社会管理者身份的称谓词更多地体现为职业身份，而没有关系对应的特点。例如：“君上”与“臣下”的对应关系是明确的，但在“臣下”之中，诸如公、卿、大夫、宰相、文臣、武将、书吏、衙役一直到庶民百姓之间，只有分工的差异，没有严格对应的依存关系。

也有一些管理关系出现在家庭中，比如古代的主仆关系，现代的家庭服务的关系。

2. 社会交易关系

社会交易关系是在社会物质和精神生产活动中形成的各种人际关系。社会分工的结果形成了不同的职业，提高了社会生产率，同时也促进了社会中人与人之间的交流。社会分工的结果，是把某些满足社会大众需要的工作交由少数人来完成，但少数人完成的工作或产品，必须与大众实现交换，因此，形成了一批反映社会分工和需求关系的人际关系模式。比如反映在生产活动中，涉及劳务雇佣关系的雇主和雇员关系；在商品交易的买卖关系中，店主（及服务营业人员）与顾客关系；文化技能知识学习中的授受关系中，师生、师徒关系；文化艺术作品表演和欣赏活动中的作者与读者、演员和观众或听众关系，等等。

由职业分工造成的社会交易关系，单纯反映人与人之间的一种物质关系，它们大多比较分散，也比较笼统，各类职业关系之间也没有太多的联系，缺乏明显的系统性。此外，在这类交易关系中，职业者往往兼有两种身份，即既有交易中供者的身份（一种社交关系），还另有一个职业身份（不涉及社交关系的特征称谓），比如某个屠夫或者铁匠、金匠，他们的称谓反映了他们的身份特征，而当他们作为商品的供应者接待顾客时，形成了店主与顾客这样的社交关系。二者区分的角度是不同的。

3. 交友关系

交友关系也是一种社会关系，这是一种掺杂利害和情感的社会关系，包括敌对关系、朋友关系和伙伴关系。在这三种关系之间，存在对立或区别关系，不过由于利害和情感都可以发生变化，这种对立或区别关系也是可以转化的，如伙伴关系加深则可以成为朋友，朋友反目则可能成为仇敌——当然也可以化敌为友。

反映交友关系的称谓词有一个特点，就是在多数情况下，同一个称谓词可以用于交际双方，认定其中一方的身份属性，另一方不言而喻地自然具有了同样的身份属性。比如，双方可以互为敌人、仇人、冤家、对头、朋友、至交、情人、恋人、伙伴、伴侣、同伙、同乡、邻居、故旧，等等。尽管形成这些关系必须有两个方面的人，包括至少两个个体，但由于双方地位等同，称谓用词可以完全没有区别。

当然，在必要的时候，我们也可以对交友关系中的称谓对象在用词上作出区别，比如敌方与我方、男朋友与女朋友之类，但区别是特殊的，混一是普遍的。

四、特征称谓词

特征称谓词反映人物在生理、心理、行为、品质、职业、兴趣爱好等方面的特点，是社会人物的群体差异在称谓词中的具体反映。

一些特征称谓词之间也有相对关系，可以互为反义词。但这种相对关系，不反映人的社会关系，它只是反映人物属性特征方面的某些特点，比如胖瘦、高矮、男女、智愚、喜怒等。这种特点在不同的背景下有不同含义，在无对照的语境中，“高个子”指身材高于一般人，“矮个子”指身材矮于一般人；而在高矮不同的两个人中，则表示相对的高矮，其中的“高个子”或“矮个子”不一定高于或矮于一般人。

从词汇形式来看，特征称谓词之间的相对关系，多表现为语素层面的反义对立，比如“好人”“坏人”中的“好”与“坏”；也可以表现为词义内涵的相对，比如“孩童”的“幼小”义。社会关系称谓词的相对性主要表现为词义内涵的相对，如“父”与“母”，“兄”与“弟”，等等，它们的意义相对，在语素层面是没有显示的；即使在语素层面有了显现，也往往是不对称的，如“祖父”与“外祖父”，“祖父”以无标记形式出现，而“外祖父”以标记形式出现。

此外，特征称谓词的相对关系，也与社会称谓词不同，它没有一对一的依存关系，它的相对关系往往有发散性，我们无法从一个特征称谓词直接推知与它相对的另一个对象，而是呈现多向性或多点性的特点，比如与老年人相对的，可以是青年、少年、儿童、婴孩等不同年龄的人；老太太可以和大姑娘、小媳妇相对，也可以跟小伙子相对，其中前者的差异点是年龄和婚姻，后者的差异点既有年龄又有性别。

很多特征称谓词之间并不存在意义上的相对关系，它们在不同的义场内松散地聚集在一起，不像社会关系称谓词那样密切地相对应，形成亲疏不同的系统关系。

（一）体现人物生理特征的称谓词

人物的生理特征表现在多个方面，包括人物的年龄性别、婚姻和健康状况、体形外貌、生存状态等，由此形成了丰富的称谓用词。

1. 体现年龄性别和婚姻特征的称谓词

年龄和性别是人的基本特征，有一批称谓词专门表现人物的年龄特征，比如老人、中年人、青年人、少年、儿童、成年人、未成年人、大人、小孩、孩子、幼儿、婴儿，等等。也有一批称谓词专门表现人物的性别特征，比如男性、女性、二尾子，等等。但更多的表示年龄性别的称谓词，是综合了年龄和性别因素的，比如“老头”指老年男性，“老太太”指老年女性，“男孩”指未成年的男性，“妇女”通常指成年的女性，“姑娘”指年轻女性，等等。

有一些统称不同年龄性别人们的称谓，如男女老幼、老老少少、父老乡亲等，这些词语有时不能光从字面上来理解。比如有些商家宣传的“童叟无欺”，其中的“童叟”就不能简单理解为“小孩和老头”，而是不论老幼，包括中年青年壮年还有性别不同的男女；“一家老小”中“老小”也不能简单地理解为“老人和小孩”，而是包括不同年龄性别行辈在内的全体家庭成员。

生存状态指人的生命状态，处在生命的延续状态的人是“生、活”，生命中止的人就成为“死、亡”；此外，根据人存活的年限，还有“寿、夭、殇”等限定成分用于称谓词。

婚姻状态也会成为称谓词表现的内容，在很多地方，未婚或无偶的男性是“单身汉”，年长未婚或无偶则为“寡汉”，年轻未婚的男性是“小伙子”，年轻未婚的女性是“大姑娘”，过了一般婚龄而未婚的是“老姑娘”，未婚的“姑娘”还跟年轻已婚的“小媳妇”或再婚的“二婚嫂”形成区分。同时，还有表示婚后丧偶的“寡妇、孀妇”等。

2. 体现健康状况的称谓词

健康状况也是称谓词中经常表达的意义，其中一般体格健全健康的人，往往用零标记的方式表达，而对于身体状况特殊的人，有必要作区别性的表达。包括生理有缺陷的人，和生理无缺陷但健康状态异常的人。

健康异常的人，其实也有两类，一类是强于常人，身体特别强壮勇健，比如：壮夫、健妇、体汉、健儿、勇士、力士，等等。另一类是弱于常人，身体羸弱或患病，其中有一批称谓词专门指称患有各种疾病的人，比如：踒人、湿家、齁包，等等。

人的健康状况会有变化，其中有的是经过长期缓慢形成的，有的则通过突发性的变化出现的。同时，健康还有短时状况和一般状况的区别，因此，反映健康状况的称谓词也有不同，这类称谓词指称的人物状况有些重在当时状况，有些反映人物的一般状况。

由于病患或者先天原因，有些人的身体发生残疾，也成为称谓标识的一种途径，比如涉及生理功能不健全的聋、哑、盲、瞎等，也有肢体功能不全或形体残缺赘生的瘸、拐、驼、瘫、癞等。

3. 体现形体外貌特征的称谓词

形体外貌特征也是称谓表达的一个方面，身体的高矮、胖瘦，皮肤的黑白、粗细，头发的长短有无，长相的俊丑，等等，都是形体外貌称谓的表达途径，比如：大块头、麻子、秃子、疤子，等等。

一些影响人物外貌的衣饰用具或人的衣着效果，也会被作为人的外形特征用来称呼人，比如古时平民因不能穿染色的衣服而称“白衣”，女仆因多穿青色衣服而称“青衣”，现在一些地方把戴眼镜的人称为“眼镜”或“四眼”，等等。

（二）体现人物心理特征的称谓词

人物的心理特征可以包括两个方面，惯常的和临时的。前者具有天赋的特性，表现在一贯行为之中，后者是人物因环境影响而临时产生的心理反映。

反映人的基本心理特征的称谓词，体现不同的人所具有的不同心智特点，如智、敏、巧、捷、愚、笨、痴、呆等。

同一个人在不同情况下会有不同的心理表现，因时因地而有所不同，如喜、怒、哀、乐、怨、恨、悲、愁等。

性格也是人的基本心理特征的一个方面，但它经常在某些具体生活环境中，在行为上反映出来，如凶、暴、残、和、善、古板、随和、直爽等。

人物在心理方面的这些差异，也成为称谓词取义的根据，构成一批不同的称谓词。

（三）体现人物行为特征的称谓词

人物的行为，有几种不同的情况，有的表示正在进行或某一时间临时发生的行为，有的表示人物的特有的经常性行为，也有表示人物的一般行为习惯。

人物往往处在行动之中，对于处在某一行为状态中的行为者，我们常常以他们的行为特征作为对他们的称呼，如行人、路人、旅客、食客、乘客、驾驶员、旁观者等。

有些人物经常做出某些行为，这些行为成了这些人的个人特征，也就被用来作为对这些人的标识，如大快嘴、馋嘴猫、色鬼、好事之徒等。

（四）体现人物品质的称谓词

人的心理和行为构成了人在社会上的综合表现，形成了人物的品质和社会评价，如仁、慈、圣、贤、善、忠、孝、节、义、勤、惰、勇、怯、恶、逆等，这些因素纳入称谓之中，形成了反映各种人物品质称谓词。

此外，在社会上，每个人都需要与其他人发生关系，因此，一个人的行为会直接或间接地涉及到其他人，给其他人的生活生存带来不同的影响，不论这个人在主观上是故意的还是无意的。人们因此给他人带来不同影响的人作出社会评价，比如：给人带来好运的是“福星、财神”，影响他人利益的是“克星、魔星、白虎星、扫帚星、灾星、瘟神”，等等。

（五）体现人物职业的称谓词

人们在社会上从事某一职业，形成了三百六十行，以及三教九流等社会职业群体。从事各行各业的人，就以他们的职业为背景，形成了众多的职业称谓，如士、农、工、商、官吏、衙役、军官、士兵、僧侣、道士、屠夫、厨师、裁缝、织工、绣女等。

现代社会的社会分工越来越细，职业分类也随之细化，与此相应的职业的称谓也在不断地产生，同时一些旧有的职业消失，或改变了名称。

（六）体现人物兴趣爱好的称谓词

社会生产力的发展，使得人们有了更多的业余时间，可以用于消闲，投入到不同的兴趣爱好之中，形成了相关的群体，产生了这方面的称谓，其中，有的属于泛称性质的，如玩家、粉丝；有的则专致于某一个方面，如爱好音乐的“发烧友”，爱好球类运动的“球迷”，爱好打麻将的“麻友”，等等。

（七）体现社会地位生存状态的称谓词

人在社会上占有的财富和社会地位不同，造成了人与人之间的生活生存状态的差异，影响到称谓词的产生。人的生存状态包括人的社会地位、经济状况和生存的综合状况。

称谓词中，有的反映人的社会地位或社会影响力，比如有直接指称人的称谓词：权贵、大人物、小人物、平头百姓之类，还有主要用于修饰限定的高、贵、贱、卑、微、鄙、陋、下，等等。

人的生存有赖于物质的保障，财富因此成为对人物状态的一个重要指标，一些称谓用词就偏重于反映人的财富情况，比如：财、富、贫、窭，等等。

反映综合生存状况的，有通、达、穷、寒等。很多时候，综合生存状况，常常基于物质的保障，因此，这一类的词，常常跟财富有密切关系。不过，综合生存状况还带有主观性或预设性，未能达到主观预设目标的，就归入消极状态，达到或超过主观预设目标的，就归入积极状态。

（八）体现人物种族地域特征的称谓词

人物的种族地域特征，与人的血统有关，也可以表现在生理上，但最主要的，还是反映在人的生活行为中。汉语称谓中，一般指称的都是汉族人，所以称谓词通常不用种族和地域标记。但中国是一个多民族的国家，汉族与其他民族长期共存，相互接触，因此汉语称谓中也出现了不少标示民族身份的称谓词，如蛮、夷、胡、狄、羌、獠、洞、蜑、番、洋、倭等。

人口迁移反映在称谓中，外来的人被称为“客”，与原在本地生活的本地人相对；也可以称本地为“土”，而外来人就是“侨”。

中国土地广阔，即便同为汉族，各地人们的生活习惯也会有很大的差异，这也造成了一些区别人口地域特点的用词，如南方人、北方人等。人与人之间有时还互相贬斥，如在唐代，獠、蛮、番、夷等都曾被用来指南方人。在彼此嘲讽戏谑过程中，一批带有调侃意味的称谓词产生了，这类成分大多带有攻击性，有伤彼此感情，是称谓词中的消极内容。

五、称谓词的语用差异及其形成因素

汉语称谓词在使用中，有面称和背称的差异、自称和他称的差异，即有些称谓词可以用于当面称呼，有些则不宜当面称呼人，有些词可以用来称自己却不宜称别人，反之亦然。这些差异出现在不同类别的称谓词中，甚至出现在同一类别意义相对的称谓词之间，值得关注。称谓词语用中出现的这些差异，跟以下因素有关。

（一）礼貌表达

称谓词语用中的礼貌表达，可以分为三类：常礼、加敬、自谦。

1. 常礼

常礼是指交际中的一般礼貌表达。在意义相对的称谓词中，有的客观地反映了人与人之间的长幼尊卑的不同，其中，表示尊长义的称谓词由于突显了对方在交际关系中的优势地位，比较适合用于一般场合下的称呼，而与之相对的称谓词，则不太适宜用来称呼对方。比如，在家庭亲属之间各种反映尊卑长幼的称谓词中，指称尊长的称谓词大多可以直接用作面称，如爸爸、妈妈、爷爷、奶奶、哥哥、姐姐等，都是适宜的面称用词；而与之对应的指称卑幼的称谓词，如儿子、女儿、孙子、孙女、弟弟、妹妹等，在孩童交际中时有使用，成年人基本不用。对卑幼关系的亲属，人们通常称呼他们的名字，甚至小名。以通常父子的对话为例，儿子直接称父亲为“爸爸”是常态，但父亲一般不称儿子为“儿子”，而称呼儿子的名字——只有在某些特殊的情况下，父亲才把“儿子”用作面称。这种情况，也普遍地出现在其他亲属关系中，叔叔、伯伯、姑姑、姨姨、婶婶、舅舅、舅妈、姑父、姨父等，都是合适的面称用词，而侄儿、侄女、外甥等都很少作为面称。

在对应的社会关系称谓中也有这样的现象，师生之间，学生称教师为“老师”，但老师不称学生为“学生”，而叫“同学”——事实上，“同学”是指一起学习的人，用于老师称学生，带有谦和的含义。师徒之间，徒弟称师傅为“师傅”是非常正常的，但师傅称徒弟也往往直呼其名，或用“小”加上对方的姓，如“小张”“小李”等，很少用“徒弟”相称。上下级之间，下级称上级的职衔含有敬意，而上级用职衔称呼下级，会有反衬自己身份地位优势的意味，因此，常常采用更为亲近的“老张”“老李”一类的称呼。

在社会行业背景的称谓中，带有比较明显的技术性或专业性、具有正面社会评价的称谓词，也可以用来称呼人，如张木匠、李铁匠、王裁缝等，反之，则不宜用来作为面称称呼人。

2. 加敬

加敬是指交际中对人的特别表敬，即采用高于对方实际身份的用词来称呼人。

社会交际中这类现象尤其常见，一些表示某种身份的称谓词，尽管已经有了尊长的含义，但在交际中，为了表示尊敬，采用了为某一身份的人另外创制的尊称，比如旧时皇帝被称为皇上、陛下等。

一些亲属称谓词也可以通过附加表敬成分的方式，达到加敬的目的，比如旧时称父母为“父母大人”。一些称呼幼卑亲属的称谓词，在加敬后可以作为面称直接称呼对方，如“贤侄”“贤甥”等。汉语中因此产生了一批专门用来加敬的称谓附加成分，如“令、尊、贤、贵”等，广泛地用于称呼对方或对方的亲属。

3. 自谦

自谦是在对话中，采用显示自己卑幼身份的关系称谓词，或用低于自己实际身份的称谓用词，或者加附加谦辞的方式，突出自我谦抑以达到尊敬对方的目的。

采用突显自己卑幼身份的关系称谓词自称，通常并不使用那些具体细致反映自己实际身份的称谓用词，而是采用笼统地指称自己一类人的用词。比如古代各级官员都是“臣”，因此，官员在对皇帝自称时，就笼统地自称为“臣”，并不具体称自己的职衔。类似的自称用词还有下级对上级自称的“卑职”，属民对长官的自称“小人、小民”，等等。

也可以采用低于自己实际身份的称谓用词作为自谦用词，比如古代男子对人自称为“仆”，妇女对人自称为“妾”。或突出自己的不幸或不足，如帝王自称“孤家、寡人、不谷”，太后自称“哀家”。

有一些表谦的修饰用语也经常用在交际之中，举例如下：“愚”等字通常被用在表示自称的称谓词前，学生对老师自称为“愚生”，年轻人对世交长辈自称“愚侄”，称自己的妻子为“拙荆”，称自己的儿子为“犬子”；在与自己相关的人物称谓前加“敝”，比如“敝师”（对人称自己的老师）、“敝内”（对人称自己的妻子）、“敝上”（对人称自己的长上）、“敝友”（对人称自己的朋友），等等。类似的修饰用语还有“卑”“鄙”“弊”“薄”等。

（二）非礼表达

在人际交往中，采用谦让的方法，是为了通过尊重对方，创造良好的对话气氛，达到与对方良好沟通的目的。但人与人之间，除了合作，还有矛盾冲突，由此在交际中出现争强好胜、尊己贬人的现象，形成了非礼的称谓表达，包括自傲、贬人等。

自傲，是指在称谓词的使用中，将突出尊长显贵意义的称谓词作为自称，以显示自己在身份方面的优势，尽管这种优势可能是自我设定，并没有被对方认可。比如男子对人自称“老子”，女子对人自称“老娘”，《水浒传》中，李逵就经常以“爷爷”自称。强调自己实际的尊长身份，也是一种自傲的表现，比如一个被称为“老爷”或“大爷”的男子，通常并不以此自称，以示谦逊，在自称“老爷”“大爷”的时候，就是强调自己的身份来示傲了。

揭短，人的身份具有客观性，其中，多数身份在社会上的评价是正面的，没有明显的褒贬含义。但社会上客观上存在“贱业”，从事这些行业的人，在社会的道德评价方面具有消极色彩。社会交际中，采用具有消极社会评价义的称谓词来称人，也是一种非礼的称谓行为。比如旧时的妓女，在面称时，多用如大姐、姐姐、小姐之类的美誉之称，若直接用如娼妇、乐户、婊子一类直接反映她们身份的称谓作为面称，就相当于揭短骂人。

涉及人体生理残疾的一些称谓词，虽然也具有客观性，但它反映的是别人的不幸和苦难，因此若用这类称谓词来称呼人，也具有揭人伤疤的意味，对人有伤害。

蔑称，用贬低他人身份或智能的称谓，或采用低于对方实际社会身份的称谓来称呼人，表示对人的贬低、蔑视或憎恶，如对一般正常状态的人称“傻瓜”“笨蛋”“奴才”之类就属于蔑称。

（三）亲近关系的表达

汉语称谓词在亲近关系的表达方面，呈现出两种不同的状态，其中，有一部分亲近关系是通过比较直接地使用称谓词表现的，而有些亲近关系则是通过委婉的方式表达的，这在传统的称谓词使用中尤其明显。

在对幼儿的亲近关系的表达方面，可以采取直露、不加掩饰的亲昵用词进行表达，如心肝、宝贝、肉儿、亲亲、乖乖等，处在热恋中的双方也可以这类称谓词相称。但称呼幼儿的称谓词可以在公开场合使用，而恋情双方在使用这类称谓词时，限于两人之间的私密小范围，不宜在公开场合或有第三人出现的场合中使用。

恋情双方在公开的场合面对第三人，通常采用比较含蓄的称谓，在现代汉语中，这样的心态直接影响了朋友一词的变化，使它从一个指称一般友好关系，转向恋爱关系。

在家庭关系中，血亲关系具有先天性，具有不可选择性，但夫妻关系例外，这是家庭中唯一不具先天性的关系，也是包括亲属关系在内的各种社会关系中，人与人之间可以选择的最亲近的异性关系。对于这一亲近关系，在旧时汉语的表达中，通常避免采用直露的方式，尤其在第三者面前提及时，往往采用委婉的方式，比如旧时俗间普遍流行的“我家那口子”“孩子他妈（爹）”之类。

（四）语体

汉语称谓词在历史的发展中，产生了大量的同义形式，不少称谓对象都有多个称谓词可供选择使用。有些称谓词的使用跟地域习惯有关，比如父亲的称呼，有些地方倾向于用爹，有些地方则用爸，也有用“爷”，用“大”

等等。此外，称谓的语体特征，也影响称谓词的使用。

通常情况下，用于面称的亲属称谓词，都带有口语色彩，而一些有书面色彩的称谓词则不宜用作面称，比如“母亲、叔母”等等。

多种不同的语用因素，影响了不同称谓词的使用，也促成了许多称谓词的产生，蕴含了丰富的民族文化信息。但是，语用因素造成的差异，反映称谓词在不同语境中的适应性，从分类的角度看，它与出自亲缘交际和社会分工的几个分类完全不同，不能与它们并列。

六、结　　语

对人的称呼反映了人与人之间的各种关系，以及人的社会身份和生理心理状态，其涉及非常广泛。对于汉语这样的语言来说，依托丰富的历史文献和悠久的文化传承，大量的历史称谓词不仅保存在文献之中，也对后世产生了持续的影响，而新兴的称谓词又随时尚的变化不断产生，其中的文化意义更为复杂。面对这样的复杂情况，或许很难用一个简单的方法把它们之间的关系全部理清。但应该相信，人的思维是有规则的，尽管这种规则反映在语言中，又随其他各种外界因素的影响而形成复杂的局面，但只要立足于汉语称谓的实践，遵循严格科学的思路，深入分析，蕴含在汉语称谓词中的各种规则，都是可以清理出来的。

后记

1983 年，有幸考入四川大学中文系汉语史专业，和何志华、郭齐二位师兄一起成为向熹先生指导的硕士研究生。先生倾心学术，敦厚仁慈，循循善诱，三年期间，大获教益。毕业时，被留系任教，得以继续在先生的指导下深入钻研。1987 年，先生提议，组织我们几人合作编写称谓词典，最初的参与者还有郭齐、郑红、钟如雄诸兄，共五人。后来，由于工作繁忙，无力分身，郭、郑二位退出了这项工作。

称谓词典的最初规划，大约是 50 万字的规模，计划两三年内完成。但方案做得很大，想通过对历代有代表性的文献中称谓词的查找，参考前人已有的研究，汇编成册。因此，材料的搜集，持续到 1992 年方完成清代以前文献的资料搜集。尝试编写了一部分。但不久又停下，先生接受学界朋友建议，认为材料最好能够覆盖现代。于是又对清末以下的材料作补充调查，到 1995 年，重新恢复编写。初稿在 1997 年写成，用 300 格的稿笺纸，每一条起一页，堆积起来高二米四。书稿太大，出版几经周折，一再删改，至今仍在努力之中。

但十年的工作，获益颇丰。首先是通览了很多书籍，比如六朝的史书、历代的笔记小说、敦煌变文和曲子词、元明戏曲、明清白话小说、一批现代文学作品（包括当时出版的几种小说集和 1980—1990 年间的《小说选刊》），还有一些杂志，比如《歌谣》《民俗》《方言》等，从中开阔了视野，广泛接触了各类语料。其次，在编写过程中，接触了大量的历时材料，深深感受到历时关系的错综复杂，改变了自己对语言的许多简单化的想法，提高了实际的分析处理能力，也积累了丰厚的资料。长期的合作也使得我们几位合作者之间建立了深厚的友谊。

《称谓词典》的编写工作，促发了对词汇问题的深入思考，并且形成了研究生课程“历时词汇学”讲义的基本框架，成为个人学术研究的一个重要方面。在此，深深感谢先生的提挈之恩。

本文尝试对汉语称谓词从语义角度作一个系统的梳理，是《称谓词典》编后产生的一些想法，以此纪念人生这一段珍贵的经历，并作为对先生的寿礼。

（原刊《向熹先生九十华诞纪念文集》，上海三联书店 2016 年）

说　“郎”

“郎”称男子，清代以来有一个很流行的说法，就是来自于先秦的“良”字，根据是先秦“良”“良人”都可以称丈夫，而六朝以下“郎”称丈夫也是常见的，加上这两个字读音相近，就认为它们同源了。如牟庭《诗切》：“今俗语妇人称夫曰郎，（郎）即良之古声，诗人之遗言也。”这种说法在清代很流行，但这是不确的。因为，“良”或“良人”称丈夫是引申义，而“郎”称丈夫，也是一个引申义，而不同的词，如果它们的基本意义之间没有明确的联系，仅仅从引申义重合的用例来考察，是不足以证明它们的同源关系的。“良”和“良人”见于先秦，据《汉语大词典》[①]，它们称人有如下义项：①善良的人；②古代妇女称丈夫；③平民。“良人”还可指美人或作妃嫔的封号，以及指乡官；而“郎”称人义较后起，始见于汉魏，最初并没有“良”和“良人”的这些意义，可见它并无源流关系。称人的“郎”，应该是来自于郎庑的“郎”。

“郎”字从邑，本义是地名，又借作郎庑字，后来写作“廊”。《汉语大字典》说：“郎，古廊字，指宫殿廷廊，置侍卫人员所在。”[②]这是可信的。帝王的侍从官称郎起于战国，主要职责是护卫帝王及备顾问差遣，它的职位不算很高，但因常与帝王相伴，所以是一种很荣耀的职务，因此秦汉以后不少官职以郎命名。大约在东汉时期，“郎”可以作为衔号由朝廷作为一种恩典赐给权要显贵的子孙作为对这些官员的奖励之一，例如：

《后汉书·黄琬传》：“后琼为司徒，琬以公孙拜童子郎。”

《后汉书·张奂传》：“除家一人为郎。”

《后汉书·樊宏传》：“以次子郴、梵为郎。”

① 汉语大词典出版社 1992 年第 10 卷。

② 湖北辞书出版社、四川辞书出版社，1989 年第 6 卷。

当时一些长期担任要职的显贵由于屡屡受赐，家里子弟连幼儿都得到了“郎”的衔号，如上例黄琬就是蒙祖荫成为童子郎的。于是在当时的社会上出现了一个年青的特权阶层：势家郎。例如：

《后汉书·陈蕃传》：“自蕃为光禄勋，与五官中郎将黄琬共典选举，不偏权富，而为势家郎所谮诉，坐免归。”

由于权贵子弟多能得到“郎”的衔号，所以在汉魏之际，“郎”就作为权贵子弟的美称或谀称，而不论他是否具有这个衔号，也作“郎君”“郎子”，例如：

晋代陈寿《三国志·吴志·周瑜传》：“瑜时年二十四，吴中皆呼为周郎。”

《古诗为焦仲卿妻作》：“先嫁得府吏，后嫁得郎君。”

唐代房玄龄《晋书·慕容盛载记》：“盛年十二……遇盗陕中……盗曰：‘郎贵人之子，故相试耳。’”

唐代李延寿《北史·綦显传》：“显幼时，见一沙门指之曰：‘此郎子好相表，大必为良将。’。”

“郎”作为美称，最初主要包含三个意义：出身高贵、年轻、男性，它的意义大致和后来的公子少爷相似。（有时它也可以称贵家女子，作“女郎”，与后世的“女公子”相似，但是单独用“郎”则只称男性，不称女子。）在后来的发展中，可以从其中的一个意义出发而突破其他的意义限制引申出许多新义来。同时它还派生出“郎君”“阿郎”“郎主”“郎子”等形式。也可以用于排行次第，又有“大郎”“小郎”等形式。

六朝时期，“郎”的大多数用例用于年轻的贵家子弟，在贵族家庭中它可以用称女婿或儿子，例如：

南朝宋刘义庆《世说新语·雅量》：“阮语女：‘闻庾郎能骑，我何由得见？’”

唐代房玄龄《晋书·文苑传·袁宏》：“谢尚时镇牛渚，秋夜乘月，率尔与左右微服泛江。会宏在舫中讽咏，声既清会，辞又藻拔，遂驻听久之，遣问焉。答云：'是袁临汝郎诵诗。'。"

对同辈，可指年轻的丈夫、丈夫的兄弟或兄弟，例如：

南朝宋刘义庆《世说新语·贤媛》："郗嘉宾丧，妇兄弟欲迎妹还，终不肯归，曰：'生纵不得与郗郎同室，死宁不同穴？'"

鲁迅辑《古小说钩沉·妒记》："巫曰：'娘积恶，先人怪责，故郎君变成羊。'"

南朝梁沈约《宋书·孝义传·孙棘》："棘妻许又寄语属棘：'君当门户，岂可委罪小郎。且大家临亡，以小郎属君，竟未妻娶，家道不立。君已有二儿，死复何恨。'"

唐代房玄龄《晋书·简文三子传》："及孝武帝即位，尝昼日见道生及临川献王郁，郁曰：'大郎饥乏辛苦。'言竟不见。"此指兄弟中排行第一的大哥。

在后代的使用中，"郎"所包含的男性、年轻、高贵各义素中，可以以其中部分义素为核心，加以强化，而其他义素相对弱化，出现了各种不同的变化。其中，"郎"出身高贵一义逐渐淡化，被用来作为一般年轻小辈或年轻的同辈男子的敬称，上述各义也就不限用于贵族男子了，例如：

唐代牛僧孺《玄怪录》卷五："不知足下生来有郎娘否？"

王重民等《敦煌变文集·秋胡变文》："其妻闻夫此语，心中凄怆，语里含悲，启言道：'郎君……女生外向，千里随夫。今日属配郎君，好恶听从处分。'。"

明代于慎行《谷山笔麈》卷十三："妻家称女婿以姓，曰某郎。"

《民俗》一卷二期《客家山歌之背景》："风吹蕉叶响叮当，嘱妹连郎心莫慌！万一大郎叔公问，汝话出去看姑丈！"原注为"大郎：妇女对丈夫哥哥之称号。"

《民俗》二卷三、四期《赣南的客家民歌》："嫁郎要嫁当兵郎，当兵郎子好排场。身上挂条斜皮带，草黄衣服黄金线。"

“郎”作为男子的美称，和表示排行的序数结合，作为人名，例如下例中的“郎”指儿子，“大郎”指大儿子：

南朝宋刘义庆《世说新语·俭啬》：“王丞相俭节，帐下甘果盈溢不散，涉春烂败。都督白之，公令舍去，曰：‘慎不可令大郎知！’。”

在唐代，皇帝和臣下都可据排行以“（几）郎”称呼，当时人名中使用“郎”的也不在少数，如《莺莺传》中崔莺莺的弟弟就叫欢郎。（汉代有王郎，但他的取名之义与此不同。）随着“郎”出身高贵一义的淡化，称人为“郎”所表现的更多是亲近爱昵的意义，其中最突出的是称婚外相恋的男子，如情郎或嫖客为“郎”，这显然是从妻子称夫为郎引申出来的，例如：

晋代干宝《搜神记》卷十六：“共君宿契，此会可三宵，不可久居，当有祸矣。然兹信宿，未悉绸缪，既已分飞，将何表信于郎？”

元无名氏《云窗梦》第一折：“老身姓郑，是这汴梁乐籍，止生得一个女儿，小字月莲，风流可喜，卖笑求食，郎君每见了，无有不爱的。”

由于“郎”的高贵、礼敬意义淡化，唐代起可用来称呼从事某些行业的青壮年男子，如歌郎、花郎、货郎、忙郎、芒郎、牛郎、田舍郎、挽郎、挽歌郎、星郎、牙郎、鱼郎、渔郎、棹郎、棹船郎等，后来，郎的使用也不限于青年人了，如《水浒传》中就有“火工老郎”。以致明清人有以“郎”为贱的说法，例如：

清代王应奎《柳南随笔》卷五引明代汤沐《公余日录》：“明初闾里称呼有二等，一曰秀，一曰郎。秀则故家右族颖出之人，郎则微裔末流群小之辈。”

除了年青义，“郎”的词义从另一方面，即从身份高贵一义发展，魏晋以后，随着当年称郎的年轻男子年龄的增长，年青一义淡化，“郎”作为一个对出身高贵的男子的尊称，可用来称父亲或尊长男子，例如：

北朝北齐魏收《魏书·韩显宗传》：“抄百余人名，各读一遍，随即覆呼，法抚犹有一二舛谬，显宗了无误错。法抚叹曰：‘贫道生平以来，唯服郎耳。’”

唐代李延寿《北史·节义传·汲固》：“宪即为固长育，至十余岁，恒呼固夫妇为郎婆。”清代顾炎武《日知录》卷二十四：“北朝人子呼其父亦谓之郎。”

唐代李延寿《南史·王琨传》：“时王俭为宰相，属琨用东海郡迎吏。琨谓信人曰：‘语郎，三台五省皆是郎用人；外方小郡，当乞寒贱，省官何容复夺之。’”

在家庭中的尊长男子，对奴仆来说就是主人，例如：

晋代陶潜《搜神后记》卷三：“妇还见其夫犹在被中眠。须臾，奴子自外来，云：‘郎求镜。’妇以奴诈，乃指床上以示奴。”

唐代谷神子《博异记》：“唯一老青衣语声稍重而带秦音者言曰：‘往年阿郎贬官时，常令老身……抱阿荆郎。’”

元代关汉卿《调风月》第四折：“你若无言语，怎敢将你觑付？则索做使长、郎主。”

从这个意义再发展，“郎主”后来被用称少数民族君长：

宋代辛弃疾《南渡录》卷二：“途中人往来不止，言郎主召见四太子于江南。”

元代张国宾《薛仁贵》第一折：“自家葛苏文便是。郎主呼唤，须索见来。”

明代沈鲸《双珠记·剿虏同功》：“咱乃西胡大将骨朵儿术是也，奉郎主命，攻打中原世界。”

“郎”的尊贵一义，至此达到极点。但是“郎”的这个意义并没有继续流传，至今广为流传的是“郎”的平民化的一组引申义，这也符合礼敬称谓词在普遍使用后趋于一般称谓词的普遍规则。

（原刊《中国语文》1999年第6期）

“娘”字小考

“娘”是一个很古老的字，在甲骨文中，它是一个专用名词，表示女子之氏，读音从“良”，如“妇娘示三”①，与现代称各类女性的“娘”无关。

“娘”称女子，最初见于六朝，与甲骨文中的“娘”在语义和语音上都没有关系，不是同一个词。宋本《玉篇·女部》：“娘，少女之号。”章太炎《新方言·释亲属》推测它和“郎”一样来自于“良”或“良人”。实际上，男子称“郎”最初是由于汉代高官功臣子孙多蒙荫封郎，不少权贵子弟幼年就成了“郎”，后来，贵家子弟不论是否受封都可称作“郎”，与“良人”无关②。汉魏以后盛行用“郎”称贵家男性子弟，随之出现女子称“女郎”的用例，北魏郦道元《水经注·沔水》有张女郎庙，宋代李昉《太平御览》卷五十二引《郡国志》：“梁州女郎山，张鲁女浣衣石上，女便怀孕，鲁谓女淫，乃放之。后生二龙，及女死，将殡，柩车忽腾跃升此山上，遂葬焉。其水旁浣衣石犹在，谓之女郎山。”张鲁是汉末人，曾任汉中太守，奉行鬼教，在汉末军阀混战中割据汉中近三十年，他的女儿当然有资格称“女郎”。张鲁是早期道教的重要人物，因此对他的女儿也有这样神奇的传说。“女郎”一称虽属于后人传说，但是离汉末不远，话出有因。“女郎”最初含有年青、高贵和女性的意义，多称别人的女儿，后泛称年青女性，不论婚否，也有自称的。例如：

[1] 夫受其言，即往白王：“女郎今者，欲来相见。”王答女夫：“莫道此事。急当牢闭，慎勿令出。”（旧题三国吴支谦译《撰集百缘经》卷八，此处“女郎”称国王的女儿，自己的妻子。）

---

① 《小屯殷虚文字丙编》62。

② 本文所涉“郎”的内容，参俞理明《说“郎”》，《中国语文》1999 年第 6 期，第 445—447 页。

[2] 主人为设食，语班曰：“欲见君，无他，欲附书与女婿耳。”班问：“女郎何在？”曰：“女为河伯妇。”（晋代干宝《搜神记》卷四，称主人的女儿。）

[3] 见一妇来，年可十六七，云：“女郎再拜。日既向暮，此间大可畏，君作何计？”问：“女郎姓何？那得忽相闻？”（《法苑珠林》卷七十五引晋代干宝《搜神记》，前一“女郎”自称，后一“女郎”对称。）

就如“郎”可以忽略年龄，通称有地位的中老年男子一样，“女郎”也可忽视年龄差异称中老年妇女，例如：

[4] 李子整衣而入，见青服老女郎立于庭，相见曰：“白衣之姨也。”（唐代谷神子《博异记》）

[5] 青衣曰：“女郎乃平陵刘府君之妻，侍中吴质之女。府君先行，故欲相见。”（唐代段成式《酉阳杂俎》卷十三，女婢称女主人。）

“郎”后来有了鄙俗男子一义，“女郎”也可称女婢，例如：

[6] 有青衣女郎在门外而行，道度……语女郎曰：“我是陇西辛道度，游学他方粮食乏尽，希望娘子为道度向主人传语，乞觅一餐。”（王重民等《敦煌变文集·句道兴搜神记》）

[7] 依你说是人家女郎了，主人甚么名字？（明代梅鼎祚《玉合记·闺晤》）

大约在南北朝末期，由于口语中语速加快而把“女郎”二字切合成一个音节，并写作“娘”或“孃”。合音字往往有返原的情况，如“奈何”作“那”，后来有“那何”同“奈何”；“何不”作“盍”，后来有“盍不”同“何不”；“不要”作“别”，又有“别要”同“不要”，等等。“娘”来自“女郎”，它的返旧形式“女娘”也同“女郎”，例如：

[8] 白头老媪簪红花，黑头女娘三髻丫。（宋代范成大《夔州竹枝歌》）

“娘”出现后，和“女郎” 并行，但更为活跃。因为“娘”和“郎”同是单音形式，所以在唐以后的文献中，很多地方都有与"郎"相对的用例，并随"郎"而发生相应的变化。"郎"有年青、尊贵、男性三个核心义项，通过义素作用的消长，引出不同的用法，"娘"除了性别不变化外，其他方面有同样的用法。

1）"郎"称年轻男子，"娘"可称年轻女子，例如：

[9] 孔子去卫适陈，途中见二女采桑。子曰："南枝窈窕北枝长。"答曰："夫子游陈必绝粮，九曲明珠穿不得，著来问我采桑娘。"（南朝梁殷芸《小说》）

[10] 老马十岁，犹号骝驹；一妻耳顺，尚称娘子！（唐代李百药《北齐书·祖珽传》）

另外，"郎"可称儿子，"娘"则称女儿，例如：

[11] 不知足下生来有郎娘否？（唐代牛僧孺《玄怪录》）

"郎，娘"也常用作男女人名用字，表示性别，如《莺莺传》中的欢郎和红娘。"郎"前可加表示排行的序数词作男子人名，"娘"前加序数词则为女子名，流行于唐代，例如：

[12] 筋斗裴承恩妹大娘善歌，兄以配竿木侯氏。（唐代崔令钦《教坊记》）

[13] 孝男徐德行以大唐宝应元年七月十四日葬金大娘于昆山依仁冈，从父穴也。（清代陆增祥《八琼室金石补正·金大娘圹志》）

2）大郎、二郎或大娘、二娘等，本来是以排行为幼小的男女取名，因为"郎""娘"都是美称，作为人名随着被称对象的成长，终身不变，失去了年龄和地位的限制。例如：

[14] 先生召其女七娘者，乃一老妪也，年七十余，发尽白，扶杖而来。（宋代李昉等《太平广记》卷七十五引《宣室志·王先生》）

男女相婚，女子婚后随男子排行改称，妯娌之间据丈夫排行称大娘、二娘、三娘等，例如：

[15] 二旦叫云："大娘，你与我请将父亲来者。"（元代无名氏《冤家债主》第三折）

[16] 烟子烟，烟上天，黄罗伞，紫罗边，大哥骑马二哥牵。大脚的大娘坐轿，小脚的二娘跑道，三步一跌，一步一扭。(《歌谣》二卷三十三期《湖南歌谣》)

旧时大户人家妻妾也可如此排行，如《金瓶梅》西门庆家，大娘吴月娘，二娘李娇儿，三娘孟玉楼，四娘孙雪娥，五娘潘金莲，六娘李瓶儿。潘金莲在夫家排行第五，但在娘家排行第六，所以又称六姐。

大郎可用作对年青男子的敬称，大娘也可作为年青已婚妇女的敬称，例如：

[17] 象我辈的做人还有几年，真是今朝不知明朝事，许多事情让媳妇大娘做去就得了！（许钦文《疯妇》，这是老年妇女在谈论儿媳妇时称小辈妇女。）

[18] "四大娘！你爸爸做中人借来三十块钱，就只买了二十担叶。后天又吃完了，怎么办？"老通宝……望着四大娘。（茅盾《春蚕》，这是公公称儿媳。）

[19] 奶奶说："大娘,你这性子要忍忍。家里越穷,孩子越要当宝贝。"（吴组缃《天下太平》，这是婆婆称媳妇。）

"大娘"现在多指老年妇女，上述各义多不为注意，《汉语大词典》就未收表示女子排行和已婚年轻妇女这两个义项。

夫妻之间，丈夫是"郎"，妻子就是"娘"，可以称别人的妻子，也可以称自己的妻子，例如：

[20] 楚州刘总管每事勾当。前总管薛诠及登州张大使舍弟张从彦及孃皆送路。（唐代圆仁《入唐求法巡礼行记》卷四）

[21] 你道死和生都是天数周，怎偏我子和娘拔着短筹！我如今备棺椁

将他殡，不知我这业尸骸又着那个收。（元代无名氏《冤家债主》第二折）

[22] 家公便道：“娘呀，……烧香虽则是个好事，算来要费介二钱个放光。”（明代冯梦龙《山歌·烧香娘娘》）

[23] 秀才娘也极力证明秀才的话无半点说谎。（陈虚谷《荣归》）

“郎君”和“娘子”相对，用于夫妻或恋人之间互称，常见于戏曲民歌，不必赘言。与此相应，也有用“娘”专指已婚妇女的，例如：

[24] 尤悔庵先生有《新嫁娘词》，谓寄《西江月》：月下云翘早卸，灯前罗帐眠迟。今宵犹是女孩儿，明日居然娘子。（清代褚人获《坚瓠集》卷二）

3）“郎”有尊贵的含义，用称父亲、主人等尊长男子，与之相应，“娘/孃”可称母亲，例如：

[25] 旦辞爷孃去，暮宿黄河边。（南北朝无名氏《木兰辞》）

[26] 母语女言：“汝还努力为吾写经。”女云：“娘欲写何经？”（宋代李昉等《太平广记》卷九十九引《法苑珠林》）

[27] 阿孃不与我一好妇女，亦是可恨。（唐代魏徵等《隋书·房陵王勇传》）

[28] 傥若一朝拜金阙，莫忘孃孃乳哺恩。（王重民等《敦煌变文集·汉将王陵变》）

[29] 古人谓父为阿郎，谓母为孃子，故刘岳《书仪》上父母书称阿郎孃子。其后奴婢尊其主如父母，故亦谓之阿郎孃子。（宋代司马光《书仪》卷一）

引申之，长辈的妇女都可以称“娘/孃”，例如：

[30] [张生]见夫人，忙施礼道：“前日想娘娘可来惊悸？”（金代董解元《西厢记诸宫调》卷三，这是张生称崔莺莺的母亲。）

[31] 宝玉说：“大娘说‘有话说’，不知是什么话？”邢夫人笑道：“那里什么话，不过叫你等着同姐妹们吃了饭去。”（《红楼梦》第二十

四回，这是称伯母。）

[32] 孃孃……谓祖母，又妇谓姑。（清代范寅《越谚》卷中）

[33] 呼父之姊之妹曰孃孃，曰姑妈，曰姑奶奶。（清代傅崇矩《成都通览·城乡通用之家庭称谓》）

“娘”用称祖母的例子古今也不少见，例如：

[34] 宋燕山府永清县大佛寺内有石幢，系王士宗建，末云：“亡爷爷王安，娘娘刘氏。”是称其大父、大母也。（清代梁绍壬《两般秋雨庵随笔》卷七）

从另一方面，强调社会地位，“娘”或“娘子”“娘娘”也可用于奴婢称女主人（主母），这也来自于它的高贵一义，例如：

[35] 文襄既尚魏朝公主，故无别号，两宫自余姬侍，并称娘而已。（唐代李延寿《北史·后妃传序》）

[36] 有青衣告仙客曰：“娘子适以亲情事言于阿郎，阿郎云向前亦未许也。”（唐代薛调《无双传》）

[37] 或为奴婢偿他力，衣饭何曾得具全，夜头早去阿郎嗔，日午斋时娘娘打。（王重民等《敦煌变文集·佛说阿弥陀经讲经文》）

[38] 梅香道：“姐姐，你也是糊涂的娘。”（明代冯梦龙《挂枝儿·叫梅香》，这是婢女称小姐。）

[39] 你到家拜上你家娘，你说西门大娘说，迟几日还要请娘过去坐半日儿哩。（《金瓶梅》第一回）

“娘”也用来特称地位更为尊贵的帝王的已婚女性亲属，包括帝王太子的妻妾、皇后、太后或女儿等，通常作“娘子”或“娘娘”，例如：

[40] 宫中呼为娘子，礼数实同皇后。（晋代刘昫《旧唐书·后妃传·杨贵妃》）

[41] 车驾过宫，先至太上处起居，方至本殿进香。次皇后、皇太子、太子妃、庄文太子妃张娘娘已下并进香起居。（宋代周密《武林旧事》

卷七）

[42] 至长安来见帝王，先参拜太后。娘娘得见刘肥甚喜。（元代无名氏《前汉书平话》卷中）

[43] 兀那弹琵琶的是那位娘娘，圣驾到来，急忙迎接者。（元代马致远《汉宫秋》第一折）

[44] 丑：“上面是甚么人？”末：“公主娘娘。”（明代徐元《八义记·举家兆梦》）

作为尊称，“娘娘”还用来称女性神灵，如观音娘娘、送子娘娘、王母娘娘、娘娘庙等，这类用法流传很广，使用至今，不必赘言。

宋本《玉篇》和《广韵》都释“孃，母也”，与称少女的“娘”相区别，段玉裁《说文》“孃”字注中说“唐人此二字分用画然”，但是，这在今传的文献中不能得到证实。汪维辉研究认为，隋以前母亲称“孃”尚无确证，而张涌泉据敦煌写本指出唐五代间“孃”“娘”二字是混用的①，我们在《入唐求法巡礼行记》中也看到了这样的用例，如本文例[20]用“孃”指别人的妻子②。据上海古籍出版社影印清康熙间扬州诗局刻本《全唐诗》，我们在中唐以前的诗歌中找到了几个用这两个字称母亲的用例，其中寒山诗称母亲有二例用“孃”（《我见世间人》《我有六兄弟》），一例用“娘”（《我住在村乡》），顾况诗有一例用“孃”（《梁广画花歌》），而唐代白居易诗有一例用“娘”（《新丰折臂翁》）。唐代杜甫《兵车行》中称母用“孃”，但是，宋代郭知达《九家集注杜诗》的《兵车行》作“耶娘妻子走相送”，赵次公注：“此诗直道其事，气质类古乐府，故多仗俗语。如耶娘字，俗书作爷孃，而此诗用耶娘字。盖《木兰歌》有‘不闻耶娘唤女声’。黄鲁直跋《木兰歌》后云：‘杜子美《兵车行》引此诗，推耶娘字所出，以知古人用字其与俗书不同，皆有所本。’”据此说法，反以“孃”为俗写，

① 参汪维辉《从词汇史看八卷本〈搜神记〉语言的时代》（上），《汉语史研究集刊》第3辑，巴蜀书社，2000年，第208—222页；张涌泉《敦煌文献校录体例之我见》，《俗语言研究》1998年第5期，第118—130页。

② 这是唐时来华的一个日本僧人的日记。同类用例至今在日文中还可以看到，如近年播出的日本动画片《名侦探柯南》的日文字幕就多次出现“令孃”一词，汉语译作“千金小姐”。

“娘”为正字。这种意见，在《集韵》中也可以看到一些痕迹，《集韵》释“娘”为“女字”，而不分“母称”和“少女之号”，同时，《广韵》和《集韵》都收了音女良切的“孃”表示烦扰义，其中《集韵》把“孃”和“娘”作为同音字列在一起，而不列“孃”表示女性的意义，与《玉篇》《广韵》不同。比较《广韵》和《集韵》，在多数情况下，《集韵》所收的各字的音义比《广韵》多，其中“孃”字收了四个不同的音，而在释义上都采用《说文》的意见。其实“孃”表示烦扰或肥大的意义在当时并不使用，《汉语大字典》在此义下除了引用辞书之外，没有其他引例。《集韵》的这种做法，似乎是在为“孃”字正义，正与赵次公的意见相合。

从文献的实际用例来看，虽然“孃”字多用称母亲，但是称母亲用“娘”的也不在少数；间或也可以看到“孃”称年轻女性的用例。但是对母辈的妇女，尤其是称女主人，却多用“娘”字。把它们看成是两个词，无法解释它们之间的意义联系。二字的分用，可能是在一字一义思想的指导下，为了区别不同年辈的女性而使用同一个词面出现的，但是，在“郎”影响下发展出来的“娘”字各义之间的关系，纵横交错，不是简单地用两个字就可以分清的，所以，二字分用的做法无法真正实施，结果只是二字混用，反而造成用字的混乱。

“娘”字在表音上的先天不足，可能是当时人使用“孃”的原因。“娘”字不仅在语音上取自“女郎”，音女良切，在形体上也用“女”加“郎”的一半，按汉字结构规则就分析成从女良声。但是，从良得声的字都读来母，而合音字“娘”声母取自于“女”，是泥母，在表音上是不恰当的，所以古人借用当时实际上并不使用的泥母字“孃”。“孃”本是“攘”的异体字，《说文·女部》：“孃，烦扰也。一曰肥大也。”与少女或母亲都没有关系，但是它的声符是襄，而声符襄多读泥母，表音准确，所以采用了它，又有人用它来专门表示母亲一义。不过这个字的写法比较复杂，它出现之后即使在母亲一义上也没能取代表音不确而笔画较简的“娘”字，反而形成了两字共存并用的局面。汉字简化把二字归并，不过是减少了一个异体而已。需要注意的是，多年来，尽管规范的汉字要求用“娘”，但是在南方许多地区俗间专用“孃”字称父亲的姐妹或父母的姐妹，字或仿“让”字的简化方式，写作“女”旁加一“上”字，声调读阴平，流行颇广，或许有一天会被新的规范所采纳。

（原刊《汉语史学报》第二辑，上海教育出版社2002年）

补记：张涌泉先生《说“爷”道“娘”》（中国语文2016年第1期93—128页）辨“娘”“孃”二字在唐代文献中各指少女和母亲，互不相混，晚唐五代才见二字相混例，可正本文。此外还有多位学者对此作过指正，在此一并表示感谢。

现在的问题是，若“娘”“孃”同源，它们的分化为什么这么清晰；若二者不同源，它们为什么如此近似，且“孃”的来源又如何解释？游世强博士对此颇有兴趣，多次与笔者交流，他提出是否可能由“孃”的肥大义引申出母亲义，尚待论证。

如果借鉴汉字研究中音、形、义三分，换个角度来思考，或许另有蹊径。

首先，从来源上看，如果排除“孃”的外来可能性，汉语表示母亲意义各词的声母，多为明母，从“襄”的字多读泥日两母，而泥日两母的字中，涉及指称女性的用字以“女”最为常用，且罕有作母称的，因此，“女郎”作为“孃”的来源，具有较高的可能性。

从早期“女郎”的使用来看，尽管含有“年轻+高贵”义，但不排斥“婚育”，这与当时“郎”的使用范围扩大是对应的。与此相应，“娘”的早期用例中，不乏婚育且非青春的女性。因此，存在这样的可能，“女郎”合音为“niang”，一般写作“娘”，但出于强调，作母称时写作了“孃”——口头的混同在书面上得到了补偿。辞书为强调“孃”是母称，专门说明“娘”是少女之号，以作划分。而对应于“女郎”的“娘”，则一开始就不限于少女，诸如半老徐娘的称呼，不是个案。显然，为了强调“孃”的母称意义，从年龄（含婚育状态）对“娘”作了过度的区别。

此外，“郎”作为源词，带动“女郎”和“娘/孃”发展，存在不对称因素。“郎”指父亲有充分证据，但用例极少，并不通行；而“孃”在六朝虽用例不多，后世却成为主流用词。可能的解释是，“郎”有父亲义时，“孃”还没有成立，因此采用了同样新出的“婆”对举；而当“孃”指母亲时，“郎”已经不流行了（“婆”作母称也不流行），因此采用了具有外来背景的父称新词“耶”对举。构成了复杂的词汇交错关系。

当然，这样的推测还有待进一步的验证，希望得到同道高明的指教。

2019年7月

“先生”古今谈
——兼论汉语词汇发展中核心义对词义蜕变的纠正作用

汉语称谓词“先生”在先秦文献中已屡有记载，至今使用不衰。在漫长的历史中，它的发展大致可以分为两个阶段：六朝以前，它的意义比较稳定，重在指具有较高文化思想修养的尊长男子；唐宋以下，它指称的人物范围扩大，呈专门化、职业化的倾向。

一、唐前“先生”的使用和变化

“先生”最初是一个谓词中心的偏正短语，表示先出生的意思，凝合之后，成为一个名词，可以称父兄尊长。例如：

有酒食，先生馔。(《论语·为政》。何晏集解引马融：“先生，谓父兄。”)

孟尝君宴坐，谓三先生曰：“愿闻先生有以补之阙者。”(《战国策·齐策三》。姚宏注：“先生，长老，先己以生者也。”)

年长的人见多识广，所以“先生”被广泛地用来称呼年长博识有学问的人，成为一个尊称。例如：

若先生异爵者，请见之则辞，辞不得命，则曰某无以见。(《仪礼·士相见礼》。郑玄注：“先生，致仕者也。”王引之《经义述闻·先生君子》：“盖卿大夫之已致仕者为先生，未致仕者为君子。”)

宋牼将之楚，孟子遇于石丘，曰：“先生将何之？”(《孟子·告子章句下》。赵岐注：“学士年长者，故谓之先生。”)

从于先生，不越路而与人言；遭先生于道，趋而进，正立拱手，先生与之言，则对。(《礼记·曲礼上》。郑玄注："先生，老人教学者。"又《礼记·玉藻》"见先生，从人而入。"孔颖达疏："先生，师也。")

苟已王之疾，臣与臣之母以死争之于王，王必幸臣与臣之母，愿先生勿患也。(《吕氏春秋·至忠》)

乃往见太卜郑詹尹曰："余有所疑，愿请因先生决之。"(《楚辞·卜居》)

以相人说韩信曰："仆尝受相人之术。"韩信曰："先生相人如何？"(《史记·淮阴侯列传》)

尽管上述用法有的与后世专指教师、术士、医生等的"先生"对应，但总的看来，它所称的人物，主要是具有专门知识、年长、男性这三个特点的人，并无专指的含义。

问者曰："古之谓知道者曰先生，何也？""犹言先醒也。不闻道术之人，则冥于得失，不知乱之所由，眊眊乎其犹醉也。故世主有先生者，有后生者、有不生者。"(汉代韩婴《韩诗外传》卷六)

汉代"先生"出现了两个值得注意的变化：它可以缩略成"先"或"生"，并有繁复形式"老先生"的出现，例如：

是时谊年二十余，最为少，每诏令议下，诸老先生未能言，谊尽为之对。(《史记·屈原贾生列传》)

才思出众的贾谊二十多岁就称"贾生"并与"老先生"对举，表明"先生"的年尊义已不明显。"先生"的两个缩略形式中，比较容易分辨的是"先"，例如：

学申商刑名于轵张恢先所。(《史记·晁错传》)裴骃集解引徐广："先即先生。"清俞正燮《癸巳存稿》卷四："先生，或止称先、称生，《史记·晁错传》云'学刑名于轵张恢先所'，徐广曰：'先即先生。'《传》又云'邓先'，注：'犹曰邓先生也。'《匈奴传》云'其儒先'，裴骃曰：'先，先生也。'二文《汉书》俱作'生'。"

臣闻箕子佯狂于殷而为周，陈洪范、叔孙通遁秦归汉，制作仪品。夫叔孙先非不忠也，箕子非疏其家而畔亲也，不可为言也。(《汉书·梅福传》。颜师古注：“先，犹先生也。一曰，先谓在秦时。”王先谦补注：“一说非。”)

“先生”作“先”大多指年长的人，但是它的重心在有知识，像《史记·匈奴列传》“匈奴俗见汉使非中贵人，其儒先，以为欲说”中出使匈奴的儒先生，就应该年富力壮不必年长。“先生”简作“生”，早期也同样在偏重有学问的同时，多有年长的意义，例如：

言《礼》自鲁高堂生。(《史记·儒林列传》司马贞索隐：“云‘生’者，自汉已来儒者皆号‘生’，亦‘先生’省字呼之耳。”又《苏秦列传》：“甚矣，齐之为苏生报仇也。”)

秋八月，汉王如荥阳，谓郦食其曰：“缓颊往说魏王豹，能下之，以魏地万户封生。”(《汉书·高帝纪》。颜师古注：“生，犹言先生也。”又《汉书·贡禹传》：“禹上书曰：‘臣禹年老贫穷……愿乞骸骨，及身生归乡里，死亡所恨。’天子报曰：‘朕以生有伯夷之廉、史鱼之直……故亲近生，几参国政。’”颜师古注：“生谓先生也。”)

常乘白马，帝每见湛，辄言：“白马生且复谏矣。”(《后汉书·张湛传》，又《后汉书·桓荣传》“帝称善，曰：‘得生几晚。’”又《后汉书·班彪传》：“嚣问彪曰：‘……愿生试论之。’”又《汉书·儒林传》：“济南伏生传《尚书》。”又《汉书·儒林传》：“封关内侯。兴自以无功，不敢受爵。帝曰：‘生教训太子及诸王侯，非大功邪？’”)

但“生”指年轻人的情况要多些。汉代年轻的书生称“诸生”，他们的老师称“生”，两个“生”可以并用，例如：

通已出反舍，诸生曰：“生何言之谀也？”……通出，皆以五百金赐诸生。诸生乃喜曰：“叔孙生圣人，知当世务。”(《汉书·叔孙通传》。周寿昌《汉书补正》：“生，《史记》作‘先生’。汉时梅生即梅先生，如‘先师棘下生’即棘下先生也。此传下呼‘叔孙生’，亦诸生呼其师为叔孙先生也。”)

“人类随便干什么事，总是越省劲越好，说话也不例外。所以，在一般情况下，只要人家能听懂，说话人总是把要说的话尽可能地压缩。”[①]礼貌用词表示对人的敬意，在交际中频频使用而熟化，有省简的需要。缩略形式“先”“生”用称熟悉的人物，简洁而略微随便。由于礼敬意味相对减弱，产生了一个与“先生”分立的新词“生”（儒生、诸生），专指读书人。“先生”的推广使用，为六朝以后“先生”各种新用法的兴起埋下了伏笔。（元明以下，俗间又有把“先生”和“老先生”说成“先儿”或“老先儿”，这与汉代把“先生”说成“先”或“生”虽无直接联系，但道理却是一样的。）

二、唐代以后“先生”的使用

唐代以后，“先生”逐渐用于指称某些类型的人，它原有的年辈尊长一义被忽略，也不完全限于男性，多与某一职业有关。一些职业要求从业者有较高的文化教养和较深的专门知识，从事这些职业的人员称“先生”。

1）称文人学士或读书人，这是对古代“先生”一义最直接的继承，例如：

先生本待观景致，把似这里闲行，随喜塔位。（金代董解元《西厢记诸宫调》卷一）

早间宋先儿使人来请我，说蔡秀才的母亲害病，请俺下药。（元代刘唐卿/无名氏《降桑椹》第二折）

小生：“先生拜揖。”净：“尊兄拜揖。”（明代谢谠《四喜记·诗礼趋庭》）

又掂了一个递与温秀才，说道：“老先儿，你也尝尝，吃了牙老重生，抽胎换骨。”（《金瓶梅》第六十七回）

在文化教育不太普及、女子读书还是新事物的时代，也用“先生”称女性，例如：

① ［英］L. R. 帕默尔《语言学概论》，李荣等译，商务印书馆，1983年，第58页。

有回还是个女学生，她说：“划船的，你走路怎么不讲规矩？这不成的！”我笑笑地问她：“先生，什么是规矩？”（沈从文《长河·大帮船拢码头时》）

旧时官员以科举出身为正途，所以“先生”也指文人出身的官员，官位较高的尊作“老先生”，例如：

二位老先儿在此，小子特来议事。（元代无名氏《小尉迟》第二折）

小生相见科：“老先生拜揖。”外：“先生拜揖。”（明代张四维《双烈记·访道》）

小生见介：“学生有一拜，老先生首登鳌选，四海知名，辱下高车，一方延颈。”生：“老先生名摇华岳，声震轰雷，得睹虎威，不胜雀跃。”（明代王玉峰《焚香记·设宴》）

西门庆答道：“不敢！昨日云峰书来，具道二位老先生华辀下临，理当迎接。”（《金瓶梅》第三十六回，此指新科状元和进士。）

中大人宣毕，襄敏拜舞谢恩已了，请过圣旨，与中大人叙礼，分宾主坐定。中大人笑道：“老先儿，好个乖令郎！”（《二刻拍案惊奇》卷五。清代翟灏《通俗编》引《何氏语林》：“前明太监称卿大夫，每曰‘老先’而不云‘生’。”）

适值李亲家李侍御荐一个先生，姓钱名流，字公布……陈副使道丈人为女婿访求，必定确的了……钱公布道：“末学疏浅，既蒙老先生、李老先生重托，敢不尽力！”（《三刻拍案惊奇》第二十七回）

称大贤德军门王、都府刘二位老先生台下。（明代罗日褧《咸宾录》卷一）

二司自方伯以至佥宪，称抚台曰老先生，称按院则曰先生大人。（明代王世贞《觚不觚录》）

钱少宰老先新点了兵部，狠命的央晚生陪他上京。（清代西周生《醒世姻缘传》第四回）

“先生”用称乡绅，这时它的意义就不重在知识，而重在地位财富，例如：

令婿虽则怏怏，老先生自当老成。（明代孙柚《琴心记·牛酒交欢》）

李翁道："古人云：礼至不争。桂先儿好意拜奠，休得固辞。"（《警世通言》卷二十五）

童定宇开言道："晚生原本寒微，学了些须拙笔，也晓得几个海上仙方，所以敝府乡老先合春元公子们也都错爱晚生。"（清代西周生《醒世姻缘传》第四回）

言及婚媾，则曰："某老先是姻家。"（清代王有光《吴下谚联》卷一）

2）尊称教书的人为"先生"见于先秦文献，但唐宋以后成了从事这一职业的人的专门称呼，沿用至今，例如：

此村东数里，有草堂中田先生者，领村童教授。（唐代牛僧孺《玄怪录》卷三）

父老而贫，以六经教授乡里，称为詹先生。（宋代洪迈《夷坚志补》卷一）

先生口里教他的书，他却说："先生，先生，你看两个雀子打帐[仗]！"（清代西周生《醒世姻缘传》第三十三回）

一个年青[轻]人不要上天下地，东想西想的，眼看就要当先生教人了！（沙汀《磁力》）

在闽南乡镇……教书先生，先生只用一个字：先。把"生"字省去了。王先，陈先，李先。医生，才不折不扣地叫先生。刘先生，黄先生。（许谋清《土枪·牛虱子·吴先生》）

扮演这个社会角色的女性也称"先生"，例如：

芸即譬其言而开导之，终茫然。余笑曰："女先生且罢论……鹤善舞而不能耕，牛善耕而不能舞，物性然也。先生欲反而教之，无乃劳乎？"（清代沈复《浮生六记》卷一）

学官同塾师一样称"先生"，明代科举的主试官员尊为"老先生"，其中既有教师称"先生"的影响，也有官员称"先生"的影响，例如：

教官乃为讲解大概。诸生徐出监本，复请曰："先生恐是看了麻沙本。若监本，则坤为釜也。"（宋代陆游《老学庵笔记》卷七）

京师称谓极尊者曰老先生，自内阁以至大小九卿皆如之。门生称座主亦不过曰老先生而已。至分宜当国，而谀者称老翁，其厚之甚者，称夫子。（明代王世贞《觚不觚录》）

3）"先生"指受雇管理文书账目财务的人，比如文吏、书手、管家、企业中的职员或店员等，这是对他们提高一等的称谓：官府中文吏被当作官员称"先生"；幕僚管家和塾师一样称西宾或师爷，通称"先生"；有文化的职员属于管理层，也称"先生"。这几类人都受过文化教育而不算读书人，都受雇于人从事脑力劳动。例如：

吏与生员，人俱呼为相公，书手称先生。（明代冯梦龙《寿宁待志》卷一）

就是公事，本房也少，讲时节又有积年老先生做主，打后手他不过得个堂众包儿。（《三刻拍案惊奇》第十九回）

叫掌案的先儿写个票儿，连那铜杭杭子兑个清数，连人发给理刑周百户。（清代西周生《醒世姻缘传》第七十回）

撞着子管家大叔，总也叫他先生。（清代艾衲居士《豆棚闲话·虎丘山贾清客联盟》）

各行都设有"先生"，由工人互相推举，负责文书和对外交涉。（广东省文史研究馆编《三元里人民抗英斗争史料·广州工人参加三元里抗英斗争情况调查记录》）

他原想在寿日来的人不过是铺户中的掌柜与先生们，和往日交下的外场光棍。没想到会也来了些女客。（老舍《骆驼祥子》）

阿英仔细向四周看看，没有一个先生模样的人。（周而复《上海的早晨》一部六）

但在柜台上穿着长衫卖烟的，与赤了膊用刨子刨烟的，却就不同，应该称之曰“先生”。（吴双林《街民》）

徐管帐一面用饭，一面在与同桌称为“先生”的老职员们摆谈《随园诗话》。（滕树嵩《侗家人》）

工厂商店中学徒与师傅之间，仿学校中师生称谓，称师傅作“先生”，例如：

有一个拜了王炳忠做先生的学生意，几次被彭良丞发现有偷懒之嫌。（胡考《上海滩》二十一）

4）“先生”称道士最初是敬称，后来与“和尚”一样成了普通称谓，例如：

葛玄字孝先，从左元放受《九丹液仙经》。与客对食，言及变化之事，客曰：“事毕，先生作一事特戏者。”（晋代干宝《搜神记》卷一）

玄都开秘箓，白石礼先生。（唐代殷尧藩《中元日观诸道士步虚》）

将一十七个先生每剃了头，交做了和尚。（蔡美彪《元代白话碑集录·虚仙飞泉观碑（二）》）

那先生，与了他三斗米，又不肯去，自称是一清道人，不为钱米而来，只要求保正一面。（《水浒传》第十五回）

八戒笑道：“这先儿只好哄这皇帝，搪塞黎民，全没些真实本事！令牌响了两下，如何又不见云生？”那道士焦躁，仗宝剑，解散了头发，念着咒，烧了符，再一令牌打将下去。（《西游记》第四十五回）

忽略性别的差异，女道士（道姑）也称“先生”，例如：

女冠耿先生，鸟爪玉貌，甚有道术，获宠于元宗。（宋代郑文宝《南唐近事》卷二）

台州后岭，忻解元所居，山林深邃，人迹罕及。尝有樵者采薪到山巅，见小草庵，一道姑坐其中，不知从何来，疑其为异物也，以告所主。忻即策杖访焉，伫立良久，俟出定开目，乃前作礼，问：“先生何处人？何年

至此？”（宋代洪迈《夷坚志补》卷十三）

5）道教与方术关系密切，“先生”很自然地被用来称从事占卜、相面、看风水等活动的术士或巫师，例如：

年逾四十，忽忽不得志，乃就江陵卜者王先生计禄命。（唐代李延寿《南史·吉士瞻传》）

其人曰：“卜事甚切，先生岂误乎？”（唐代段成式《酉阳杂俎》卷六）

这卦吉凶怎生，愿先生明告。（宋代无名氏《五代史平话·周史上》）

这是区区的八字，先生仔细看一看，莫要容情。（元代马致远《陈抟高卧》第一折）

妇人听了，说道：“累先生仔细用心，与我回背回背。”（《金瓶梅》第十二回）

瞎子道：“……我是史先儿，名字是史尚行！我且问你，你叫魇镇谁来，你说我的法儿不效？”（清代西周生《醒世姻缘传》第七十六回）

6）古代医巫关系密切，医药知识既专门又关系到人的健康和生命，所以尊称擅长医药的人为“先生”，例如：

淮客申先生者，售药于市。（宋代洪迈《夷坚支癸》卷九）

因此我一地里寻官人不见，正撞着卖药的张先生道：“我在樊楼前过，见教头和一个人入去吃酒。”（《水浒传》第七回）

有累先生俯赐良剂。奴好了，重加酬谢。（《金瓶梅》第十七回）

请先生过来，用心替他诊脉。（清代李渔《凰求凤·假病》）

瞧病先儿，医生。又称先儿，大夫先儿。（《方言》1984 年第 4 期《洛阳方言记略》）

7）说书、唱曲的艺人也读书识字，所以“先生”又称说书卖唱或演奏器乐为业的民间艺人。这类人处于社会上较低层次，所以，称呼时或缩略成“先”，用简易的形式冲淡“先生”的尊崇意义，例如：

薛家叫了两个女瞎子，一个谢先，一个张先，各人唱了几套喜曲。（清代西周生《醒世姻缘传》第四十四回）

不但有戏，连耍百戏并说书的女先儿全有，都打点着取乐玩耍。（《红楼梦》第四十三回）

这时候顺林已经回来了，便上前斟过一巡酒，先生在门外拉动胡琴，顺林唱了一折“桑园会”的青衫子，大家喝采。（清代蘧园《负曝闲谈》第二十九回）

（游娼）即洋琴荡子之属，一曰走妓，又曰卖弄，本家即是龟头先生。（清代傅崇矩《成都通览·成都之诈骗·游娼》）

8）算命占卦、演唱曲艺较适于盲人，明清以下从业者多为盲人，所以“先生”又泛指盲人，通常作“先”或“先儿”，例如：

那地方称瞎子，叫名先儿。……迟、孔二先心知自己不诚，求恳樵子领路走下山来。（清代艾衲居士《豆棚闲话·空青石蔚子开盲》）

今瞽者曰先生，女瞽者则曰女先。（清代俞正燮《癸巳存稿》卷四）

9）旧时文人陋习，以出入青楼为风雅，适应这种需要，旧时不少妓女受过专门的音乐、舞蹈、曲艺甚至诗文写作等训练，所以唐时一些文人称谓被用作妓女的雅称，如“校书”“酒纠”“录事”等，宋时“生”也被用来称有才艺的妓妾，例如：

政和间，汴都平康之盛，而李师师、崔念月二妓名著一时……李生者，门第尤峻。（宋代张邦基《墨庄漫录》卷八）

先是祐陵在端邸有妾彭者……一夕，偶置酒，彭生乘邦昌之醉，拥之曰：“官家，事已至此，它复何言？”即衣之赭色半臂。（宋代王明清《挥麈录》卷四）

贾似道南窜，犹携所谓王生、沈生者以自随。二生，天下绝色也。（元代方回《桐江集·木棉怨序》）

呼妓为生，未知始于何时。徐虹亭《续本事诗》载袁宏道中郎《伤周生》诗，题下注：吴人呼妓为生，盖亦沿宋旧耳。（清代徐士銮《宋

艳》卷六）

清代扬州称妓女“相公”，上海则称“先生”，是这一风气的延续，例如：

只见双珠的亲生娘周兰亲自搀着一个清倌人进门……问道：“洪老爷，耐看看倪小先生阿好？”（清代韩邦庆《海上花列传》第三回。小先生，雏妓。）

倪末阿算得是先生嗄？比仔野鸡也勿如啘。（清代韩邦庆《海上花列传》第二十四回。野鸡，指私娼，与“先生”相别。）

上海妓女，都是称先生的。（李宝嘉《文明小史》第十九回）

清客是“介于相公与先生之间的人物”。（瞿秋白《论文学革命及语言文字问题·学阀万岁》。原注：“先生，是上海长三堂子里的先生。”）

10）具有专门知识、有操守或富有的人在社会上受人尊重，所以“先生”也可用作对男子的尊称，有时，所称的男子的修养或社会地位并不高，例如：

子胥答曰：“……幸先生知委，傥蒙赐渡，恩可杀身。若也不容，自当息意。”鱼人答曰：“适来鉴貌辨色，观君与凡俗不同。君子怀抱可知，更亦不须分雪。”（王重民等《敦煌变文集·伍子胥变文》）

童先儿，你可惹下了！你交的那银器首饰，今日老公取出来赏人，都变成精铜，上头都是铜绿。（清代西周生《醒世姻缘传》第七十回。称铜匠。）

阿唷，张先生啘，倪只道仔耐勿来个哉，还算耐有良心哚。（清代韩邦庆《海上花列传》第二回。经商的年轻嫖客。）

先生，不识姓名及塾师、店伙。（清代范寅《越谚》卷中）

他是个半文人……他现在时常在某邑绅家中出入，和几家富室门前行走，随便的人，是不能获得叫一声“老某先”的。——老某先的先字，实在就是先生二字的缩音，是尊重非文人们的称呼——吉顺现在被他叫了一声“老顺先”，顿时觉得身上一热，眉宇间就现出一丝丝慌张的血纹。（许

杰《赌徒吉顺》）

明善堂里面的男子，不论做任何卑贱的事情，顶起码的都称为“先生”，而在上的便叫做“老师”，更高级的就喊做“太爷”。女的则依年龄大小，叫“大妈”，叫“娘娘”，最起码的称呼，则是“姐姐”。（艾芜《我的青年时代》）

“先生”的这种用法，与宋代的指各色男子的“生”相近，例如：

邻邑建昌控鹤乡民王六者，能缘木……将及木杪，老鸬鹚在焉，悲噪苦切，已而群飞竞集，绕王生之身，啄其股，攫其目。（宋代洪迈《夷坚志》支景卷七）

[陈六孺人朱氏] 以疾亡，后两日，比邻铁工沈廿一亦死……安安之母钱二嫂未闻朱氏讣，见沈生至，云：“陈六孺人唤汝来取安安。”（宋代洪迈《夷坚志》支丁卷六）

市客金生抱贩束帛。（宋代洪迈《夷坚志》三志辛卷六）

高安丐者赵生，敝衣蓬鬟，未尝沐浴。（宋代洪迈《夷坚志》补志卷十三）

杭州赤山之阴曰筲箕泉，黄大痴所尝结庐处，其徒弟沈生，狎近侧一女道姑。（元代陶宗仪《南村辍耕录》卷九）

在多数情况下，“先生”称的是有一定财富或地位的成年男子，与它称乡绅一义有关。这种用法，恰与英文中的 Mister 相应，所以现在很常用，例如：

院子中有两大盆待洗的衣服：老太爷的、老爷的、先生的、少爷的、太太的、小姐的，还有加上自己在茶叶局作小勤务十二岁小儿子的。（沈从文《王嫂》）

他趋上两步：“这位先生是……”那位先生乐了：“老徐啊，我是孟得怡！”（陆文夫《门铃》）

要是能叫我“先生”，那我估计她准会把全世界所有落魄的倒霉蛋都叫先生。（徐星《剩下的都属于你》）

现代口语也有把“先生”缩略作“生”，而年尊的称作“老先生”，例如：

“北京不是请您去参加一个重要的活动吗？”“辞掉。接受方生的邀请。”（蒋子龙《分分钟》）

甘生又名牌，又体面，又会体贴人，很男子气的嘛！（张欣《绝非偶然》）

七姑娘是丁老先生原配张夫人的幺女。（叶兆言《追月楼》）

11）“先生”称丈夫，最初是妻子对丈夫的敬称，它的来源，与“先生”指父兄一义和有专门知识操守一义有关，见于秦汉文献或仿秦汉文献的作品中，例如：

子列子入，其妻望而拊心曰：“……今妻子有饥色矣，君过而遗先生食，先生又弗受也，岂非命也哉！”（《吕氏春秋·观世》）

妾恐先生之不保命也。（汉代刘向《列女传·楚于陵妻》）

妻曰：“大人以先生修德守约，故使妾侍执巾栉。”（《后汉书·列女传·鲍宣妻》）

那庄生是个有道之士，夫妻之间亦称为先生。田氏道：“先生有何事感叹？此扇从何而得？”（《警世通言》卷二）

现在流行称自己或别人的丈夫为“先生”，虽与古人相合，但并非来自古代，它与现代尊称有一定社会地位男子的“先生”有关，例如：

如果你是结了婚或订了婚，那你先生怎么会放心让你出来做事呢？（陈白尘《结婚进行曲》二幕）

老董是许博文这几年才交的朋友，不知道他与李晓萍的事。他讲的老吴就是李晓萍的先生。（石地夫《再见，卡夫卡》）

她回头对我说：“你先生好辛苦噢。”（吕幼安《风流祭》）

三、“先生”意义演变的分析

交际中出于敬重或者讨好对方，往往使用比对方身份略高的称谓词，由此造成称谓词“身份贬值”现象，使得某一称谓词所指范围向下扩大，同时也促使某些对象的称谓用词不断更新。在“先生”的使用中，这种现象十分突出，清代学者笔记中多有记录，例如：

古者师曰先生，《曲礼》“从于先生”是也；父兄曰先生，《论语》“有酒食先生馔”是也；学士年长者曰先生，《孟子》“先生将何之”是也；外此未尝混施也。今则不然，同辈而先生之矣，后进而先生之矣，医卜而先生之矣，商贾而先生之矣，甚则舆台皂隶而亦先生之矣。……弇州《觚不觚录》云：“京师自内阁以至大小九卿皆称老先生，门生称座主亦如之，盖称谓之极尊者也。外省则自佥宪以上，悉以此称巡抚；若称按部使者，则止曰先生大人而已。”阮亭《居易录》云：“京官各衙门相称谓，皆有一定之体，盖沿明旧。如内阁部堂彼此曰老先生，翰詹亦然。给事中曰掌科，御史曰道长，吏部曰印君，曰长官，自国初以来皆然。余己巳冬再入京师，则诸部郎官以下无不称老先生者矣。此亦觚不觚之一事也。”余谓阮亭所云己巳在康熙二十八年，比之弇州时，风气已大异。今则一登两榜，未有不“老先生”之者，盖距己巳三十余载，而风气又为之一变矣。（清代王应奎《柳南随笔》卷一）

老先生之称，始见于《史记·贾谊传》，明时称翰林曰老先生，虽年少总称老先生。国初称相国曰老先生，两司称抚台亦曰老先生，近时并不以称老先生为尊，而以为贱，何也？（清代钱泳《履园丛话》卷三）

明代官场用“先生”表示敬重，滥用之后，敬重意味不足，就采用更敬的“老先生”，但几十年间“老先生”也重蹈覆辙，又为官场所弃。“先生”在民间的用法相对稳定，没有那么快被淘汰，但变化也很大，造成共时范围内“先生”指称对象的混杂，例如：

先生者先我而生也，名义何等郑重，乃称先生者可别为十三等，甚属不解。/学生称业师称先生。/平人称读书人及学生亦称先生。/下江之女妓亦称先生、/医生亦称先生。/商家之柜上管事人亦称先生。/外人对于铺伙均称先生。/各学堂监学教员亦称先生。/绅士公共尊称亦曰先生。/各局所各署内之房书亦称先生。/各局所之写生亦称先生。/端公道士亦称先生。/算命测字看地均称先生。/学徒对于管事人曰先生。（清代傅崇矩《成都通览·成都人之称谓》）

追踪“先生”指称对象的变化过程，这种混杂不难理解。它是不同时期、通过不同角度和途径产生的意义在某一时期集中表现的结果。“先生”这个词具有三个义素：年长、有知识、男性。在历时演变中，年长和男性两个义素退居从属、可以忽略不计的地位，有知识成了它的核心义素，变化围绕着它而展开。“先生”所称对象社会地位的下降，是使用者根据“先生”“有知识”一义，对那些够不上称“先生”的人采用的带有奉承意味的称呼。这种在称谓用词上的拔高，在交际的当时，满足了那些不属于社会高雅阶层的人们“人往高处走”的心理和趋向清雅的愿望，因此，有各种专门知识的人都荣幸地被称为“先生”；进而，读过一点书，有看书识字能力的各种人，也成了“先生”。“先生”指称对象文化修养的降低，固然可以认为有玷书香高雅、斯文扫地；但是，如果我们换一个角度来看，是否也可以说，这是人心向往斯文、追求高雅的结果呢？尽管名称上的提高并不等于事实上的提高。

分析“先生”曾指称过的对象，我们还应该看到，“先生”的不同用法在使用的时间和地域范围上有很大差别。具有专门知识和体面地位的文人、教师、医生等称“先生”，经久而广泛；而把盲人、妓女等称作“先生”却仅仅是一时一地的流习。“先生”的核心义素保持了它在变化中的主导方向，例如：

我们潮汕人是不轻易称呼人家先生的，除了教师和医生外，能够享受这种荣誉的，只不过是少数上了年纪的有学问的人。（陈焕展《先生弟》。《方言》1991 年第 3 期《汕头方言词汇》：“先生，医生、老师、算命的、看风水的等等。”）

这地方所称的“先生”，有多种含义，一般指不下苦力，在社会上算是站场面的人物，比如店号的账房，当铺的朝奉，教私塾和教小学、中学的老师，凭嘴巴和笔替人打官司的律师，报社的记者……都称之为“先生”。画画的自然也称“先生”，不称画家……也不称画匠。（聂鑫森《贤人图》）

词语的使用和发展是不均衡的，一些词语的发展，往往呈现阶段性、爆发性的特点。一个词语可能在某一时期内十分流行，在出现大量用例的同时出现各种变化，其中会产生一些与这个词语的基本意义相悖的用法。但是，语言本身有自洁能力，语言运用的约定作用在接受具有良好交际作用的新变化时，也会清理掉有碍交际的芜杂变异，作自我纠正。这是一种返璞归真。

词语意义的发展变化，往往与人们在语言运用中追求时新的心理有关。向往更新更好是人们常具的心理特性，在语言运用中，新的表达方式所具有的新鲜奇异带来的刺激作用，更能吸引听话人的注意，取得良好的交际效果，因此得到喜好时新的人们的青睐。然而，时新说法流行以后，失去了新鲜感，就和那些旧词语处在同一水平线上，这种说法是否必要、是否有利于交际，就成了它能否继续使用的依据。如果它不是一种很合适的说法，人们会另找一个新的说法或恢复旧说法。“先生”在两千多年中，始终以“有知识”以及“男性”“年长”为核心，随着时间的推移，社会在变，人的观念在变，它的附加色彩和所指对象在变，但不论过去或现在，它在使用范围扩大的同时，也随时收缩自己的使用圈子，摒弃那些不适于自己表达的意义，保持着自己的本元。

（原刊《汉语史研究集刊》第六辑，巴蜀书社 2003 年）

“大家”称妇人的意义和读音

“大家”称妇人，按现在通行的解释，有两个意义：①尊称妇女，②丈夫的母亲，二者都读作 dàgū。从历代文献资料和现代口语中的实际用例来看，这样的注音释义是不妥当的。

一、“大家”称尊长妇女指的是处于卑位而行为堪作母仪的妇女，多指女师或妃妾

“大家”尊称妇人，也写作“大姑”，二者可以通用，除了著名的曹大家班昭以外，历代文献中还有一些被称作“大家”的妇人，例如：

[1] 顺帝既未加美人爵号，而冲帝早夭，大将军梁冀秉政，忌恶佗族，故虞氏抑而不登，但称“大家”而已。(《后汉书·皇后纪·虞美人》)

[2] 昔田文以此日生，其父婴敕其母曰：“勿举。”其母窃举之。后为孟尝君，号其母为薛公大家。(汉代刘歆《西京杂记》卷二)

[3] 时仆射徐勉势倾天下，在昂处宴，宾主甚欢。勉求昂出内人传杯……昂谓勉曰：“我无少年，老妪并是儿母，非王妃母，便是主大家，今令问讯卿。”（唐代李延寿《南史·袁昂传》)

[4] 有美丈夫子……自言五十五代孔子之孙孺，其母曰陶大家，大家生儿六月余，丈夫子即称孤，零丁未保麒麟雏，大家一节誓不渝，身有死，不二夫，与孤为命相噫呜。(元代杨维桢《孔节妇诗》)

[5] 九月，挽金亲母耿淑人云：大家才行早称传，方偕老林泉，争美三多备嘉福。故国亲姻日零散，正重阳风雪，那堪千里听悲音。(清代朱

彭寿《安乐康平室随笔》卷六）

[6] 大母早岁无子，大父因娶章大家。（清代刘大魁《章大家行略》）

例[1]虞美人虽是冲帝和舞阳公主的生母，因无正式封爵，称“大家”；例[2]孟尝君的母亲是个侍妾也称“大家”；例[3]袁昂的“内人”中养育子女的称“大家”；例[6]指妾，虽时代较晚，但其用法与前几例同；例[4][5]时代较晚，因材料不足，其所指的人，是嫡是庶不甚明了，可能被理解作对老年妇人的尊称。但就多数用例而言，其中“大家”的主要意义是养育子女的妃妾。班昭称“大家”时，身份不是妃妾，但《后汉书·列女传》说“皇后诸贵人师焉，号曰大家”，当属女师保傅一类，而女师保傅的责任，正在训育女子。从这个角度考虑，例[4][5]中的妇女，也有一个特征：就是在养育子女方面有不凡的表现。

二、称婆母的“大家”来源于“主人”一义

“大家”尊称妇女，主要是专指养育教导贵族子弟、宫廷闺秀的妃妾女师，在汉魏六朝时，她的地位，在皇后嫡妻之下，众婢庶妾之上，并不是对年长妇女泛用的尊称。因此，不能想象它与称丈夫的母亲“大家”在意义上有什么联系。把身居嫡正的婆母称作妃妾女师之尊者，与其说是敬重，不如说是侮辱。所以，称婆母作“大家”和“曹大家”的“大家”在意义上是没有联系的，它另有来源。

先秦诸侯领地叫“国”，大夫领地叫“家”，大夫中势力大的就叫“大家”，如《国语·晋语一》：“大家邻国，将师保之。”韦昭注：“大家，上卿也。”到了秦汉，废除了领地制，便没有先秦的那种“大家”了，“大家”被用来指财势称雄一方的人，如《后汉书·逸民传·梁鸿》载东汉初年的梁鸿就曾依附过“大家皋伯通”。当时，“大家”在宫廷中非正式场合中被用来作为对皇帝的称呼，例如：

[7] 天子……亲近侍从官称曰大家，百官小吏称曰天家。（汉代蔡邕

《独断》）

“大家”称皇帝后来成为它的一个专门意义，后代宫廷中后妃也用此称皇帝，直至唐宋沿用不衰，但一般官员当时是不这样称的，后代官员即使使用，也只作背称，不用于正式场合，例如：

[8] 西汉臣子称朝廷为县官，东汉称天子为国家，北朝称家家，唐称圣人，亦称大家、天家……皆臣子私称，非对御之言也。（明代于慎行《谷山笔麈》卷十三）

在汉代，“大家”又常用作奴婢对主人的尊称：

[9] 譬若狗子，从大家得食，不肯食之，反从作务者索食。（汉代支谶《道行般若经》卷四，8-447，1）①

[10] 园监不听，走白大家。（汉代昙果、康孟详译《中本起经》卷下，4-156，3）

[11] 时婢娩身，所生男儿。夫人恚言：“汝为婢使，那得此儿？捉取杀之！”随大家教，即杀其儿。（三国吴康僧会译《六度集经》卷二，3-7，2）

[12] 婢答之言：“今日花主，慈仁守礼，平等相与，所以饶获。又复其人形体殊妙，大家若见，复不有恨。”淫女闻之，遣言请唤。（北魏慧觉等译《贤愚经》卷十三，4-442，3）

[13] 老婢见已，诣苏阵那母处白言：“大家知不，长子苏阵那处离乡邑，今还故居。”（唐代义净《根本说一切有部毗奈耶》卷一，23-628，2）

在汉代以来的翻译佛经中，主人称“大家”的用例，数以百计，不胜枚举，而且并不限于男主人，女主人也一样地称“大家”，这种用法在当时的其他汉文文献中也不乏用例，例如：

[14] 歌有一老婢问充得碗之由 ，还报其大家 。大家，即女姨也，遣

① 本文引用佛经（南朝梁）僧旻、宝唱等撰集《经律异相》，据上海古籍出版社 1988 年影印本；其余均据《大正新修大藏经》（简称《大正藏》），例子后的数字表示引例的卷-页，栏数。

视之，果是。（鲁迅辑《古小说钩沉·孔氏志怪》）

据朱庆之先生研究，汉文佛经中“大家”称主人的用法是受了佛经原典的影响[①]，这个几乎是逐字意译的词，恰恰是利用了一个现成的汉语词语形式。此后，“大家”的用法就更广泛了，“大家”也可以用来作为对一般人的尊称，例如：

[15] 长跪合掌白尊者言：“大家，汝可不知，我欲菩提树下乃到涅槃。”（晋代安法钦《阿育王传》卷五，50-119，2）

在使用中，“大家”可用于年轻一辈。如皇帝是“大家”，他的儿子太子也可称“大家”，例如：

[16] 相与语曰：“大事已定，但愿大家老寿，吾等何患不富贵。”（唐代房玄龄《晋书·石季龙传》）

对婢仆而言，男女主人都是“大家”，“大家”的儿子女儿也是“大家”，例如：

[17] 长者子食竟，自来还归，语其妇言：“今日送食，何故迟晚？”便唤婢问：“汝朝三过取食与谁？”婢时答言……大家闻已，极大嗔恚。（北魏吉迦夜、昙曜译《杂宝藏经》卷五，4-475，2）

[18] 时有长者女……欲祠树神，遣婢洒扫。见佛不识，还启大家，云：“树下有神，端正姝好。”（南朝梁宝唱等集《经律异相》卷四）

三、“大家”称婆母一义的形成和流传

在男尊女卑的社会中，儿媳妇由于来自其他的家庭，不能像在娘家当女

---

① 朱庆之先生说：“‘大家’的梵语对应词是 mahāśāla，mahā 正是‘大’，śāla 正是家，原意是‘富有家庭（主要指房屋家产）的主人’。”（见朱庆之《汉译佛典语文中的原典影响初探》，《中国语文》1993 年第 5 期，第 379—385 页。）

儿时那样娇惯任性，勤谨恭顺才是第一要事，所以媳妇称公公和婆婆也叫“大家”，例如：

[19] 前白大家：“姑，此之身，叵可得不？”姑即答曰：“汝今若能修诸功德，发于无上广大心者，亦可获得所有相好。”（旧题三国吴支谦译《撰集百缘经》卷一，4-203，3）

[20] 时长者语修摩提女曰：“汝自装严，向我等师作礼。”修摩提女报曰：“止止，大家，我不堪向裸人作礼！”（旧题支谦译《须摩提女经》2-838，2）

[21] 妇自知时到，往语其姑：“大家欲知，我月期时至。”（后秦佛陀耶舍等译《四分律》卷一，22-570，1）

[22] 彼妇人心生欢喜，白其姑（苏阵那母）曰：“大家知不，我已有娠，居在右胁，必定是男。”（唐代义净《根本说一切有部毗奈耶》卷一，23-628，3。上文老婢也称苏阵那母为“大家”，参例[11]。）

[23] 父母在堂，欲建非常之谋，岂妇人所谏！事之不成，当于奚官中奉养大家，义无归志也！（唐代房玄龄《晋书·列女传·孟昶妻周氏》）

[24]（孙棘、孙萨）兄弟少孤，萨三岁失父，一生恃赖，唯在长兄……棘妻许又寄语属棘：“君当门户，岂可委罪小郎。且大家临亡，以小郎属君，竟未妻娶，家道不立。君已有二儿，死复何恨。”（南朝梁沈约《宋书·孝义传·孙棘》）

例[19][21][22]指丈夫的母亲，例[20][24]指丈夫的父亲，例[23]前部分言父母，但后部分说到“于奚官中奉养”则是说周氏与婆婆同为女官奴，指的是丈夫的母亲。唐代以后，“大家”称丈夫母亲的用法被承袭下来了，一直保留在现代浙赣粤闽等地部分地区的方言中，例如：

[25] 媳妇绣鞋给大家；鞋头绣有鲤鱼鸟，鞋尾绣有银鸳鸯。（《歌谣》1936年第2卷第8期《广东潮阳的儿歌》）

在民间的记载中，字也有写作“打家”的，例如：

[26] 一丛松柏倒落坑，行孝媳妇敬（打家）：提起银瓶温烧酒，提起牙筷挟虾生。一丛松柏倒落山，行孝媳妇敬（打官）：提起银瓶温烧酒，提起牙筷挟鱼肝。（自注：打家，姑也，夫之母。打官，翁也，夫之父。《民俗》九期《潮州民歌》）

近年来，学者对各地方言调查的结果，也搜集到了大量的这类用例①。

四、“家”和“阿家”是“大家”的变体

“家”称丈夫的母亲，主要见于宋人的记载，例如：

[27] 家明俳戏，为翁媪列坐，诸妇进饮食，拜礼颇繁，翁媪怒曰：“自家官，自家家，何用多拜耶！”原注：江浙谓舅为官，谓姑为家。（宋代马令《南唐书·谈谐传·李家明》）

[28] 吴人称翁为官，称姑为家。（宋代王楙《野客丛书》卷十二）

[29] 广南俚俗……又呼舅为官，姑为家。（宋代庄季裕《鸡肋编》卷下）

[30] 江浙谓舅为官，谓姑为家。（清代王应奎《柳南续笔》卷一）

有趣的是，上述记载正和上举的现代南方方言中使用“大家”“大官”

---

① 参张盛裕《潮阳方言的连读变调（二）》（《方言》1980年第2期，第123—136页）；张盛裕《潮阳声母与〈广韵〉声母的比较（一）》（《方言》1982年第1期，第52—65页）：“大家，丈夫的母亲[ta˨˦ke˧]”；张振兴《福建省龙岩市境内闽南话与客家话的分界》（《方言》1984年第3期，第165—178页）：“大家，背称婆婆”。又：“龙岩：姆妈，母。万安：阿[gia]”；曾宪通《明本潮州戏文所见潮州方言述略》（《方言》1991年第1期，第10—29页）：“大官，公公”“大家，婆婆”；周长楫《厦门方言同音字汇》（《方言》1991年第2期，第99—118页）；林伦伦《汕头方言词汇（二）》（《方言》1991年第3期，第232—240页）；林宝卿《漳州方言词汇（二）》（《方言》1992年第3期，第230—240页）。梁玉璋《福州方言词汇里普通话词儿替换现象》（《语文建设》1990年第6期，第14—18页）。林伦伦《粤东粤西闽方言词汇的同与异》（《中国语文》1993年第4期，第288—291页）。蒋礼鸿《敦煌变文字义通释》（上海古籍出版社，1981年，增订本，第24页）“阿家 家”条：“现代武义人也称姑为‘大家’[dia kua]，翁则称‘子公’。”按：据傅国通《武义方言的连读变调》（《方言》1984年第2期，第109—127页），武义话中“家”字一概读[kua]，“大姑”则读[duo ku]，二字不同音。

称丈夫父母的地区十分接近，把“大家”说成“家”这样的现象，在汉语词汇的发展史上是一种常见的现象，方言口语中尤其多见。举个十分相近的例子来说，母亲的父母，有一种叫法是“外家公”“外家婆”，本是为了与嫡系的“公”“婆”（祖父祖母）相区别，所以冠以“外”字而称之，但在不少地方，这个“外”字都不说了，外祖父母就叫作“家公”“家婆”，再进一步，也可以叫作“家家”，但是，这个“家家”的意义在各地是不一样的，有的地方的“家家”和“家婆”相对，指外祖父，有的地方的“家家”和“家公”相对，指外祖母。例如：

[31] 倒唱歌，顺唱歌，河里石头滚上坡。先生我，后生哥，长了尾巴，长耳朵。接我妈，我打锣；爹爹发蒙我同学。我走“家家”门前过，看见舅爷摇家婆。原注：家家，外祖父也。家婆，外祖母也。(《歌谣》1936年第2卷第4期《湖北歌谣：倒唱歌》)

[32] 推磨推磨，推粑粑，请家家。推豆腐，请舅母。原注：家家，母之母也，北人称“老老”。(《民俗》1930年第106期《巴歌》)

[33] 虫儿虫儿飞，飞到Ga Ga Ti，Ga Ga不赶狗，咬断虫儿手。原注：Ga Ga，外祖母也。Ti为去之转音。(《民俗》1928年第29、30期《临澧（旧称安福）童歌》)

本来是为与本家公婆相区别而产生的“外家”公婆，在使用中，阴差阳错，成了家公家婆，甚至成了“家家”，词语的形式变化就是这样，只考虑正在变化中的形式本身的承袭性而不顾及和其他形式的混同。同理，把“大家”说成“家”或“家家”也是很自然的。婆母称“阿家”的用例，要见于南北朝，比“家”似乎更早些，例如：

[34] 君不为百岁阿家，不感天子恩遇，身死固不足塞罪，奈何枉杀子孙！（南朝梁沈约《宋书·范晔传》）

[35] 显祖尝问安乐公主：“达拏于汝何似？”答曰：“甚相敬重，唯阿家憎儿。”显祖召达拏母入内，杀之。（唐代李百药《北齐书·崔暹传》，清赵翼《陔余丛考》卷三十八引此，说：“盖亦因夫呼母为阿家，故妇称

姑亦同也。”按：赵说夫呼母为阿家，未见书证，但是在今南方方言中有称母亲为阿 gia 的，赵翼曾在两广各地当过多年幕僚，他的这种说法，很可能是受了方言的启发，不然，他应该据本书材料①说“因夫呼母为家家，故妇称姑为阿家”了。）

还有一个很有意思的例子，就是“大家”和“阿家”可以并用称婆母：

[36] 崔吏部枢夫人，太尉西平王女也。西平王生日，中堂大宴。方食，有小婢附崔氏妇耳语久之，崔氏颔之而去。有顷，复至。王问曰：“何事？”女对曰：“大家昨夜小不安适，使人往候。”王掷箸怒曰：“我不幸有此女，大奇事！汝为人妇，岂有阿家体候不安，不检校汤药，而与父作生日！”（唐代赵璘《因话录》卷三，又见宋代王谠《唐语林》卷一）

父女二人，一用“阿家”，一用“大家”，可见二者同义通用。关于“阿家”和“大家”通用的例子，我们还发现了一组很有意思的佐证，那是唐宋时皇室女子（公主）的一个别称，它虽与称婆母的“大家”和“阿家”在意义上没有联系，但是它能帮助我们了解“大家”和“阿家”这两者的密切关系，例如：

[37] 公、郡、县主，宫禁呼为宅家子，盖以至尊以天下为宅，四海为家，不敢斥呼，故曰宅家，亦犹陛下之义。至公主已下，则加子字，亦犹帝子也。又为阿宅家子，阿，助词也。急语乃以宅家子为茶子，既而亦云阿茶（家）子，或削其子，遂曰阿家。（唐代李匡义《资暇集》卷下）

[38] 公主者，言其嫁时上公主之也，今人呼公主为大家，则于义无依，当是择妇女中之佳者以自附托耶？后汉班彪女将嫁曹世叔，博学善属文，

① 我们没有找到称丈夫的母亲为“家家”的用例，但是在唐代李百药《北齐书》中有多个男子称母亲为“家家”的用例，如《南阳王绰传》：“绰兄弟皆呼父为兄兄，嫡母为家家，乳母为姨姨。”又见《琅琊王俨传》。罗竹风主编《汉语大词典》（汉语大词典出版社，1989 年）把这个“家家”也读为“姑姑”，在意义上是很不妥当的。父亲的姐妹称姑姑，把母亲也称作姑姑，不是乱了伦了吗？于理甚悖。这个“家家”应该也是从“大家”的“主人”一义发展来的，奴仆称男女主人为“大家”，媳妇称公婆为“大家”，儿子称父亲或母亲为“大家”也在情理之中，为表示亲昵，把“大家”简缩成“家”并且重叠成“家家”。

和帝时召入宫，令皇后贵人师事焉，号曰大家，而冠其夫之姓曰曹大家。后世为其文学尝为皇后贵人所师，故公主取之以为称号。（宋代程大昌《演繁露》卷八）

[39] 东坡与孙巨源同会于王晋卿花园中，晋卿言：“都教喂饲了官员辈马着。”巨源云：“都尉指挥都喂马。好一对。”适长主送茶来，东坡即云：“大家齐吃大家茶。”盖长公主呼大家也。（宋胡仔《苕溪渔隐丛话》前集卷四十一引《王直方诗话》）

唐人对皇帝有一个别称“宅家”，因而公主被称为“阿宅家子”，省说就成了“阿家子”或“阿家”，《资暇集》是唐人记唐事，应该有较高的可靠性。但是到了宋代，这个“阿家”反被说成了“大家”（这和称婆母的“大家”变成“阿家”的过程刚好相反），所以《演繁露》把它与班昭称“曹大家”的典故混淆在一起了。例[39]是一个有趣的文字游戏，“都尉指挥都喂马”和“大家齐吃大家茶”成一对句，其实，从句子的结构来看，这是一个很粗糙的对子，它的趣味只是在语音上：出句中“都尉”和“都喂”谐音不同义，对句中两个“大家”又同音而不同义。这一组例子有助于证明“大家”和“阿家”在当时是一对可以互通的词。

五、“家”和“姑”称婆母是同义关系而不是通假关系

“大家”演变为“家”和“阿家”，与称婆母的“姑”和“阿姑”可以替换使用，并且在文献中还有一对指称公婆的形近同义词“家翁”和“姑翁”。“家翁”称公婆的例子最早见于唐代，例如：

[40] 若是家翁在上，伯叔性难，昼夜不惮劬劳，旦夕常怀忧惧。（王重民等《敦煌变文集·父母恩重经讲经文》）

[41] 上曰：“……不痴不聋，不作家翁。”儿女子闺房之言，何足听也。（《资治通鉴·唐代宗大历二年》）

这正与古籍中常见的姑翁相应，也是历来主张称婆母“家”“姑”相通

假论者的最有力的证据，例如：

[42] 执斧破薪，使媒求妇，和合二姓，亲御斯须，居比邻里，姑公悦喜。（汉代焦赣《易林·小过之益》）

问题是“姑翁”的“姑”有很强的构词能力，它可以构成“姑舅”“姑公”“姑松”“姑章”“姑嫜”等，而我们未能找到一例可以在这类形式中用“家”取代“姑”的通假用例。也就是说，有指称公婆的姑舅、姑公、姑松、姑章、姑嫜等，却没有相应的指称公婆的家舅、家公、家松、家章、家嫜等，这和许多通假字可以在多种词语的组合形式中互见换用的惯例相悖。反之，“大家”称呼婆母，至少有一千多年的历史，可是在古今汉语称谓材料中，没有称婆母为“大姑”的用例。另外，在各地方言调查中，“大家”的“家”字在各地方言中都没有读作“姑”音的，“家、姑”二字读音同属见母鱼部，但二字自古韵头不同，读音是有明显差别的。“家”在各地方言中，只与家庭、娘家、人家、回家、家乡等词语中的“家”字同音，而没有和“姑”同音的记载；倒是“大”字往往有文白异读的现象，如例[26]“大家”和“大官”的“大”都记成“打”字了。

从另一个方面来看，古俗谚中“不痴不聋，不作阿家阿翁”，只是这个谚语在流传中产生的多个变体中的一个。汉代扬雄《方言·释首饰》：“故里语曰：‘不喑不聋，不成姑公。’”王先谦疏证：“成蓉镜曰：《困学记闻》诸子谚云：‘不瞽不聋，不能为公。’见《慎子》，万氏集证在亡篇中引，见《御览》三百九十六。今考《宋书·庾炳之传》：‘不痴不聋，不成姑公。’《隋书·张孙平传》：‘鄙语：不痴不聋，未堪作大家翁。’赵璘《因话录》：郭汾阳子暧尚升平公主，琴瑟不调，汾阳拘暧诣朝堂待罪，上召而慰之曰：‘谚云：不痴不聋，不作阿家阿翁。’（《资治通鉴》作‘阿家翁’）皆汉谚之遗。今江淮间犹有此谚，云：不痴不聋，作不得阿家翁。”在这条古谚中，“姑公”可以说成“阿家阿翁”，指公婆；也可以说成一个“公”字，只解作公公；还可以说成可能有两解的“阿家翁”“大家翁”“家翁”，即可能指公婆，也可能只指公公。从“姑公”来推论，“阿家翁”“大家翁”“家翁”都应解作公婆，但是，如果从“不能为公”一句来推论，这些形式解作公公也是可以成立的。这个谚语的两个形式并存情况古已存在，如宋代吴曾《能改斋漫录·事始·不痴不聋》：“《北史》：‘长孙平隋开皇三年为工部尚书，时有人告大都督邴绍非毁朝廷为愦愦者。上怒，将斩之。平进谏曰：“谚云，不痴不聋，不做大家翁。此言虽小，可以喻大。”’予按，慎子曰：‘不聪不明，不能为王，不瞽不聋，不能为翁。’乃知此语久矣。《南史·庾仲文传》亦云：‘不痴不聋，不成姑公。’《因话录》载唐肃宗谓郭子仪曰：‘谚云：不痴不聋，不作阿家翁。’”也有只把它解作公公的，如《南村辍耕录》卷六有“家翁”条：“世言家之尊者曰家主翁，亦曰家公。唐代宗谓郭子仪曰：‘鄙谚有云：不痴不聋，不作家翁。’”正是把“家翁”解作丈夫的父亲。同时在稍后的文籍中我们看到有兼指男女的“阿家翁”“家翁”，也发现了只指男子的“阿家翁”“家翁”，例如：

[43]（妻子与人私通）尤聪也都晓得，只是要做家翁的人，妆聋妆痴罢了。（清代西周生《醒世姻缘传》第五十四回）

[44] 若使原情都可恕，只将罢软罪家翁。（清代李渔《奈何天·妒遣》）

[45] 顾仲恭大韶云：今人骂人为亡八，非是，当作王八。五代闽王建，人呼贼王八是也。然今人所以有此称者，以其人孝、弟、忠、信、礼、义、廉、耻八者俱亡，故云“亡八”，如平康巷阿家翁之类。（清代王应奎《柳南随笔》卷一）

[46]“我知道了！你们去罢。不许在外面乱说！”仍是这么含糊地应用了阿家翁的口吻，吴荪甫就站起来走了。（茅盾《子夜》十四）

[47] 汪先生笑说：“讲起来真笑话。我用两个女用人……我想，也许她买菜扣了钱。人全贪小利的；‘不痴不聋，不作阿家翁，’就算了罢。常换用人，也麻烦！”（钱钟书《围城》七）

这些例证所处的时代都比较晚了，其中“家翁”一例，《汉语大词典》释作“一家之长”，在读音和意义上都和俗谚中的“阿家翁”作了区别，似未为确。实际上，这些例证正反映了这条谚语在使用中意义发生的变化，即从公婆或公公，变成了专门用来指那种处于尊长地位而对自己不利的情况装聋作哑的男子，而且既可以如例[47]用全形，也可以如例[43]—[46]省说。这可以证明，在口语中，这条谚语中的“阿家翁”“家翁”并不说成“阿 gu 翁”或“gu 翁”的，否则，它的这种变化就无法发生，因此，我们认为，把其中的“家”字分别读成jiā和gū是没有什么事实根据的。我们还可以根据吴曾、陶宗仪、王先谦的记载断定，在清以前的学者中，也没有人把“家”字两读的，不然，在他们的著述中会有所反映的。

当然，“阿家阿翁”可以说成“阿姑阿翁”，例如：

[48] 安老爷……因合太太说道：“既然如此，你我两个便学个不痴不聋的阿姑阿翁，好让他三人得亲顺亲，去为人子，此事不必再提。”（清代文康《儿女英雄传》第二十三回）

但是，我们也未能找到和“阿家翁”相应的“阿姑翁”，当然也没有写作“姑翁”而只指男子的用例。事实上，“家”用指婆母时的这种读音上的区别的提出最初是出于推测，例如：

[49] 唐宋妇人每称其姑曰阿家。以曹大家例之，似阿家亦应读姑。（清俞樾《春在堂随笔》卷九）

清人训诂每每能打破字形的局限，以声音通训诂，即通过语音的联系阐明一些字的本音本义，令人茅塞顿开。但是，这个方法不是万能的，它本身有局限性，如果不重视对历史文献中的语言材料作全面的搜集和分析，往往会引出一些附会臆测之说。

总之，我们认为，本文讨论的所谓“家”“姑”相通现象，从现有的语料来看，是不可靠的。“家”和“姑”字在运用中出现过同义的现象，但是同义的近音字并不等于是通假字，一些被认为是“家”通“姑”的用例，其实是“家”字本身在运用中产生变化而与“姑”处于同义关系中，并不是“姑”字在记录中被写作了“家”，是非本末不应颠倒。令人遗憾的是，在现在的词典中，“家”指妇女一义的不少词语，正在因声别义的原则指导下根据类推的原则，逐渐被归入“姑”的通假义的范围，这种类推的做法既没有历史根据，又违背了方俗口语的实际，且不利于一般人的阅读理解，是不可取的。用“家”称妇女，其实并不是非要用语音的不同来强行区别的，比如，在江苏泰兴方言中，妻子就被称作“大家”或“太家”，与称妾的“小家”相对[①]。如以我们上文讨论的“大家”而论，这个“家”很可能被认为是通“姑”的，其实，以“家”称妻古已有之。《左传·僖公十五年》：“逃归其国，而弃其家。”杜预注：“家谓子圉妇怀嬴。”孔颖达疏：“夫称妻为家。”妻子可称“家”，婆母也称“家”，如果在语音上一定要分开，它的可行性有多少呢?

（原刊《汉语史研究集刊》第一辑，巴蜀书社 1998 年第 7 期）

① 参顾黔《泰兴方言词汇（一）》，《方言》1994 年第 3 期，第 236—240 页；顾黔《泰兴方言词汇（二）》（《方言》1994 年第 4 期，第 304—307 页）“大家”“太家”“小家”条。

“小姐”正名

1988 年《汉语大词典》第二卷问世，卷中“小姐”条下共列三个义项，其第一个义项为“宋时称乐户、妓女等”。其后，屡屡在各种报纸杂志的文章中看到谈论“小姐”的初始义是乐户妓女，这实在是一种误解。“小姐”一词产生于宋代，例如：

[1] 其第二子曰傅九……遂与散乐林小姐绸缪，约窃负而逃。（宋代洪迈《夷坚三志己》卷四）

[2] 此妇人是建康女娼杨小姐。（宋代洪迈《夷坚三志己》卷九）

[3] （宗室赵师简亡后）妻石氏梦之如平生，从外间缓步入，座于堂上，呼与共谈曰：“我皆置得俞家宅子一所，极宽洁，要与汝并小姐搬向那里住，千万便打并来。”石氏不寤其已亡，漫应曰：“好。”觉以语诸子，绝恶之。未几，少女暴亡。长子希戚谋卜父葬地……是时石氏已病，经数日而卒……又梦父母偕来，告曰：“大姐孀居，……今但取来身畔住。”……大姐旋发病，不二日奄然，遂俱葬其处。（宋代洪迈《夷坚志三补》）

“小姐”在宋代称女子，我们还发现了一些例子，例如：

[4] 荣王宫火起……勘得掌茶酒宫人韩小姐……放火。（宋代钱惟演《玉堂逢辰录》）

[5] 恭有妾曰小姐，躬蚕织劳。（宋代岳珂《桯史》卷六）

[6] 吏部侍郎陈彦修，有侍姬曰小姐，气羸多病。（宋代马纯《陶朱新录》）

“小姐”从清代便受到注意，多为说者引用，但众说纷纭。如清代赵翼

《陔余丛考》卷三十八列上引例[4]和例[1]，认为宋时“小姐乃贱者之称耳”，指出“小姐”可称宫婢和妓女。清代梁章钜《称谓录》据本文所引例[1]说：“《懒真子》：文枢密所居私第，名东田。有小姬四人，谓之东田小籍。疑小姐本是小籍，盖贵家歌姬辈，必有簿籍记录其年称者，因有小籍之名。”清代平步青《霞外捃屑》卷十则认为“韩小姐”是人名，而“林小姐、杨小姐”来自于魏时乐人称姐，至于如清代钱泳《履园丛话》卷二十一所说的“吴门称妓女曰小姐”的“小姐”当作“小籍”。所论虽颇似有理，但是把一个词随文释义，以主观褒贬作附会之说，使问题复杂化了，并且与事实相去渐远。

从我们发现的几个宋代用例来全面综合地考察，对宋代“小姐”最初的意义比较恰当的解释应该是人名用字，称排行在末的女子。它的使用，没有贵贱、婚否的差别，大约和《醒世恒言·苏小妹三难新郎》中的“小妹”相当，用作人名，称青年妇女或者小女孩都可以。和它相对可以作为佐证的是“大姐”，如例[3]中出身皇族的姐妹两人，一个是大姐，一个是小姐。也可以依次以二、三、四为序，例如：

[7] 大姐乃前来妈妈所生，二姐则今妈妈所生也。（宋代洪迈《夷坚乙志》卷七）

在“姐”字前加上表示排行序数的词作为女子的人名，历来有之，如《红楼梦》中的尤二姐、尤三姐；广西民间传说中的歌仙刘三姐（也有记载作刘三妹）。“小姐”作为女子人名用词，本是俗间用语，作为小称，含有爱昵的意义，也可以不拘于排行，直呼年轻女子为“小姐”，与之对应的称呼是指年轻男子的“小哥”，例如：

[8] 旦：“害瞎的去寻羊，小哥，你好难得见。”……生：“小姐，两日不见你。”（宋代无名氏《宦门子弟错立身》五出）

这是两个恋人互称，男方是官宦子弟延寿马，女方是散乐王金榜。

也有作“小姐姐”的，例如：

[9] 却说那女子把元礼仔细端详，若有嗟叹之状。元礼道："请问小姐姐今年几岁了？"女子道："年方一十三岁。"（《醒世恒言》卷二十二）

在元代的文献中，我们看到不少称呼富贵人家年轻小辈女子为"小姐"的用例，例如：

[10] 老夫有一同年钱载和，有一小姐，守寡在家。（元代柯丹邱《荆钗记·执柯》）

[11] 爹爹奶奶小姐，六儿叩头。（元代施惠《幽闺记·奉使临番》）

[12] 这小姐与小生四目相视，颇有春心之意，怎得个信息相通，可也好也。（元代乔孟符《金钱记》第一折）

这样，"小姐"和出身门第联系在一起，指富贵人家的女儿，成为一个表示女子出身地位的称谓了。（元代文献中"小哥"用作年轻男子的敬称，也可称富贵人家的子弟。）但是，它与婚否仍无必然的联系，已婚妇女，在夫家可称奶奶或少奶奶，但是回到娘家又成了"小姐"（如婚前称姑娘的，回娘家就称姑奶奶）。妻子如果出身富贵，丈夫也偶有背称或面称其为"小姐"的，例如：

[13] 俺小姐夹谷人氏，童家女儿，小字娇兰，娶为妻室，十年光景，甚是绸缪。（明代贾仲明《金安寿》第一折）

[14] 维明道："我来日早去辞行，劝岳母到此；令兄必来辞你，小姐亦与他说便了。"（清代陶贞怀《天雨花》第十九回）

"小姐"由于指的是富贵人家的女儿，所以常被用来称未婚女子，但它并没有明确表示未婚的意义；明确表示未婚妇女的用例，我们只在近几十年的材料中发现，例如：

[15] 像春桃，她既不是夫人，也不是小姐，她不会到外交大楼去赴跳舞会。（许地山《春桃》）

[16] 那时候她还是小姐而不是太太。（张廷竹《我不知道的外国故事》）

[17] 明子一向过的是悠闲的小姐生活，羡煞了我这个拖儿带女工作又忙的人。（黄娟《哑婚》）

就一般而论，夫人、太太和小姐之间的差别，在封建时代是称谓的角度不同造成的，从丈夫的角度来称，官绅的妻子称夫人或太太，而官绅的女儿称小姐，像《红楼梦》第二回中冷子兴演说荣国府："自荣公死后，长子贾代善袭了官，娶的是金陵世家史侯的小姐为妻。生了两个儿子，长名贾赦，次名贾政；如今代善早已去世，太夫人尚在。"已是曾祖母的贾母，在贾府尊为老太太，而从她的娘家来说，仍可称为小姐。这和近代受英语等语言的影响以婚否区别夫人、太太和小姐采用的是不同的标准。

当然，如钱泳所说称妓女为"小姐"的事在清末苏沪一带也确是有的，例如：

[18] 小姐儿，搽胭抹粉把风流卖，专等俏郎来。（清代华广生《白雪遗音·马头调·小姐儿》）

[19] 秀林小姐，我替耐秀宝妹子做个媒人阿好？（清代韩邦庆《海上花列传》第一回）

[20] 富贵人家的女子，便叫千金小姐；这上海的妓女也叫小姐。（清代吴趼人《二十年目睹之怪现状》第三十五回）

在20世纪60年代的香港小说中，可以看到女招待或从事色情服务的女子也称"小姐"，例如：

[21] 过去小姐是一种尊称，如今是服务生的代名词了。（孟瑶《白日》）

[22] 她只好一个人留下来在一家小型夜总会里当侍应，那里的妈妈生三番四次地劝她做小姐。（梁荔玲《我心我身》）

娼妓处于社会的底层，但是用于娼妓称谓的并非一定是贱称，从一种扭曲的心理出发，也有以嫖娼作为风流雅事的，对妓女使用美好的称谓词并不罕见。在元明以来的文籍中，妓女称"姐""大姐""姐姐""姐儿""阿姐"的并不罕见，例如：

[23] 自家张小闲的便是，平生做不的买卖，止是与歌者姐姐每叫些人，两头往来。（元代关汉卿《救风尘》第三折）

[24] 北方人都叫大姐是猱儿，我怎么叫不得？（明代郑若庸《玉玦记·入院》）

[25] 多少从良的姐儿，不得了当。（明代无名氏《霞笺记·丽容矢志》）

[26] 常言“姐爱俏，鸨爱钞”。（明冯梦龙《警世通言》卷二十四）

[27] 小大姐模样儿生得尽妙，也聪明，也伶俐，可慨妆乔，一时喜怒人难料。（明代冯梦龙《挂枝儿·者妓》）

了解元明以来的这些用例，我们对于“小姐”称妓女或女招待就不至于感到惊奇了。在称谓词的使用中，一方面，一些带有美好、亲昵色彩的词的使用范围会从民间俚俗登上官绅权贵的大雅之堂，使这些词的意义更具有褒扬的色彩；另一方面，爱美之心人皆有之，在交际中，为了取悦于对方，使用比对方实际身份更高的称谓用词也是常见的，美好的称谓词在使用中被滥用而发生贬义化。这种滥用词语的情况，在一定时期或一定范围内有时会十分盛行，但是，如果有一个强有力的规范意识在起作用，这种滥用现象在流行一段时期以后会受到全民的排斥而被克服掉的，像“大姐”等虽有一段时期被用来称妓女，但这个意义却最终没有被全民接受。目前正被一些人滥用的“小姐”一词，正面临两种选择，一是在规范意识的作用下，克服它在使用中的混乱现象，使它的字面意义和内涵一致，保持它作为一个敬称用词的地位；或者从此作为一个贬词，成为一个指称卑污人物的称谓词，受到大众的唾弃。

（原刊《语文建设》1997年第5期）

敬辞“乃”——你的，我的，他的？

汉语称谓有许多讲究，这些讲究，多半是用一些中听的称谓词美化、抬高对方或与对方有关的人，或者用一些表示低下的词称呼自己或隶属自己的人与物来反衬对方。但也有一种情况，说话人使用礼貌式称谓，与其说是为了礼敬他人，不如说是为了显示自己的修养，表示自己不同凡俗，斯文典雅，汉语亲属称谓前的“乃”就是这么一个成分。

“乃”最初是个第二人称代词，和亲属称谓词组合，在《尚书》中较为多见，如“乃祖乃父”“乃祖考”“乃祖”等，在《左传》等先秦典籍中也有使用，但不多见。从《史记》《汉书》的记载来看，汉初人仍习用“乃父”（乃公、乃翁），也还是尊者称卑者的父祖，“乃”与“尔”“汝”相当，汉代以后，“乃”作为第二人称代词在口语中已经不用，“乃祖乃父”成了典故，出现了如下这样的用法：

> 昔我乃祖，宣其明德，克佐帝尧，誓为典则。（唐代欧阳询等《艺文类聚》卷三十五引汉代扬雄《逐贫赋》）
>
> （李）雄有惭色，曰：“我乃祖乃父，亦是晋臣。”（唐代房玄龄《晋书·张轨传》）

本来属于“你的”“乃祖（乃父）”现在成了“我的”了，其中的“乃”字失去了指代的含义。既有了“我乃祖（乃父）”，也就相应出现了别的某个人的“乃祖乃父”，例如：

> 寡君以乃祖乃父世济忠良，未能雪天人之大耻，解众庶之倒悬，日昃忘食，枕戈待旦。（唐代房玄龄《晋书·张轨传》）
>
> 有寓客张黜者，乃魏公之族子，出其乃翁所记《建炎荆州遗事》一编示务德。（宋代王明清《挥麈录》卷三）

推而广之，因父及子，因父及母，称人之子或母也可用“乃”：

（彦忠）临卒前一夕，梦告其父曰：“彦忠不得终养，兹受命为简寂观土地矣。”父未以为信。已而其子亦梦如所言……明日，乃父乃子相与语，即往彼处视之而信。（宋代洪迈《夷坚支甲》卷八）

本待要安排心事传幽客，我子怕漏泄春光与乃堂。（元代王实甫《西厢记》一本第二折）

明清以来，“乃”字使用更广。就我们看到的部分实例而言，称人祖先叫“乃祖”，称人父亲叫“乃父”“乃翁”“乃尊”，称人母亲叫“乃母”“乃堂”，称人儿子叫“乃郎”，称人兄弟叫“乃兄”“乃弟”，称人夫妻有“乃夫”“乃妻”“乃眷”，称人叔伯婶母有“乃叔”“乃婶”“乃伯母”，称人翁婿有“乃岳”“乃婿”等，“乃”前甚至还可再加上数量词，例如：

汤镇台进来，两个乃郎请安叩见了。（清吴敬梓《儒林外史》第四十三回）

这类指称对话双方以外的人的亲属前的“乃”，一般的辞书都没有注意到，《汉语大字典》（徐中舒主编，四川辞书出版社 1986 年版）和《汉语大词典》（罗竹风主编，上海辞书出版社 1986 年版）则都将“乃”作为第三人称代词，但事实上这样的“乃”有时可以解作“他的”，有时却不能，如“其乃弟”（明代王世贞《觚不觚录》）、“他乃郎”（明代沈鲸《双珠记·举途乡谊》）、“他的乃父”（清代西周生《醒世姻缘传》第十六回）。这个“乃”实际上是个敬辞。“乃”的古雅色彩使它所附着的这个称谓具有典雅的色彩（包括由此生发的揶揄嘲讽等含义），它虽常被用来称第三者的亲属，但基本意义并不用来表示第三人称，因此，它的前面还可以再用代词或数量词来限定，这与秦汉以前的亲属称谓前的第二代称代词“乃”很不一样。由于“乃”作敬辞的影响，“乃父”也有作敬辞称对方父亲的，如阿城的小说《棋王》中一个文质彬彬的上海知青称小说主人公的父亲：“噢，问一下，乃父也是棋道里的人么？”

“乃”的发展，受到了敬词“令”的影响，像乃兄、乃弟、乃妻、乃郎、乃婿、乃岳、乃尊、乃堂等，都有相应的令兄、令弟、令妻、令郎、令婿、令岳、令尊、令堂等，因此二者可以并用，例如：

他的令堂、乃郎，孤多膳养在此。（清代褚人获《隋唐演义》第五十四回）

乃兄叫做伯夷，令弟叫做叔齐。（清代艾衲居士《豆棚闲话·首阳山叔齐变节》）

“令”有善美的意思，比“乃”有明显的褒扬赞美的含义，可以称呼自己的、对方的、第三者的亲属。作为交际客套，一方面要讲究别致、变化以显示自己的博雅，另一方面谦敬要有分寸，对己多谦抑，对对方多誉美，对不在场的他方适可而止。所以，从形式多样化的角度考虑，“乃”和“令”基本是同义的，可以替换使用，而从谦敬适度的角度来看，敬辞“令”比较适于称呼对方的亲属，而“乃”由于它的本义是中性的，虽有典雅恭敬的含义，终嫌褒扬不足，比较适于指称第三者的亲属，二者倾向于互补。

（原刊《语文建设》1993 年第 5 期）

汉语的谦称“愚”

人们的称谓习惯，在近年来有些新的倾向，其中之一就是崇尚古雅，仿用古称。于是有了一些争议，比如称谓词前加“愚”，有人认为限用于上对下、尊对卑、长对幼，批评“愚弟、愚儿、愚侄、愚晚、愚生”等谦辞不符合传统习惯①。但从“愚”的使用历史来看，这不是的当之论，幼卑对尊长或平辈之间自称用“愚”其来已久，是一种更近古雅的称呼。十多年来，我们一直在收集历代汉语文献中的称谓资料作研究，其中就有不少这类的“愚”。

一、平辈友人间自称用“愚”

用“愚”的这种平辈关系既包括关系密切的同辈友人、友人的亲属或亲属的友人，也指社交场上有一般往来的人，且男女兼用，多有年轻对年长的，例如：

老兄严训，焉敢不从，因愚弟疏狂，致劳尊念。（元代武汉臣《玉壶春》楔子）

随后孙行者又到，哪吒太子厉声高叫：“大圣，衣甲在身，不能为礼。愚父子昨日见佛如来，发檄奏闻玉帝……玉帝传旨，特差我父王领众助力。”（《西游记》第六十一回）

海瑞竟随着灵柩相守，夫人与公子倒觉过意不去，劝道：“海老爷，不必忧焦了，如今且请回衙理事，亡夫之灵柩，自有愚母子服伺。”（清代无名氏《海公大红袍传》第二十六回）

---

① 参《语文建设》1995 年第 6 期吴小如《长辈对晚辈的谦称》，《语文建设》1999 年第 5 期陈淑梅、张志毅《规范札记》。

向余敷、余殷说道：“今日请两位贤弟来，就是要看看这山上土色……”……余敷道：“不瞒大哥说，经我愚弟兄两个看的地，一毫也没得辨驳的！”（清代吴敬梓《儒林外史》第四十五回）

舍侄质性不敏，家兄只教他乡里看庄稼。愚父子却是家里吃闲饭的人。（清代李绿园《歧路灯》第二回）

王纬千道：“不是愚弟兄们勒限逼你，只是我的事急。”（清代李绿园《歧路灯》第六十六回）

舍下出丑，愚伯侄原非得已。万望世兄念世交之情，诸事照料。（清代李绿园《歧路灯》第六十七回）

安老爷合他彼此作过揖，便说道：“骥儿承老夫子春风化雨，遂令小子成名，不惟身受者顶感，即愚夫妇也铭佩无既。”（清代文康《儿女英雄传》第三十七回）

姜成闻听，叫声：“贤弟，我并无别的主意……”杨志说：“……我倒有个主意：愚弟有个手艺，除非咱们改扮行装，作着买卖，留心探访。”（清代无名氏《施公案》第一百五十八回）

梁氏道：“愚姐要去见他，给他行个礼，并谢谢一向关切。就请大妹着人出去通报一声，好使愚姐前去。”张桂兰答道：“愚妹倒把此事忘了，幸亏姐姐提起来。”（清代无名氏《施公案》第三百三十一回）

二黄道：“二兄既擅绝调，愚兄弟只得效颦。”（清代陶贞怀《天雨花》第十回）

同年只称年愚弟，而去家字……同门友称门愚弟，督抚与司道名刺称愚弟，与府厅称寅愚弟，与州县称寅弟。（清代福格《听雨丛谈》卷六）

二、地位卑下的人对尊长自称用“愚”

地位卑下的人对尊长自称用“愚”有徒对师、臣对君、民对官等，例如：

适才见都排棒法十分整密，俺二人愿拜都排为师父。求师父点拨愚弟兄，必当重重酬谢。(《水浒传》第一百二十回)

沙僧道："不瞒陛下说……愚弟兄若干别事无能，若说擒妖缚怪，拿贼捕亡，伏虎降龙，踢天弄井，以至搅海翻江之类，略通一二。"(《西游记》第六十三回)

驸马说那里话，请受愚夫妇一拜。(明代无名氏《霞笺记·养亲辞归》)

愚僧该死，干了天地难容的坏事，就是千刀万剐，也死有余辜，我等待着惩处。(金溶植《闺中悲事》)

三、平辈亲属间自称用"愚"

平辈亲属间自称用"愚"举例如下：

内骂介："老囚跟，要讨小老婆么？"……丑朝内跪介："奶奶息怒，愚夫岂敢。只因朝廷要选宫女，怕那婆子不肯报，故此哄他。"(明代周履靖《锦笺记·陷选》)

兄嫂请上，愚夫妇有一拜。(明代无名氏《四贤记·投栖》)

申氏道："非为别事，愚嫂欲告辞叔叔，与女回家。伏惟叔叔应允。"维明听了心诧异："嫂嫂原来为甚因，莫非愚叔有甚不到处？"(清代陶贞怀《天雨花》第八回)

今日牢笼遭困迫，愁成愚妹困边疆。兄你有能涛子效，八斗才高救我回。(《民俗》一卷二期《东莞婚俗研究》)

我刚踏进门，妻子便笑嘻嘻地站起来说："水府大人驾到，愚妻失礼了。"(王光《水利军师》)

夫妻之间用"愚"自称二例，带有诙谐的意味，但兄妹、嫂叔之间却是认真的。

四、小辈对尊长亲属自称用“愚”

小辈对尊长的有婿对翁、侄对叔、甥对舅等，自称用“愚”举例如下：

魔头道：“母亲啊，连日儿等少礼，不曾孝顺得。今早愚兄弟拿得东土唐僧，不敢擅吃，请母亲来献献生，好蒸与母亲吃了延寿。”（《西游记》第三十四回）

驸马笑道：“太岳放心。愚婿自幼学了些武艺，四海之内，也曾会过几个豪杰，怕他做甚！”（《西游记》第六十三回）

郭乔道：“差人跟随固好，但恐差人跟随，未免招摇，有碍母舅之官箴，反为不妙。还是容愚甥自去，仍作客游的，相安于无事。”（明代天然痴叟《石点头·郭挺之榜前认子》）

取出内函，只见上面写着：宜宾派愚侄绍衣顿首叩禀鸿胪派叔大人膝前万安……（清代李绿园《歧路灯》第一回）

这绍闻即写了一个愚甥帖儿，着德喜儿送往曲米街（舅父家）去。（清代李绿园《歧路灯》第二十八回）

岳父见教极是，愚婿自当谨遵。（清代李绿园《歧路灯》第二十九回）

两副全帖，一写“愚小侄朱文炜”，一写“愚盟弟”称呼。（清代李百川《绿野仙踪》第三十五回）

又将与周通书字一看，上写道：“……肃此虔请福安，并候表弟近祉。来书不邪面悉。愚内侄冷于冰顿禀。”（清代李百川《绿野仙踪》八十回本之第六十九回）

叔父正当鸿运显，吐志扬眉万象新。愚侄遭冤牢内困，谁为施恩救不辰！（《民俗》1937 年第 1 卷第 2 期《东莞婚歌研究》）

送饼时，饼面有张红帖（用名片的也有），写着什么“岳父大人笑纳”“内祖老大人笑纳”“ 〇〇〇老师笑纳”“ 〇〇〇同庚莞纳”等上衔，下面自然是写“愚子婿谨具”“愚孙婿拜送”“受业生〇〇〇鞠

躬”了。(《民俗》1928 年第 40 期《翁源的中秋节：“翁源节令风俗”之一》)

我象惊醒一般赶快找话来对付他：“愚婿的确不知情，如果听到什么和你老人家有关的事，我还有不回来说的吗？”（马识途《京华夜谭》十）

此外，在汉代道教文献《太平经》[①]中出现了大量徒对师自称的“愚生”，如卷三十六：“愚生大负，唯天师原之耳。”其中的“愚”用实义，不是一个单纯礼貌用语，并且与后代的谦称在时间上也不相承，但它与本文所论的“愚”有相应的地方，可供参考。

称谓词前的自谦用词“愚”有两层意思，表面上指“不慧”，实际指“我”“我们”，它的用例自元明以来延绵至今，在小说戏曲歌谣中基本一致。据我们考察，用“愚”作为自谦用词，开始主要用于社交中，并无明显的尊卑倾向，后来通过在结拜、义认等拟亲属关系间的使用而扩展到其他亲属关系之间。

“愚”作尊长自谦，据清代平步青《霞外捃屑》卷十载：“《金石萃编》卷四十一，后魏昌黎冯王新庙碑文，自称愚；又孔纾墓志，亦自称愚。按此即今人于卑幼书牍自署愚之所本。”[②]“愚”作为自谦之词可以上溯到两千年前，但并不专用作尊者自称，清季文人官僚追求典雅，片面效仿前儒，把它作为尊者自称用词。受此影响，附在称谓词前表谦的“愚”也有了尊长对卑下的固定用法，相传至今，于是有了上述是非之辨。

“愚”的用法变化，起因在于人们在交际中有一种避免平俗、追求新颖别致的倾向，结果，正如王力先生所说：“此种礼貌式，历代都有变更，都有新兴的形式。”[③]不仅同一个对象的称谓用词在历史上不断地替换，同一个称谓用语的意义或使用范围也会发生变化，就称谓词而言，不断地抬高对方、贬抑自己以表示礼貌，是汉语称谓词发展中一个有规律性的特点，“愚”就是在这种社会心理的驱动下，由通用的谦称被一部分人用来作为尊

---

① 俞理明《〈太平经〉正读》，巴蜀书社，2001 年，第 57 页。

② （清）平步青《霞外捃屑》，新一版，上海古籍出版社，1982 年。

③ 王力《汉语史稿》，新一版，中华书局，1980 年。

者自谦用语的。但是，“愚”的这种变化是不平衡的，它在不同时期、不同社会群体中的不同使用习惯，反映了语言约定俗成的特征。不同时间、不同地域、不同交际群体可能形成不同的约定，在这种情况下，要根据处于某一个特殊的时间、地域或群体的人们的约定作为历史、全民的标准来判定是非，它的可行性令人怀疑，因为其中本无是非可言，而缺乏广泛性则会使这种标准难以推行。

从语言的规范角度来考虑，给礼貌用语“愚”下一个界定是必要的，从本文所举各例来看，《现代汉语词典》（第7版）只注“谦辞”是合适的，它概括地反映了历史和现实。当然，我们并不反对尊长用“愚”自谦，也不反对某些群体中把它专用于尊长自称（在这种情况下，处于卑幼一方要找寻更为谦下的谦称词语来相呼应），但是用在平辈之间或不计辈分地位、只表自谦敬人才是“愚”古今一贯的传统用法，因为它本来只表示对对方知识学问的尊重，尽管有时只是客套。

（原刊《语文建设》2000 年第 2 期）

漫话“老外”

称外国人为“老外”，始于改革开放之后，借助于词缀“老”在汉语中的影响和它的表达色彩，“老外”在汉语中使用得很广泛。但是，有人对此提出了异议，理由是一些外国朋友把这个词从字面上理解为衰老的、非我族类的意思，认为是侮辱性的称呼①，这是很大的误会。

“老”在汉语中是一个多义语素，《汉语大词典》②列举了三十多个义项，用来称人，它不仅有年老的含义，还有资历深、有经验、熟识等意义，“老”作为前缀与这些意义有关。“老”附加于姓前，可以追溯到六朝时期，如唐代李百药《北齐书·儒林传·石曜》兖州刺史斛律武都让属下为他聚敛绢帛，黎阳郡守石曜拿了一匹缣说：“此是老石机杼，聊以奉赠……吏民之物，一毫不敢辄犯。”这是自称。唐诗中出现称别人的用例，如白居易称元稹为“老元”（《编辑拙诗成一十五卷因题卷末戏赠元九李二十》）、称张籍为“老张”（《红楼夜吟元九律诗成三十韵》），宋人中这类例子更多，洪迈《容斋三笔》卷六说：“东坡赋诗用人姓名，多以老字足成句……是皆以为助语，非真谓其老也。”明代妇女也有此称，如《金瓶梅》中的老刘（第 12 回）、老冯（第 14 回等多处）、老潘（第 30 回）等，都是指中年以上的人。清代李绿园小说《歧路灯》中，十八九岁的尼姑慧照被称为“老慧”（第 16、17 回）、妓女晴霞被称作“老晴”，“老”的意义完全虚化，只表示被称的人与自己熟识，不在乎所称对象的年龄尊长，带有俚俗味。

在人的排行前加“老”的用法，在明代也可以看到，《金瓶梅》第 6 回中，西门庆有求于团头何九就称他为“老九”（在《水浒传》中何九被称为“九叔”），第 23 回中宋惠莲嘴乖，称贲四为“贲老四”，“老”在排行之

---

① 参毕继万《“老外”一词还是慎用为好》（《语文建设》2000 年第 11 期）。
② 汉语大词典出版社 1991 年第 8 卷。

前，不表示年龄的尊长，而带一点礼敬和亲近的意味。

到清末时，用在人的姓、名或排行前的“老”不仅没有老年的意思，也没有礼敬的意思了，清代傅崇矩《成都通览·成都人之称谓》中载：“呼一切苦力工人曰老某，以姓呼，如姓李则呼老李，或尊之曰李师。”同篇中还记载“普通呼人曰老某，姓张则曰老张，姓王则曰老王。”“呼平辈人曰某老大、某老二、某老三。”“呼弟曰弟娃，曰弟弟，曰老二、老三、老四、老五、老六。”“呼儿或曰老大、老二、老三、老四、老五、老六。”这些“老”流行各地，主要有熟识的意味，如艾芜《南行记·老段》：“看起来，年青得很，只不过十七八岁的大孩子，但我们一碰在一块，为了很熟识的原故，还是爱照一般西南人的称呼，在他姓上加个老字，叫他老段。”共产党革命是一场以工农大众为基本依靠对象的社会变革，所以称“老”也形成风气，柳青《创业史》第一部第二十六章中说：“农村群众把党和政府派下来的干部，不管年纪大小，职位高低，统称老张、老李或老王的时候，那里头已经带着了解、亲热和尊敬的混合意味了。”由于“老”原有的年老意义和中国的尊老传统，在五十至七十年代的称谓中，“老”多少带有一点尊敬的意义，用称年长的同事，而年轻的同事则称“小……”，以至于七八十年代出现了“小字辈”的说法。但是，对于非常尊敬的人，却是绝对不能用“老……”称谓的，因为它具有一种比较随便的色彩，要用充当名词中心语的“……老”来表示对老年前辈的尊崇。

汉语中称外国人为“老外”，是受汉语习惯上在地名前加“老”称外地人的影响，比如旧时外省人把广东人称为老广、陕西人称为老陕、山西人称为老西，等等，这种叫法，至今在某些方言中还有使用。以此类推，称外国人就在国名前加“老”构成“老美”“老英”“老日”等，如老舍《四世同堂·偷生》：“他可是不知道，北平是日本人的，老英老美都差点劲儿。”不分国别，把所有的外国人都叫成“老外”，就是这种称谓推衍而来的。这一称呼在汉语中是中性的，所以，海外的中国人仿此自称为“老中”，如李黎《近乡》：“这次老莫庆祝荣升化学系主任，找这里的老中聚聚。”陈若曦《母与子》：“她还努力学国语，有一次，我听到她报菜单，几个老中当场对她竖起大拇指。”

综观现代汉语称谓中所使用的前加成分“老”，其中专指老年人的“老……”确有“老”义，如老伯、老前辈、老师傅、老爷爷、老大娘等，都是很有尊敬意味的称呼；当然也有贬义的“老……”专称老年人的，如老糊涂、老不死之类，但是，仔细分析，这类词语中，它的中心成分本身就是一个贬义词，它们的贬义与核心成分有关，而不是“老”带来的。在指称老年人时，不论是褒义词还是贬义词，“老”都是中性的，它只在一定程度上强化了中心成分的意义而已。在不专指老年人的“老……”称谓词中，有时“老”有年长、资历深、经验丰富等含义，如老大哥、老领导、老把式、老手、老滑头等，指的不一定是老年人；在有的时候“老”基本不表义，如老兄、老婆、老师、老外等，同样，只要中心成分没有贬义，这个词就不会有贬义。汉语中的“外国人”与英语 foreigner 不同，是个不含贬义的中性词，所以“老外”也是中性的。

指外国人的“老外”与指外行的“老外”不是同一个词，二者也没有意义上的联系。前者是“外国人”缩略成“外”加前缀“老”而形成，而后者把“外行”缩略成“外”后加词缀而成的，虽然二者在成形后有同形的关系，而且都有比较熟悉而产生的随便、非正式的色彩，有时带有一点诙谐的意味，不那么死板拘谨，但它们的理据并不相同。同时，把外行称为“老外”也不是贬义词，因为汉语中“外行”与“内行”相对，都是中性词，并非以“内行”为褒义而以“外行”为贬义，比如在“内战内行，外战外行”这句话中，二者都不是好的。通常，涉及专业知识或某项技能，当然内行胜于外行，但是，如果涉及吃喝嫖赌、贪赃枉法、走私行贿，恐怕还是外行远胜于内行。总之，称一个外国人为“老外”，就中国人的感受而言，它既不是“外宾”那种敬称，但也没有贬斥含义，而是带有一点熟悉（或习见不怪）而比较随便、放松的意味，有时还有点亲近的色彩，不同于用“外国人”那样严肃。有时，我们称一个外国人为“老……”，还是一种特殊的待遇，如来自德国的足球教练克劳斯·施拉普纳（Klaus Schlappner）曾被称为“老纳”，而有一个回顾中国乒乓球运动的电视专题片（2001 年 4 月 17 日晚中央电视台体育频道播出），其中称瑞典著名的乒乓球运动员扬-奥韦·瓦尔德内尔（Jan-Ove Waldner）为“老瓦”，这是在中国享有很高知名度的外国朋友才能得到的通俗而带亲切色彩的称谓。

两种文化的接触，会有彼此抵牾的地方，但是，入乡随俗，是每一个到异国他乡的人都应该具有的心理准备，我想，来华的外国朋友肯定都有这种准备的。因此，虽然在中西文化交流中，我们有必要、而且也确实吸收了许多外国的东西，但并非凡事都得让中国人照西方人的习惯去做。中国人的说话习惯、中国人的思维方式和中国的传统，是外国朋友在学习汉语时应该了解和尊重的。因为，对一个学习汉语的外国朋友来说，把汉语说得符合汉族习惯才是成功的。因此，撇开“老外”这个词的是非不说，就“老”在汉语中的地位而言，让一个外国学生掌握它在汉语称谓词前的基本意义和用法，不要误解为衰老的意思，是必要的。

还有一个问题，为什么有些外国朋友对“老外”这个称谓有这样错误的认识？原因可能是我们的对外汉语教学存在着缺陷，没有把汉语中的一些所以然告诉外国学生，让他们弄明白汉语称谓中“老”这个前缀所表达的意义。当然也可能有中国人对“老外”望文生义，并把这种曲解告诉他们，从而招来他们的反感，无端造成彼此之间的隔阂。因此，加强对汉语历史和现状的研究，提高我们自身的汉语修养，同时结合汉语的教学把中国的文化特点告诉外国学生，促进他们对中国的了解，为各民族之间的沟通和理解提供帮助，是一件应该重视的事。

（原刊《语文建设》2001 年第 6 期）

汉语词“博士”的外借和返借

“博士”是一个颇受关注的词，刘敏芝《“博士”是怎样指称手艺人的》[①]描写了“博士”一词在唐代的使用和变化情况，对过去在这个问题上的一些不确切的说法作了订正。多年来，我们也搜集了一些这方面的材料，本文拟对刘文未及之处作一点补充，并提出一些看法，求正于方家。

一、“博士”一词的广泛使用

“博士”外借的基础是它的广泛使用。古代职官，大致可以分成两类：一类是政务官，协助君王处理朝政；另一类是供奉官员，满足宫廷在文化艺术以及其他方面的需要。“博士”虽参与议论政事，但不负责日常政务，《史记·秦始皇本纪》载丞相李斯言：“非博士官所职，天下敢有藏《诗》、《书》、百家语者，悉诣守、尉杂[集]烧之。”可见“博士”是职掌百家之学、主管文化传授的清高职位，被读书人看重。南北朝时，“博士”美称教人读书的教师，例如：

唐代姚思廉《梁书·吕僧珍传》：“起自寒贱。始童儿时，从师学，有相工历观诸生，指僧珍谓博士曰：‘此有奇声，封侯相也。’”

清代赵翼《陔余丛考》卷三十七：“博士本师长之称，汉武帝立五经博士，为置弟子五十人。后四方来学者皆诣博士受业，故其时弟子称师皆曰博士，沿及六朝，此风不改。《宋书》王微为儿时，从博士读小小章句；《北史》刘昼知宋世良家多书，乃求为其子博士，恣意披览；《北齐》张

① 刘敏芝《“博士”是怎样指称手艺人的》，《中国语文》1999 年第 6 期，第 454—455 页。

景仁教太原王绍德书，武成帝又领景仁侍后主书，后主呼为博士，登极后，与左右语，犹称张博士，武成又为琅琊王俨求博士，得张雕武，与景仁号二张博士；后周文帝置学东馆，教诸将子弟，以樊深为博士。可见博士犹先生云尔。”

从宫廷到民间，“博士”被普遍用来称呼传授文化知识的人，即对教师的尊敬，同时也是“博士”词义由正式官职到民间称谓的贬降。

因为“博士”是供奉职官，唐代御前供奉的算卜医工等类，多以此命名。“博士”适用范围从专门知识向各种技能扩大，词义又一次贬降，但这也是它更广泛使用的基础。在唐代后期，它只可以指为宫廷服务过的技艺人，甚至用来指称技艺精熟的技艺人。例如：

日本来华僧人圆仁《入唐求法巡礼行记》卷三：“头陀僧义圆见雇博士……画五台山化现图。”

又：“其博士惆怅而云：‘……一生来捏作佛像，不曾见裂损之。’”

此后，各种手艺人都有称“博士”的，明代黄省曾《吴风录》载：“至今称呼椎油作面佣夫为博士。”意思与“师傅”相当。现代汉语方言中至今有用“博士”称木匠的。[①]

二、“博士”的外借

汉语中“博士”外借的是“教授知识的人”一义，这个意义在蒙语中使用至今，当年在内蒙古下乡的作家张承志在他的小说《阿勒克足球》用汉语音译记录了这个词：

“老师——人人尊敬的巴哈西怎能是这种好打架的人呢！”自注：“巴哈西，蒙语，老师、导师。”

① 颜森《高安（老屋周家）方言词汇（二）》，《方言》1982年第2期，第156—160页。

“巴哈西”在元代汉语文献中，音译写作“八合识”“八哈失”“八哈师”“八哈室”“八哈思”“八合赤”“八哈赤”“巴合失”“巴合赤”以及“巴黑石”“把黑失”“把失”“榜实”“榜什”等[①]。清代，这个词又从满语译入汉语作“八克实”“榜式”“榜识”“笔帖式”“把什”“巴克式”[②]或“巴克什”：

清代阮葵生《茶余客话》卷一：“巴克什，汉语文儒也。国初大臣以文儒著称者甚众……皆赐巴克什之号。”

《汉语大词典》释“八合识”：“师父。蒙古语中的突厥语借词，源于汉语博士。”美国宾夕法尼亚大学梅维恒（Victor H. Mair）教授研究发现，在唐末五代以前，“博士”就已被借入突厥语中（这是梅维恒 1997 年来四川大学交流时，笔者向他请教所知）。古突厥民族在北朝和唐代与中原汉族有着广泛而密切的交往，他们活动范围东至辽海，西达里海，对后来兴起的北方各民族影响很大。汉语“博士”由此先借入古突厥语，又由古突厥语转借入其他各族语言，至今还能在古高昌语、古波斯语等文献中看到并在现代的维吾尔语、哈萨克语、鄂温克语等语言中使用[③]。

三、“博士”的返借

六朝以下，汉族在武术、音乐和杂技等方面多学习借鉴北方民族，所以，“博士”返借入汉语与这些方面有关。最早返借入汉语的“博士”大约是“部署”，五代时作武官官名，例如：

《资治通鉴·后唐庄宗同光二年》：“武宁节度使李绍荣为部署。”胡三省注：“部署之官始见于《通鉴》，本在招讨使之下。其后有都部署，遂为专任主帅之任。”

① 方龄贵《元明戏曲中的蒙古语》，汉语大词典出版社，1991 年。
② 方龄贵《元明戏曲中的蒙古语》，汉语大词典出版社，1991 年。
③ 方龄贵《元明戏曲中的蒙古语》，汉语大词典出版社，1991 年。

明代冯梦龙《喻世明言·史弘肇龙虎君臣会》：“酒店里叫住扑鱼的，是西京河南府部署李霸遇。”许政扬注：“部署，这里指军校。”

“部署”作为武官官名，它的取义，应该与下面用例中的意义有关：

元代王实甫《西厢记》第四本第二折：“我弃了部署不收，你苗而不秀。”吴晓铃校注：“元代的武术教师叫做部署。”

《清本山堂话本·杨温拦路虎传》：“马都头道：‘我乃使棒部署，你敢共我使一合棒。’”

当时武官名多取军中习语，如指挥、招讨之类，教授武术的人是武术高手，用它作为武官名称是正常的。“部署”或作“部者”也用称武术比赛的主持人，显然也与武术教师有关，例如：

元代无名氏《独角牛》第一折：“我和独角牛劈排定对，争交赌筹，部署扯开藤仗，被那独角牛则一拳，打了我两个牙。”

又三折：“部署云：‘依古礼斗智相搏，习老郎捕腿拿腰。’”

《水浒传》第七十四回：“一个年老的部署，……便请今年相扑的对手，出马争交。”

明代冯梦龙《喻世明言·史弘肇龙虎君臣会》：“二人把捧在手，唱了喏。部者喝教二人放对。”

“部署”在汉语中本有安排布置的意思，但它与武术教师或武术比赛主持人无法在意义上联系起来，并且作为武官官名的“部署”只见于记述五代西突厥沙陀部人建立的政权后唐的史料或小说中，所以我们认为它是“博士”的返借形式。

在王重民等《敦煌变文集·父母恩重经讲经文》中有“学音声，屈博士”，“博士”称擅长音乐的人，而在宋元文献中，我们看到类似的人物，称为“把色”“把瑟”“不色”：

宋代灌圃耐得翁《都城记胜·瓦舍众伎》：“杂剧中，末泥为长，每四人或五人为一场……其吹曲破断送者，谓之把色。”

元代王恽《秋涧先生大全文集》卷七十："鼓笛场中，何堪把色。"

元代佚名《蓝采和》第一折："俺两个一个是王把色，一个是李薄头。"

元代杨朝英《朝野新声太平乐府》卷九元代高安道《耍孩儿·淡行院》套曲："吹笛的把瑟歪着尖嘴[①]，擂鼓的撅丁瘤着左手。"

元代石君宝《紫云庭》第三折："不色把阿那忽身子儿㧐撮，你卖弄你且休波。"

"吹曲破送"即戏剧表演时用音乐指挥演员表演，"把色"是音乐的演奏者，而戏剧表演中，台上演员据音乐提示进行演出，因此，"把色"是戏剧表演的现场组织和指挥者，它既可指乐工，也可指乐官。"博士"在汉语中没有直接变成"把色"的条件，合理的解释是它借出后又随西北民族音乐对汉族音乐的影响而返借入汉语。

杂技魔术的表演需要熟练的技艺，所以"博士"返借入汉语作"把戏"表示杂技魔术或熟练的技艺，例如：

金代董解元《西厢记诸宫调》卷四："十个指头儿，自来不孤，这一回看你把戏！"

明代宋濂等《元史·祭祀志》："祥和署掌杂把戏。"

元代前，"博士"通过西突厥、契丹、女真等民族与汉族的交往返借入汉语，元代以后，又通过蒙语返借入汉语，先作"把势"，表示有经验、技艺高的人，相当于"师傅"，例如：

明代屠隆《昙花记·游戏传书》："讴歌让我祖师，蹴踘[鞠]尊我把势。"

《西游记》中二处用"把势"与雏儿对举，意义相同。清代以后，由于满语的影响，它的使用更广，常指专精武术的枪棒教师或打手一类的人，多写作"把式"，例如：

清代蘧园《负曝闲谈》第十回："大家带了把式匠，挑了帐篷锅灶，

---

① 有一种原文为"入苗的把瑟歪着尖举"，此处据《汉语大词典》改。

拿了器械，把了鹰，牵了狗，家人小子有些气力的都跟了去。”

魏巍《东方》一部二章：“那孩子的父亲，全身披麻戴孝，手里打着招魂幡，由两个看家护院的把式看着，跟在死鹰后边。”

林佶《全辽备考》说“把势”本为辽东打鹰者名目，即指专精武猎的人，和上两例的意义相同。后来“把势”由擅长武术的人扩大指其他艺人，可以专指杂技女艺人或妓女，例如：

清代韩邦庆《海上花列传》第三回：“周双玉无啥，把势里要名气响末好。”

冯骥才《神鞭》：“一个年轻的女把势爬上三、四丈长的大杉篙拿大顶。”

李然犀《旧天津的混混儿》：“（跑马解）男班主叫老汉，女班主叫老坐子，女艺人叫把式。”

“把式”最常见的用法是指俗间各行业的行家里手，这方面的例子比较习见，各家所论已多，不必赘言。比较特别的是，曾有写作“把持”的，例如：

清代李斗《扬州画舫录·桥西录》：“铺中敛钱者为掌柜，烫酒者为酒把持。凡有沽者，斤数掌柜唱之，把持应之。”

“把式”在汉语中发生进一步变化，可以省称作“把”，加上词尾“子”作“把子”，例如：

杜鹏程《年青的朋友》一：“王军从车下爬出来，在地下打了个滚，像演戏的‘武把子’似的一蹦跳起来。”

又有“舵把子”，它的意义也由“师傅”或“行家”引申，可指一方首领，例如：

沈从文《长河·大帮船拢码头时》：“老水手看着身边客人和舵把子。”此指船老大。

清代傅崇矩《成都通览·成都之袍哥话》："舵把子，掌事头目也。"此指帮会首领。

在四川方言中，则用"老把子"称阅历丰富的老年男子或自己的父亲，例如：

周克芹《果园的主人》："'老把子，你在说些啥子呵？'……老汉的话，叫良玉感到受了侮辱。"

李世瑾《两亲家骂席》："外边坐着一对年轻人都是聪明人，平常又对自己的'老把子'为人行事早有所知，哪里有听不出门道来的。"

"把头"指主持或独霸一方的人或者承包工程的人，可能与"把戏""把色""把式"都有关系，例如：

宋代刘仁父《踏莎行·赠傀儡刘师父》："不假牵丝，何劳刻木，天然容貌施妆束，把头全仗姓刘人，就中学写秦城筑。"

元代刘致《端正好·上高监司》套曲："穷汉每将绰号称，把头每表德呼。"

《金瓶梅》第五十八回："我知道你在这屋里成了把头。"

冯骥才《神鞭》："天津这地方，有块地儿就有主儿。河有河霸，渔有渔霸，码头上有把头，地面上有脚行。"

皇甫璞《大桥之歌》："这个老石猴在旧社会当过二十年把头，剥削过工人。"

"把式"在汉语衍生出了一个反义的新词"劣把式"，省称作"劣把"，指外行或做杂活的人。因为口语音讹以及意义和"把式"相去很远，所以写法多样，例如：

清代西周生《醒世姻缘传》第六十三回："这样南京杂货原是没有行款的东西，……若是撞见一个利巴，就是三倍（获利）也是不可知的。"

清代文康《儿女英雄传》第六回："女子见这般人浑头浑脑，都是些力巴。"

清代文康《儿女英雄传》第十一回：“行家莫说力把话。”

清代文康《儿女英雄传》第十七回：“咱们这里虽说不短人抬，都是些劣把。”

清代文康《儿女英雄传》第十七回：“难为你还冲行家呢，到底儿劣把头么！”

邓友梅《烟壶》：“几个月不见，小力笨出息了。”

邓友梅《别了，濑户内海》：“虎子一下子感到自己长大了一大截，不再是个自顾自的小力巴了。”

《中文大辞典》：“立巴头，门外汉。”

把“劣把”写作“利巴”“力巴”“力笨”“立巴”，是因为它是一个口语词，写者因为不清楚它的语源，不知道它的规范写法，因此各人根据自己的理解和它的使用场合，选择了自以为能表意的用字，甚至同一作者在不同的地方对同一个词也有不同的写法。

四、余　　论

对人使用较高的称谓表示礼敬或尊崇，或者用较高的称谓自称来抬高自己，从而导致这个词意义的贬降，是称谓用词广泛使用时的一个普遍的带规律性的现象，“博士”和“把式”等的意义变化，符合这个规则。在汉语词汇史上，这类的词还有不少，如“待诏”“太医”“师傅”等。“博士”的广泛使用正是它被借用的基础。

“博士”原职在御前供奉，作为教师的尊称有很高的礼敬意味。北方游牧民族崇尚武勇、喜好舞乐，所以，借入后不仅用指文化知识的传授者，也指武术音乐等技艺的传授者。“博士”外借后又随北方民族在武术音乐等方面对汉族的影响返借入汉语，而它传授文化知识一义未返借回汉语，这与汉族崇尚儒学、文化教育相对发达有关，它的返借义以及返借后的引申义都是比较俚俗的。

“博士”大约在北朝到唐代期间通过突厥和中原地区的交往被借入突厥语，在北方地区流传，突厥消亡后，保存在深受突厥影响的契丹、党项、蒙、满（女真）等民族语言中。它们在各历史时期与汉族的交往中，又分别把它返借入汉语。这种返借与民族交往和融合相呼应，表现出阶段性和阵发性的特点，不同时期不同的返借形式对汉语的影响，与这些民族与汉族交融程度成正比，其中最有影响的是来自满语。《北京方言词典》[1]：“把势，【满】（老师）。把式、把什、把师。”有人批评它说来源于满语不确[2]，这从它最早借入情况而言，是对的，但是，“把式”在汉语中的流行的确依靠了满语的支持，与清朝二百多年的统治、满族在全国的广泛分布以及与汉族的融合有关。

（原刊《西南民族学院学报》2001 年第 5 期）

① 陈刚编《北京方言词典》，商务印书馆，1985 年。

② 周一民《〈北京方言词典〉订正》，《方言》1989 年第 1 期，第 75—77 页。

“保镖”保的是什么

有些习用的词语，细加琢磨却让人犯疑。比如“保镖”，我们很容易把它定为动宾结构，但是，“保镖”保的是“镖”吗？“镖”指什么？《现代汉语词典》（第7版）是这样解释“保镖”的：

> ①会技击的人佩带武器，为别人护送财物或保护人身安全，也泛指做护卫工作。②指做这种工作的人。

同时，《现代汉语词典》（第7版）对“镖”的解释是：

> 旧式武器，形状像长矛的头，投掷出去杀伤敌人：飞镖，袖镖，中了一镖。

这种解释反映了对“保镖”语义结构的一种理解。汉语的动宾关系中，有一种表示动作的工具或处所的非受事宾语，如“吃大碗”“睡小床”等。用这种语义结构，把“保镖”理解作“用镖保护……”似乎是行得通的，所以《现代汉语词典》（第7版）用“佩带武器”来解释“保镖”。

问题是，“吃大碗”“睡小床”中的宾语是可以用同类成分替换的，如吃筷子、吃调羹、吃馆子、吃小灶、睡沙发、睡地板、睡草席、睡上铺等。但是，我们却没有看到用“镖”的同类词构成的“保刀、保枪、保棍”等组合。按理说，刀、剑、枪、矛、棍、棒、弓箭等，是比镖更常用的兵器，如果“保镖”是非受事宾语构成的动宾结构，应该有替换的可能，既然不能替换，就证明上述理解是行不通的。

进一步考察与“保镖”有关的词语，如从事保镖工作的人叫“镖师”或“镖客”，为人提供保镖的组织叫“镖局”“镖行”，执行保镖工作叫“走镖”，随保镖的对象出发叫“起镖”，可以发现，其中的“镖”都无法理解成一种武器。

《汉语大词典》[①]把“保镖”解释作“有武艺的人受雇护送财物或保护雇主人身安全”，没有牵强地提到“武器”，比较好，但强调“有武艺的人”多少受了“镖”武器义的影响。

其实，在辞书中也有对“镖”作另外理解的，如《汉语大字典》[②]：

旧时称保护运送的财物。《儿女英雄传》第十五回：“便有几个镖行的朋友请我跟他们走镖。”《老残游记》第七回：“难道这一两个镖司务就敌得过他们吗？只因为大盗相传有个规矩，不作兴害镖局的。”

《汉语大词典》则将“镖”解释作旧时称由镖局保护运送的财物。参见“镖局”。

可见，“保镖”中的“镖”不是武器，而是货物。

那么，为什么货物被称为“镖”呢？文献中“保镖”“镖客”又可以写成“保标”“标客”，例如：

[1] 吾父某亦为人保标，路逢僧耳，与角斗，不胜而死。（清代袁枚《新齐谐·董金瓯》）

[2] 自置洋船五，在东西两洋贸易，每船必有标客。（清代吴炽昌《客窗闲话·难女》）

而“标”与商贩有关：

[3] 家里开着两个绫段铺，如今又要开个标行。（《金瓶梅词话》第五十五回）

[4] 主知其事，异之，诧其神勇，命随标行押布至都。中途值盗，保标客二人与斗俱为伤死。韩手无械，拔道旁枣树扫之。盗尽靡溃，皆获焉。主自后即令押标贩布，许分其余息，不令佣作。（清代袁枚《续子不语·韩铁棍》）

这里的“标行”与为人保镖的镖局、镖行没有关系，它指的是成批长途贩运货物的商行。因为成批长途贩运货物“标”，所以贩运货物的人可以叫

① 上海辞书出版社 1988 年第 1 卷。

② 湖北辞书出版社、四川辞书出版社，1989 年第 6 卷。

“标客”，字也作“幖、镳、骠”，例如：

[5] 清代范寅《越谚》卷中：“幖客，大商。”

[6] 清代梁同书《直语补证》：“镳客，往来水陆贸易者之称。《程途一览》云：临清为天下水马头，南宫为旱马头，镳客所集。今作骠。”

“标”的这个意义，来自于它的标志、旗帜义，由这个意义，发展出组织单位的意义，可以指军事单位，例如：

[7] 但承平日久，仍如守土之吏，无标兵可练，无军饷可支。（明代沈德符《万历野获编·督抚·整饬兵备之始》）

也可以作人马群体的单位（字或写作“飚”“彪”），例如：

[8] 虏中谓一聚马为飚，或三百匹，五百匹。（宋代周密《癸辛杂识·别集下·一飚》）

[9] 只见一彪军马从刺斜里杀将来。（《水浒传》第四十八回）

[10] 一声锣响，即刻冲出一标人来，两下厮杀。（明代无名氏《英烈传》第二回）

一个出行的群体，为了辨识方便，往往用旗帜来作为标志，所以，用“标”表示成批出行的人或者运输途中的货物，甚至作为这些人物的计量单位，是很正常的。古时交通不便，旅途中难免有荒山野岭，出现拦路打劫的事，所以，需要有人保护“标”，这就是“保标”一词的语义结构。这样，把“镖（标）”理解为成批的货物，执行这个任务的人是“镖师”，从事这项业务的是“镖局”，随所护送的货物出行叫“走镖”，所护送的货物启程叫“起镖”，等等，一切豁然开朗。

把“标”写作“镖”，是同音联想所致。飞镖是一种暗器，虽然不是常备的武器，但是却有很强的杀伤力，把这种武器与护送货物过程中的刀光剑影联想在一起，便使人以为“保标”的“标”应以“镖”为正体，由此产生了与语源无关的一些解释。这在语言学上是一种感染错合。

（原刊《语文建设》2002 年第 3 期）

“水手”指称银钱时的具体意义和原因

在《型世言》等一些明清时期的白话小说中，常用“水手”一词来指称银两，时人多有误解，姚美玲、郭芹纳①对此作了很好的辨析，文中赞同《三刻拍案惊奇》北大本点校者的意见“水手，一种银钱数目的市语”，并指出它的数量“比‘三两’还多”。但是美中不足的是，到底“水手”指多少银钱，为什么它会有这样的意义，文中未能涉及，有必要作进一步的探讨。

一、“水手”一词的性质

“水手”在一般词语中，用来指熟悉水性、善于在船上水中工作的人，市井流俗用它来指称银钱，是一种隐语。至少从唐宋起，市井中就流行着这么一种习惯，为了在行动中保密，一些行业或社会集团在交际中采用隐语，对一些事物不用它的本名直接称呼，而用其他名词来代替，这种代替，往往连同与这个名词相关的词语一起使用，如用表示人的“水手”这个形式指银钱的时候，同时也采用表示人的“名”作为它的量词，“一名水手”“两名水手”，表面上似乎是一个或者两个水上工作的人，而实际上指的是一个或者两个货币的单位量，以取得迷惑他人的目的。这类词语后来大多流行在江湖帮会中，也有一些流入大众口语，成了俗语词。“水手”就是这样一个出现在明清小说中的隐语成分，因此，对它的诠释也应当从这个角度展开，其中“水”不能理解作江河水流的“水”，“手”不能理解成擅长作某事的

---

① 姚美玲、郭芹纳《释“水手”》，《古汉语研究》2000 年第 3 期。

人，它们另有含义。例如：

明代心月主人《醋葫芦》第九回：“田仲道：‘二位员外，都不必慌。古人说得好：“天大官司，磨大银子。”成员外巨万家计，拚得用些银子，怕有何事做不出来？正是钱可通神，有钱使得鬼挑担。肯用小弟见识，真是十全。目今水儿不长进，只好的是此道，繇你贴骨疔疮的人情分上，枉自费了几名水手，只当得鬼门上占卦。就是敝衙门，也有为事的，费尽了周折，一毫也不济，空空的错走了路头。只是那个稳径，繇你杀了他的父娘，也只当置之不理。’”

二、“水”指银钱的意义来源和流传

古代把货币称作“泉”，取义是“流行如泉”①，货币作为商品交换的中介物，它的作用就是促进商品流通，所以古代的钱有“通业、通宝”等别称，至今我们还把货币称为“通货”。“泉”通过拆字格作“白水”，《后汉书·光武帝纪第一》：“及王莽篡位，忌恶刘氏，以钱文有金刀，故改为货泉，或以货泉字文为‘白水真人’。”“白水”也见于江湖隐语，吴汉痴《全国各界切口大词典·娼妓类·粤妓之切口》②：“白水，妓女所得之缠头锦也。”在流动的意义上，“水”与“泉”相同，所以单用“水”也可指称钱财。隐语中，用“水”表示银钱十分常见，在《全国各界切口大词典》中就有多例：

《役夫类·航船夫之切口》：“水，银钱也。”

《党会类·流氓之切口》：“吃引水，设赌局骗人钱财也。”

《乞丐类·戴孝求乞》：“兜水头，银钱乞得也。”

《赌博类·摇宝赌之切口》：“红水，所赢之余利也。”又：“进水旺，得财多也。”

---

① 《汉书·食货志》颜师古注引如淳。

② 上海东陆图书公司，1924年出版，转引自曲彦斌《中国秘密语行话词典》，书目文献出版社，1994年。

《杂流类·放白鸽者之切口》："露水，卷来之银钱也。"

这个意义也见于其他记录江湖帮会隐语的书籍中，如生可《青红帮之黑幕》下："银钱称水头。"又李子峰《海底》"闽粤及南洋各地通行之隐语"："没钱，水浅。钱多，水海。"例多不一一罗列。在传统的钱庄业中，"银水"指银子（成色），"汇水"指汇费，"贴水"指货币兑换中的补贴，至今俗语把额外获取的钱财称作"外水"。《汉语大词典》"水"下有一义项："旧指银子的成色，转为货币兑换贴补金、汇费及额外的收入之称。"这些被释为不同含义的"水"，其实都出自于"水"隐指银钱一义，这个意义，《中国民间方言词典》①中解释得很清楚："水（粤语，港穗），钱、钞票。如：给钱叫磅水；退钱叫回水；借钱叫度水；补助叫补水。"中国货币制度，在古代以银子作为货币基本形式，到现在用纸币，"水"也随之从隐称银两、铜钱到钞票，沿用至今。

三、"手"的表数意义

隐语的得名，或采自古典，或取自俚俗，大多是有依据的，隐语词也因此有理据可循，我们从这个思路出发，来考察"手"的含义。"一名水手"表示一个固定数额的银两，是一种计量的单位，所以可以说"两名水手"或者"几名水手"。因此，"水手"这个形式中，除了含有银钱意义的语素成分之外，还应该有隐指数量的部分。既然在"水手"一词中"水"指银钱，那么，"手"就应该表示一个数量，这个数量，姚、郭文中认为大于"三"，但是到底是多少，还需要再作探讨。

在我们查检的一些关于江湖隐语的材料中，没有发现单独用"手"表示数量的用法，看来这不是一个很常用的隐语表数方式。但是，我们可以试从明代金木散人《鼓掌绝尘》第三十七回②一例中推知"水手"的数量。书中说

---

① 段开琏《中国民间方言词典》，南海出版社，1994 年。

② 江陵古籍出版社，1990 年。

到陈府判请王瑞教儿子读书："便写下请帖，封了十两聘礼，着两个衙役，竟到大树村里陈小二家聘请。"当时王瑞不在客店，事情被李八八知道了，就想要争得这个差事，去找他的表兄陈百十六老商量："我那陈小二店里，有个金陵秀才，唤做王瑞。弗知是何人荐渠到新任陈三府公衙里去教书，早间特着两个衙役，拿了一封聘礼，一个请帖来接渠。表兄，我想这个馆甚是肥腻，一年供了膳，十数两束修……因此特来要表兄转达杨东翁老先生，替小弟话个人情，求他发一封书去，把小弟作荐一作荐，大家发头一发头。"陈百十六老摇手道："表弟，这个实难奉命。你晓得我杨东翁不比别个乡先生，开口定用一名水手，白话定弗能够。"李八八道："表兄，话得停当，小弟便把半年束修，作了荐馆钱罢。"前文讲的是聘金十两，下文李八八说一年"十数两束修"，并愿意拿出半年的束修充荐馆钱。李八八未必知道聘金就是十两，不过，当时教私塾的行情他肯定清楚，这样的私塾束修，他估计不会少于十两，或者在十两以上，因此说用半年束修来抵那一名水手的荐馆钱。由此可知，"一名水手"应当指少于十两，为五两或者五两以上的银子。

"水手"作为一个常用的固定数量，应该是一个便于计算的数目，十以下、五以上的数目中，"五"是"十"的一半，一五一十地计数，是比较方便又不易出错的，因此古时的银两计数也多有以五两、十两计的。所以，"一名水手"指五两银子的可能性最大。从意义上说，人的一只手有五个指头，江湖中隐称人的手为"五爪龙"[①]或者"五龙"[②]，用"手"来表示数目"五"也是合理的，所以，"水手"的"手"应当表示数目"五"。

四、"水手"指银钱时的含义

（1）"水"表示"银子"，"水手"具有"银子一手"的意思，一手五

① 李子峰《海底·各地通行隐语·人身各物类》。

② 潘家懿、赵宏因《一个特殊的隐语区——夏县东浒"延话"（隐语）调查纪实》，《语文研究》1986 年第 3 期。

指，所以“水手”就是“银子五两”。这是一个表示份例的银钱计算单位，在形式上它采用了指人的“~名水手”，实际上指“~份五两银子”，具体地说，一名水手指五两银子，两名水手指十两银子，以此类推。

（2）“水手”并不是一个通用的银钱计量单位，它限用于某些特殊的场合，多指用来行贿的银钱，它是当时在官府办事时送礼行贿时的一个常例性的计算数额。由于这种活动中的银钱数量不便直说，所以采用了隐语的方式。

（3）“水手”表示“行贿的银钱”，是一种按份例的礼金，从获得者一方来说，是一种正常收入之外的钱，由此引申，“水手”也有表示其他按份例赠送的礼金或额外补贴的钱之含义。在这种情况下，“水手”有两种意思：一种意思是以五两银子为单位的礼金，如《型世言》①第二十四回中“送两名水手作贶礼”；第二种意思是某种定额的补贴，如《型世言》第十八回中上司的“助丧水手”，即指上级发给在职期间去世的官员的例行补贴。“水手”的用例，在《型世言》中使用最频，其他的用例，也都出自以赣浙为背景的故事中。因此，指银钱的“水手”是一个方域性的隐语词，它大约使用于明清时期江西浙江一带的方言中。

（原刊《古汉语研究》2002 年第 4 期）

---

① （明）陆人龙《型世言》，江陵古籍出版社，1993 年。

“香瓜子”的来源和形成机理

一、“香瓜子”的非理结构

“香瓜子”是一个方言词，流行于吴方言的一些地区，如上海、杭州等地。近年来，随着相关商品的流通和广告的宣传，这个词的使用范围有扩大的趋势。从语源分析的角度来看，这是一个值得注意的词。汉语中有些复合词由于多次蜕变的原因，它们现有的形式已经不能通过字面意义来理解，即不能把有表意作用的字作为构词单位（词素），不能用常规的构词模式（比如并列、偏正、主谓、动宾或重叠、附加等）进行分析，这些不同于常规的构词方式，我们称为非理构词。“香瓜子”一词中就含有多个非理的构词因素。

“香瓜子”不是单纯词，可以作结构分析，但是分析的结果令人困惑。因为，不论分析成“香瓜/子”（香瓜的籽粒），还是“香/瓜子”（香的瓜子），都有悖于事实：“香瓜子”根本不是瓜的籽粒，它与任何一种瓜都没有关系。“香瓜子”的“香”也不同于“香瓜”的“香”，因为它本身并没有特别的香气。在这个词的构成成分中，“香”和“瓜”都不能按它们的通常意义来理解，是非理据性的。这种情况的出现，与这个词的曲折形成过程有关。

二、“香瓜子”的来历

“香瓜子”其实是向日葵的籽粒，向日葵也称葵花[①]，因此它的籽粒称葵花子，也有人称葵瓜子；有些地方称向日葵为朝阳花，因此又有朝阳瓜子一称。把这几个叫法进行比较和联系，可以发现，“香瓜子”的形成过程大体如图 1 所示：

葵花子——葵瓜子（朝阳瓜子）——┬——香瓜子[②]

向日葵子——————————————┘

图 1　“香瓜子”的形成过程

清代陈淏子《花镜》卷五：“向日葵，一名西番葵，高一二丈，叶大于蜀葵，尖狭多刻缺，六月开花，每干顶上只一花，黄瓣大心，其形如盘，随太阳回转……结子最繁，状如蓖麻子而扁。只堪备员，无大意味，但取其随日之异耳。”向日葵作为观赏植物被引进并未受青睐，但它结籽繁多，可供食用。从植物的分类来说，葵花（向日葵）和瓜并不同类。葵花是茎秆直立

---

① 向日葵原产北美，《当代中国》丛书编辑部编辑的《当代中国的农作物业》（中国社会科学出版社，1988 年，第 245 页）称：“中国种植向日葵的历史不长，最早的文字记载见一六二一年明代王象晋所著《群芳谱》，称西番菊。一六八八年清代陈淏子所著《花镜》始称向日葵。”“向日葵过去是作为观赏植物和小油料作物零星种植，新中国成立后才转向大田栽培。”《汉语大词典》以为宋代文献中的葵花即向日葵，误。古代文献中的葵花指“蜀葵花”，多用作官服等的装饰图案，明张瀚《松窗梦语》卷五：“蜀葵花草干高挺，而花舒向日，有赤茎、白茎，有深红、有浅红，紫者深如墨，白者微蜜色，而丹心则一，故恒比于忠赤。”蜀葵是锦葵科二年生草本植物，与菊科一年生草本的向日葵株形相近，又都有向旋光性，所以人们把原称“西番菊”的这种外来植物称为“向日葵”。后人把二者相混，也用向日葵表示忠诚，而葵花也被用来指向日葵。

② 《元曲选·百花亭》第三折把“黑的黑红的红魏郡收来的指顶大瓜子”作为果品之一，这是我们看到的对食用瓜子的最早记载，明代王象晋《群芳谱·果谱四·西瓜》：“（西瓜）种子取仁，可荐茶。”《金瓶梅》和《三言》中都有多处谈到吃瓜子或买卖瓜子，这说明把瓜子作为零食在明代已成时尚。在明清文献中没有看到对葵花子的记载，但“香瓜子”一词笔者自幼熟习，它的产生不是近年的事。在清代文献中有同形的“乡瓜子”，如《醒世姻缘传》第八十五回：“狄周……越发成了个乡瓜子了。”清代李绿园《歧路灯》第四十八回：“这是那里一个乡瓜子。”乡瓜子指土气的人，但是它与“瓜子”没有关系，它是“香瓜子”（向瓜子）一词语义沾染的结果，相当于北方一些地方用食用的“蘑菇”表示动作行为的“磨蹭”，使表达形象化。

的菊科植物，与葫芦科蔓生的瓜类相去甚远，是两种很不相同的农作物。所以在很多地方，尤其在种植葵花的地区，人们通常不会把葵花子与瓜子混为一谈。但是，葵花子在中国作为消闲食品，它的大小、形状以及吃法等和西瓜子或南瓜子基本一致，因此很自然地被归入了瓜子类食品中去了，这种改变认识角度、立足于功用而违反自然特性的归类，流行了开来。

“香瓜子”的“香”来自于“向日葵”的“向”，但是从食品的角度说，“向”是一个陌生的字眼，通常与饮食无关。但无论从实用的角度，还是从商品推销的角度，“香”都是一个很好的字眼，因为汉语中好吃的东西就叫“香”，这样的社会心理促成了“香瓜子”一词的成立，并有利于它的流行。

三、“香瓜子”的形成机理

从词汇学的角度分析，“香瓜子”的形成，受到了造成词汇非理据变化的三种因素的作用：词义感染、错合感染、缩略。[①]

1. 词义感染

词义感染是指两个意义上有关联、形式又很接近的词，在运用中，甲词采用了乙词的形式，使得本来不表示甲义的乙词有了甲词的意义。在这一过程中，说话人往往为了表意明确而选择了与这个词语义结构不相应的成分。在“香瓜子”的形成过程中，原形式“葵花子”受“西瓜子”“南瓜子”等瓜子的影响，说成了“葵瓜子”。其中“花子”和“瓜子”并不同义，但是葵花子和西瓜子或南瓜子的功用及形状相似，属同类事物，“花子”和“瓜子”都是三音词的后两音节，语音近似（花、瓜二字叠韵，声母同类），结果，“瓜子”感染了“（葵）花子”的词义，产生了“葵瓜子”这样一个非

---

① 参：［英］L. R. 帕默尔《语言学概论》第四、五章，李荣等译，商务印书馆，1983 年；［英］R. R. K. 哈特曼、［英］F. C. 斯托克《语言与语言学词典》contagion、contamination、shortening 等条，黄长著等译，上海辞书出版社，1981 年。注意：本文所谈的词义感染与有些学者所论的“组合感染”或组合关系中的词义感染不同，务必加以区别。

理据结构的词，不论把它分析成“葵瓜/子”还是“葵/瓜子”都是不妥当的，因为它不是“葵瓜”的籽粒，也不是“葵”的瓜子。

2. 错合感染

错合感染是指两个意义相同、形式相近的词在使用的过程中，发生杂糅的现象。即说话人在想说某个词的时候，想起了意义相同而形式部分相同的另一个词，结果把这两个词的不同部分和相同部分混杂在一起说了出来，形成了一个新的形式。“香瓜子”（向瓜子）是“向日葵”和“葵花”在“葵瓜子”一词的表达中发生错合的结果。说话人在谈及“葵瓜子”的时候，想到“葵瓜”并不存在，它其实是向日葵的籽粒，是瓜子类食品中来自于向日葵的一种，因此把“向日葵”和“葵花（葵瓜）子”二者错合成为“向瓜子”。

3. 缩略

缩略是指从一个词语中，采用部分形式来表示这个词语的整体意义①。被采用的这个部分形式，只是原词语中部分意义的表示形式，所以它是一个残缺的形式，但是这个残缺的形式却表示它所代表的词语的全部意义。多数词语缩略后是一个词，可以作为一个独立的词汇成分；也有时候缩略后只是成为某个词的一个构成语素，不能独立。从“向日葵”这一名称中采用了“向”来标示这种“瓜子”，“向瓜子”即“向日葵瓜子”。“向”是“向日葵”的缩略，但是，口语讹变后很少有人把它与“向日葵”联系在一起，而音近的“香”则是对食品常用的评价用语，在这样经验的作用下，使用者认为它应该是“香”，因而再次发生词义感染，来自于“向日葵”的“向”写成了“香”。

据此，可以总结“香瓜子”的产生过程：“葵花子”受瓜子类食品名称的类推影响，发生认识偏差，通过词义感染变成“葵瓜子”；“葵瓜子”中的“葵瓜（葵花）”又与向日葵发生错合感染，并伴随向日葵的缩略，形成了“向瓜子”，又在词义感染的作用下写成了“香瓜子”。

---

① 俞理明《汉语缩略的界定及其理论诠释》，《四川大学学报》2002 年第 2 期，第 124—128 页。

四、小　结

汉字有很强的表意性，但是由于词语形式或意义的变化等原因，一些反映词语本来面目的用字看起来与这个词的整体意义不相应，出于对表意明确的追求，人们可能主观地改变这些词的用字，导使这些词的用字所表达的意义和构词理据发生背离。在一些主要用于口语的词语偶或出现在书面记录时，尤多这种情况。由于这些词语的变化过程乃至它们的原形在书面上缺乏记载，给我们研究这类词的来源或理据造成一定困难。对于这样的变化，不能简单地用“讹变”一笔带过。类似的现象反复出现，说明这种讹变是一种不合常规的变化，而这样不合常规的变化反复出现，说明它有自身的规则，对这些规则的总结，有助于对那些具有特殊来源的词进行语源考察。

“香瓜子”一词在形成过程中所涉及的词义感染、错合感染和缩略这三种词汇历时变化因素，在汉语词汇的历史演变中并非例外。其中缩略造词多年来为人们所注意，但论者多以现代汉语为基础作共时观察，很少涉及古代，更没有把它作为汉语词汇历时变化的一种方式进行考察，这就影响了对一些词来源的分析。比如清代以来北方使用的“劣把”一词，本是“劣把式”的缩略，指技艺低劣或做杂活的人，也指外行。对“劣把”的使用或分析，如果不通过它的还原形式，是无法作出正确判断的。[①]

由于缩略后形式残缺，字面表意作用衰减，加上口语发音不真切，后人不明白“劣把”的理据，就随文用字，比如在买卖方面的外行用“利巴”，体力劳动方面用“力笨”“力巴”，技艺方面用“立巴”（插不上手而站在一旁），等等。同一个作者的写法也不一致，如清代文康《儿女英雄传》中兼用了“力巴”“力把”“劣把”；邓友梅在他的小说《烟壶》中用“力笨”，而在《别了，濑户内海》中用“力巴”。同一词语用字不同，主要出于记录者对用字表意的追求，换个角度说，是发生在语素中的词义感染。语

① 参俞理明《汉语词“博士”的外借与返借》，《西南民族学院学报（哲学社会科学版）》2001 年第 5 期，第 170—172 页。

素“劣”受不同语境的影响被理解为“利”“力”“立”；而“把式”本指老师、师傅或技艺精熟的人，但是受“劣”的反义限定、又缩略成“把”之后，在形式和意义上都与“把式”相去甚远，使用者不知所指，或理解为虚语素“巴”，或解为“笨”，造成了一批从理据上看与原意悖逆的词语形式。词义感染在汉语中多发生在语素中，通过记录者采用主观上看来是表意明确的用字，而在事实上改变了整个词的语义结构，是一种认识上的偏差。在汉语历时变化中，有不少这样的例子，如古代北方民族首领“郎主”被写成“狼主”，用来表达敌视的态度，豺狼的“狼”表达的是（感染了）郎君的“郎”的意思；现在常说的“年轻”，它的理据应该是“年青”（“青年”与“年老”“年少”“老年”“少年”相类，但是有“年轻”却没有“轻年”），轻重的“轻”感染了青春的“青”的意思。

错合感染也是造成一些词语语义结构异常的原因，比如旧时流行结拜兄弟，称为拜把子（要烧香、行共拜天地的大礼，或写作拜靶子），或者称换帖子（结拜时要互换写着各人生辰的帖子）。尽管“拜把子”和“换帖子”是结拜过程中的两个不同部分，但二者意思相同，有人就把它们错合成“换把子”，如清代王浚卿《冷眼观》第十二回：“如今政界中人，要紧是换把子、拜老师，做升官发财的机关呢！”“换把子”仍表示结拜兄弟，但它内部的语义关系是错乱的，不能作为理据分析的依据，因为“把子”是“拜”的对象，不能“换”。又如，妻子的父亲早先可以称“丈人”，后来也称“岳父”，错合二者，并加上缩略的变化，出现了“岳丈”（岳父丈人）一词。这类感染，有时只表现在语音上，“非典”是“非典型性肺炎”的缩略形式，音 fēidiǎn，但是在电视上多次听到一些专家把它叫成 fèidiǎn，显然，这是在说“非典”的时候，专家们同时想到了它是一种“肺炎”，于是出现了这样的发音，不过在书面上没有“肺典”出现。

词汇在使用和流传中出现的这类特殊的变化，致使一些词语，尤其是长期流传于口头的词，在进入书面记录的时候，造词理据已经很不清楚了，因此，在分辨它的构成语素的时候会立足于这个词的现行意义作重新解释，背离这个词本来的语义结构。这种重新认识的结果通过表意的汉字记录下来，有时难免见仁见智，分歧迭出，反过来给这类词语的语源分析带来更多的障碍。本文通过对"香瓜子"一词形成过程的探讨，尝试证明上述词汇变异理论在分析特殊词汇变化（非理据变化）中的作用，并且希望借此引起相关研究者对汉语词汇历时变化中的特殊规则的注意，促进汉语词汇结构分析以及语源研究的深入。

（原刊《语言科学》2003 年第 2 卷第 4 期）

“浩劫”的来源和意义

“浩劫”一词曾盛行一时，作为某一段历史时期的描述语和代名词，至今时或见诸文端。但是，我们对这个词来源的认识是含糊的，本文试作清理。

一、词典引例与释义的矛盾

《汉语大词典》[①]“浩劫”条下是这样解释的：

> 【浩劫】1. 极长的时间。佛经谓天地从形成至毁灭为一大劫。唐曹唐《小游仙诗》之六：“玄洲草木不知黄，甲子初开浩劫长。”宋叶适《中塘默林天下之盛也》诗：“至今阙胜赏，浩劫随荣枯。”《儿女英雄传》第二九回：“此时何玉凤的遭际真算得千古第一个乐人，来享浩劫第一桩快事！”丰子恺《缘缘堂随笔·阿难》：“数千万光年中的七尺之躯，与无穷的浩劫中的数十年，叫做‘人生’。”2. 大灾难。清赵翼《焦山江上》诗：“终然浩劫入沧桑，纵有赤心天不谅。”郭沫若《蜩螗集·北上纪行》：“两番罹浩劫，一旦扫沉阴。”《花城》1981 年第 2 期：“经历了‘文化大革命’这样一场浩劫，他们的头脑要复杂得多。”3. 大台阶。唐杜甫《玉台观》诗之二：“浩劫因王造，平台访古游。”仇兆鳌注引《广雅》：“浩劫，宫殿大阶级也。”清曹寅《由普德至天界寺入苍翠庵漫题》诗之一：“浩劫前王造，微名过客题。”

解释提及佛经，说明“浩劫”与佛教用语“劫”有关，但是，比照《汉语大词典》所引的清代以前各例，都不涉及佛教，仅比较晚近的曹寅和丰子

① 汉语大词典出版社 1990 年第 5 卷。

恺两例跟佛教有点关系。

相反，从《汉语大词典》所引早期用例来看，两位唐人的诗中，曹唐的诗名"游仙"，反映的是道教行为，诗中"甲子初开"一语，也是道教的观念；杜甫诗[1]所咏的"玉台观"，是一个道观。显然，这两个例子都不能证明"浩劫"的佛教色彩，却在暗示它跟道教有关。

二、佛藏中的"浩劫"

"劫"是一个通过音译进入汉语的佛教用词，因此，人们很自然地认为由"劫"组合而成的复合词"浩劫"也是佛家用语。不过，佛藏中的材料并不支持这样的认识。利用中华电子佛典协会制作的《电子佛典集成光盘》，我们对《大正藏》作了调查，发现其中一共有12例，最早见于唐代，唐代有2例：

瞻雪颜则无示无说，传浩浩劫斯焉取斯。（唐代飞锡《唐赠司空大兴善寺大辨正广智不空三藏和上影赞》）

迷之则滞于浩劫，悟之则证如反掌。（唐代飞锡《念佛三昧宝王论》）

宋元以下佛教文献中"浩劫"的用例要多些：

光通浩劫之初，影落诸缘之上。（宋代宗法编《舒州太平兴国禅院语录》，见《宏智禅师广录》卷一）

浩劫壶中匆新岁，枯木岩前有古人。（宋代普崇、法为编《明州天童山觉和尚上堂语录》，见《宏智禅师广录》卷四）

鹤梦烟寒，水含秋远，浩劫空空，相与雷同。（宋代道京、净觉编《明州天童山觉和尚偈颂箴铭》，见《宏智禅师广录》卷八）

春入丛林兮，谩道化工百亿；神游浩劫兮，底意真超二三。（宋代师俨编《明州天童觉和尚真赞》，见《宏智禅师广录》卷九）

① 本文对杜甫诗的分析部分参考了洪业、聂崇岐、李书春等编纂《杜诗引得》，上海古籍出版社1985年影印本。

万德来朝，巍巍乎浩劫鸿勋，爰辑于箭漏之间耳。（唐代神清《北山录》卷一）

五种皆恶，妨恼修道，浩劫空过。（宋代遵式《依修多罗立往生正信偈》，见《乐邦文类》卷五）

西方多乐事，浩劫杳难宣。（宋代宗赜《西方净土颂》，见《乐邦文类》卷五）

生死浩劫难遭遇，寤寐存诚未始忘。（宋代冲默《十六观·真身》，见《乐邦文类》卷五）

古往今来浩劫波，二轮迭运急如梭。（元代李济《净土咏史·述制作意》，见《乐邦文类》卷五）

盖佛之说无涯，而颐之见有限。对酰鸲而谈浩劫，宜其以邪诞妖异目之也。（元代刘谧《三教平心论》）

“劫”是一个音译词，但“浩劫”不见于翻译佛经，而出现在译经之外的佛教作品中，唐代偶见，宋代略多。

三、唐代诗文中的“浩劫”

“浩劫”在唐代使用并不限于佛教的范围，在《全唐诗》《全唐文》以及其他唐代世俗文献中，我们找到了更多的用例：

沕潭形胜地，祖塔在云湄。浩劫有穷日，真风无坠时。（唐代裴休《题沕潭》）

得之者变凡圣为反掌，失之者沦生死于浩劫。（唐代贾餗《扬州华林寺大悲禅师碑铭并序》）

大士鸿生，珠明桂馨。良牧夆闻，华构藏经。浩劫不泯，匪兹曷丁。（唐代黄滔《莆山灵岩寺碑铭》）

盖闻声叶洪钧，功垂浩劫。集善之利，惟兹可嘉。（唐代李宏冀《崇圣院铜钟铭》）

千佛重光，六度万行，轨躅相望，浩劫迢遥。（唐代李恽《大汉央武皇帝新建天龙寺千佛楼碑铭并序》）

龙宫塔庙涌，浩劫浮云卫。（唐代杜甫《八哀诗·赠秘书监江夏李公邕》）

浩劫因王造，平台访古游。（唐代杜甫《玉台观》）

浩劫礧砢，万山飕飗，欻臻于长乐之舍，蒐入乎昆仑之邱。（唐代杜甫《朝献太清宫赋》）

神乎始清之天，游目乎浩劫之家。（唐代杜甫《前殿中侍御史柳公紫微仙阁画太乙天尊图文》）

西母一杯酒，空言浩劫春。英雄归厚土，日月照闲人。（唐代林宽《寓兴》）

仙翁无定数，时入一壶藏。……醉中抛浩劫，宿处起神光。（唐代李商隐《玄微先生》）

变浩劫之桑田，注群黎之耳目，闻其大较，未可殚论。（唐代李商隐《梓州道兴观碑铭并序》）

畸人乘真，手把芙蓉。泛彼浩劫，窅然空纵。（唐代司空图《高古》）

可能授与长生箓，浩劫铭肌敢忘恩。（唐代李翔《献龙虎山张天师》）

洪源肇开，浩劫无际。恍惚大道，希夷象帝。（唐代乐朋龟《西川青羊宫碑铭》）

云层峨峨兮上震下炯，浩劫洋洋兮厥德弥馨。（唐代蔡玮《唐东京道门威仪使圣真元元两观主清虚洞府灵都仙台贞元先生张尊师遗列碑》）

玄洲草木不知黄，甲子初开浩劫长。（唐代曹唐《小游仙诗》）

使我齐浩劫，萧萧宴玉清。怡神在灵府，皎皎含清澄。（唐代吴筠《游仙二十四首》）

动不因心，飞不假翼，与浩劫而灵长，视万椿为一息。（唐代吴筠《登真赋》）

嬉明霞之馆，宴羽景之堂，欢齐浩劫，而福无疆，寿同太虚，而不可量。（唐代吴筠《神仙可学论》）

睹金阙之煌煌，步紫庭之寥寥，同浩劫之罔极，以万椿为一朝。（唐

代吴筠《心目论》）

斯乃存诸浩劫，著自遐龄，厥迹纷纶，卒难详载。（唐代史崇《妙门由起序》）

混先天而不古，历浩劫以长存。（唐代司马承祯《太上升元消灾护命妙经颂序》）

生灭何时尽，相因浩劫来。……如人入黑暗，目睹又何曾。若要分明见，须凭浩劫灯。（唐代司马承祯《太上升玄消灾护命妙经颂》）

伏闻妙道融真，高出混元之表；天尊立教，光敷浩劫之先。（唐代杜光庭《温江县招贤观众斋词》）

在以上使用“浩劫”一词的 18 位作者中，可以确定崇信佛教的只有裴休 1 人，是世俗的佛教信徒；但可确定为道教中人的有李含光、曹唐、吴筠、史崇、司马承祯、梁丘子、杜光庭等7人，多是史上著名的道教人物；另外，李商隐、司空图、李翔、乐朋龟等4人有明显的道教或道家倾向。此外，宗教倾向不明显的有贾竦、黄滔、李宏冀、李恽、林宽、杜甫等 6 人。整体来看，“浩劫”的使用者，以道教人士为主。

从诗文的内容来看，“浩劫”一语兼及佛道，但以上 25 个用例中，仅前面 5 例与佛教有关，其余 20 例“浩劫”都出现在专为道教人物或事件而撰写的诗文中，没有与佛道无关的用例。（以上“浩劫”各例中，个别例子有人理解为“宫殿大台阶”，这种理解对这里的分析影响不大，因此不予考虑。相关讨论另见下文。）

显然，在唐代，不论从用例的内容还是使用者的宗教倾向来看，“浩劫”一词与佛教的关系疏远，与道教的关系密切，应该从道教的角度作进一步的了解。

四、道经中的“浩劫”

其实，宋人已经明确“浩劫”一词与道教的关系。由于杜甫诗中反复用了“浩劫”一词，因此，在杜诗九家注的注文中，注家一再指出这个词的道教来源：

浩劫因王造，平台访古游。（唐代杜甫《玉台观》。赵次公曰：“道书：惟在元始，浩劫之家。”）

龙宫塔庙涌，浩劫浮云卫。（唐代杜甫《八哀诗·赠秘书监江夏李公邕》。杜田补遗：“《度人经》：唯有元始，浩劫之家。部制我界，统乘玄都。”）

杜田和赵次公所引的，是《度人经》第一卷中“第三无色界魔王歌”的歌词。《度人经》今本六十一卷，据任继愈先生主编的《道藏提要》介绍，此经六十一卷本成书于北宋，但其中的第一卷属古灵宝经，经名已见之于敦煌文献 P2861——P2256 号卷载南朝宋陆修静《元始旧经紫微金格目》和敦煌文献 P2335《三洞奉道科试仪范》。据此，“浩劫”一词的出现，应该不晚于南朝宋，或在东晋末年。

在六朝的早期上清经中，也有“浩劫”的用例，例如：

太漠为灵关之气，无刃为浩劫之年，巍巍神馆，万真之渊，金房焕赫乎上清。（《洞真太上素灵洞元大有妙经》）

《道藏提要》在《洞真太上素灵洞元大有妙经》条中说：“此书乃早期上清派重要经典，被称为上清‘三宝奇文’之一。上清派道书及《无上秘要》《三洞珠囊》等道书颇征引之。”是一部南朝的道经。

《道藏提要》对上述两部道经产生年代的判定，也得到了朱越利《道藏分类解题》、丁培仁《增注新修道藏目录》和法国学者施舟人（Kristofer Schipper）《道藏通考》（*The Taoist Canon: A Historical Companion to the Daozang*）的认同。看来，可以确定“浩劫”最早出现在晋宋时期的道经中。

五、“浩劫”一词的形成与发展

依据上述材料，我们确定，“浩劫”是一个发生在道经中的用语，而不是来自佛教。当然，它的来源，与佛教有密切关系。

佛教传入中国以后，“劫”作为一个重要的佛教概念，通过佛教的介绍和佛经翻译，在汉代就被借入了汉语。魏晋以后，佛教在中土取得巨大影响，佛道两教相互交融。从灵宝派开始，道教在经文的创制过程中，从佛教方面吸收了大量内容，许多佛教概念被引入道教。不过，道教人士在借鉴佛教用语的同时，也对一些佛教用语作了改造，“劫”就成了“浩劫”。

本来，“劫”是一个时间单位，佛教认为世界在反复多次的形成和毁灭中存在，每一次天地从形成到毁灭，就是一“劫”，这么一段漫长的时间，生命短促的个人是无法感受到的。道教引入这个概念，从形式和意义上都作了改变。在形式上，他们通过语义标示的方法，把“劫”所含有的漫长义，用构词语素“浩”来表示，组成限定-中心关系的双音词“浩劫”；在意义上，“浩劫”不再强调世界的成毁，也不作为一个有限制的时间单位，而只表示宽泛意义上的漫长时间，近似于“万古”。

这个经道教知识分子改造的词，在道教群体中形成之后，流入社会，被世俗文人所接受。由于它的宗教色彩，因此，世俗的文人在使用的时候，通常也只用于宗教方面的表达。从宗教来说，佛道两教各成门户而互有牵涉，对于教外的俗人而言，有时未免区分不明，因此，产生于道教，并且最初只用于道教范围的“浩劫”，在唐代的文人诗文中，虽多用于道教，但也时或用于佛教。

唐宋时期禅师们的用语具有浓厚的世俗色彩，在民间使用的“浩劫”，不仅被部分文士用于佛教，也被唐代个别禅师接受，宋代以后，禅籍和佛教碑铭中使用“浩劫”逐渐增加。进而，俗间对“浩劫”的使用也不限于宗教，这个词有了更广阔的使用空间。比如清代文康小说《儿女英雄传》中的几个用例：

炼成三百六十五块半五色石，补好了青天，便完成了浩劫一十二万九千六百年的覆载。（序）

就讲到你我，也难得浩劫之中成就这段美满姻缘，便是厮守百年，也不过电光石火，怎说道再添个人来分了你我的恩爱！（第二十三回）

便是有那福命，计算起来，也吾生有限，浩劫无涯，倒莫如随遇而安，不贪利，不图名，不为非，不作孽，不失自来的性情，领些现在的机缘，倒也是个神仙境界。（第二十四回）

此时何玉凤的遭际，真算得千古第一个乐人，来享浩劫第一桩快事！（第二十九回）

汉语中，“劫”原是一个表示威逼或抢劫义的动词，作名词可指匪盗。而用作音译用字记录通过佛教借入的梵语外来词 kalpa（全译作“劫波”），指天地成毁之间的一段时间，跟“劫”原来的意义形成了同形关系。由于劫尽而天地倾覆，有毁灭义，跟遭受硬逼抢劫所具有灾难义互相干涉错合，在清代以后，形成“灾难”一义，与此相应，“浩劫”也产生了出一个类推的新义：巨大的灾难。这个意义在清末民初非宗教的语料中也有使用，例如：

他们却登着高处，睁着眼，看我们汉人受这弥天的浩劫，你道可恨不可恨？（清代郑权《瓜分惨祸预言记》第五回）

还亏那运库里的元宝，把强盗的心弄软了。不然这些居民早就罹了浩劫，也未可知。（李涵秋《广陵潮》第五十七回）

六、“浩劫”指大台阶一义

唐代诗文中，“劫”可与表示台阶的“级”相通，例如：

寺门高开洞庭野，殿脚插入赤沙湖。五月寒风冷佛骨，六时天乐朝香炉。地灵步步雪山草，僧宝人人沧海珠。塔劫宫墙壮丽敌，香厨松道清凉俱。（唐代杜甫《岳麓山道林二寺行》）

受此影响，有个别“浩劫”例被认为是“宫殿大阶级”，《汉语大词典》“浩劫”条下，就收入了“大台阶”一义，并转引仇兆鳌所引《广雅》为证。《广雅》是六朝文献，如果此例属实，“浩劫”的“大台阶”义就非常早了。在今本仇兆鳌《杜诗详注》，有两处提到“浩劫”有大台阶的意义，其中唐代杜甫《玉台观》“浩劫因王造”下注：

> 《度人经》：“惟有元始，浩劫之家，部制我界。”《广异记》：“儒谓之世，释谓之劫，道谓之尘。”《李仙君歌》：“浩劫天地齐。”朱注：“浩劫无穷之劫，犹言累世也。”《广韵》：“浩劫，宫殿大阶级也。”杜田云：“俗谓塔级为劫，故《岳麓行》曰：塔劫宫墙壮丽敌。”

在唐代杜甫《朝献太清宫赋》“通天台之双阙，警溟涨之十洲，浩劫礧砢，万山飕飗，欻臻于长乐之舍，嵬入乎昆仑之邱”下注：

> 《度人经》：“惟有元始，浩劫之家，部制我界。”《广韵》：“浩劫，宫殿大阶级也。”杜田云：“俗谓塔级为劫。”

这里有两个问题，首先，仇注引的不是《广雅》，而是《广韵》，《汉语大词典》引《杜诗详注》有误；其次，今本《广雅》《广韵》均无此语，仇注所引的可靠性也存疑。不过，宋人韵书中，《韵略·帖韵》“劫”字下有这样一段：“浩劫，宫殿大阶级也。一曰塔也。见杜甫诗。”可能是仇注所据。不过，这个解释也是两可的，原因是对杜诗中的“浩劫”在理解上存在分歧。

杜甫诗中有几处“浩劫”，其中《赠秘书监江夏李公邕》“龙宫塔庙涌，浩劫浮云卫”句杜田注：

> 《度人经》：“唯有元始，浩劫之家。部制我界，统乘元都。”《法华经》：“如人以力磨三千大千国土，复尽抹为尘，一尘为一劫。”《广异记》：“丁约谓韦子威曰：郎君终当弃俗，尚隔两尘。”儒谓之世，释谓之劫，道谓之尘。窃详浩劫虽出道经，子美所称，恐非也。盖俗谓塔之一级二级为一劫二劫，故子美《岳麓道林二寺行》亦曰“塔劫宫墙壮丽敌”也。若以为世劫之劫，则《玉台观》诗亦使浩劫字，乃滕王于调露中任阆州刺史日所造，去子美未百年，岂可言浩劫因王造乎？

杜田据《玉台观》诗的用例认为此例中的“浩劫”应指台阶。但是，对此有别的理解，赵次公认为：“浩劫，无穷之劫，龙宫之塔庙得邕之文，亘历浩劫而浮云卫护之也。”[①]这个意见得到广泛的认同，仇兆鳌在这句诗中也没有采用杜田，而赞同赵次公的意见：

赵曰：泉路昏暗，得邕之文如明珠洞彻，故以为患。塔庙之文，神灵呵护，虽亘经浩劫，而浮云常卫。……此言塔庙如龙宫也。《度人经》：“惟有元始，浩劫之家，部制我界，统成玄都也。”浩劫，无穷之劫。

这样，就把“浩劫浮云卫”中的“浩劫”视为句首的时间状语，全句为“状+主+谓”结构，表示万古由浮云卫护，而不是大台阶浮云卫护，否定了杜田的理解。

回过头来看唐代杜甫《玉台观》“浩劫因王造”句，诗中“浩劫”与“王造”的关系，各家也有分歧。杜田否定此句中“王造”已经“浩劫”，理由是“（玉台观）乃滕王于调露中任阆州刺史日所造，去子美未百年，岂可言浩劫因王造乎？”不过，也可以把此句理解为“王造”将历“浩劫”，如朱注释“浩劫”为“累世”，即“累世流传因王所造”或“万古流传的宫观是由滕王所建造”，仍是适宜的，杜田的质疑未必得当。此句下仇注即引了“累世”一说，又附了“大台阶”一解，两说之间未明确作出取舍，似在两可之间，但仇注既然把“累世”一解置前，表示作者倾向于把浩劫理解为“累世”。

仇注释杜诗另一例“浩劫礧砢，万山飕飗”中“浩劫”为大台阶，对于此例，其他各家没有发表意见。但是，细推文意，此句中的“浩劫”理解为漫长的岁月，用这个时间概念来跟表示空间的“万山”相对，对仗工整，文意亦顺，取意明显优于解作“大台阶”。

此外，仇注一再引杜田释“劫”为“级”，因指“浩劫”中的“浩”有大义，修饰表示台阶的“劫”。但是，用“浩”形容台阶，从构词的角度来看，存在语义搭配的问题。“浩”本指水势大，多构成的复音形容词，表示宽阔远大的意思，意义趋向于抽象。“浩”作定语跟名词组合的情况不多见，在《汉语大词典》[②]中有“浩言（浩然之言）”“浩波（洪波）”“浩思

① （宋）郭知达《九家集注杜诗》，上海古籍出版社，1985年影印哈佛燕京学社《杜诗引得》本，第397页。
② 汉语大词典出版社1990年第5卷。

（遐想）”“浩气（广大的水汽，浩然之气）”“浩仓（苍天）”“浩态（仪态大方）”“浩壤（广远的地区）”“浩露（浓重的露水）”数例，修饰对象除了水以外，大多与“水”有比喻关系，并且倾向于抽象事物。实体感十分强的宽阔台阶用“浩”来修饰，有悖于“浩”的基本用法，也不符合“浩”的意义发展趋向。因此，我们以为，“浩劫”表示大台阶一义，是靠不住的，而把各例中的“浩劫”理解为时间，却都颇为妥帖。

七、结　论

依据上述材料，可以确定，“浩劫”是一个发生在道经中的用语，而不是来自佛教。当然，它的来源，与佛教有密切关系。它的意思有两个：漫长的时间、巨大的灾难，“大台阶”一说分歧颇多，各家意见矛盾，缺乏可靠的依据。

“浩劫”最初见于道教的灵宝系经文，道教的灵宝派对佛教影响很深，他们在大量引入佛教概念的同时，也对部分概念作了改造，“浩劫”就是其中之一。这个词通过灵宝派的创新使用，在六朝各派道教人士中传播开来，唐代起作为一个书面语词流入社会，为当时文人所采用，流传开来，后来，一些佛教人士在创作中也采用了这个词。

佛道两教在历史上互相影响，它们的用语也时有错杂。忽视其中错综复杂的关系，可能会作出有违历史事实的结论。

附记

本文为庆贺张永言先生九十华诞而作。

1983 年，有幸考入四川大学汉语史专业攻读硕士学位，一开学就有先生为研究生和进修教师讲授的训诂学课程，可以容纳七八十人的大教室里，挤得满满的，来得稍晚的就没有座位，常常有人因为无法加座，只好站在后排、窗台或门口听讲。先生治学的精细、严密、广博和对学术最新动态的准确把握，至今令人叹服。

从步入专业学习开始，得益于先生颇多。从入四川大学学习到留校工作，常有机会侧闻先生高论，耳濡目染、点化愚昧之处，不可胜记。与先生之间有几件事是无法忘怀的：当年报名考试，专业招生导师是由先生挂名的；我们最初对佛经的了解，也与先生的大力介绍有关。后来，先生得知我选择佛经作为语料撰写学位论文，又给予了充分的肯定和鼓励，当年情形，至今历历在目。2002 年，我在职攻读博士学位进入答辩程序，当时先生已经多年不涉此类琐务，但仍欣然惠允，抱病作为答辩专家参加了论文答辩——这也是先生最后一次参加的论文答辩，对先生关怀和鞭策的感念，无以言表。

回想起来，自己步入汉语史的历程，可以说是从学习训诂学开始的。非常幸运能够遇到这样一位好老师，在先生从教 65 周年之际，谨以此小文，作为纪念。

（原刊《汉语历史语言学的传承与发展》，复旦大学出版社 2016 年）

“不良”和“响马”①
——兼论汉语词汇形式的缩略变化

古代有些称谓在后人看来是难以理解的，比如唐代称司法吏役为“不良”、明清时强盗称“响马”，它们从字面上不容易给出合理的解释，这与汉语词汇个体形式的变化有关。

“不良”就是“坏”的意思，但是在唐代它指从事缉捕审讯的吏役，也作“不良人”。这个奇怪的称呼，在清代就受到了人们的注意，如清代梁章钜《称谓录·隶》引《说铃》：

缉事番役，在唐称为不良人，有不良帅主之。

把从事刑侦司法的官吏差役称为“不良人”，在以唐代为背景的明人小说中也有出现，如《醒世恒言·李汧公穷邸遇侠客》中就有“责令不良人捕获，又拨三十名健儿防护”的话，可见是一个唐代用语。在唐代文献中有更多的用例，也可作“不良汉”。例如：

忠惶恐，私就卜问，被不良人疑之，执送县。（唐代张鷟《朝野佥载》卷五）

吉温……性禁害，果于推劾。天宝初，为新丰丞。时太子文学薛嶷承恩幸，引温入对。玄宗目之而谓嶷曰：“是一不良汉，朕不要也。”（晋代刘昫《旧唐书·吉温传》，《资治通鉴·唐玄宗天宝四年》作“是一不良人，朕不用也。”）

但是，在更多的时候，这个意思被说成了“不良”，例如：

① 本文为四川大学俗文化研究所“历代笔记小说俗语言研究”课题前期成果。

> 铉百端拷讯不得，乃令不良枷瑄，以手力绊其足，以木按其足间。（晋代刘昫《旧唐书·杨慎矜传》）
>
> 是一不良，我不用。（宋代欧阳修等《新唐书·酷吏传·吉温》，参上引《旧唐书》及《资治通鉴》）
>
> 不良主帅魏昶有策略……问十日已来，何人觅舍人家。卫士云：“有投化高丽留书，遣付舍人捉马奴，书见在。”检云“金城坊中有一空宅”，更无语。不良往金城坊空宅，并搜之。至一宅，封锁正密，打锁破开之，婢及高丽并在其中。拷问，乃是投化高丽共捉马奴藏之，奉敕斩于东市。（唐代张鷟《朝野佥载》卷五）

以上各例中，“性禁害，果于推劾”的吉温，史书中唐玄宗对他的称法有三种大同小异的记录：不良、不良人、不良汉，这里唐玄宗并不认为吉温是一个“品行不良”的人，对这句话的正确理解是：吉温只是一个会抓贼破案的“功狗之徒”，不是治国理民的栋梁之材，因而不足取。“不良”指司法官吏，或者称刀笔之吏。

从事刑侦司法的吏役称为“不良”，不是词义变化的结果，而是一个复杂词语的简略，我们找到了它的原形式：

> 觅婢不得，并失金银器物十余事。录奏，敕令长安、万年捉不良脊烂求贼，鼎沸三日不获。（唐代张鷟《朝野佥载》卷五）

缉事番役全称是“捉不良脊烂（人）”，“脊烂”与古代杖脊刑罚有关，指受此刑罚而背脊皮开肉绽，“捉不良脊烂人”字面上是“抓捕行为不良应受杖脊惩罚的人”，相当于“抓坏蛋的”的意思，“不良”是它的缩略形式，可以指缉捕的差役，也可以指主管司法或审讯的官吏。

明清以来，从事拦路抢劫的匪徒被称为“响马”：

> 窃谓此地为畿辅要害，而去州县稍远，响马大伙多盘踞其中。（明代沈德符《万历野获编·外郡》）

“响马”在清代以后十分流行，它的得名，《现代汉语词典》（第7版）解作“旧时称在路上抢劫旅客的强盗，因抢劫时先放响箭而得名”，《汉语大词典》嫌这一解释与字面上的“马”不切合，改作“因马身系铃或抢劫时先放响箭”。这样，对它的语源可以有两种理解：①抢劫时先放响箭的匪徒，解释了“响”但是没有说出为什么叫“马”；②骑着带响铃的马从事抢劫的匪徒，把“响马”理解成系着响铃的马，偏正结构。分歧如此，应该对此作进一步考察。明清文献中，与“响马”同义的有“放响马的”“响马贼”“放马贼”“马贼”等词，例如：

有四个人，原是放响马的，风闻赛儿有妖法，都来归顺赛儿。此四人叫做郑贯、王宪、张天禄、祝洪，各带小喽罗，共有二千余名，又有四五十匹好马。(《初刻拍案惊奇》卷三十一）

那响马贼数十人，齐声打了一个忽哨，飞奔前来。(《儒林外史》第三十四回）

见道旁有捕贼勾当与州解相噪，问之，云：“放马贼昼劫上供银若干，追之则死贼射，不追则死坐累。”各相向呼天，泣数行下。(清代周亮工《书影》卷八）

当时窦耳墩专在北路一带做马贼，后来被黄三太镖打之后，他便远走他方，逃至张家口外，择地而居。(清代无名氏《施公案》第三百八十四回）

这几个同义形式，从字面上看分歧很大，很难联系在一起。其实，这几个形式有一个共同来源，只是缩略中形式取舍不同的缘故，使它们面目迥异，例如：

京师之南固安、永清、霸州、文安等处，京卫屯军杂居，人性骄悍，好骑射，往往邀路劫财，辄奔散不可获，人号为放响马贼。(明代陈洪谟《继世纪闻》卷四）

“放响马贼”就是“放响箭马贼”，它的语源义是“放响箭警告路人放弃抵抗、骑马从事抢劫的盗贼”，“放响”指“放响箭”，“马”指

“骑马”，二者共同作定语，限定中心语“贼”[①]。在缩略中，从“放响[箭]马贼”中选取部分字来代替它，由于选取不同，就形成了不同的叫法，比如“放响马贼”“放响马（的）”“响马贼”“放马贼”“马贼”“响马”等。

据结构主义的方法，可以把话语从句子中切分出词组、词、语素等。但是，人们说话并不是用一个个语素逐层组合成语句的，而是直接采用词或者更大的单位（如固定词语）来构成句子。这些被直接用来造句的成分，不论是词还是固定词语，都是词汇单位，它们在使用中有一些共同的特点：①意义的单一化；②组成成分不可自由替换；③内部的结构停延小于外部停延；④形式的整体化不能自由插入。具有这些特点的词汇单位，都可能作为一个基本成分，发生个体的意义或者形式变化。缩略，是采用原形式中的部分来提示或表达原形式的全部意义。[②]

在多数情况下，缩略后的形式与原形式的主体结构保持着较大的对应关系，复音缩略词中的一个音节对应原词语的一个语素或词，比如“人民代表大会”缩略成“人大”，“人”对应“人民”，“大”对应“大会”或“代表大会”，这往往使人认为缩略是从原词语中选择代表语素形成的。本文讨论的这两个用例的意义在于，它能够说明缩略代表形式的这种表意性在很大程度上是我们附会的。除非这种附会的理解得到推广并形成新的约定（比如“大”在不同的缩略词中经常表示“大会”），我们只能通过缩略形式对原形式的提示来理解这个词，或者，把缩略形式看作一个整体性的成分来理解它，而不能通过语素组合成词的途径来理解这个词的意义，因为缩略后形式的字面意义可能与原词语的意义相去很远或者相反。换个角度说，利用缩略

---

① 我们可以引用（清）吴趼人《二十年目睹之怪现状》一百零七回（新华出版社，2011 年，第 630—631 页）的一段描写来为此作注：“忽然前面树林子里，一声唿响，赶车的失声道：‘罢了！’弓兵连忙抱过魁哥儿，跳下车去道：‘少爷下来罢，好汉来了。’我虽未曾走过北路，然而‘响马’两个字是知道的，但不知对付他的法子。看见弓兵下了车，我也只得抱了祥哥儿下来。赶车的仍旧赶着牲口向前走。走不到一箭之地，那边便来了五六个彪形汉子，手执着明晃晃的对子大刀；奔到车前，把刀向车子里一搅，伸手把马包一提，提了出来便要走。”

② 参俞理明《词语缩略中的任意性基础和约定作用》，《语文建设》1999 年第 6 期，第 8—12 页；俞理明《词语缩略的界定及其理论诠释》，《四川大学学报（哲学社会科学版）》2000 年第 2 期，第 124—128 页。

后的形式来分析词语的语义结构是不可靠的，对这种非理据结构[①]的复合词语，只有在还原后才能作出正确的语义结构分析。

（原刊《乐山师范学院学报》2003 年第 8 期）

① 参俞理明《汉语词汇中的非理复合词——一种特殊的词汇结构类型：既非单纯词又非合成词》，《四川大学学报（哲学社会科学版）》2003 年第 4 期，第 86—91 页。

从“教化”到“告花子”
——汉语中的词义感染

一、“教化”和“叫化”“告化”

“教化”是一个很古老的词，它的意义本是教育感化，如《礼记·经解》：“故礼之教化也微，其止邪也于未形，使人日徙善远罪而不自知也。”汉代传入中国的佛教劝人为善，以普度众生为己任，也用“教化”指传扬佛教，例如：

教化五浊世人，度脱十方。（汉代康孟详译《修行本起经》卷上）

佛教劝人行善修道，有六度之说，布施是其中一个重要的方面。世俗的人资助断绝物欲乞化度日以专心修行的佛教徒，为自己结下善缘并修成善果；同时这也是早期佛教徒生活物质的唯一来源，因此，劝人布施是僧人教化世俗的重要内容，例如：

须达长者欲劝化乞索供养三宝……（善业）值须达长者教化乞索，心生欢喜，即以所著白氎布施须达。（北魏吉迦夜、昙曜译《杂宝藏经》卷六）

向人施舍不仅是助人的善行，更是施予者本人脱离人生苦海的途径，因此“教化”有了“劝人施舍”的特定意义，唐宋时指佛教徒向人乞索财物，义同“化缘”，例如：

常教化钱物，称供养菩萨圣像。（宋代李昉等《太平广记》卷一百一十六“僧绍明”引《儆戒录》）

有僧素为人所信向，锜乃召见，密谓之曰：“吾军府用不足，欲借师

之名以足之。吾为师作维那，教化钱粮各三十万，且寄我仓库，事毕之日中分之。”（宋代司马光《涑水纪闻》卷一）

天之所赋于我者，如光明宝藏，不会收得；却上他人门教化一两钱，岂不哀哉！（宋代黎靖德《朱子语类》卷一百二十一）

道教与佛教互相影响，“教化”也用于道教徒的乞索行为，例如：

无尽居私第日，适年荒，有道士辈诣门教化食米。无尽遂劝各人诵《金刚经》，若诵得一分，施米一斗。（宋代道谦《大慧普觉禅师宗门武库》）

“劝人施舍”和“向人乞索”有细微差别，前者强调施者的利害，施予是施者积德；后者偏重于受者需求的满足。“教化”在应用中，意义倾向后者。此例中，道士向无尽教化食米，无尽却叫他们诵《金刚经》，“教化者”成了受教者，这样，“教化”就只有乞索义了。元代指世人的乞讨，例如：

虽然这头发值不得惹多钱，也只把他做些意儿，一似教化一般。（元本《琵琶记》第二十四出）

哥哥，俺这婆婆害急心疼，有酒么？教化一盅。（明代臧懋循《元曲选·冤家债主》第四折）

“教化”这一行为施事者的变化，引起了书面形式变化，这种俗人的乞讨行为后来多写作“叫化”，或因沿街乞讨而称“叫街”：

我三个孩儿都下在死囚牢中，我叫化了些残汤剩饭，送与孩儿每吃去。（明代臧懋循《元曲选·包待制三勘蝴蝶梦》第三折）

正末同旦儿上，云：“叫化咱，叫化咱……可怜见俺天涯无倚，无主无靠，卖了亲儿，无人养济，长街上可有那等舍贫的爹爹、奶奶呵！”（明代臧懋循《元曲选·看钱奴买冤家债主》第三折）

我好歹也是财主人家女儿，着我如今叫街！（明代臧懋循《元曲选·相国寺公孙合汗衫》第三折）

乞讨的行为是“教化”“叫化”，以乞讨为生的人也可称“叫化”，或称“教化头”“叫化的”“叫化头”“叫化子”等，其中“叫化子”是最常用的形式，例如：

呀！怎么我家解典库门首，立着个教化头？（明代臧懋循《元曲选·包待制智赚灰阑记》第一折）

莫不是千化身观音菩萨，救了我这双无目沿街的叫化。（明代臧懋循《元曲选·同乐院燕青博鱼》第一折）

哥哥，门首有那叫化头刘九儿，说哥哥少他一贯钱。（明代臧懋循《元曲选·布袋和尚忍字记》第一折）

柳隆卿云：“赶出这叫化子去！”扬州奴云：“我不是叫化的，我是赵小哥。”（明代臧懋循《元曲选·东堂老劝破家子弟》第三折）

清代以后的文献中，有同义的“告化子”或“告化儿”，例如：

告化子逃走猢狲就无戏唱。（清代王有光《吴下谚联》卷四）

还要到那里去找告化儿呵！（沙汀《代理县长》）

二、“化子”和“花子”

“花”有虚浮不实之义，元明称骗子为“花子”[①]，例如：

油嘴花子快出去。（明代臧懋循《元曲选·张天师》第二折）

逐日东奔西撞，与一班京花子合了伙计，骗人财物。（《醒世恒言》卷三十六）

这花子故意来捏舌，哄骗我们的家私哩。（《初刻拍案惊奇》卷三十三）

明清时称乞丐的“叫化子”缩略成“化子”，例如：

---

① 《汉语大词典》（汉语大词典出版社，1992年第1版，第9卷）“花子”只有乞丐一解，没有骗子一义。一些指骗子的用例被释作乞丐，是不妥当的。

这个小化子，一日倒讨得许多钱。(《醒世恒言》卷二十七)

老爷，不是常常到这里，身上穿的像化子似的那个人？(《官场现形记》第十回)

“化子”与“花子”相近。乞丐和骗子各具不同的行为特征，但他们都属于社会底层，被认为不务正业、混吃混穿，所以二者相混，“花子”可指乞丐，例如：

京师谓乞儿为花子。(明代谢肇淛《五杂俎·人部一》)

米才下锅，讨饭的花子，早先到了。(明代天然痴叟《石点头》第三回)

清代中叶以后，“花子”多指乞丐，“叫化”“告化”中的“化”也写成了“花”[①]，例如：

于冰见他形貌腌臜，是个叫花子。(清代李百川《绿野仙踪》第十回)

有的想一夜变成富翁，当然也保不准一夜变成叫花。(刘文玉《相马神》)

三、词义感染和词语理据的重新分析

表示教育感化的“教化”，受佛教影响，在六朝有劝人布施义，唐宋时指佛道教徒求人布施的乞索行为，元代指世俗人的乞讨，并写作“叫化”。元明时乞丐称“教化头、叫化的、叫化头、叫街、叫化子”等，清代以后又有“告化、告化子”。明清时，“叫化子”缩略为“化子”，与称骗子的“花子”相混，产生了“叫花子”和“告花子”。在意义和形式变化的同时，它的认知特征也发生了变化，表示如下：

---

① “告花”例可参郝凝《安庆方言词汇》，《方言》1982年第4期，第297—313页；王太庆《铜陵方言记略》，《方言》1983年第2期，第99—119页；应雨田《湖南安乡方言记略》，《方言》1988年第1期，第52—67页；刘兴策等《湖北安陆方言词汇（一）》，《方言》1994年第4期，第308—313页；左福光《四川省宜宾（王场）方言记略》，《方言》1995年第1期，第51—62页，等等。

意义变化：教育感化→劝人布施 → 求人施舍 → 乞告施舍/的人 ⟶ 乞讨的人

形式变化：教化 ⟶ 教化 ⟶ 教化 /教化头

叫化 → 叫化/[叫]化子（叫街/叫化头）

花子 ⟶ 叫花子

告化 / 告化子 ⟶ 告花子

认知特征：{教育} {化缘} {乞索} {叫唤、哀求} {褴褛不洁}

图2 从“教化”到“告花子”的意义变化、形式变化、认知特征变化

这一变化，与词义感染（contagion）有关。这里的词义感染是指形式相同或相近、意义相关或类同的词语 A、B，如“化子”和“花子”，在表达 A 义（化子/乞讨者）的时候，却用了 B（花子/欺骗者），结果使 B（花子）具有了 A（化子）的意义①。

词义感染不仅在词的层面起作用，也在词素的层面上起作用。“教化”从教育感化演变为募化财物，又与乞讨同义，从后时的角度对构词语素作共时分析，其中“化”受“化缘、募化”等支持，意义虽已从“使人变好”改变为“征求施舍”，但仍有可解性；而“教”失去了“教育”义，没有着落，由于语音近似和乞讨中的告求行为，它被“叫”“告”取代。但是从语源的角度说，这里本来并不牵涉“叫”和“告”的意义，“叫”和“告”感染了“教”的意义。

在此变化中，形似（同音或音近）是变化的前提，形式的关联，让人在应该用词语或词素 A 的时候，采用了 B。意义相涉是变化的基础，变化后的新义不能从字面上得到解释（如“教化”指乞讨），使用者不了解它的来由，便根据它当前的意义，依据语音选用“表义恰当的”字（词素形式），重组这个词。这是一个以正为误而又以误为正的过程，因为乞讨时的叫唤和求告，“叫”和“告”代替了“教”；而乞丐褴褛不洁的外貌又使“花”代

① 这里采用词义感染的原意，据［英］R. R. K. 哈特曼、［英］F. C. 斯托克《语言与语言学词典》（黄长著等译，上海辞书出版社，1981 年，第 77—78 页）：“Contagion 感染[词义的] 两个语义上有联系的词形相互混淆的过程或结果。如 restive 本来有“inactive”（迟顿的）、“persistent”（固执的）的意思，但和“restless”（不安的）发生联想，便产生了“fidgety”（烦燥不安）的新意义。” 这是一种聚合变化，与所谓的“组合感染”不同。

替了“化”，看起来，新形式表义明确，每一个词素都与词的意义密切相关，实际上，这是对这个词的语义构成作重新认定，结果割断了它的历史，造成了所谓的俗语源。

补充一点，词义感染可以在复合词语和词素两个层面起作用，引起词语变化，变化的结果从词汇的角度来看是不同的。在词语层面上，词义感染给词语增加了新的意义，但没有造成新的词汇形式（如“花子”在“骗子”义基础上感染了“乞丐”义）；而在词素层面发生的词义感染却相反，它造成了新的词语形式（如“教化”成了“叫化”“告花”等），却没有引起词或词素的意义变化。

（原刊《古汉语研究》2005 年第 4 期，人大复印资料 2006 年第 4 期转载）

汉语中一组与“醋”有关的称谓词

一、“措大”和“醋大”

唐时读书人称“措大”，又写作醋大、措多，不同的形式反映了当时的人对这个词语源的不同理解，例如：

唐代苏鹗《苏氏演义》卷上：“醋大者，一云郑州东有醋沟，多士流所居，因谓之醋大。一云作此‘措’字，言其举措之疏，谓之措大。此二说恐未当。醋大者，或有抬肩拱臂，攒眉蹙目，以为姿态，如人食酸醋之貌，故谓之醋大。大者，广也，长也。篆文大象人之形。”

唐代李匡义《资暇集》卷下：“代称士流为醋大，言其峭醋而冠四人之首；一说衣冠俨然，黎庶望之，有不可犯之色，犯必有验，比于醋而更验，故谓之焉。或云：往有士人贫居新郑之郊，以驴负醋，巡邑而卖，复落魄不调，邑人指其醋驮而号之，新郑多衣冠所居，因总被斯号。亦云：郑有醋沟，士流多居，其州沟之东，尤多甲族，以甲乙叙之，故曰醋大。愚以为四说皆非也。醋，宜作‘措’，止言其能举措大事而已。”

对这个词的语源，当时至少有六七种解释，其中不乏“近乎荒诞的说法”[①]，干扰了我们对这个词理据的认识。本文借鉴社会学的方法，在尽量搜集这个词在当时用例的基础上，通过对该词在时间、使用者和语用色彩差异方面的考察，以及它在后世的变化，尝试作一分析。

借助各种电子手段，我们获得“措大”105 例（7 例重复），其中，唐 35 例（2 例重复），五代 14 例（3 例重复），宋代 56 例（2 例重复）；“醋大

① 江蓝生《说“措大”》，《语言研究》1995 年第 1 期。

（酢大）”5例（1例重复），唐代4例（1例重复），宋代1例。另外，《祖堂集》一段文字中，有“措多”1 例（1 例重复）。[①]从现存文献来看，这个词的使用（记录）者对“措大”的认同度高于“醋大”。这与上述两条记述以“醋大”为常体不同，其中是非，有待斟酌。

二、褒贬兼具的“措大（醋大）”的表达色彩

1.“措大（醋大）”的贫寒义（22例）

唐代释寒山《寒山诗》：“个是何措大，时来省南院。年可三十余，曾经四五选。囊里无青蚨，箧中有黄绢。行到食店前，不敢暂回面。”

唐代李商隐《义山杂纂》：“穷措大唤妓女。”

五代王定保《唐摭言》卷十五：“孜孜事一个穷措大，有何长进！”

五代何光远《鉴戒录》卷十：“面折掇斋穷措大，笑迎搽粉阿尼师。”

明代陶宗仪《说郛》卷二十七：“满子面聒穷措大，萧娘身瘦鬼姮娥。”

宋代曾慥《类说》卷五十六：“江南李氏宫中诗曰：‘帘日已高三丈透，金炉次第添香兽。红锦地衣随步皱，佳人舞彻金钗溜。酒恶时拈花蕊嗅，别殿微闻箫鼓奏。’与措大诗‘试挑野菜和根煮，旋斫青柴带叶烧’异矣。”

宋代魏泰《东轩笔录》卷一：“措大眼孔小，赐与十万贯，则塞破屋子矣。”

宋代苏轼《杂纂二续》：“穷措大及第。”

宋代释惠洪《冷斋夜话》卷二：“东坡作《穷措大诗》曰：‘一夕雷轰荐福碑。’”

宋代吴处厚《青箱杂记》卷一：“此可赠游谒穷措大。”

---

① 考虑到这个词所具有的生动性，本文把后代所记的唐五代人物事件，看作后时追记的唐五代语料，统计和分析只针对实际应用的材料，不包括考释性材料。同一材料不同文献中反复记录，或在同一语境中反复提及的，不重复计算。

宋代吕本中《紫微杂记》:“穷措大为饿寒逼迫所致,与一不管事官。”

宋代吕本中《紫微诗话》:“副总管武人,尝戏之使对句,云:‘快咬盐虀穷措大。’其人应声对曰:‘善飡仓米老衙官。’”

清代沈嘉辙等《南宋杂事诗》卷六:“墙西措大穷寒甚,只读江东陆氏书。”

宋代洪迈《夷坚志·夷坚甲志》卷一:“公富人也,岂可令穷措大买酒。”

清代沈嘉辙等《南宋杂事诗》卷六:“宅西正是三馆职,多穷寒措大,羡人富贵于心,常以弗堪。”

宋代范仲淹《齑赋》:“陶家瓮内,淹成碧绿青黄;措大口中,嚼出宫商角徵。”

宋代刘克庄《沁园春·和林卿韵》词之七:“便做些功业,胜穷措大,聚萤武子,吞凤君章。”

宋代刘克庄《答洪师侍郎书》:“闻灯夕只费二十千,今一旦饷买山钱多至三千万,真欲塞破措大屋子。”

宋代刘克庄《答信庵丞相书》:“佛生前三日,茅檐鹊噪,开户视之,则丞相仲春中浣所赐书函画卷,匮玉箧实,一旦塞满措大屋子。”

宋代林之奇《为林序齐干山人教化祠部疏》:“咄,这穷措大生涯,惯试淡盐齑滋味。”

宋代谢枋得《代干丞相免追算功赏钱粮启》:“谁能怜措大之穷,赐之十万;不敢受北军之赏,还以五千。”

宋代邵桂子《满江红·税官之扬州任》词:“穷醋大,齐齐整整,岂无贷揭。”

许多工具书释“措大”为“贫寒失意的读书人”,江蓝生[1]举“八钱价措大”和“裴休真措大”两例,否定了“贫寒失意”之义,甚确。不过,本无贫穷义的“措大”,因经常出现在表示贫穷的语境中,浸润了贫穷的意义,

① 江蓝生《说“措大”》,《语言研究》1995年第1期。

后来泛指贫穷的人[1]，这种情况被称为“词义的组合感染”[2]。

2. 否定贬抑语境中的“措大（醋大）”（30例，4例重复）

唐代张鷟《朝野佥载》卷六：“成都人一概呼求事官人为‘乞措大’。”

唐代赵璘《因话录》卷四：“李骂云：‘头钱价奴兵，辄冲官长。’负者顾而言曰：‘八钱价措大，漫作威风。’”

唐代牛僧孺《玄怪录》卷一：“道士叹曰：‘措大误余乃如是！’”

五代王定保《唐摭言》卷九：“然是屡言措大率皆负心，常以文圭为证。”

宋代李昉等《太平广记》卷一百六十引《续定命录》：“其女子且怒且责：‘措大不别头脑，宜速返。’”

宋代李昉等《太平广记》卷二百四十二引《辨疑志》：“适被一害风措大，呼儿作野狐，合被唾杀。”

宋代阮阅《诗话总龟前集》卷四十七引《青琐集》：“无端措大刚饶舌，却入白云深处行。”

明代方以智《通雅》卷十九引《见闻录》：“左右二广然蜡而坐欲废文宗，慎由固争。乃曰：‘为此拗木枕措大。’”

宋代张齐贤《洛阳缙绅旧闻记》卷一：“梁祖勃然，厉声言曰：‘这一队措大，爱顺口弄人。’”

宋代张齐贤《洛阳缙绅旧闻记》卷四：“守忠在洛下畜马数十匹，有时欲出，左右以后槽无马对，守忠惊问之，对曰：‘早来被一队措大乱骑去也。’……守忠敛容曰：‘不得无礼，称他诸秀才为一队措大。’”

宋代无名氏《五国故事》卷上：“温谓石头曰：‘宋措大在吾儿子门

① 由于贫穷义的影响，后来也有用“穷措大”指一般的穷人(非读书人)，如：《民俗》二十五、二十六期《灶菩萨的故事》：“当了八年的丘八爷，依然还是一个穷措大。”高晓声《崔全成》（载高晓声《一九八一年小说集》，人民文学出版社，1982 年，第 113 页）：“族里发生纠纷，如果族长是有权势的人当，就该族长评理；穷措大当族长，就无人需要他劳神。”郑定欧《香港粤语词典》（江苏教育出版社，1997 年，第 178 页）：“倒瓤冬瓜，比喻外表壮硕但实际不健康的人，也指表面上富有但内里寒酸的穷措大。”

② 参伍铁平《词义的感染》，《语文研究》1984 年第 3 期，第 57—58 页；张博《组合同化：词义衍生的一种途径》，《中国语文》1999 年第 2 期，第 129—136 页。

下，甚非纯信之士。虑其近习，不以忠孝为务。师其察之。’……石头乃谓温曰：‘宋措大盖狂汉耳，不足为虑。’”

宋代路振《九国志》：“蜀王宗铢责授雍州司户参军……大笑绝倒曰：‘若头便斩去，吾何能作措大官耶!’”

五代何光远《鉴诫录》卷五：“许闻而愤怒。忽一日于江干饮酣，仰视白盐，斜睨滟滪，曰：‘刚有破措大欲于此死。’”

明代陈耀文《天中记》引《外史梼杌》：“（元膺射中钱的）翰林学士毛文锡作赋美之，元膺曰：‘穷措大畏此神箭否？’”

宋代薛居正等《旧五代史・汉书・史弘肇传》：“太后曰：‘此事岂可轻发耶！更问宰臣等。’李业在侧，曰：‘先皇帝言，朝廷大事，莫共措大商量。’”

宋代欧阳修《新五代史・东汉世家・刘旻》：“老措大，毋妄沮吾军！”

宋代邓椿《画继》卷六：“既出，当涂命画者甚众，不胜烦劳，颇厌苦之。每云：‘上尝戒我勿出，必为措大所殃，今果然也。’”

宋代李心传《建炎以来系年要录》卷一百五十二：“是时宣仁圣烈皇后闻之，大怒曰：‘皇帝虽年少，然宫中不自废学。措大家不识事体如此!’”

宋代陶谷《清异录》：“天下多口不饶人、薄德无顾藉：措大打头，优伶次之。”

宋代孙光宪《北梦琐言》卷十二：“措大暮年方婚少女，一生之事，遗丑可知。”

宋代刘荀《明本释》卷下：“衍本一措大耳，名位爵禄冠冕服用皆国家……一旦名位爵禄国家夺之，却为一措大，又将何以自奉养耶？”

宋代苏轼《东坡志林》卷一：“有二措大相与言志，一云：‘我平生不足惟饭与睡耳，他日得志，当饱吃饭了便睡，睡了又吃饭。’一云：‘我则异于是，当吃了又吃，何暇复睡耶！’吾来庐山，闻马道士善睡，于睡中得妙。然吾观之，终不如彼措大得吃饭三昧也。”

宋代苏辙《龙川别志》卷下：“今太后一妇人，臣等五六措大耳，举足造事非仁宗遗意，天下孰肯听从？”

宋代龚鼎臣《东原录》："梁周翰献丹凤门赋……帝曰：'人家盖一个门楼，措大家又献言语。'"

宋代吕希哲《吕氏杂记》："其夫人怒曰：'公常贵此女，奈何欲与黄面措大耶？'"

宋代岳珂《桯史》卷八："北内给事无非阉人，是恶知大体？若非几个村措大在言路，时以正论折其萌芽，此曹冯依自恣，何所不至？"

宋代洪迈《夷坚志·夷坚甲志》卷二十："顾吏曰：'此有石倪及徐楷二人乎？'吏曰：'有石教授者，居别村。无徐楷，但有涂楷解元耳。'点曰：'何用措大为!'"

宋代张耒《续明道杂志》："仁宗时有大豪焦隐者，尝诣三司投状，乞买璞解州盐池岁纳净利。时王君贶主计，曰：'买璞无不可者，但当先自举一地界乃可。'焦词屈，乃出叹曰：'措大家也有长处。'"

宋代许顗《彦周诗话》："社稷存亡、生灵涂炭都不问，只恐捉了二乔，可见措大不识好恶。"

宋代刘克庄《己未生日回启·林潮州》："有锦以分丘迟，有香以熏杜牧，已过措大家之望，亦为痴顽老之荣。"

3. 无褒贬倾向的"措大（醋大）"（44 例，5 例重复）

唐代高彦休《阙史·吐突承璀地毛》："醋大知之久矣。"

唐代高彦休《阙史·吐突承璀地毛》："……注：'中官谓南班，无贵贱皆呼醋大。'"

唐代李义山《义山杂纂·相似》："鸦似措大，饥寒则吟。"

唐代李义山《义山杂纂·不如不解》："措大解声音，解则废业，妇人解诗则犯物议。"

唐代李义山《义山杂纂·难容》："僧道对风尘笑语，仆人学措大体段。"

唐代孙棨《北里志·颜令宾》："或有措大逢之，他日，召驼驼使唱，驼驼尚记其四章。"

唐代张读《宣室志》："僧道三十人与二物一时惊走，曰：'不速去，吾辈且为措大所使也。’”

五代王定保《唐摭言》卷十三：“措大吃酒点盐，军将吃酒点酱……措大吃酒点盐，下人吃酒点鲊。”

宋代李昉等《太平广记》卷一百零五引《广异记》：“持大麻衫及腰带令鸿渐着，笑云：‘直醋大衫也。’”

宋代李昉等《太平广记》卷二百六十引《嘉话录》：“武臣常愿好作本色语……曰：‘奉天城斗许大，更被朱泚吃兵马楦，危如累鸡子。今抛向南衙，被公措大伟龊邓邓把将化官职去。’”

宋代李昉等《太平广记》卷三百九十七引《玉堂闲话》：“复登措大岭。盖有稍似平处，路人徐步而进，若儒之布武也。”

宋代李昉等《太平广记》卷四百二十二引《博异志》：“汉阳异之，乃问曰：‘客者谓谁？’曰：‘一措大耳，不记姓名。’又云：‘青衣言诸小娘子苦爱人间文字，不可得，常欲请一措大文字而无由。’”

宋代曾慥《类说》卷四十引《朝野佥载》：“江陵号衣冠薮泽，人言琵琶多于饭甑，措大多于鲫鱼。”

宋代曾慥《类说》卷三十二“颜浚”：“其日果见名姝，浚注眸不易，双环笑曰：‘憨措大收取眼。’”

南唐释静、南唐释筠《祖堂集》卷八：“师因骑马行次，措大问：‘既是骑马，为什摩不踏镫？’师云：‘比来骑马歇足，踏镫何异步行？’”

南唐释静、南唐释筠《祖堂集》卷十一：“因措多入古寺问僧：‘此寺名什摩？’其僧不知名额，措多遂作一首诗曰：‘此寺何年造？问僧僧不知。系马枯松下，拂尘读古碑。’”

宋代颐藏主《古尊宿语录》卷十：“问：‘牛头未见四祖时如何？’师曰：‘新神更著师婆赛。’曰：‘见后如何？’师曰：‘古庙重遭措大题。’”

宋代颐藏主《古尊宿语录》卷三十八：“问：‘如何是免生死底人？’师云：‘措大席帽。’……问：‘不历古今句，请师运普音。’师云：‘措大骑驴。’”

宋代释道原《景德传灯录》卷七：“遮个措大，拳头也不识。”

宋代释普济《五灯会元》卷十四："问：'如何是谛实之言。'师曰：'措大巾子黑。'"

宋代释普济《五灯会元》卷十五："问：'金乌东涌，玉兔西沈时如何？'师曰：'措大不骑驴。'"

宋代释普济《五灯会元》卷十六："莫道南明长老措大相，却于宝华王座上念中秋月诗。"

宋代龙衮《江南野史》卷三："此措大儿语耳，徒有其口，必无其志。"

宋代龙衮《江南野史》："如云临川一使，巾帛轻怯，措大无失也。且日俸五十余千，谓之不足，则竭国家之产，不过养得百十个措大尔。"

宋代陆游《陆氏南唐书》卷十二："武帅遇一措大不能自全面目，尚敢诉耶？"

宋代文莹《玉壶清话》卷八："我尝见措大们爱掉书袋，我亦掉一两句，也要官家知道我读书来。"

宋代欧阳修《归田录》卷一："左右催宣甚急，谷终彷徨不进。太祖笑曰：'此措大索事分！'"

宋代董逌《广川画跋》："祖仁曰：'此旧无名，惟呼措大出队。请以名号识之。'余曰：'此殆昔朋甲图也。'"

金代元好问《翰苑英华中州集》卷九："不招措大嗔，不唤王子文。不惹禅和笑，不名王照了。"

宋代吴曾《能改斋漫录》卷十一："旧时饶措大，今日壁头陀。为问安心法，禅儒较几何？"

宋代徐梦莘《三朝北盟会编》卷四"政宣上"："阿骨打笑曰：'射得煞好。南朝射者尽若是乎？'仆答以：'措大弓箭软弱不堪……如某特其小小者耳。'"

宋代阮阅《诗话总龟后集》卷四十三引《东皋杂录》："若不斩头觅活，谁知措大参禅。"

宋代杨湜《古今词话》："有时相本寒生，及登位，尝以措大自负。"

宋代苏轼《与滕达道》："某闲废，无所用心，专治经书……往往又笑不会取快活，是措大余业。"

明代文丛简《文彦可与文蔚札》：“高贤辱临，不能以粗粝作半日淹留，措大无所施其面目。”

宋代戴象麓《回交代王知县》：“措大规摹，正自笑割鸡之拙；神仙步武，何幸报飞凫之来。”

宋代方大琮《致项卿守》：“又缘措大家谷食不多，非如江浙家以万计以千计者皆米也。”

宋代李正民《元叔易去假服戏作》：“寻鱼不管娇痴女，措大从来自绿衣。”

宋代李之仪《与赵仲强兄弟》：“正是措大家常茶饭，过蒙留念，惭悚不胜。”

宋代俞德邻《代皇甫司户上赵宪求易削启》：“令措大之官，谬起兼收之想。”

宋代赵必瑑《回长官送玉面狸札》：“措大之家，又安能饰茵以栖之，给鳞以茹之。”

宋代程大昌《感皇恩》词：“措大做生朝，无他珍异，填个曲儿为鼓吹。”

明代孙承恩《题小画雪景》：“东邻措大酒初熟，待尔煮鱼茅屋深。”

宋代徐观国《蓦山溪》词：“儒官措大，是官曰都得做。”

4. 友善褒嘉表达中的“措大（醋大）”（15例；其中，“酢”同“醋”）

唐代牛僧孺《玄怪录》卷二：“濮阳霞抚肩曰：‘措大，人矿中搜得活，然而去不许一钱？’环许钱三十万。”

唐代郑綮《开天传信记》：“有一美措，傲睨而入，年二十余，肥白可观。”案：“美措”，《太平广记》引作“措大”，《山堂肆考》引《开元记》作“美措大”。

唐代圆仁《入唐求法巡礼行记》卷二：“又云‘诸客等’，即诸官客、酢大等唱‘诺’。次云‘百姓等’，百姓老少俱唱‘诺’。”

唐代圆仁《入唐求法巡礼行记》卷四：“若不是大官，是寻常衣冠酢大来，极是殷勤者，即得一匹两匹。”

宋代李昉等《太平广记》卷一百七十五引《南楚新闻》："宣宗皇帝常朝罢谓侍臣曰：'崔铉真贵人，裴休真措大。'"

宋代李昉等《太平广记》卷二百八十二引《纂异记》："见有长须者持杯：'请措大夫人歌。'"

明代陈耀文《天中记》引《国史补》："德宗夏中微行西明寺，宋济葛巾犊鼻抄书。上曰：'措大，茶求一碗。'济曰：'鼎水方煎，可自泼之。'"

宋代钱俨《吴越备史》卷二："晟颇尚礼士，辟前进士陈鼎、羊绍素以为门宾，江东儒学多依之，悉加优待，仍筑其居，号曰'措大营'。"

宋代刘斧《青琐高议》别集卷七："高祖起，顾敬翔曰：'若如君言，不敢相忘，交你措大作宰相!'"

宋代魏泰《东轩笔录》卷十五："玉山有举子徐生，郇公与之游。尝过生，生置酒，酒酣，郇公作诗书于壁曰：村醪山果簇杯盘，措大家风总一般。今日相逢非俗客，凭君莫作长官看。"

宋代庄季裕《鸡肋编》卷上："又作谜云：常随措大官人，满腹文章儒雅，有时一面红妆，爱向风前月下。"

宋代龚鼎臣《东原录》："文彦博与杜祁公俱在枢府，彦博见祁公依条例行事，乃曰：'此是措大治身之道耳。'"

宋代曾慥《类说》卷十九："李畋自八九岁，大父曰：'此措大儿也。'"

元代脱脱《宋史·叛臣下·李全下》："福以庆福头纳翀，翀大喜，耒曰：'庆福首祸，一世奸雄，今头落措大手耶！'飞报于朝，遣子恭继奏捷。"

宋代范祖禹《王延嗣传》："审知尝戏谓之曰：'此吾家措大儿也。'"

三、"措大"的使用分析

"措大"的使用者包括各类人，从帝王后妃、中官武将、官吏豪富到一般人，也见于文人自称或相称。但是，在唐人交际中没有文人使用"措大"

的实例，“措大”最初是其他阶层人物对文人的别称。使用者使用这个词没有明显的褒贬倾向，唐代文人对这个词也没有表示出明显反感或厌憎，在事件或言论的记述中，对这个词照录不误。文人用“措大”始见于宋代，它由一个非士人阶层（非知识阶层）人士对士人的称谓词，变成社会各阶层通用的词，流行程度提高了。

“措大”所指的对象多为不当官的读书人，但也有读书人出身的官员，包括位居“当涂”的执政要员。因此，士人的社会地位并不影响“措大”的使用，重要的是被称呼者的读书人出身，强调他们的读书人身份，跟非读书人，尤其是武人相对。

“措大”的语义色彩应该是中性的，唐人把“措大”跟鲫鱼和乌鸦作比，在“琵琶多于饭甑，措大多于鲫鱼”一语中，承饭甑喻琵琶之普及，用鲫鱼形容士人众多，突显的是家常的特点，贬薄意味并不明显；乌鸦传统上是太阳和孝顺的象征，唐人作品中的乌鸦形象仍然倾向正面，“鸦似措大，饥寒则吟”贬薄义也不明显。乌鸦后来被作为贪婪不吉利的鸟，大约受佛教的影响（如《柰女耆域因缘经》中的乌鸦），但这种影响生效的时间比较晚，《本草纲目·禽三》提到“乌鸦大觜而性贪鸷”的认识，应该到宋代以后才在中国大众中形成，唐人的比喻大致是中性的。不过，从中国传统的礼仪来说，对于需要表敬的对象如果采用中性的表达，是一种失敬的行为，带有轻慢意味。

因此，唐宋文献中“措大”或褒或贬随文而定，总体来看，它的词义呈中性，虽然谈不上尊敬或誉美，但也没有什么特别贬辱鄙薄的意味，是一个缺乏礼敬意味但没有侮辱性，也不带有“贫穷”“失意”等含义的，中性、不具礼貌色彩的俗称。

四、读书人称“寒酸”“酸”“醋”

“寒”有凄凉悲苦义，或指人的地位卑下，“酸”也有悲苦义，“寒酸”组合成词，表示困窘不体面，例如：

唐代杜荀鹤《秋日怀九华旧居》："烛共寒酸影，蛩添苦楚吟。"

唐代"寒酸"用例罕见，入宋以后使用渐广，例如：

宋代释觉范《禅林僧宝传》卷二十五："我见慈明时，座下虽众不多，然皆堂堂龙象。今例寒酸，不上人眼。"

宋代唐庚《张求》诗："张求一老兵，着帽如破斗……坐此益寒酸，饿理将入口。"

宋代李刘《代赵尉上丞相》："寒酸一尉，不当诣相国之门；斋沐三熏，辄复饰小夫之椟。"

这个词常常用来修饰文士，例如：

宋代释惠洪《读庆长诗轴》："儒生寒酸不上眼，江南风流翻手空。"

宋代李光《孟传赐进士及第谢表》："下诏求贤，本以待寒酸之士，临轩发策，实欲闻谠直之言。"

宋代王迈《与湘潭监酒右弁启》："某寒酸可笑，艰苦备尝。"

也可以转指地位卑下的人，包括文士，例如：

宋代苏轼《闻钱道士与越守穆父饮酒送二壶》："龙根为脯玉为浆，下界寒酸亦漫尝。"

宋代杨万里《答虞知府》："访问生死，慰存寒酸。"

宋代李昴英《增城新创贡士库记》："君虽身诗书之泽，未尝口齑盐之味；而拳拳为寒酸地，若深计其子孙于无穷。是真知斯文之为重发于良心，善性油然不可御。"

宋代王钦若等《册府元龟》卷四百六十八："元超既擅文词，兼好汲引寒酸，尝表荐任希古、高智周、郭正一、王义方、孟利贞等十余人，繇是时论称美。"

宋金以下，出现了许多用"酸"修饰的称谓词语，都指士人，鄙薄意味增加，例如：

金代董解元《西厢记诸宫调》卷一：“秀才家那个不风魔；大抵这个酸丁忒劣角，风魔中占得个招讨。”

元代王实甫《西厢记》第三本第一折：“哎，你个穷酸俫没意儿，卖弄你有家私。”

明代王世贞《宛委余编》卷十一：“若退之之桃柳，乐天之蛮素，虽见词章，酸士所获，宁堪上驷哉!”

明代陆容《菽园杂记》卷一：“是日内官奏放炮。上止之云：酸子闻之，便有许多议论也。”

明代汤显祖《牡丹亭还魂记·硬拷》：“这个酸鬼，一条破被单，裹轴小画儿。”

或单用“酸”指读书人，例如：

明代胡应麟《少室山房笔丛》卷四十一：“世谓秀才为措大，元人以秀才为细酸，《倩女离魂》首折，末扮细酸为王文举是也。细酸字面仅见此，今俗尚有此称。”案：王国维《古剧脚色考》：“‘细酸’始见元曲，前单称‘酸’。宋官本杂剧之‘急慢酸’，金院本名目之‘合房酸’是也。”查《武林旧事》“官本杂剧段数”有“褴哮负酸、秀才下酸擂、急慢酸、眼药酸、食药酸”等名目，《南村辍耕录》“诸杂大小院本”载“合房酸、麻皮酸、花酒酸、狗皮酸、还魂酸、别离酸、王缠酸、谒食酸、三揲酸、哭贫酸、插拨酸、酸孤旦”等名目，可证。

明代唐海《王兰卿》第四折：“做与众酸相见科，云：这于鹏节推，旧日与俺交游最厚。”

清代傅崇矩《成都通览·成都之呼物混名》：“老酸（秀才也）。”

李劼人《死水微澜》：“除了老酸斯文人外，谁不是急急忙忙地在走？”

元代人分十等，士人地位略高于乞丐（九儒十丐），儒常常跟“穷”“饿”联系在一起，表贫困不得意，例如：

元代施惠《幽闺记·偷儿挡路》：“穷酸饿儒，模样须寻俗，随行所有，疾忙分付。”

明代臧懋循《元曲选·裴少俊墙头马上》第二折："你看上这穷酸饿醋，甚么好？"

《初刻拍案惊奇》卷十："犬子虽则不才，也强如那穷酸饿鬼。"

"穷""饿"对举，分别修饰名词性的"儒""酸""醋""鬼"，这里的"穷酸"的结构不是并列关系而是偏正（定中）关系了。值得注意的是，当时比较常见的"穷酸饿醋"中的"醋"，跟"措大（醋大）"中的"醋"对应，并与"酸"同义，都指读书人，鄙贱不敬的意味更明显。

五、从"半瓶（子）醋"到"二百五"

1. 半瓶（子）醋

"醋"作为调味品，属生活必需的"开门七件事"（柴、米、油、盐、酱、醋、茶）之一，用来调侃学问不深的读书人或肤浅的学问时称"半瓶（子）醋""半边醋"，例如：

清代西周生《醒世姻缘传》第二十八回："只是那些读书的半瓶醋，别的事体一些理也不省，偏到这个去处，他却要信起理来。"

《红楼梦》第六十四回："又有一等半瓶醋的读书人，说是丧礼与其奢易，莫若俭戚的。"

清代张春帆《九尾龟》第七十九回："首尾教了十二年，把这康己生也教了个半瓶醋的学问。"

刘振华《三个难题和两个学生的故事》："你又是个半瓶子醋，光靠咱这样的，想进入共产主义，那才真是做梦娶媳妇哩!"

成平《干杯，女兵们》："没想到小三这个半瓶子醋，还挺傲气。"

李永明《常德方言志·人品》："半边醋……半瓶醋。"

清末以后的语料中，"半瓶（子）醋"不再限用于读书人，各种各样的人都能称"半瓶（子）醋"。

2. 半瓶、半罐水、半铫子（半吊子）

“半瓶（子）醋”也可以作“半瓶”“半瓶子”，例如：

清代李汝珍《镜花缘》第二十三回：“刚才俺同那些生童讲话，倒不见他有甚通文，谁知酒保倒通起文来，真是整瓶不摇半瓶摇！”

铁凝《没有钮扣的红衬衫》：“知道尽管他是学化学的，和我这个‘半瓶子’诗人、‘半瓶子’编辑还有话可谈，或者叫做有共同语言。”

由于词语熟化之后字面表达的语源义迷失，“醋”跟读书人的关系不为人所知，“半瓶（子）醋”的意义又倾向于知识技艺不精，而后人常用墨水表示文化知识。因此，在词语翻新时，其中表示容器和液体的语素“瓶”“醋”都发生了替换，以使表达更清晰易懂、生动形象，出现了“半罐水”“半桶水”等，例如：

周克芹《落选》：“道理真是再简单不过了，可是我这个半罐水庄稼人当初就没有想到这一层。”

李永明《临武方言》：“半桶水……半瓶醋。”

烧水壶古称“铫子”，是家常盛水、注水、烧水的容器，而“半铫子”用来指学问或技艺不精的人，例如：

《方言》1981 年第 1 期《武汉方言词汇（一）》：“（半）铫子……比喻乖僻的人。”

《方言》1994 年第 4 期《湖北安陆方言词汇（一）》：“半铫子……指不聪明的人。”

俗间“铫子”多写作“吊子”，因此，“半铫子”的常见形式是“半吊子”，在社会底层广泛使用，意义也比较复杂，包括如下四类。

（1）知识技艺不精，或知识技艺不精的人，例如：

瞿秋白《瞿秋白文集·文艺论辑·再论翻译》：“这所谓白话，还只是半吊子的白话，这是文言本位的搀杂一些白话。”

陈国凯《代价》八："丘建中一直想法和刘总工程师接近，但刘士逸对这半吊子技术员的殷勤并不怎么欣赏。"

赵树理《孟祥英翻身》："她是个半吊子，干不了!"

刘恒《白涡》："我们要联合举荐你，这对院里的业务有好处，让别的半吊子干，我们还不放心呢。"。

（2）言行乖僻举止不得体，或指这样的人，例如：

段荃法《杨老固事略》四："我那半吊子男人又打我。"

郭澄清《大刀记》十五："在她看来，别看这个半吊子狗仗人势不知好歹，见到表哥准不能这样。"

刘联珂《中国帮会三百年革命史》"洪门切口"："半壶水（又曰半吊子，即是不讲情义的人）。"

曹玉林《苏醒的原野》："韩占全这个老半吊子跟他侄子一拉一唱，拍手打掌，连自己的生辰八字都忘了!"

（3）前紧后松、有头无尾的人或事，例如：

谌容《赞歌》："从七一年开始，这个工程已经花了不知多少投资，动用了不知多少劳力，工程仍然是个半吊子。"

评弹《遗产风波》："只要陆水仙不做半吊子，把那张笔据捏牢，也许还能翻过来。"

（4）说话不明了、不直爽的人，例如：

朱琳《洪门志》"隐语"："言语不周，称'半吊子'。"

闵家骥等《简明吴方言词典》："半吊子：（1）……（4）说话不直爽的人：迭个人讲话一眼勿爽气，吞吞吐吐，真是个半吊子。"

由于同音的关系，"半吊子"还被写成了"半调子"，例如：

璎珞《彼岸》："喜欢得不够，那就算了，因为谁愿意被对自己喜欢得不够的人追？半调子更讨厌!"

在北京话中，有一个跟“半吊子”意思和形式都十分近似的词“半彪子”，也作“半膘子”，例如：

赵大年《公主的女儿》：“她正在想：我的女儿真的就是这么个半彪子吗!”

宋孝才《北京话语词汇释》：半彪子（半膘子）指“不大能控制自己言行，有些傻里傻气的人。”

北京话中的这个“半彪子”一方面跟“半吊子”有关，另一方面，可能还跟“杓子”有关。“杓子”指人愚笨，宋元时是杭州方言词，但清代的北京人也用这个词，例如：

明代田汝成《西湖游览志余》卷二十五：“《辍耕录》言：杭州人好为隐语……粗蠢人曰杓子。”

清代郝懿行《证俗文》卷十七：“杭州谓粗蠢人曰杓子。今京师语亦然，音标。”

“半吊子”和“杓子”形义干涉，错合成为“半杓子”，字写作“半彪子”或“半膘子”。

3. “半吊子”和“二百五”

清末以来，很多地方把能力不足、不够精明或带点傻气的人称为“二百五”，例如：

清代吴趼人《二十年目睹之怪现状》第八十三回：“原来他是一个江南不第秀才，捐了个二百五的同知，在外面瞎混。”张友鹤校注：“当时捐一个同知的虚衔，大约要二百五十两银子左右。二百五，又是骂人的话，含有胡涂无知的意思。所以在这里是讥诮的双关语。”

清代傅崇矩《成都通览·成都之呼物混名》：“二百五（太爷也）。”

陈独秀《收回教育权》：“在国民革命以前，目下二百五的中国政府和中国教育界，都不会有收回的决心。”

茅盾《子夜》十六：“管理一座三百工人的绸厂总经理的薪俸只有二

百五!吴老板他们真好意思开得出口!陈君翁，你也真是‘二百五’，我就不干!”

田汉《卢沟桥》第三幕：“我是一个老顽固，也是个二百五，心里怎么想，嘴里就怎么说。”

马烽、西戎《吕梁英雄传》第三回：“周毛旦本来就是个二百五脾气，不由得两眼冒火。”

浩然《苍生》六段：“在冀东一带，‘二百五’跟‘傻瓜’是同义语。”

也有的地方把“二百五”省说成“二百”，例如：

《方言》1982年第4期《安庆方言词汇》：“二百五……讥称有些傻气，做事莽撞的人。也说‘二五’。”

《汉语大词典》解释“半吊子”：“旧时钱串一千叫一吊，半吊为五百，不能满串。因用以形容知识不丰富或技艺不熟练的人。”有点启发意义，但是，这个解释本末颠倒，距离事实较远。我们已经证明，“半吊子”来源于跟水壶有关的“半铫子”，在写成“半吊子”以后，才跟表示铜钱的“吊”发生关涉，让人想起了数量不足的钱串子。

中国古代的钱串子，原本以一千个钱作一串，也叫一贯、一吊，作为一个基本的货币单位。但是，奸猾贪鄙的人往往在钱串上做一点手脚，在一贯中克扣几个钱，久而久之，相习成风，因此，民间在金钱交易中有所谓的“足贯”“足陌（百）”之说。钱串不足数的做法，在某些行业、区域或时期成为定例，一串钱的数量并不固定为一千。例如：

清代福格《听雨丛谈》卷七：“高江村学士考钱陌之制，梁时破岭以东，八十为陌，名曰东钱；江郢以上，七十为陌，曰西钱。其时京师以九十为陌，曰长钱。大同元年，诏用足陌，下弗能从，末年遂以三十五为陌。又言：国朝京师以三十三文为百，更有以三十文为百，席上赉人，通行不怪云。今都中无以三十文为百之说，率以制钱五十文谓之京钱一百，以四十九文谓之九八钱一百。讲说钱数，自一文至十一文，皆按制钱言；由十一文再加一文，则按京钱言，曰二十四文，相沿通行，殊不为异。又京城东北抵于山海关之外，皆以制钱十六文为百，以一百六十五文为一千文，名曰东钱，尤为异矣。”

另外，钱的质量不一，一枚质量好的钱可以当二、当五、当十。这样优质铜钱串成的钱串，钱的数量自然也少一些，例如：

清代吴趼人《恨海》第四回：“咱们这里一吊钱，只有一百四十个大钱。五百钱，只有七十文。”

这里所说的“五百钱”指的是半吊，实际是七十个大钱。清代末年，北京以五十枚大钱为一吊，例如：

清代李伯元《南亭笔记》卷十六：“京中以五十个大钱为一吊。”

而一个大钱相当于一般小钱十枚，例如：

清代闲园鞠农《燕市货声·六月》：“当十钱一文，谓之一大。”

这样，一吊折合五百个小钱，例如：

清代李伯元《官场现形记》第四十三回：“北边用的小钱，五百钱算一吊。”

半吊钱是二百五十文，骂人的“二百五”是“半吊子”的隐语，即利用同形双关，用二百五十文铜钱折算来的“半吊”，指技艺不精的“半吊子（半铫子）”。

六、结　　语

囿于资料和才学，本文还不能够对“措大（醋大）”的语源作出确切的考释。但是，调查确定，“措大”本是非士人群体对士人的俗称，带有社会方言性质，它的含义是中性的，既缺乏礼敬又不带贬意。它的早期使用情况，或许有助于解开它的语源之谜。

字面义、词汇的组合关系和聚合关系影响了这个词的发展。唐代士人对这个词未置可否，宋代士人大体接受了这个词，其中，李匡义解“措大”为“举措大事”虽不一定反映真实语源，却有助于士人接受这个词。不过，中性的俚俗称谓词在需要表敬的场合使用，带有慢易的色彩，加上经常出现在跟“穷”组合的语境中，“措大”沾染了“贫穷”义，由中性倾向贬薄。

“措、醋”“大、多”有同音或近音关系，这种词汇形式中的语音聚合关系，影响了书面表达，而作为语素它们分别具有的不同意义，即语素的意义聚合，影响了从字面上对它们的理解，形成对这个词意义的多样解读，使这个词的书面形式与理据的关系扑朔迷离，难于解读。

“穷酸”本指困窘不体面，也指处在这种状态下的人，主要是读书人，这个意义，宋元时可以只用“酸”来表示，跟“措大（醋大）”形成了同义关系。“醋大”一形中的“醋”跟“酸”在语义上原有的联系，促成这个来自“措大”的“醋”独立使用，元代出现“穷酸饿醋”一语，“酸”“醋”同义指读书人。不过，“酸”后来多表性状，指迂腐，而“醋”多指读书人，这样的分工，更切合它们在其他意义上的词性区别。

指读书人的“醋”通过语音和字义的聚合关系，与食品的“醋”发生联想，食用的“醋”用瓶子盛放，学问半通的读书人因而被形象地称作“半瓶醋”。这是一个相当松散的组合形式，其中的每一个语素意义都非常显豁，具有较高的自由度。

语义聚合把同义或近义的成分联系起来，受此影响，“半瓶醋”跟常语中“水平不高”发生联系，其中“半（瓶）”常常跟“满（瓶）”对举，“瓶”可以跟其他容器比如“壶”“铫（吊）子”“罐”“桶”等替换，“醋”则跟“（墨）水”替换，出现了“半壶水”“半罐水”“半桶水”“半铫子”等，原词中日渐生僻的语素成分，通过语义聚合，在词汇再造中被日常习用的语素所替代，以增强词语的可解度和形象性。

“铫子”形式偏古，受同音聚合的影响，俗间多作“吊子”，“半吊子”的流行度远高于“半铫子”。表示知识不精的“半吊子”在语义和语音上跟表示愚笨的“杓子”相近而发生聚合感染①，因此产生了“半彪子（半膘子）”这样的说法，它们反过来影响了“半吊子”的意义，使它多义化。

采用同一书面形式的不同意义，以这个书面形式为纽带形成聚合，指容器的“吊”跟表示钱串的“吊”因此发生关联。清末一些地方的钱串，一吊以五百个小钱为定制，本来表示学问不精的“半吊子”被戏谑地解为半吊钱，并通过货币单位的兑换关系，产生了“二百五”这个形式。

词汇成分的理据，受到记录形式不明确或语素活力衰退的影响，它的语义显豁度也相应受到影响，导致书面的记录形式跟词义解读之间产生了一定距离。语用中，对表意明确、形象生动以及方式新异等方面的追求，使这类词容易发生词汇翻新或再造。词汇翻新或再造，是指在原词意义和形式的基础上，创造出新的形式，并赋予这个形式新的理据和形象色彩。在此过程中，词汇内部不同层面的聚合关系②，以及组合关系中词语间的经常性组合和语素间的可分析性，成为词汇成分实现演化的途径、条件或因素，并影响它的变化结果。

（原刊《苏州科技学院学报（社科版）》2009 年第 3 期）

① 参［英］L. R. 帕默尔《语言学概论》，李荣等译，商务印书馆，1983 年；［英］R. R. K.哈特曼、［英］F. C.斯托克《语言与语言学词典》，黄长著等译，上海辞书出版社，1981 年。

② 这种层面须从不同的角度综合分析，如从语言单位来看，可能是词语或词之间存在类同关系，也可能是语素间的类同关系；这种类同，从语言形式来看，可能是语音的（口头形式），也可能是文字的（书面形式），从语义来看，它们可以是同义的，也可以是近义，或者是类义的。

从“剪绺”到“小绺”“小李”“二流子”

——明清以来一组有关小偷和不务正业者的同源俗语词

明清时期，在公共场所偷窃他人随身物品的现象，比起前代更为常见，出现了一批有关小偷的人物称谓。

一、“小李”代称小偷

扒窃别人随身物品的小偷，有称为“小李”的，明代叶盛在《水东日记·小李》说：

程明道先生外舅彭侍郎思永行状云：“蜀人以交子贸易，藏腰间，盗善以小刃取之稠人中如己物。公捕获一人，使疏其党，得十余辈，黥流之，盗遂绝。”此即今京师小李之类。小李云者，意为昔时此贼之首，犹健讼者所云邓思贤耳。

“小李”的这种用法，在明清时期的其他文献中也时有出现，例如：

明代无名氏《齐天大圣》第三折：“则为俺齐天圣无廉无耻盗仙丹做了小李。”

清代赵翼《檐曝杂记》卷二“京师偷拐之技”：“又有藏利刃杂稠人中，剪取腰间杂佩，或至割衣襟一幅去，混号谓之‘小李’。被剪者觉而获之，虽加殴辱弗怨。或旁人指破，则必报矣。有女郎坐香车，一书生行其旁，两美相顾，颇有情。小李者伺书生后，将下手，书生不知也，方回顾。女郎不便语，但以口颊隐示若有人伺于后者，书生觉而斥之，小李遂去。未几，车转曲巷，女郎口忽为小刀划破。”

清代沈涛《瑟榭丛谈》卷下：“近世窃钩之徒窜身都市，潜于人丛中割取佩物，俗呼剪绺，二字见明人说部，京师则称为小李。国初释借山元璟《京师百咏》有《小李诗》‘都门喧热名利区，白日奔走良可虞。中有小李善剽窃，如鬼如蜮满路隅’云云。”

据《水东日记》的说法，“小李”本是在北京行窃的团伙首领，或以扒窃出名的人，因此成为这一类人的代称。《汉语大词典》[①]“小李”条因此释“小李”为：“扒手名。后引申谓扒手。”这是可以再作推敲的。

首先，从当时民间传闻来看，偷窃高手在明代话本中有大闹元宵的赵四公，随处题梅的懒龙等，他们的行迹不论真假，通过通俗文学作品的渲染，应该更具典型性。但所谓的“小李”没有这方面的传说或记载，作为小偷的典型，恐怕有所欠缺。民间若真要用一个人名来指称这类人，应该用知名度高的人，但“小李”的知名度比起“赵四公”或“懒龙”要差得多。我们承认世上会有姓李的小偷，但是，是否真有一个李姓的小偷成为同伙的典型，并以他的名字泛称所有小偷，这里只是望文生义，没有充分的依据。

其次，明清时期还有一些跟“小李”形式近似的同义词，这些在“小偷”义场中与“小李”形义相近的成员，可以为我们提供另一种解释，值得关注。

二、小利、小绺、小掳、小掠、小侣、小底、削利

跟“小李”意义相当的，清代以来的文献记载中，还有“小利、小绺、小掳、小掠、小侣、小底、削利”等形式，我们可以拿它们来跟“小李”作一比较。

1. 小利

“小利”举例如下：

① 汉语大词典出版社1988年第2卷。

清代蘧园《负曝闲谈》第九回："却说周劲斋望身上一摸，一只四喜袋不知去向，便急得面容失色。贾子蛰忙问可是给小利偷了东西去。劲斋道：'岂敢！'子蛰道：'偷了什么东西去？'劲斋道：'是一只四喜袋。四喜袋里别的不打紧，只有一只五个克拉的金刚钻戒指，要值到一千块洋钱。'子蛰道：'你好糊涂呀！戒指为什么不戴在手上，倒搁在腰里呢？'劲斋道：'我为吃了饭要洗脸，所以把它取了下来，放在四喜袋里。出门的时候，偶然忘记，这回被小利偷去了，才想起来了。'子蛰道：'京城地面，小利最多，一个不留神，就要会把东西丢了。你这个戒指值到一千块钱，那就不是玩的了。咱们姑且回去，想个法子，把它找着才好。'"

清代陈森《品花宝鉴》第八回："保珠道：'什么？'元茂道：'银子。在戏园门口，叫小利割去了。'二喜道：'我同你出来，没有见小利。'元茂道：'进门时丢的。'"又十九回："从前那一位姓什么？那个瞅瞅眼儿叫小利偷了银了的，如今总不见他。"

清代无名氏《燕京杂记》："窃行道人佩物者，南方谓之剪绺，京师谓之小利。方其割物时，道旁人见之不敢言，言之即以暗刃相仇。"

清代郝懿行《证俗文》卷十七："扒首，安徽语也，扬州名刮儿，京师名小利。"

2. 小绺

"小绺"举例如下：

清代昆冈等修《清会典事例》卷一千零三十一："该坊官于所属地方，固宜随拿随审，即别城隔属，途行夜巡，但遇酗酒骂街、角口厮打、开场赌博、小绺窃物等事，随见随拿，移交该管坊官审理。不得以地非所属，过而不问。"

清代高继衍《蝶阶外史·剪绺》："剪绺，一名小绺，京师最多。不操矛弧，攫财于道，神鬼出没，不可端倪。"

《都门杂记》："京师小绺最为可恶，即白打拐，诓骗掣哄之辈，智过君子，狡诈莫测。"

清代徐珂《清稗类钞·爵秩·京城管理地面之官》："街市小窃俗号

小绺者，倘被其窃，苟鸣之官厅，三日之内，无不返者。”

《方言》1981年4期《太原方言词汇》：“小绺，小偷。”

3. 小掳

“小掳”举例如下：

清代震钧《天咫偶闻》卷四：“近则以文锦如总兵秀为称职，亦尚严……街间小窃俗号小掳者，傥被其窃，苟鸣之官厅，三日之内无不返者。”

4. 小掠

“小掠”举例如下：

清代何刚德《东华琐录》：“京城岁时庙会，以游人填塞，故多草窃剪绺之事。剪绺亦曰白钱，又名小掠，盖乘人不觉，以剪窃物，其术百端，其徒极众，且出没不时，虽有巡缉街士兵卒，每苦难以弋获。”

5. 小侣

“小侣”举例如下：

清代周广业《过夏杂录》卷六“剪绺”：“剪绺贼俗呼小侣，多匿于闹市人众处，物失去初不自觉，旁观者皆不敢言，恐其仇怨也。”

清代周广业《过夏续录》“拦路虎”：“先是剪绺贼俗呼小侣，叶盛《水东日记》作小李，谓是昔时此贼之首，故传以为号，知此风相沿已久。唯岁底封篆后，南城僻处傍晚经由都有被抢帽子之事。……《说文长笺》‘剪绺通若作柳’，彼于众中割衣盗物，则当作缕，缕，线也。”

6. 小底

“小底”举例如下：

清代欧阳昱《见闻琐录》“小底”：“都中有一班无业游民，专以摭人帽子眼镜为生者，名曰小底。凡初进京人不知防备，多为所摭去。然多在狭邪地方、傍晚夜分时候。”

7. 削利

“削利”举例如下：

《方言》1988年第2期《河北满城方言的特点》：“削利，扒手儿。”

以上各条有关小偷的称谓，除了意义相当以外，它们的语音都很接近，并且使用的时间、地域和语境高度一致，主要使用于明清以下的北京。其中，有些例子还有异文关系，如《清稗类钞·爵秩·京城管理地面之官》一例跟《天咫偶闻》内容和文句基本相同，主要差别在于前者用“小绺”，而后者用“小掳”。可见，它们之间主要是书写的差异，从词汇的角度来看，它们是有同源关系的。问题是，它们的来源是什么？这需要从更早时期有关小偷的用词中考察。

三、剪　　绺

偷窃他人随身财物的小偷，由来已久，有各种不同的称呼。在宋代文献中作“觅贴儿”，“贴”指贴身佩带的物品，包括随身的口袋和身上的贵重饰品，例如：

宋代周密《武林旧事·游手》：“若阛阓之地，则有剪脱衣囊环佩者，谓之‘觅贴儿’。”

清代沈涛《瑟榭丛谈》卷下：“田汝成《委巷丛谈》：‘宋时临安四方辐辏，浩攘之区，游手游食奸黠繁盛，有翦脱衣物环佩者，谓之觅贴儿。’知此风南宋已然。”

清末江湖行话中，这种人被称为“采荷”，其中“荷”就是指当时流行的、随身放置钱物的荷包，例如：

生可《青红帮之黑幕》“隐语”：“铳手谓采荷。”

金老佛《三教九流江湖秘密规矩》“青帮与红帮·江湖之春典”：“扒手称采荷。”

不过，明清时期，最流行的称呼是“剪绺”，其中的“绺”本指系物的绦带（用以系放随身携带小件钱物的荷包或佩饰品），也泛指身上的其他衣物，是一个动宾结构的动词，例如：

明代田汝成《西湖游览志余》卷二十四：“白手骗人谓之打清水，网夹剪衫袖以掏财物谓之剪绺，撒泼无赖者谓之破落户。”

明代天然痴叟《石点头》第七回：“状元瘪在荷包里，又被京师剪绺多。”

清代西周生《醒世姻缘传》第九十三回：“原来这人是剃头的待诏，又兼剪绺为生，专在渡船上，乘着人众拥挤之间，在人那腰间袖内遍行摸索。”

清代《朱批谕旨·世宗宪皇帝·西安巡抚西琳奏》：“夫窃贼者，即大盗之渐。其掏摸剪绺鼠窃狗偷之事，州县即行发落，必不通报督抚。”

清代《圣祖皇帝御制文集》卷一：“谕兵刑二部：京师重地，理应肃清。近闻窃盗剪绺抢夺诈骗者甚多，此皆步兵及五城司坊各官并巡捕营官兵稽察不严、巡缉不力。”

清代靳辅《文襄奏疏》卷七：“他如说书、唱曲、打把势、搬戏法、卖假药、请仙扶鸾、炼丹祷禳、偷鸡剪绺之徒不可悉数。”

表示扒窃行为的“觅贴、采荷、剪绺”结构方式和理据非常相似，都是以一个动宾组合表达“窃取别人随身物品”的意义。明清时期，“剪绺”的使用非常广泛，连朝廷文书中也有使用，它可以组成“剪绺的”或“剪绺贼”表示从事偷窃的人，例如：

明代臧懋循《元曲选·吕洞宾度铁拐李》第一折：“这老子倒乖，哄的我低头自取，你却叫有剪绺的。”

明代吴炳《情邮记·见和》：“那个人初说要马，怎生一进驿中再不出来，敢是白撞、剪绺的。”

明代冯梦龙《警世通言》卷十七：“仔细看时，袖底有一小孔。那老者赶早出门，不知在那里遇着剪绺的剪去了。”

清代李绿园《歧路灯》第四十四回："谭绍闻也挤在人当中一看。却不防剪绺贼，就在挤挨中将瓶口割了一个大口子，将银子摸的去了。"

清代孙家振《海上繁华梦》第四回："马夫道：'听说是一个看戏的乡下人失了东西，查是被隔座的一个青插手偷摸去的，故此滋闹……'志和道：'什么叫青插手？可是此人名字？'马夫笑道：'青插手并非名字，乃是江湖上切口。剪绺的叫青插手。'"

清代范寅《越谚》卷中："剪绺贼，街市间剪取身边衣物。"

清代徐珂《清稗类钞·盗贼·犇手》："沪人呼剪绺贼曰犇手，犹言扒手也，亦曰瘪三码子。"

萧军《羊》："一个剪绺贼，晚间被送入我的房中来。"

也可以直称"剪绺"，例如：

清代黄协埙《淞南梦影录》卷一："近则包探捕役、姨娘拼头以及偷鸡剪绺之类，错出其间。"

清代郑光祖《醒世一斑录》杂述卷一"出游知戒"："名山胜地游人云集，剪绺扒手皆冷眼窥探，以伺其隙。"

四、"剪绺"的变体

"剪绺"构成"剪绺的"或"剪绺贼"之后，在形式上都有一些变化，通过缩略附加或缩略重组，出现了一些以"绺"为基础的变体，"小绺"是其中最早的，另外有一些其他变体流传在各地方言中，如"绺二哥""绺娃子""遛子"等，例如：

尚可《旧成都的旅馆业》："即使店里歇有摸狗儿、扒手、绺二哥，晓得家家栈房有此一招，也不敢轻易下手。"（案：二哥指次等的人，带轻蔑义。对人尊称"大哥"。）

张安生《同心方言研究》："绺娃子，小偷。"（案：娃子，小子，含轻蔑义。）

《方言》1983 年第 3 期《永定（下洋）方言词汇（二）》：“遛子，扒手。”

其中，“遛子”就是“绺子”，它的变化最多，使用也最广，除了称扒手之外，还可以用来指帮会团伙，或称团伙的成员，以及各类游手好闲、顽皮捣蛋的不务正业的人，散布在一些方言以及底层社会的社团中，多写成“溜子”，或作“流子”，又有引申意义，所指分为如下三类。

1. 团伙

萧军《八月的乡村》二：“还不如现在去到那个绺子挂个‘注’，混二年，弄几千。”

曲波《林海雪原》第十三章：“这个家伙傻乎乎的，个头不小，我们逮着他，老问我们是哪个溜子的，因为我们俩的打扮和土匪一样。”又：“‘你是哪个溜子？’刘勋苍用酗酒般野蛮的眼光瞧着他。‘我是威虎山，’傻大个答道，‘崔三爷座山雕的山头哇！你们是哪个溜子？弟兄们别误会，都是吃这碗饭的，别伤了和气！’”

苗长水《冬天与夏天的区别》：“这一路上走回来，国民党的队伍也更加少了，路上走着的尽是掉了队的拉溜子，所以他这个样子就更没人问了。”（案：拉溜子，落在队伍后面，也指落在队伍后面的人。）

2. 团伙成员、江湖中人

赵起扬等《智取威虎山》三幕七场：“他说他下山抓鸡，走错了地盘，不知被哪路溜子逮住了，所以才那么晚回来。”

熹葆《江湖黑话》一部：“若对，便是自家兄弟，是‘溜子’，可以同花钱，共喝酒，性命相托。”

《方言》1981 年第 2 期《长海方言的儿化与子尾》：“江湖流子……走江湖的。”

《人民日报》1983 年 10 月 20 日：“‘土流子’是荆州地区群众对当地农村一部分刑事犯罪分子的称呼。”

3. 不务正业的人

周立波《暴风骤雨》二部十一："韩长脖名声不好，是个屯溜子，这点白嫂子知道。白玉山也对她说过，这人心眼坏。"自注："屯溜子，二流子。"

柳青《创业史》一部四章："水嘴积极，不是为人民，保险又谋着啥好事哩。你看他在黄堡兴盛德字号当过伙计的那身街溜子气吧!"

《方言》1981年第1期《武汉方言词汇(一)》："懒溜子……懒汉。"

"溜子"的这个意义，因跟表示猴子的"马骝"（猴子在某些方言中称马骝，也被用来指称顽皮的少年）部分同音而发生聚合错杂，形成了"马溜子""马流"，例如：

《方言》1994年第3期《泰兴方言词汇（一）》："马溜子……轻浮的人，二流子。"

或作"马流"：

清代郝懿行《证俗文》卷六："今俗谓不务本业而飘荡者曰马流。"（案：马流又作"马留"，指古南海少数民族，相传是马援南征后留守当地的将士后代。）

其实，"二流子"也是这一变化的结果，或作"合二流""二大流"，其中的"二"表示低一等的意思，例如：

赵树理《李家庄的变迁》："再说坏人的转变吧：从前村里有多少烟鬼？多少赌棍？多少二流子、懒汉、小偷、破鞋？"

浩然《苍生》八段："庄稼人只有种好地才是正路一条。你连这个都不懂，还念书哪？越念越糊涂，越念越是个官不官、民不民的二流子!"

刘绍棠《瓜棚记》："我还得找他去，这个该死的懒蛋二流子!"

《川剧传统剧目汇编》一："那个叫你去求官，好吃懒做，学你妈那些合二流，讨口子。"

《延安大学学报》1980年第1期《陕北方言概况》："二大流——游手好闲不事劳动的人。倒灶鬼媒人爱吃肉，给我寻下个二大流。"

小偷常常结伙作案，因此，最初表示小偷团伙的"绺子"成了江湖帮会或土匪、军队的称呼，也用以称其中的成员。江湖中人多种多样，但从传统的观念来看，他们多不务正业，在四民（士、农、工、商）之外，因此，"绺子"还被用来指散布在民间的不务正业的人，由于这种不务正业的人连正式的帮会成员的资格也没有，就在这个称谓前再加上一个表示次一等的"二"，称作"二流子"。因此，也有把"溜子"和"二流子"并用的，例如：

周立波《暴风骤雨》二部十七："全屯的屯溜子都来到农会的东下屋。彼此一看，来的尽是这一号子人，都忍不住笑了。他们住在一个屯子里，谁干过啥，彼此都心照。桌子上摆着一堆葵瓜子，一个烟笸箩，一叠卷烟的废纸，二流子们有的嗑瓜子，有的卷烟抽。"

五、小　结

综上所述，可以总结出这一组词之间的源流关系。

（1）表示偷窃行为的"剪绺"，被用来指称有这种行为特点的人，语义上由行为转指施事。

（2）"剪绺"缩略为"绺"，再作"小绺"，属于缩略后附加修饰成分的词语形式变化。

（3）"小绺"因同音或音近关系，派生出"小掳""小掠""小侣""小利""削利""小李"等形式，不同的书面形式，来源于口语中的同一原型。

（4）表示小偷的"小绺"等"小~"，在缩略后构成"小底"，成为表示扒窃者的另一个称谓。

（5）来自"剪绺"的缩略形式"绺"，通过附加或重组，构成"绺娃子”“绺二哥”“绺子”。

（6）“绺子”从表示个别的小偷，演化出团伙的意义。

（7）表示团伙的“绺子”意义再变，表示团伙成员，可写成“遛子”“溜子”“流子”等。

（8）“绺子”“溜子”“流子”泛指不务正业的人，又形成新形式“二流子”“二大流”“合二流”“马溜子”“马流”。

可以把上述关系用图1表示：

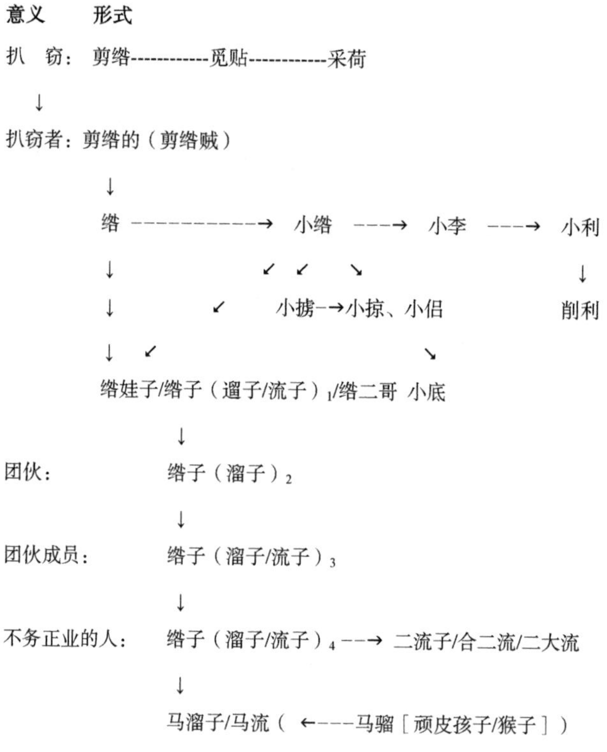

图1 有关小偷和不务正业者的一组词之间的源流关系

通过对“剪绺”一词演化的考察，发现一些给人启发的地方，可供参考。

（1）俗语词历时变化的材料，因记录的随机性而出现空缺。俗语词主要在口头使用，进入文献的机会有限，因此，它们的早期形式和涉及变化的关键材料，往往在文献中保存不多，这就在它们历时演变的材料链中出现某些空缺，使得有些材料之间的关系缺乏明确的显示。

（2）以口耳相传为主的俗语词，在使用中，语音形式具有某种不确定性，容易发生讹变。口耳相传的词语，缺乏严格和权威的规范力量来保证它的形式标准化，加上口耳相传本身存在着失真的可能，包括使用者个体发音差异、词在语流中的地位变化引发音变等因素，俗语词的形式容易发生偏移，从而产生多个语用变体。

（3）由于语音形式的不确定因素，俗语词的用字纷繁多变。俗语词从产生到进入文献，中间相隔很长一段时间，这一段时间，可能发生多个语音变体，诱发不同的俗语源理解。另外，某些早期的记录形式体现的词源意义，有的因不流行而不被后人所知，有的后人虽知但没有接受，因此，对于具有相同来源和相同构词材料、构词方式又略有形式变化的俗语词，记录者可能根据自己的理解和推测，采用了不同的字。这些基于个人语感的不同记录形式，常常包含了记录者个人的臆测，并不反映这个词语的造词理据。

（4）俗语词记录者对词源的主观理解，形成了丰富的俗词源表达，造成了众多的同名异写，结果，对一个词的词源，出现了不同书面形式反映的多种俗解。以“小绺”为例，记录者根据自己的理解，附文会意，形成了不同色彩的书面形式：偏向把这个词理解作人名或指人名词的，就写成了“小李（扒窃的首领名字、善于扒窃者的名字）”“小侣（行为下劣的团伙分子）”；偏向财物得失的，写成了“小利（数量不多的财物）”“削利（财物受损）”；偏向偷窃行为对人损害的，就写成了“小掳（轻度的抢夺、偷窃）”“小掠（轻度的抢夺、偷窃）”。这么多的理解都来源于表示“从事扒窃的小人（剪绺的小人）”意义的“小绺”。

（5）在俗语词的真实语源和变异的俗语源之间，存在着一定的联系，这种联系，出自对同一事物的基本理解，通过不同的形象附会，向不同的方向延伸，反映了人们对这个词的理解的变化：有的词的变化彼此相关，具有层层推进关系，如从“小绺”到“小利”再到“削利”；也有的词的变化彼此分离，从不同的角度对这个词的理据作出推测。考察这种意义关系，有助于我们弄清它们之间的源流关系。

（6）俗语源的表达功能。如果从语源推考的角度来看，反映俗语源的记录形式无疑是消极的，它干扰了我们对词的真正来源的理解和把握。但是，反映俗语源的记录形式所体现的想象力，以及伴随这些想象而来的丰富色彩和形象性，在语言表达中具有积极的作用，可以增加表达的生动性。

（7）对俗语源进行不同表达而出现的变异形式也是引发词的意义和用法变化的重要因素。从“小绺”以及它的各种变体发展到“溜子”，由专指小偷引申为指团伙或团伙成员及不务正业的人，这个在俗间广泛流行而多变的词语，在形式和意义方面都缺乏规范，而缺乏规范为它的进一步变化提供了方便。后来的使用者不受它真实语源的限制，只从当时的使用情况或俗语源解释进行自由发挥，使它具有了新的意义和形式，因此，这种俗词的俗解方式，也是丰富词汇的一种手段或途径。

（原刊《中国俗文化研究》第五辑，巴蜀书社 2008 年）

补记：刘瑞明教授《“小李”和“二流子”系列词的词义理据》(《汉字文化》2015 年第 3 期）运用他的“趣难”分析法，对本文提出异见。

“趣难”分析法承袭传统小学“因声音通训诂”的思路，对一些字面看似有理据的词语，通过通假关系提出新见。关键在于，这种方法应该先提出充分证据否定现有词形所提示的语源关系，再据事实作进一步的论证。比如本文对小偷通称“小李”的否定；如果现有词形能够有合理的解释，则不宜使用这一方法。本文认为，在明清到民初同时同地使用的一组表示偷窃者的形近用词，由剪割等方式从事偷窃的“剪绺（贼）”，缩略为“绺”附加前缀“小”成为“小绺”，又因语音 li←<u>liu</u>→lüe→lü→lu 的递变关系[①]，讹变为“小李”“削利”“小掠”“小掳”等，或缩略后与“二哥”“娃子”重组为“绺二哥”“绺娃子”等。从词汇的变化规则来看，这是汉语缩略的表现，它的变化脉络是清晰的，理据也是可靠的，即由<u>“‘剪绺’构成‘剪绺的’‘剪绺贼’之后……通过缩略附加</u>

---

① 刘教授以一句“liu 音怎么会变成 li 音呢”就否定了其中可能存在的语音联系。但是，俗间使用的口语词，因缺乏书面形式的充分支持，口耳之间发生讹变，导致异形纷出是常态；汉语口头使用的双音词，在使用中，由于词语熟化或说话人发音不充分，后尾的音节容易出现弱化、脱落和其他变异，也很正常。这类情况，屡见于各地方言的记录，无需赘言。从这一组与“小绺”同义的词来看，它们的首音节和后一音节的声母都保持一致，音变出现在韵腹和韵尾，其中的语音关联是明显的。

或缩略重组，出现了一些以‘绺’为基础的变体”。奇怪的是，刘文既引用了上述意见（加下画线的部分），又批评本文“没有解释‘小绺’的‘绺’字是什么意思”，令人困惑[①]。

本文认为“小绺”的近似形式如“小李”“小掠”等都属于谐音条件下，附文会意产生的讹变形式，这些字面可解的新形式，是俗语源背景下产生的伪理据。但刘文却主张“即令是同源词，也未必理据相同”，同时通过改字为“小绺”等形式提供了多个理据。比如，认为“利”是“劙”的别字；“侣”是“捋”的别字，又是“掳”的别字；尤其以“绺”为“溜”的别字，从“溜走”到“偷着走了”“偷走了”“偷去了”“偷了”这一推论，利用粘连的方式，“偷梁换柱”（刘文原话），所论颇新，然缺少严密的论证，难以服人。至于对采用不同手段行窃的小偷分别用不同的“小~”，似乎小偷行窃还按照行窃手段分门别类命名，这不符合事实。偷窃者为获取财物，手段应该不拘一格，剪绺贼可以不动刀剪，比如趁人拥挤采用掏摸、抓取等方法获取他人随身钱财乃至首饰衣帽等物，这在本文的引例中多有体现。对小绺采用不同的字面形式，正是俗语源分析中对词语理据的偏离性分析的结果。如果根据这种讹变形式来讨论理据，在破除了旧有的字面迷局的同时，又落入了新的迷局。

刘文批评本文，“说‘二哥指次等的人，含轻蔑义’是没有丝毫道理的”，“‘二’表示次一等的意思……也是错误的”，关于“二”表示“次等”的意思，另有拙文讨论（也在本集中），未见刘教授继续批驳，或许不致大谬，此不赘言。

本文以偷窃者为成年人为前提讨论“贼娃子”，认为其中的“娃子”含轻蔑义，但刘文则指“‘娃子，小子，含轻蔑义’的解释也错误”，并以旧时无利用小孩行窃为据。“小子”指未成年人确无贬义，但指年轻或成年男子，实有贬义，这一用法至今见于北方口语，在当今文学作品或影视中时或一见。“贼

① 刘文中类似误读曲解的情况还有，刘文在引用本文“记录者根据自己的理解，附文会意，形成了不同色彩的书面形式……”一段之后，把本文批评的“附文会意”现象，作为本文的观点一一指摘，并斥为“出尔反尔”。又，本文认为“绺子”讹为“流子”而成“二流子（二绺子）”，“二绺子”表示虽非“绺子”，却有某些绺子特点的人，而刘教授却申发为“把没有正业的人叫一等人，把不务正业的人叫二等人”，完全背离本文原意。

娃子”也作“贼娃儿”，指称从事偷窃的人，其中“娃儿”跟“小子”类似，指成年人时含不尊重的意思，四川方言至今如此。

又，刘教授已经知道“马留”指汉代马援南征将士的后代，讹作“马流”，却仍然认为“指猴子的正词形应是‘马留’。是姓马的马，留守的留”。本文认为，这是两个不同语源的谐音词发生混淆，不宜混同，因此没有深究马援后代义的“马留”或“马流”。猴子义的“马骝”，方言中可指不安分的小孩，与表示不务正业、轻浮的人或二流子的“马骝子”关联明显，因而认为它与来自“绺子”的“溜子”发生错杂，不知是否可备一说？

无意于几乎没有学术含量的纷争，且不愿率意评价他人，因而刘作发表之后，一直没有回应。在本文入集之际，略作说明，顺便也阐明对刘文的一些看法。

2019年7月

四川方言称谓中的“二”

本文讨论四川方言称谓中的“二”，是在汉语通语的基础上展开的。四川方言跟以普通话为代表的汉语通语有密切关系，本文基于二者既关联又区别的关系，从汉语通语入手，讨论这个问题。四川方言跟周边的其他方言也有不少相似点，本文关注的四川方言现象，可能也存在于周边的其他方言中，本文不作更多的牵及。另外，汉字使用中存在通假现象，比如有人把“花儿匠”写作“花二匠”，这也不在本文讨论范围之内。

一、汉语称谓中的“二”

汉语数词在称谓中有广泛的使用，包括表示基数的用法和表示序数的用法。

1. 汉语称谓中数词的基数意义

汉语称谓中表示基数的数词，通常表示一个确实的数量，比如，称父母为“二老”“双亲”，夫妻二人可以称“两口子”，也可以考虑年龄的差异，称“小两口”“老两口”，等等。

有些词的意义构略为复杂，字面上不太明确。比如，有些佛教徒结婚后才出家为僧，那么出家前的配偶就叫“本二”或“故二”，这里的“二”跟“两口子”的“两”意思相同，但已经指“原来组成两口子的人”，即僧人出家前的配偶，指一个人了。

过去称当大官的人为“八抬八座”，“八抬”指的是八个人抬的大轿，坐上这样的大轿是很大的官，“八抬”是指被八个人抬着走的那一个人，而不是那八个抬轿的人，有一批高级官员能够受到这样的待遇，因此，“八抬”就指这一类当大官的人。“八座”也作“八坐”，指古代中央各部门的长官，具体所指，历代不一，大体是六部长官加上总管各部左右宰相，也就是协助皇帝主持朝政的八位大臣。“八抬八座”合成一个同义连文的词，就指大官。

汉语基数词连用，往往不再表示实在的数量，有泛指的作用，它们在称谓词中的意义也是这样。比如“二三君子”表示的是人数不太多的各位君子，“三窝两块”表示众多的儿女，至于“三兄四弟”“四邻八舍”等称谓词中的数词，也都不是实指，把两个数词插入一个常用的称谓词中间，表示众多的这类人物。

有一种基数词连用比较特别，它表示的是两个基数的相乘关系，举例如下：“二八佳人”是指妙龄少女，二八相乘，是十六岁的意思；“三五少年”则指年轻人，因为三五相乘，指十五岁。这种表达有时存在歧解，比如曾有老年人开玩笑，自称“二八佳人”，因为两个八相乘，是六十四岁。

总之，基数词在汉语称谓中可以表示实际的数量，可以如“二老”“八座”指一个具体范围内所有的人，也可以如“八抬”指跟这个具体范围的人有关之人。当两个数词和称谓词连用的时候，则表示一个不确定的数量，泛指某个范围内的众人，如“二三君子”“四邻八舍”等。利用数词的乘法计算关系来指人的年龄，可以形成一种委婉的表达。

2. 汉语称谓中数词的序数意义

汉语称谓中的序数，首先跟人的出生顺序，也就是排行有关。同父母生育的子女，按顺序排列，上古时期用“伯、仲、叔、季”等词，但这些表示排行的词数量有限，所以，从六朝开始，用序数词表示排行的情况普遍了起来，其中排行第一的多数用“大”，举例如下：女孩子通常称“娘”，依排行，可以有“大娘、二娘、三娘、四娘”等；而男孩子则称“郎”，有“大郎、二郎、三郎、四郎”等。与此相应，同辈的兄弟姐妹中，就有了“大哥、二哥”“三弟、四弟”或“大姊（大姐）、二姐”“三妹、四妹”等称谓。

妇女婚后，常常据丈夫的排行形成序列称谓，比如哥哥的妻子有大嫂、二嫂、三嫂等；古代也有称已婚妇女为娘的，兄弟妯娌之间也可以称大娘、二娘、三娘等。

称谓排序还有一个依据，是进入某一社会关系范围的时间。古代存在一夫多妻现象，妻妾多了，也有了排位的需要，像《金瓶梅》中的西门庆妻妾多人，正妻陈氏死后，继娶吴月娘仍称大娘，又娶二娘李娇儿、三娘卓二姐，卓二姐死后娶孟玉楼，仍称三娘，以及四娘孙雪娥、五娘潘金莲、六娘李瓶儿。妻妾之间，为首的妻子据地位称“大”，众妾自“二”以下以婚配先后为序，不计年龄和在家中的地位。这类的顺序关系，也广泛地出现在同一师傅门下的生徒中，通常，师兄师弟之间，如果是同时拜师，那么年龄就是排序的依据，但如果拜师的时间先后不同，那么，拜师的时间才是排序的依据，年龄不是考虑的因素。

从生育的序列关系到反映家庭地位序列关系，其中尊卑不再以年龄为主要依据了。在社会交际中，一些带有尊崇义的称谓词，主要是带“大”的称谓词，常常作为礼貌用词被使用，比如敬称年轻男子为“大郎、大哥”，年轻女子为“大姐、大妹”，已婚妇女则都称“大嫂”，年长的则有“大伯、大娘”之类。

亲属的排行关系用在了官场，就完全依据社会地位的排序来称呼人。明清地方官府，通常有四位朝廷任命的官员，州官称知府、太守，县官称知县，尊称老爷、大老爷、大爷、太爷，他们的佐官，则分别称二老爷、三老爷、四老爷，或二爷、三爷、四爷，也可以官衙称二衙、三衙、四衙，或二府、三府、四府。

“二”在数词序列中处在一个特殊的位置，在有主次之分而成双的事物中，它处在第二位，因此有副佐的意思，分化出一个新词“贰”，《说文》解释“贰”：“副益也。从贝，弍声。弍，古文二。”段玉裁、朱骏声都认为这是一个形声兼会意的字。“贰”专表副佐，但也可表数量，反之，一些表副佐的地方也可以用“二”，例如：

《礼记·坊记》：“君子有君不谋仕，唯卜之日称二君。”郑玄注：“卜之日，谓君有故而为之卜也。二当为贰。唯卜之时，辞得曰：君之贰，某尔。”

《后汉书·荀彧传》：“臣闻古之遣将，上设监督之重，下建副二之任。”

上述府县佐官的序列称谓，其中的“二”跟表示副佐的“二”是一致的，但是，在序列中，“二”以下是可以类推的，而跟“贰”同义的“二”却不可以类推为“三～”“四～”。如洋行经理是“大班”，副经理是“二班”，往下就没有“三班”“四班”等。

“二”的副佐义和序列义又引申出一些特殊的意义。宋元以下戏曲小说中，提到住宿饮食时常出现“小二”或“店小二”“小二哥”等，跟“小二”相对的，有时是店主人，例如：

元代施惠《幽闺记·兄弟弹冠》：“商贾纷纷，士庶群群，大门外马足车轮。主人招接，小二殷勤，俺这里客来多，客来便，客来频。”

《醒世恒言·小水湾天狐诒书》：“主人家见他悬弓佩剑，军官打扮，不敢怠慢，上前相迎道：‘长官请坐。’便令小二点杯茶儿递上。”

但有的店里却只有小二主持营业，例如：

元代张国宾《相国寺公孙合汗衫》第一折：“小二哥开门来，我知道少下你房宿饭钱。”

元代无名氏《朱砂担滴水浮沤记》第一折：“小可是店小二，在此处开着个客店。”

原来，当时许多开店的往往依附当地豪强作后台，通过借他们的本钱、租用他们的房屋等方式，取得他们的保护，以避免经营中的社会治安风险，像《水浒传》中的郑屠、孔家兄弟、祝家庄庄主、五台山寺院等个人或团体都是这样的后台。店铺的经营者有这些强大的地方势力为靠山，便以“小二”自居。在这里，“小二”与幕前或幕后的主人相对，可以是被雇佣的人员，也可以指独自主持经营而向主人缴纳租金利息的人。

“小二”或作“二小”“二汉”，与主人相对，也可以指僮仆或雇工，例如：

明代徐畛《杀狗记·王婆逐客》：“小生：‘多感公公，只是窑中家伙一无所有，教我怎住得？’外：‘这也是，也罢，少刻着小二送锅碗之类与你便了。’”

《儒林外史》第三回：“（胡屠户）后面跟着一个烧汤的二汉，提着七八斤肉，四五千钱，正来贺喜。”

吴立智《复苏》：“仿佛觉得人们在背后的指戳，好个没有出息的男人，跟在女人屁股后面当二小。”

旧说“阎王好见，小鬼难当”，官府或官宦人家的仆隶，往往仗势欺人，比他们的主人更难交涉。因此，社会上把官员豪贵称为老爷、太爷、大爷，把他们的属下或仆隶称为二爷、二太爷，例如：

清代华广生《白雪遗音·马头调·我与情人》：“我与情人说句知心话，你当了会子二爷，无挣下甚么，派门上，耽了多少惊和怕，派流差，受了多少打和骂，办差不周，就要耍人，劝情人，赚些银钱你回去罢。”

清代李绿园《歧路灯》第二十二回：“茅拔茹道：‘啥话不啥话，你问你门上二爷。’”

清代无名氏《施公案》第二百七十八回：“我们一天能赚几个钱，那里有这许多供应？求你们这些二太爷们积积德，在县太爷面前方便一句。”

清代竹秋氏《红闺春梦》第九回：“小徒自幼性情不好，倘有冒犯公子之处，要望连二爷从中照应，我断无不放心的。”

清代傅崇矩《成都通览·成都人之称谓》：“呼别人之家人曰某二爷、某大爷、某管家。”

“二”有副佐的意思，经营商店的掌柜之助手就是“二掌柜”，厨师的助手被称为“二把刀”，也泛指各类技艺不精的人，其他各类助手可以泛称“二把手”或“二手”。这些跟社会等级有关的“二”，表示的是次等的意思，跟排行不同，不能自由类推。

某些代理经营的人，也用“二”称呼，例如：包租大地主的土地，分租给零星佃户的人，被称为“二地主”；包租住房转租的，是“二房东”。

这类跟社会典型人物相关类同的人物用词，往往带有鄙视意义。举例如下：日本侵华期间，为日本人工作的中国人，称“二日本”；日本军队叫“皇军”，他们组织控制的军队（所谓皇协军），被称为“二皇”，讹写作“二黄”，其实他们的制服是黑色的；憎称日本人为“鬼子”，这些军队成员就是“二鬼子”。这些用词，都包含“次等”的意义。

“二”也可以表示“不纯正”“不典型”的意思，举例如下：改革开放之初追求摹仿香港时尚的人被称为“二港客”，等等。

这类称谓，由于写法上的变化，有些语源就不太清晰。举例如下：旧时武装的江湖帮会团伙，有叫“杆子、杆儿上、溜子”的，民间称他们为土匪。在称呼具有类似行为特征的人时，用“二杆子”表示粗鲁莽撞的人及不务正业的“二溜子”（这个词通常写作“二流子”）。

二、称谓中有四川地方特色的“二”

四川方言称谓中的“二”，在多数方面，都跟汉语通语保持一致，但也形成了一些有自己特色的用词。

1. 二簸簸

用次一等意义的“二”，构成“二簸簸”（《成都方言词典》写作“二跛跛”），李劼人《大波》中有这么一个用例：

> 你们默道我这二簸簸粮户的担子还不够重吗？唉，告诉你们，当了粮户，别个只算你的入，不算你的出。

簸簸，就是簸箕，二簸簸指比一般簸箕略小的簸箕，也就是次等的意思。粮户是指家有田产每年纳粮税的人，通常也指地主。二簸簸粮户，即小地主。梁德曼、黄尚军《成都方言词典》是这样解释“二簸簸”的：

> 二簸簸，同二簸箕。（1）很活动，不牢固：他说了些二簸簸的话，信

不得。（2）不能做主的人：他是个二簸簸，说话不算数的。

“二簸簸”有次等、勉强凑数的意思，单独指人时有算不上数、不能做主的意思，充当形容词时有靠不住的意义。

2. 棒老二、老二

“二”由次等引申出劣等的意义。旧时社会上帮会流行，四川的帮会叫袍哥，是江湖上的人，用现在的话说，袍哥组织带有黑社会性质，常常参与赌博打架一类的活动。袍哥可分两类：一般不使用暴力的叫清水袍哥；常常使用暴力的叫浑水袍哥。浑水袍哥通常携带武器，被称为棒客，或者叫棒老二，简称“老二”，后来袍哥组织消散了，棒老二、老二在民间仍被用来称呼采用暴力抢劫的土匪，也常常被用作詈语骂强横霸道的人，例如：

> 蹇先艾《贵州道上》：“先生，那个晓得老赵还当过棒老二的！”自注：“棒老二，四川、贵州称土匪都叫‘棒老二’。”
>
> 克非《山河颂》三十：“你冷丰标是强盗，豺狼，棒老二，拐扒匠！你枉自披一张人皮！”
>
> 石定《公路从门前过》：“老汉笑道：‘我做不来这种事。要老二（土匪）才坐垭口抢人！’”

3. 土老二

处在顺序次位的“老二”有某种贬义，可以组成“土老二”，指没有见过世面的人，例如：

> 沙汀《和合乡的第一场电影》：“于是他又瞎吹了一番机器的神妙，而大部分观众已经开始原谅他了。但也有觉得伤脑筋的，于是截断他道：‘少麻些土老二吧，快赶紧弄好拿来放呵！’”

这个“土老二”可能跟“土老儿”还有一点关系，因为语音十分接近。但是，字面上表示次等的“二”无疑对这个词的形成起了作用，它也影响了下面的“农二哥”。

4. 农二哥、农二、栾二

使用表示次等的“二”的称谓词，在过去四川话中很常见的有“农二哥”，省称作“农二”。从正面来说，过去称工人为老大哥，农民便是二哥。从消极面来看，当时农村长期落后，当时一些政策明显有利于城市人口，农村人在社会生活的许多方面受到限制，受到鄙视。仿照“跳龙门”的说法，人们希望离开农村进入城市被称为“跳农门”。因此，“农二哥”“农二”的叫法，消极意义明显，例如：

周克芹《许茂和他的女儿们》：“我妈给我找了个‘农二’。笑死人!”

陈乡《私人保镖》：“几个市井无赖欺负他们是‘农二哥’，恶语伤人还不算，在他们出了钱歌还没唱完的时候硬把话筒抢了过去。”

同时还出现贬义色彩更浓的“栾二”，如梁德曼、黄尚军《成都方言词典》就有：

栾二（哥）、栾豁（皮）、老栾，旧时对农民的蔑称。

“栾”是土气的意思，通过语素替换，“农二”或“农二哥”被说成了“栾二”或“栾二哥”，增加了新的贬抑色彩。

5. 二水公爷

李劼人小说《儿时影》中提到了“二水公爷”一词：

路上尘土又多，道路又窄，游人又多，最可恨的，就是那些驮米的瘦马，被一般二水公爷骑着，一颠一蹶，跑来跑去，弄得尘头十丈。

公爷，是对官宦人家子弟的称呼，“二水公爷”指的是算不上真正公爷的年轻人，其中的“二水”跟“二”一样，也是表示次等、充数的意思，跟后来的“二港客”相类。

6. 二老工人

“二”表示次等的意义可以用在形容词之前，表示在性质方面程度还差一点。“二老工人”就是指介于老工人与新工人之间的工人，例如：

魏继新《傻大姐》:“小柳呀，你是二老工人了，要多带带他。”

有了若干年工作经历的人，对于新来的工作者，当然算老工人，但是，对于资历更深的老工人，又显然算不上老，结果就有了“二老工人”的说法。

形容词前加“二”表示在程度上接近某种性质状态而又并未达到，在四川话中比较常见的是一种重叠的方式，比如《四川方言词典》中收了一些这样的词语（括号里是本文的说明）：

二麻二麻，微醉的样子。（麻，指饮酒过量神志模糊。二麻，是接近麻而未麻。）

二通二通，半通不通。（即看起来懂了，其实并不懂。）

二甩二甩，不确定。（甩，不稳定。二甩，有点不稳当。）

二象二象，还不完全象。（象，本来是动词，表示相似，这里构成形容词。）

不少形容词可以在语用中自由进入以重叠方式构成的组合，如“二瓜二瓜”“二红二红”之类。也可以采用正反对举的方式表达这样的意思，如“二懂不懂”“二会不会”等表示接近于某种性状，但实际还没有达到这种性状。

“二”在称谓中因此有一种不可靠的含义，比如，做事粗心的人称“二恍恍”，喜欢炫耀而没有本领的人叫“二架梁”，等等。

7. 丘二

除了来自次等义的“二”的这些意义，四川方言中还有一个来自特殊序列义的称人词“丘二”，指帮工或受人雇用的人，例如：

沙汀《催粮》:“早知道这样，我不该退了佃当丘二!”

马识途《京华夜谭》第六回：“‘我走什么运，还不是当跑腿的丘二吗？’我自卑地说。”

“丘二”的来源，跟“丘八”有关。辛亥革命以后，中国出现了军阀割据的局面，军人在社会上作用明显，但同时也严重危害了社会的正常运转，人们用“兵”的析字格“丘八”来表达对他们的不满。丘八在社会上横行，也有人称为兵大爷、丘八大爷，他们当兵吃粮，没有固定的居所，处境并不如意。社会上失去自己的产业被雇佣的人，也处在一种漂泊的状态中，因此，把自己与丘大爷相比，称为丘二。

三、结　　语

汉语的使用人口众多，地域分布又十分复杂，各地的历史背景和周边环境又不尽相同。因此，方言差异在所难免。本文讨论的四川话称谓中“二”的一些用法，正是在地域差异的影响下出现的汉语地方变体，它给汉语的使用带来了新的变化，增加了它的活力，但同时也给汉语带来了更多的分歧和纷扰。

（原刊《中国地域文化研究》第 9 辑，韩国祥明大学韩中文化信息研究所 2010 年 8 月）

“二杆子”杂考

一、缘　　起

“二杆子”常常用来指称莽撞的青年男性，例如：

李存葆《山中，那十九座坟茔》：“杨干事一听，立时清楚了，面前是一个不谙世事的‘二杆子’。”

在现代汉语中，还有一些指称莽撞的青年男性的“二~”结构的词，它们跟“二杆子”同义，例如：

【二标子】《方言》1982 年第 2 期《平遥方言广用式三字组的连读变调》：“二标子，鲁莽的年轻人。”

【二杆】王老九《王保京》诗：“这娃是二杆，吹牛皮想把火车掀。”

【二圪槐】《方言》1981 年第 4 期《太原方言词汇》：“二圪槐，莽撞汉。”

【二悍子】克非《春潮急》九：“张福寿是有名的二悍子，颈项硬得像树棒，嚷道：‘都是人民政府的百姓，他王三哈哈该吃，我就不该吃？’”

【二浑】董炳新《雨连绵》：“喜玛他大是个二浑，他比我大十三岁。”

【二楞（愣）子】李健吾《希伯先生》：“十岁的光景，父亲托了两位朋友把我远迢迢从西安送到津浦沿线的一个小站。他是其中之一。另一位是著名的二楞子，一句话就瞪眼，两句话就打架的李逵一流的人物。”《方言》1981 年第 2 期《长海方言的儿化与子尾》：“二愣子……鲁莽冒失的人。”

在以上“二~”结构的各词中，“二标子、二悍子、二浑、二楞（愣）

子”都含有表示性状的构成语素，具有明显的共同性，形成一组，而“二杆子、二杆、二圪榄”中没有这样的构成成分，另成一组。以下分别讨论。

二、由性状转指人物的“二~”

从用字来看，“二悍子、二浑、二楞（愣）子”中的“悍、浑、楞（愣）”都是形容词性的语素，常常用来表示人的行为粗鲁、莽撞或蛮横，由它们构成的称人复合词，意义可以从它的构成语素中“悍、浑、楞（愣）”中得到解释，可以不必赘论。

“二标子”的“标”也有形容词的用法，表示威风、火气，例如：

元代李文蔚《圯桥进履》第三折：“［季布云］我做大将甚是标。”

清代刘鹗《老残游记》第九回：“即如朝廷里做官的人，无论为了什么难，受了什么气，只是回家来对着老婆孩子发发标，在外边决不敢发半句硬话，也是不敢离了那个官。”

由这个意义的“标”构成的“标子”，用来指脾气暴躁、争强好胜的人：

清代陈森《品花宝鉴》第三回：“蓉官吐舌说道：‘好不怕人!这才是个标子。’”

清代陈少海《红楼复梦》第四十一回：“这毛包脸上磨不开，登时大怒，抓起骰子，照那人脸上一撒。那人又是个标子，那里受得？拿起骰盘，照着毛包脑袋上就打。”

在一些现代小说中，有叫“彪子”或“膘子”的人物，这样的称呼显然不是正式的名字或大名，而带有彰显个性的绰号性质。比如魏巍小说《火凤凰》中有一位人物“何彪子”：

《火凤凰》二七：“为首的那人身高体大，脸色乌黑，满脸怒容，两个眼瞪得像钢铃一般。周天虹仔细一看，不是别人，正是本营营长何彪子，不禁吃了一惊。”

《火凤凰》三七：“‘好好，这是我的错误！’何彪子带着笑说，‘老战友嘛，你还不知道我这炮仗脾气！我一急就要发火。’”

《野火春风斗古城》中有一位直称“膘子”，且不带姓：

第十一章：“梁队长见杨晓冬答应跟他们作伴进山，高兴到狂喜程度，认为有必要进一步介绍他的队员，便指着魁梧的汉子说：‘咱们这位膘子，身强力大，憨厚直爽，是条铁打的汉子呢！’”

以上的“彪子”或“膘子”都身材高大，性格直爽，刚强有力，是作品中的正面人物。不过，在《林海雪原》中女匪蝴蝶迷的父亲“姜三膘子”却是横行一方的恶霸，可见它的取义仅仅在于刚猛强悍。除了强悍以外，它还有行为不稳健的特点：

小冬《二彪子》：“赵老二时不时就冒虎气、傻气，彪哄哄的，大人小孩就都叫他二彪子。40来岁了还没娶媳妇，整个光棍一条，东走西逛，混个饱，讨几口酒，还挺乐呵。”①

虽然在不同的作品中，“膘子”或“彪子”的社会定位或道德评价完全不同，但是，这些被作者称为“彪子”或“膘子”的人物，在体形和性格行为的特征方面，跟“标子”具有高度的同一性，字的写法差异，显然是口语用词在进入书面形式时候产生的俗语源推断的结果，跟它们的语源没有关系。

与此相应，具有“标子”的某些性格特征，但还够不上是“标子”的人，被称为“半标子”，写作“半彪子”或“半膘子”，例如：

赵大年《公主的女儿》：“叶处长追着女儿的屁股跟过来，看得目瞪口呆。她正在想：我的女儿真的就是这么个半彪子吗!”

宋孝才《北京话语词汇释》：半彪子（半膘子）指“不大能控制自己言行，有些傻里傻气的人”。

《现代汉语词典》“半彪子”条：“〈方〉不通事理，行动鲁莽的人。”

---

① 呼伦贝尔日报网上小说2006-5-23。http://www.hlbrdaily.com.cn/news/14/html/809.html.

“标子”产生的时间其实很早，在明清等文献中写作“杓子”，例如：

明代田汝成《西湖游览志余》卷二十五：“《辍耕录》言：杭州人好为隐语，以欺外方……粗蠢人曰杓子。”

清代郝懿行《证俗文》卷十七：“杭州谓粗蠢人曰杓子。今京师语亦然，音标。”

由此可见，“二标子”的构成理据，跟上述“二悍子”“二浑”“二楞（愣）子”等基本一致，它们都是以一个表示性格特征的形容词为语义基础，通过转指，称呼具有这种性格特征的人，其中“二浑”不带转指标记“子”，其他各词都用“子”标示它们由表示性质转向指称人物。

还有一点不同在于，“标子”是一个可以单独使用的词，流行较广且用例颇丰，意义随语境变化而有不同的偏倚，而“悍子”“楞（愣）子”则不成词，它们应该是在“二悍”“二楞（愣）”基础上加“子”形成的。“二”的意义跟“半”近似，表示不完全是、但接近于或略次一等的意思。

三、由实物借代或比喻指称人的“杆子”

“二杆、二杆子、二圪榄”其实是同一个词的变体，其中，“二杆”是“二杆子”略去词尾“子”的形式，“二圪榄”中的“圪榄”是“杆”的析音形式，“二圪榄”是“二杆”的语音扩展形式。它们都与用于称人的“杆子”有关。

“杆子”在普通话里有两个读音，对应两个意义，它们都可以组合成“~杆子”用来指人，但情况不尽相同。

（1）“~杆子”中“杆”读阴平声时，是用一种杆子类的事物比喻人，例如：

【乌木杆子】旧时中国租界的印度巡捕。因其肤色黝深，故称。陈国屏《清门考源·各项切口·盗窃类》：“乌木杆子（印度巡捕）。”

【电线杆子】瘦高的人。郑万隆《走出城市》：“一辆深绿色的摩托车，在水光光的马路上斜着划了一条弧线，停在大有跟前，那气势很威武，走下来‘一根电线杆子’。”

（2）“杆”读上声的“~杆子”，用来称人，有多种情况，其中，有时是用工具的部分来代称人，例如：

【笔杆子】文人；擅长写文章的人。肖克凡《黑砂》：“朗诵的这个年轻人是个好苗苗儿嘛，要送他去深造，成个笔杆子。”李佩甫《豌豆偷树》：“这会儿乡政府缺个笔杆子，我给乡长说好了，让你去。” 王蒙《要字 8679 号》：“弄了些新闻记者笔杆子吹捧他，连组织部都上了他的当!” 浩然《浮云》：“他是个‘笔杆子’，用那会儿的时兴名词来说，他是个‘材料匠’。他的全部工作就是给上边写汇报，给下边起草指示，偶尔地给地方报社划拉一篇新闻报道。”

【枪杆子】军人。李存葆《山中，那十九座坟茔》：“我看让她来吧。这多么枪杆子，还能反了她一个说说唱唱的小丫头!”

有时是用人体有特征的部分来代称人，以凸显人的职业或社会地位，例如：

【红腿杆子】船夫。肖亦农《红概榄》：“插队这几年，我成了‘红腿杆子’（当地人称扳船汉为红腿杆子）。”

【黑脚杆子】农夫。周立波《盖满爹》：“‘呵!呵!你爱说笑话。’盖满爹笑得一脸的皱纹。‘我一个黑脚杆子，哪里能够代表你们学校呵？’”①

① “脚杆子”“腿杆子”也作“脚杆”“腿杆”，代指人，多含贬义，指从事繁重艰苦劳动的人。比如指农民有“泥巴脚杆”“泥巴腿杆”“泥腿杆”“黄泥巴脚杆”，沙汀《丁跛公》（载沙汀《沙汀文集》第 1 卷，上海文艺出版社，1986 年，第 289 页）：“可是当他送上几两银子，叩了一些‘响头’，求得泡水大爷承认他是一个哥老会的会员以后，情势就全然两样了，至少那些泥脚杆再也不敢多和他罗嗦了，他们只是斜起眼睛想道：‘好哇，你现在当了光棍了哩!’”克非《春潮急》（上）（四川人民出版社，1974 年，第 249 页）十：“好些人都由衷地笑了起来：‘哈哈!怎么一回事？我们这些泥巴脚杆，今夜晚尽说到中央决议上去啦!’”毕方、钟涛《千重浪》（人民文学出版社，1975 年，第 409 页）十二章：“自己这个只会拨拉土坷垃的泥腿杆，成长为一个共产党员、党的基层干部。”梁德曼、黄尚军《成都方言词典》（江苏教育出版社，1998 年，第 360 页）：黄泥巴脚杆“泥腿子，指农民：我们这些黄泥巴脚杆今天也当了代表，来跟大家一道商量国家大事。”指矿工的“红脚杆”，王梅定《第三次要求》：“他激动得半天说出话来。‘我王老贵做梦他没想到啊，“红脚杆”大哥能有今天!’”原注：“红脚杆，人们对矿工不敬的称呼。”

【腰杆子】靠山；所倚仗的有势力的人。浩然《艳阳天》一百十四章："他希望出来个腰杆子硬的人，给他出出这口窝囊气。"

在上列"N+杆子"组合中，处在定语位置的 N 具有某种性状或行为能力的意义，"~杆子"因此可以直接跟形容词组合，表示具有某种性质特征的人，其中的"杆子"也失去原有的实物意义而专门指人，通常带有贬义，例如：

【油杆子】圆滑世故的人；油滑不真诚的人。张安生《同心方言研究》："油杆子，（1）油滑流气的人。（2）同街旋子（街油子）。"

【光杆子】没有钱财家业的人。艾芜《南行记·流浪人》："你们瞧呀，他们一帮都是骗子，吃我许多东西，全走光了，就留他一个光杆子在这里白赖!"赵树理《邪不压正》："从前给刘家赶骡子，这几年刘家倒了，就又给合作社赶骡子，反正只凭个光杆子人过日子，要说斗他，实在也斗不出什么果实来。"白先勇《花桥荣记》："我对那批老光杆子说：'你们莫错看了我这个春梦婆，当年在桂林，我还是水东门外有名的美人呢!'"

【老杆子】老年男子。《方言》1982 年第 2 期《桂林方言词汇》："老杆子，老头子，老家伙。"

【老杆杆】老年男子。《方言》1982 年第 2 期《桂林方言词汇》："老杆杆，老家伙。"

【土老杆子】未见过世面的人。李存葆《山中，那十九座坟茔》："土老杆子，你就知道李铁梅。"

【土老杆】未见过世面的人。李唯《远方来的青海客》："土老杆，穿皮鞋不穿袜子，不讲卫生，吃饭不洗手。"

"杆"也写作"赶"或"敢"：

【老赶儿】见识鄙陋的人。冯骥才《神鞭》："这哪叫'坎肩'，这叫'洋马褂'，洋人穿在小褂外边的，你他妈真老赶儿!"

【老敢】见识鄙陋的人。《方言》1986 年第 3 期《天津方言词汇》："老敢……指见闻不广或赶不上时髦的人。"

四、“二杆子”的来源

“杆子”称人意义的产生途径有多种，“二杆子”的“杆子”跟上述哪一类“杆子”有关？姚雪垠《李自成》二卷一章有一个加注的用例，被《汉语大词典》所采用，成为流行的解释：

“那些杆子好坏不齐，原来有一两千人，后来散了一些。”自注：“陕西商洛地区和河南南阳一带，从明清到民国年间，把‘土寇’称为杆子，拉一伙人造反叫做拉杆子。杆子本意就是一伙，所以一伙人马也叫做一杆子人马。”

姚注释“杆子”为“土寇”大致可行，不过“土寇”是一个站在官府立场上的带有强烈社会评价色彩的用词，在感情上有明显的偏向。从姚注来看，“杆子”与“拉杆子”有关。“拉杆子”在其他文献中也有使用，例如：

郭云梦《福禄树》：“父亲所说爷爷的事儿是指爷爷年轻时为报家仇拉杆子，十八铁骑打老日，后参加革命。”

“拉杆子”一语，《汉语大词典》是这样解释的：

【拉杆子】方言。当土匪。梁延峰《白皮红心·攻心战》：“我邢焕章从十七岁拉杆子（当土匪），凭着一颗脑袋一杆枪，走南闯北，没栽过跟斗落过马。”

比较姚雪垠“拉一伙人造反叫做拉杆子”这样的说明，梁延峰的自注中把“拉杆子”解释为“当土匪”，显然把语境义当作了词义，不如姚注确切。不过，姚注也有不妥，姚注把“拉一伙人造反叫做拉杆子”这样理解中的“一伙人”与“杆子”简单对应，而认为“杆子”的本意是“一伙”，也是把语境义作为词义看待，没有说服力。

结伙行事是民间经常性的行为，分散的个人因为某种原因，结伴出行，就成了“一伙”。但从文献来看，各种结伙行为中，只有结伙造反才是“拉杆子”，其他的结伙行为，比如外出旅行、经商、朝山等，都不能称为“拉杆子”。可见“杆子”与“一伙”二者在语义上是不对应的。

姚雪垠说此词流行于明清至民国，但在明清文献中，我们未能发现这类“杆子”的用例，所以当时是否已有此说，还有待查证。但在清代的小说中，可以看到“杆儿上”“杆上”等用例，都是指对抗官府的武装团伙的成员，例如：

清代无名氏《施公案》第一百四十三回：“话说施公访着了凶徒的住处名姓，又得了杆儿上石八这些人的底细，恨之已极，一定拿住治罪。”宝文堂校注：“杆儿上，一种流氓兼土匪的身份。杆，这里读阴平。”

清代无名氏《施公案》第一百五十三回：“这三人乃是杆儿上的，他们都是罗似虎一党。”

清代无名氏《施公案》第一百五十四回：“且说施公遵旨，把杆上石八等三人，发西安府军罪三年。”

据姚雪垠的用例和解释，“杆子”指的是群体或团伙，《汉语大词典》因此说它“本谓一伙，也谓土寇”；但在清代无名氏《施公案》中，“杆儿上”或“杆上”指团伙中的个人。可见“杆子”既可以是结伙的群体，也可以指这类群体中的个人。在四川方言中，把地痞流氓称为“烂杆儿”或“滥杆儿”，指的也是个人，例如：

李劼人《大波》四部四章：“滥友儿又曰滥杆儿，指的是流氓痞子。”

梁德曼、黄尚军《成都方言词典》：“烂杆儿，旧时指二流子，流氓，痞子。”①

“拉杆子”也可以作“拉（起）竿子”或“拉（起）竿儿”，例如：

① “杆儿”也有“标杆”的意思，指出众的人或能手，这一意义与结伙武装反抗官府的人不同。如：张枚同、程琪《冷屋》（中国工人出版社，1993 年，第 28—29 页）：“这还用说？我是搂炭行里的杆儿，这样的活儿自然归我去做!”王朔《动物凶猛》：“我连忙跟上他，一同来到高晋家，所有哥们儿都在，正怀着浓厚兴趣听高晋吹他在看守所的表现：‘我们那号里关的净是打架的，就一个倒粮票的一个杆儿犯，叫我们挤兑惨了……’”“杆儿犯”，指惯犯，经常从事某类非法活动的人。

梁斌《播火记》十五："在他环境困难的时候，有几次想拉起竿子，回到东北的山林去。"

梁斌《播火记》二十七："朱大贵说：'明儿红旗一举，要拉起竿儿，打起游击来。'"

可见，杆子、杆儿、竿子和竿儿具有同义关系。从文献的用例来看，大概早期用的是"竿"字，后来改写作了"杆"。至于这个词的来历，梁斌的用例很有启发，"红旗一举，要拉起竿儿"，把结伙武装反抗官府的"拉起竿儿"，跟"红旗一举"联系起来，这让我们想起了"揭竿而起"的典故，《汉语大词典》列有"揭竿"一词，解释如下（部分内容有改动）：

【揭竿】1. 举竿；持竿。《庄子·庚桑楚》："若规规然，若丧父母，揭竿而求诸海也。"成玄英疏："似儋揭竿木，寻求大海，欲测深底，其可得乎！"汉贾谊《过秦论上》："（陈涉）斩木为兵，揭竿为旗，天下云集而响应，赢粮而景从。"2. 特指武装暴动。《旧唐书·柳璨传论》："李氏之失驭也……狐鸣鸱啸，瓦解土崩。带河砺岳之门，寂无琨逖；奋挺揭竿之类，唯效敦玄。"清昭梿《啸亭杂录·杨诚斋军门》："公尝入陛见，其署篆者暴虐，激变营兵，乱军蒲大芳揭竿而起。"陈毅《满江红·黄金海岸》词："独立非洲西北始，揭竿而起相踵接。"3. 竖立旗竿。《万历野获编·科场·旗竿》引明王世贞《觚不觚录》："士子乡会得隽，郡县始揭竿于门，上悬捷旗。"

显然，"拉竿子"或"拉杆子"是"揭竿"一词的翻新改造，它的意思是竖起旗帜，招来人马，用武装的手段公然反抗官府。在此基础上，"竿儿"或"杆子"有了武装反抗官府的群体，以及武装反抗官府群体中成员的意思。

"杆""竿"二字的区别在字形上就显现出来，尽管二者外形都具有细长的特点，但竹竿空心，轻便而韧，更适于作旗杆，所以"揭竿"通常不写作"揭杆"。可是中国南方产竹，北方很少有竹子，木质旗杆也是很普遍的，所以也写作"杆"。

总之，“杆子”的本义指旗杆，代称旗帜。“拉杆子”指的是拉起武装反抗的大旗招来人马聚众反抗，如《水浒》所描写的梁山好汉“替天行道”那样。但是，在语用中，字面上是“拉起大旗”的“拉杆子”，实质上是一种“招聚人马”的行为，这样，动宾词组“拉/杆子”的语义内涵由“拉起/大旗”改换为“招聚/人马”，新的意义内涵依附到原有的形式“拉/杆子”之上，并作内部切分，“杆子”就对应了“人马”，“杆子”或“竿儿上”被江湖上作为行话，用来代称这样的武装群体，进而用来代称其中的个人，在特定的语境支持下，“杆子”一词的意义一变再变。其中的过程可以这样表示：

（1）揭　　竿
（2）拉　　竿儿/杆子（局部）
（3）——　旗帜（整体）
（4）拉起　大旗（反抗的标志）
（5）招聚　人马（反抗的行为者）
（6）——　武装群体（反叛）
（7）——　反叛群体中的个人（横行无忌）

五、“二杆子”的形成和意义衍生

“二杆子”一词是“杆子”的衍生形式。在汉语中，“二”用于人的称谓，可以表示如下内容：①排行在第二，如“二哥”“二嫂”。②位次第二，如“二副”“二把手”。③表示接近而未达到或次一等的意思，比如抗战时期，日本军人称“皇军”，而受日军控制的伪军“皇协军”被民间称为“二皇”，讹作“二黄”。“二黄”跟颜色无关，因为伪军的制服是黑色的，又称“黑狗子”。

在“二”的这几个意思中，“二杆子”中的“二”用的是次一等的意思。“杆子”指结伙反叛官府的人，俗称土匪，有不守法纪横行无忌的特点。“二杆子”的意思是，虽然不是横行无忌的“杆子”（土匪），但是也有“杆子”（土匪）的某些特点，行为粗莽有悖常理。“二杆子”因此产生以下几个意义。

（1）“二杆子”指蛮横粗鲁的人，例如：

路遥《人生》：“他还用他那爱得过分的感情，跌跌撞撞走过来，把儿子放在炕上的衫子披在他汗水直淌的光身子上，嗔怒地说：‘二杆子！操心凉了！’”

路遥《人生》：“‘唉！’玉德老汉长叹一声，‘你还夸他哩！这二杆子已经给我闯下乱子了！’”

梁晓声《激杀》：“韩德宝不是糊涂蛋，不是北方人贬称为‘二杆子’的那种冲动起来就没了理智的人。”

（2）“二杆子”指蛮横粗鲁的性格行为，例如：

路遥《人生》：“你再不敢耍二杆子了。刚开始劳动，一定要把劲使匀。往后的日子长着呢！”

路遥《平凡的世界》第三部第五十一章：“如果旁人知道了这事，惠英嫂肯定要受到讽言俗语的攻击。他真不该耍二杆子喝那么多酒！”

（3）“二杆子”常常作定语，词性由名词向形容词转化，有专门表示蛮横粗鲁的趋向[①]，例如：

路遥《平凡的世界》第一部第五章：“在公社一级，出现了一种武装的‘民兵小分队’，这个组织的工作就是专门搞阶级斗争。这些各村集中起来的‘二杆子’后生，在公社武装专干的带领下，在集市上没收农民的猪肉、粮食和一切当时禁卖的东西。”

王朔《玩儿的就是心跳》：“我从没见过这么硬吹硬侃被戳穿了仍不改弦更张，这非得有点不屈不挠明知山有虎偏向虎山行的二杆子作风。”

柏原《挖墙》：“杨来有点二杆子气，容易来火。”

① “二楞子”也有这样的现象，如冯骥才《一百个人的十年》（文化艺术出版社，2014 年，第 119 页）第十章：“结果，您猜怎么着，他们真一个没来，不敢来，越不来你越知道他心里有鬼。我是正大光明的，我怕嘛。我当时想，他们真来的话，我也免不了来点二楞子话，结果一个没来。”

（4）“二杆子”指二流子、游手好闲的人，这个意思是“杆子”本义的一个衍生[①]，例如：

孙健忠《甜甜的刺莓》：“会上，他批判有的社员是‘二杆子’（懒人），不相信双季稻是不相信新事物，讲怪话是扯后腿，是不革命，是走资本主义道路。”

（原刊《燕赵学术》2013 春之卷，四川辞书出版公司 2013 年）

① “二标子”在山西太原话中也有这样的意思，指“二流子”。

《马氏文通》以前的汉语词类分析

一般认为，汉语的语法研究始于借鉴西方语法的《马氏文通》，甚至有人以为《马氏文通》之前汉语没有语法，这与历史事实不符。即使不提明代以来外国传教士所编的多种汉语语法教材，[①]中国本土在受现代西方语言研究影响之前的两千多年中，尤其从唐宋时期开始，在汉语词类的划分上，就有了不少进展，值得注意。对此，前人已有措意，其中，郑奠、麦梅翘先生的《古汉语语法学资料汇编》搜集了大量的历史资料，为汉语语法学史的研究提供了丰富的资料。孙玄常、林玉山、龚千炎、孙良明诸先生的汉语语法学史著作也给予了不同程度的关注，但多语焉不详，古代汉语词类分析的成就，尚未广为人知。

汉语历史语法研究中的词类分析，情况复杂，不同时代、不同学者、不同流派，意见不一，需要充分尊重前人在时空和观念上的差异，对不同时期、不同学者在汉语词类分析中的意见作一探索，理清其中的历史脉络。

一、“辞”和“语助”概念的产生与衍化

汉语表语气的虚词，在古代大多没有专门的用字，而借用同音实词的用字。因此，至少从汉代开始，就有人提出“辞”和“叹辞”的概念，以区别这类不表实义的用词，提醒读者不要把它们理解为字的本义或引申义，例如：

《诗·周南·汉广》“汉有游女，不可求思”毛传：“思，辞也。”

《诗·鄘风·载驰》“载驰载驱，归唁卫侯”毛传：“载，辞也。”

---

① 参姚小平《现存最早的汉语语法著作——瓦罗著〈华语官话语法〉简介》，《中国语文》2001 年第 5 期，第 475—478 页。

《诗·周南·麟之趾》“于嗟麟兮”毛传：“于嗟，叹辞。”

《诗·大雅·文王》“文王在上，于昭于天”毛传：“于，叹辞。”

不表实义的用词或作“~言”“~声”“~辞”“~助”，例如：

《论语·先进》“颜渊死，子曰：噫，天丧予，天丧予”何晏集解引包咸：“噫，痛伤之声。”

《诗·周颂·潜》“猗与漆沮，潜有多鱼”郑笺：“猗与，叹美之言。”

《礼记·檀弓上》“夫祖者，且也”汉代郑玄注：“且，未定之辞。”

《礼记·中庸》“诗曰：神之格思，不可度思，矧可射思”汉代郑玄注：“格，来也。矧，况也。射，厌也。思，皆声之助。”

不表实义的用词也称为“发声”“语助”“语词”“语辞”，例如：

《诗·式微》“式微式微，胡不归”汉代郑玄笺：“式，发声也。”

《礼记·檀弓》“何居”汉代郑玄注：“‘居’读为姬姓之姬，齐鲁之间语助也。”

《楚辞·离骚》“羌内恕己以量人兮”汉代王逸注：“羌，楚人语词。”

《春秋公羊传·宣公六年》“上其堂则无人焉”汉代何休注：“但言焉，绝语辞。”

唐宋又有“余音”“辞余语助”“助语”“助字”“助语辞”“语助辞”“助辞”等概念，跟“辞”基本一致，例如：

夫人枢机之发，亹亹不穷，必有余音足句为其始末，是以“伊”“惟”“夫”“盖”，发语之端也，“焉”“哉”“矣”“兮”断句之助也，去之则言语不足，加之则章句获全。(唐代刘知几《史通·浮词》)

及乎辞余语助者，《诗》《书》同有之。“已焉哉，谓之何哉”，慨之深也。“俟我于庭乎而，充耳以青乎而”，加“乎而”二字为助者，悔之深也。“其乐只且”，美之深也，“母也天只，不谅人只”“椒聊且，远条且”，“且”与“只”皆助语也。用“矣”字为助者，“出自口矣”“颜之厚矣”。用“之”字者，“左右流之”“寤寐求之”是也。

用“也”字者，“何其处也”“必有以也”“允矣君子，展也大成”。用“其”字者，“夜如何其”，“其”亦助语也。用“止”字者，“女心伤止，征夫遑止”。用“者”字者，“有翩者鵻”“有芃者狐”，又曰“知我者谓我心忧”是也。又以语助连正韵者，“其虚其邪，既亟只且”，又曰“是究是图，亶其然乎”。逸诗曰：“唐棣之华，偏其反而。神之格思，不可度思。”“思”“而”皆助语也。用“兮”字者，多处一句之下，少处一句之中：“美目盼兮”“仪既成兮”，又曰“缁衣之宜兮，敝，予又改为兮”是也。“日居月诸”，亦助语也。（唐代成伯玙《毛诗指说》）

（宣三年春王正月郊牛之口伤）谷梁曰：之口，缓辞也。赵氏云：之，助语辞尔，何烦妄释。（唐代陆淳《春秋集传辨疑》卷八）

（吾）立言状物，未尝求过人，亦不能明辨生之才致，但见生用助字不当律令，唯以此奉答。所谓“乎”“欤”“耶”“哉”“夫”者，疑词也；“矣”“耳”“焉”“也”者，决词也。今生则一之，宜考前闻人所使用与吾言类且异，慎思之则一益也。（唐代柳宗元《复杜温夫书》）

（薄污我私，薄浣我衣）薄，助辞也。污其私、浣其衣，各有法也。（宋代李樗、黄櫄《毛诗集解》卷二）

虚词内部的差异，也得到关注，林玉山《汉语语法学史》指出：“到了梁朝刘勰的《文心雕龙》，已经能把虚字分为三类：‘至于夫惟盖故者，发端之首唱；之而于以者，乃札句之旧体；乎哉矣也，亦送末之常科。’”[①]这是根据虚字在句中的位置和表达功能作的分类。唐时，柳宗元则进一步把处在句末的这类词分为“疑词”“决词”两大类，相当于今天的疑问语气词和肯定语气词。元代卢以纬《语助》[②]，就是这一学术传统的一个总结，它是目前所知最早的汇集汉语虚词的著作。

① 林玉山《汉语语法学史》，湖南教育出版社，1983年，第27页。
② 原刊于1324年。今本书名作《助语辞》。

二、古代词类研究的“词”

“词”“辞”同音，二字历来相混。汉人即并用指称虚词，如汉代王逸注《楚辞》：

《九歌·湘君》“蹇谁留兮中洲”王逸注：“蹇，词也。”

《楚辞·七谏·谬谏》“蹇超摇而无冀”王逸注：“蹇，辞也。”

但是，二者的语源不同，对于这一点，许慎分得很清楚：

《说文·辛部》：“辞，说也。”[①]

《说文·司部》：“词，意内而言外也。”段注：“有是意于内，因有是言于外，谓之词。此语为全书之凡例，全书有言意者，如‘啟，言意’[②]，‘欪，无肠意’，‘歒，悲意’，‘㦤，臃意’之类是也；有言词者，如‘欥，诠词也’，‘者，别事词也’，‘皆，俱词也’，‘𩑛，词也’[③]，‘鲁，钝词也’，‘智，识词也’，‘曾，词之舒也’，‘乃，词之难也’，‘尔，词之必然也’，‘矣，语已词也’，‘矤，兄词也’[④]，‘粤，惊词也’，‘猧，逆恶惊词也’，‘魕，逆鬼警词也’[⑤]，‘臮，众与词也’[⑥]之类

---

① 小徐本作“辞，讼也”，此从段玉裁注改。

② 《说文解字》“啟”字段注［（清）段玉裁注《说文解字注》，中华书局，2013 年，第 417 页］：“有所言之意也，意内言外之意。”

③ 《说文解字》“𩑛”字段注［（清）段玉裁注《说文解字注》，凤凰出版社，2007 年，第 244 页］：“凡《毛传》之例，云‘辞也’，如《芣苢》之‘薄’，《汉广》之‘思’，《草虫》之‘止’，《载驰》之‘载’，《大叔于田》之‘忌’，《山有扶苏》之‘且’，皆是。《说文》之例，云‘某词’，自部外，欥为诠词，矣为语已词，矧为况词，曶为出气词，各为异词，粤为惊词，尔词之必然也，曾、词之舒也，皆是。然则‘词也’二字非例，当作‘谁词也’三字。《尧典》言‘畴若予者’二，皆训谁……壁中古文字作𩑛，古字也。《尔雅》：‘畴、孰，谁也。’字作畴，今字也。许以畴为假借字。”

④ 矤，即“矧”字。兄，同“况”。

⑤ 大徐本作：“见鬼惊词也。”

⑥ 《说文解字》“臮”字段注：［（清）段玉裁注《说文解字注》，凤凰出版社，2007 年，第 678 页］“或假‘洎’为之，如郑《诗谱》称《无逸》‘爰洎小人’是也。亦假‘暨’为之，如《公羊传》：‘及者何？与也。会及暨，皆与也。暨，犹暨暨也。’《释诂》曰：‘暨，与也。’”

是也。意即意内，词即言外，言意而词见，言词而意见。意者，文字之义也，言者，文字之声也，词者，文字形声之合也。凡许之说字义，皆意内也，凡许之说形说声皆言外也。有意而后有声，有声而后有形，造字之本也。形在而声在，形声在而义在焉，六艺之学也。词与辛部之辝，其义迥别，辝者，说也……谓文辝足以排难解纷也。然则，辝谓篇章也。词者，意内而言外，从司言，此谓摹绘物状及发声助语之文字也。积文字而为篇章，积词而为辝。”

对“意内而言外”的解释，段注未必得当。“词”是一个会意字，由“司”“言”两个部分构成，许慎没有把它归入“言部”，而安排在“司部”，其中或有某种考虑。

从现代语法观念来看，词可分为两类，实词可以充当句子成分，虚词不能充当句子成分。过去人们常常以意义虚灵来看待虚词，但现代的学者，尤其是从篇章分析语言结构的学者，则认为很多虚词对于句子意义的作用，要大于实词，因为虚词能够明确句子的结构关系或意义类型，或有完句功能。对此，古人早有论及，如上引《史通》曾指出，断句之助“去之则言语不足，加之则章句获全”。从这个角度来看，把“意内而言外”中的“意”理解为句子结构的意义类型或构式义，把“言”理解为句中表实义的成分；而“词”在“言外”，虽非句子构成中表实义的成分，却具有“司言”的功能，也是句子意义的构成成分，在“意内”。这样的理解，是否更切近许慎“意内而言外”的原意?

许慎所认定为的“词”，比一般训诂著作中提及的“辞”或“语助”，范围稍宽。除上述段注所引的“词”之外，在《说文》中还有一些被释为“词”的成分，例如：①

① 关于《说文解字》“词”的概念已有不少学者专门论及，如：班吉庆《试论〈说文〉对古汉语虚词的认识》，《扬州师院学报（社会科学版）》1988 年第 3 期，第 111—116 页；王平《〈说文〉训“词”例考释兼及许慎的虚字观》，《古籍整理研究学刊》2002 年第 2 期，第 45—49 页；刘志刚《〈说文〉“词也”类训诂术语及段注考略》，《江西师范大学学报（哲学社会科学版）》2009 年第 4 期，第 59—63 页；王贵元《〈说文解字〉中的“词”》，《辞书研究》2011 年第 4 期，第 157—165 页；王前《试论〈说文解字〉中的“词”“辞”“意”》，《重庆科技学院学报（社会科学版）》2012 年第 21 期，第 111—114 页。

《说文·口部》："各，异词也。"

《说文·只部》："只，语已词也。从口，象气下引之形。"

《说文·曰部》："曰，词也，从口乙声，亦象口气出也。"又："曶，出气词也。"

《说文·白部》："白，此亦自字也，省。自者，词言之气从鼻出，与口相助也。"

《说文·丂部》："甹，亟词也。"又："宁，愿词也。"

《说文·亏部》："粤，亏也，审慎之词。"

《说文·言部》："诶，可恶之词。"段注："词，各本作辞，误。今正。"

以上出现在各类文献中的"语助"或"辞""词"等概念，受到学界重视，郑奠、麦梅翘《古汉语语法学资料汇编》"语助"①，汇集了大量的相关用例，孙玄常《汉语语法学简史》②"虚词"，龚千炎《中国语法学史稿》"虚词的研究"③、赵振铎《中国语言学史》④都有不同程度的讨论。

观察《说文》的材料，从现代词类的角度来看，被许慎归为"词"的，可以分为以下几个类别（《说文》中还有一些不以"词"解释的虚词，这里暂不涉及）：

（1）叹词：䜣、𥕢、𩴁、诶。

（2）句首发语词：欥（即"聿"字）、臮（即"洎"字）、粤。

（3）句末语气词：只、矣、尔。

（4）连词：矧。

（5）副词：宁、各、乃、皆、曾、曶（即"忽"字）、甹。

（6）代词：𠷎（即"畴"字）、者。

（7）引述言说的动词：曰、白。

① 郑奠、麦梅翘编《古汉语语法学资料汇编》，中华书局，1964年，第1—90页。

② 孙玄常《汉语语法学简史》，安徽教育出版社，1983年，第3—7页。

③ 龚千炎《中国语法学史稿》，语文出版社，1987年，第4—9页。

④ 赵振铎《中国语言学史》，河北教育出版社，2000年，第58—60页。

（8）形容词：鲁、智、侉[①]。

需要注意的是，《说文》作为字书，意在分析造字的本义，即只关注为虚词概念的“词”而造的字，因此，通过引申或假借而有“词”的用法的字例，比如本义为名词胡须的“而”和动词长出的“之”，它们的虚词用法，不在《说文》的陈述范围之内。另一方面，一些《说文》造有本字的词，在通行文献中，本字废而不用，能够见到的是假借用例。还有一些字，如上引叹词各例，因语言的新陈代谢，已经退出交际，在文献中连通假的形式也无法找到。

此外，“曰、白”因作为话语引用的标记而归入了“词”。但从“曰”的“鲁、智”由于字形的连及关系，阑入了《说文》的“词”中，未免过宽。尽管如此，《说文》对于虚词的认识，还是得到很高程度的认同，后代虚词著作，基本上都在《说文》所举“词”的范围内展开讨论。

《说文》对于“词”和“辞”的区分，在语用中并没有得到公众认同。历代文献中，虽不乏有人用“词”表示虚词，但在多数情况下，都采用“辞”表示虚词的概念。乾嘉以后，一些学者重视字的本义，清代王引之《经传释词》用“词”代替“辞”或“语助”“虚字”一类说法，其后又有清代吴昌莹《经词衍释》、杨树达《词诠》和徐仁甫的《广释词》。这些书名中的“词”，都遵用了《说文》所定义的“词”的含义，指传统意义的虚词。

遗憾的是，许慎的意见没有得到今人应有的重视和正确的解读，因而出现一些偏差。在代表当今汉语研究比较高水平的工具书中，《汉语大字典》以《说文》为本，在“词”这个字头下却这样解释：

> 语言中最小的可以自由运用的独立音义单位。《说文·司部》：“词，意内而言外也”。……旧专指语助词、虚词，五代徐锴《说文系传通论》：“词者，音内而言外，在音之内在言之外也。何以言之？惟也，思也，曰

① 《说文解字·人部》［（清）段玉裁注《说文解字注》，中华书局，2013 年，第 385 页］：“侉，惫词也。”段注［（清）段玉裁注《说文解字注》，凤凰出版社，2007 年，第 668 页］：“按，《尔雅》、《毛传》皆曰：‘夸毗，体多柔’，然则侉即夸毗字乎。”

也，兮也，期也。若此之类皆词也，语之助也。”

这个解释，混淆了《说文》中“词”的含义和现代语言学概念的“词”，而吕叔湘《语文常谈》“‘词’的今昔”对此早有清晰的说明：

古时候所谓“词”是虚字的意思。用做语言单位的名称，好像是从章士钊的《中等国文典》开始。

把古已有之的表示虚词的“词”，作为20世纪才出现的“语言中最小的可以自由运用的独立音义单位”概念的分支义，未免颠倒本末。

《汉语大词典》“词”条下收了十二个义项，但首列“言辞、文辞”义。按《说文》的意见，这是“辞”的概念借用了“词”字来表达，与“词”的本义无涉。其第五个义项是“语言组织中的基本单位”，第六个义项是“旧时亦专指语助词、虚词”，首引徐锴《〈说文系传〉通论》，远离其本。

三、“实字”和“虚字”

汉语的文学创作，从六朝开始起有一个大的变化，骈体文的流行和随后的格律诗的兴起，使对仗成为文学创作中带有标志性的基本手段。

关于对仗的语言特点，王力先生有过很好的归纳：“对偶的一般规则，是名词对名词，动词对动词，形容词对形容词，副词对副词。”[①]词性相同是对仗的一个基本要求。因此，蕴含在对仗中的词类关系，受到人们的注意。孙玄常在《汉语语法学简史》[②]中说：“区别实字和虚字始于宋人，渊源大约可以推到唐代。”孙良明先生《中国古代语法学探究》根据唐代来华日僧弘法（774—835）留学长安归国后所作的《文镜秘府论》中所列“二十九种对”说：

---

① 王力《诗词格律》，2版，中华书局，1977年，第10页。
② 孙玄常《汉语语法学简史》，安徽教育出版社，1983年，第8页。

一个日本人的著作中都出现“虚名”“实名”和语词虚、实相对提法，可以想象这两个名称在当时中国学者中使用之广泛以及当时中国学者语词虚实对立观念树立之明确。①

今存国内文献中已经看不到唐时的此类材料。在宋代，表示实体概念的用字称为“实字”，与其他词类成分（虚字）区分开来，例如：

“悲台萧飒石巃嵸，哀壑杈桠浪呼汹。”“浪”字从别本。考两句属对之工，当用一实字。（宋代阮阅《诗话总龟》后集卷十八。按：“浪呼汹”，各本作“浩呼汹”，阮阅改“浩”为“浪”，校曰“‘浪’字从别本”，周本淳、陈新校点：“‘从’原作‘作’，依明抄本改。”②）

诗有实字而善用之者，以实为虚。杜云：“弟子贫原宪，诸生老伏虔。”“老”字盖用“赵充国请行，上老之”。（宋代杨万里《诚斋集》卷一百一十四。“老”兼作形容词和名词，这里是意动用法。但杨万里认为是实字“老”用为虚字。）

（杜甫）《龙门》曰：“往还时屡改，川水日悠哉。”是以实对虚也。大手笔如老杜则可，然未免为白圭之玷，恐后学不可效尤。（宋代孙奕《示儿编》。此诗以“川水”对“往还”，即名词对动词，因此称“以实对虚”。）

杜陵诗云“桑麻深雨露，燕雀半生成”，后山诗云“辍耕扶日月，起废极吹嘘”，或谓虚实不类，殊不知生为造、成为化、吹为阴、嘘为阳，气势力量与日月字正相配也。（宋代罗大经《鹤林玉露》卷三。此例中“生成”“吹嘘”与“雨露”“日月”相对。罗大经认为“生成”相当于“造化”，“吹嘘”相当于“阴阳”，“造化”和“阴阳”都有名词义，即实

---

① 孙良明引《文镜秘府论·二十九种对》数例，如“第一，的名对……又曰：‘日月光天德，山河壮帝居。’有虚名、实名，上对实名也。按：指“日月”“山河”为两实名相对。“第廿三，偏对。……诗曰：‘春豫过灵沼，云旗出凤城。’此例多矣，但天然语，今虽虚亦对实。按：“豫”义同“游”……为动词，是虚；“旗”为名词，是实。“春豫”一实一虚，“云旗”两实，二者为偏对。“第廿四，双虚实对。诗曰：‘故人云雨散，空山往来疏。’此对当句义，不同互成。按：王利器注：盖‘故人’对‘空山’，实也；‘云雨散’对‘来往疏’，虚也：故名双虚实对，而非互成也。”（孙良明《中国古代语法学探究》，增订本，商务印书馆，2005年，第303—304页）

② 参（宋）阮阅《诗话总龟》，排印本，人民文学出版社，1987年。

字义，因此可以和实字“雨露”“日月”对仗。）

王维诗“卫青不改由天幸，李广无功缘数奇”，以“数”字对“天”字，若作“朔”音，则为虚字，不可以对“天”字。（宋代叶大庆《考古质疑》卷三。“数”多音多义，诗中指“命运”，是名词，属实字。若读shuò，则是屡次的意思，副词，属虚字。）

词与诗不同，词之句语有二字、三字、四字至六字、七八字者，若堆叠实字，读且不通，况付之雪儿乎？合用虚字呼唤，单字如“正”“但”“甚”“任”之类，两字如“莫是、还又、那堪”之类，三字如“更能消、最无端、又却是”之类，此等虚字却要用之得其所，若能尽用虚字，句语自活，必不质实，观者无掩卷之诮。（宋代张炎《词源》）

其中，“实字”相当于今天的名词，“虚字”则指“实字”之外的语言成分，包括动词和历来被称为“语助”或“辞”等的其他成分。对虚字的这种理解，在宋代张炎《词源》以及同类的对词曲“一字逗”等引起对仗的用词或散句的分析中，得到了充分体现，其中的动词、副词、连词、介词等经常出现在词曲中对仗前的引起成分都被归入了“虚字”。

“实字”“虚字”概念提出后，就被当时一些学者用来分析经典中的用语，成为训诂分析中的一个手段。一代学问大家朱熹，在他的讨论中就常常使用实字和虚字概念：

致堂谓学所以求仁也，仁是无头面底，若将实字来解求仁则可。若以求仁解学字，又没理会了。直卿云，若如此说，一部《论语》只将求仁二字说，便了也。（宋代黎靖德《朱子语类》卷二十）

“以约失之者鲜”，“约”字是实字。若“约之于中”“约之于礼”，则约字轻。（宋代黎靖德《朱子语类》卷二十七。“轻”，意同虚，指“约”的动词义。）

问：“吕氏言‘中则性也’，或谓此与‘性即理也’语意似同，铢疑不然。”先生曰：“公意如何？”铢曰：“理者，万事万物之道理，性皆有之，而无不具者也。故谓性即理则可中者，又所以言此理之不偏倚，无过不及者，故伊川只说状性之体段。”曰：“中是虚字，理是实字，故中

所以状性之体段。”铢曰：“然则，谓性中可乎？”曰：“此处定有脱误，性中亦说得未尽。”（宋代黎靖德《朱子语类》卷六十二）

用太极者，性之本体，其说有病。如明道所谓其体则谓之易，其理则谓之道，其用则谓之神，方说得的当。然伊川所谓“体”字，与实字相似，乃是该体用而言，如阴阳动静之类，毕竟是阴为体，阳为用，静而动，动而静，是所以为易之体也。（宋代朱鉴《文公易说》卷十九）

其中的实字都指名词，虚字指动词或形容词。在他人与朱熹的讨论中，也可以看到实字虚字概念的使用，例如以下两封信：

字义固有一字而数义者，用字则有专一义者，有兼数义者。而字之指归又有虚实，虚字则但当论字义，实字则当论所指之实。论其所指之实，则有非字义所能拘者。如元字有始义、有长义、有大义，坤五之元、吉屯之元。亨则是虚字，专为大义，不可复以他义参之。如干元之元则是实字，论其所指之实，则文言所谓善，所谓仁，皆元也。亦岂可以字义拘之哉？极字亦如此，太极、皇极乃是实字，所指之实，岂容有二充塞宇宙？无非此理岂容以字义拘之乎？中即至理何尝不兼至义？大学文言皆言知至，所谓至者，即此理也。（宋代陆九渊《与朱元晦》之二，见《象山先生全集》卷二）

来书云《大学》《文言》皆言知至。熹详，知、至二字虽同，而在《大学》则“知”为实字，“至”为虚字，两字上重而下轻，盖曰心之所知，无不到耳。在《文言》则“知”为虚字，“至”为实字，两字上轻而下重，盖曰有以知其所当至之地耳。两义既自不同，而与太极之为至极者又皆不相似，请更详之。（宋代朱熹《答陆子静》之五，见《晦庵先生朱文公文集》卷三十六）

其他学人也有使用“实字”“虚字”概念探讨文意的，尤其是同一字兼有名词和动词用法时的意义差别，例如：

唐明皇因《表记》向往兴起之义，其序《孝经》遂有“景行先哲”之语，似以“景行”二实字为人心向往之虚字。《表记》善于言诗，而明皇不善于读《表记》矣。后世缘此遂有景慕之说，是不以景为大也。音释者又或以行作去声，是不以行为路也。皆始于明皇之误，非经旨矣。（宋代黄震《黄氏日抄》卷四）

（王敬作所不可不敬德）古注云，敬为所不可不敬之德。蔡云，所，处所也，犹“所其无逸”之所，王能以敬为所，则无往而不居敬矣。古说作一句读，“所”作虚字说；蔡作两句读，“所”作实字说。然古注不费力。（宋代黄震《黄氏日抄》卷五）

彖辞，卦有六爻，远近承乘，爱恶之不同，理之使有条而不乱也，穷理尽性以至于命者。上“理”字是虚字，此“理”字是实字。（宋代丁易东《易象义》卷十六）

除了直接使用“实字”来表示名词的用例，还有对实字范围的探讨，例如：

杜诗用字。律诗用自字相字共字独字谁字之类，皆是实字，及彼我所称，当以为对，故杜老未尝不然。今略纪其句于此：“径石相萦带，川云自去留。”“山花相映发，水鸟自孤飞。”“衰颜聊自哂，小吏最相轻。”“高城秋自落，杂树晚相迷。”“百鸟各相命，孤云无自心。”“胜地初相引，徐行得自娱。”“云里相呼疾，沙边自宿稀。”“暗飞萤自照，水宿鸟相呼。”“猿挂时相学，鸥行炯自如。”“自吟诗送老，相劝酒开颜。”“俱飞蛱蝶元相逐，并蒂芙蓉本自双。”“自去自来堂上燕，相亲相近水中鸥。”“此时对雪遥相忆，送客逢春可自由。”“梅花欲开不自觉，棣萼一别永相望。”“桃花气暖眼自醉，春渚日落梦相牵。”此以自字对相字也。“自须开竹径，谁道避云萝？”“自笑灯前舞，谁怜醉后歌？”“死去凭谁报，归来始自怜。”“哀歌时自短，醉舞为谁醒？”“离别人谁在，经过老自休。”“永夜角声悲自语，中天月色好谁看”，此以自字对谁字也。“野人时独往，云木晓相参。”“正月莺相见，非时鸟共闻。”“江上形容吾独老，天涯风俗病相亲。”“纵饮久判人共弃，懒朝真与世相违。”“此日此时人共得，一谈一笑俗相看。”此以共字独字对相字也。（宋代洪迈《容斋续笔》卷五）

洪迈在文中认为“自”“相”指人，可以跟“谁”作对，因而跟“彼”“我”等代词同类，属实字。洪迈的意见和一般的认识不同，其中的是非高下另当别论，但实字概念的影响可见一斑。实字和虚字等概念，还被引入了宋人的诗文教学指导中，例如：

> 东坡教诸子作文，或辞多而意寡，或虚字多实字少，皆批谕之。（宋代周辉《清波杂志》卷七）

也有超出诗歌或古文训解的范围，利用实字虚字的概念，对他人的散文提出批评的：

> 欧公散文自为一代之祖，而所不足者精洁峻健耳。《五代史论》曲折太过，往往支离蹉跌，或至涣散而不收，助词虚字亦多不惬，如《吴越世家论》尤甚也。（金代王若虚《滹南遗老集》卷三十六“文辨”。注意：此例把助词与虚字分列开来。）

宋代以后，“实字”和“虚字”的概念在文学作品分析和古籍训解实践中继续使用，此不赘举。到了清代，还进入了官方的文献，包括皇帝的谕旨中，例如：

> 其解格物，既不从朱子事物之说，而亦不取王守仁所云格去此心之物，乃谓即上文物有本末之物，其中精微处如等格然，不可不分晓信。如尚忠说，则“格”乃实字，无用力之意。致知在格物句，文义岂复可通？（清代永瑢《四库全书总目提要》卷三十七《书会解》提要）
>
> 盖宋诗多空疏率易，故沆立多用实字则健之。说而主持太过，遂至于偏。（清代永瑢《四库全书总目提要》卷一百九十五《环溪诗话》提要）
>
> 上谕：近来凡有谕旨兼蒙古文者，必经朕亲加考正，方可颁发。而以理藩院所拟原稿示蒙古王公等，多不能解。缘翻译人员未能谙习蒙古语，就虚文实字敷衍成篇，遂致不相吻合。（清代《钦定八旗通志》卷首之十二）

《八旗通志》一例，涉及了蒙古语。把实字和虚字观念用于汉语与其他语言的讨论在清代文献中还有多例，这说明，实字和虚字已经是一对相当流行的语法分析观念了，例如：

（琉球）国初无文字，舜天依日本书制字母四十七名，依鲁花略放中国切音三十六字母意，或借以反切，或取以连书，琉球有字自此始。后于明初赐以三十六姓，又许陪臣子弟入国学肄业，中华文字渐流入境。今得中国书，多用钩挑旁记，逐句倒读，实字居上，虚字倒下，逆读。文移中参用中国一二字，上下皆国字，犹存舜天遗制。（清代《皇朝文献通考》卷二百九十五）

番人称好曰雅古，藏地本无汉字，今就其音而笔之。雅或作亚，古或作孤，无不可也。余音仿此。不好曰雅古麻力，犹云以言好则不也。藏语大抵实字居上，虚字居下。（清代周霭联《西藏纪游》卷一①）

在《皇朝通志》卷十一“书略”中，谈及了满语中的“实字虚用”和“虚字实用”等现象，其引文因杂有满文字母，不便书引，此略。其他清人文献中谈及实字虚字的材料，各家所引颇多，此不赘举。可见，实字虚字概念，在清代已经非常流行了。

四、“死字”和“活字”

宋人还提出了“死字”“活字”的概念，例如：

作诗要健字撑拄，要活字斡旋。“红入桃花嫩，青归柳叶新”“弟子贫原宪，诸生老伏虔”，“入”与“归”字、“贫”与“老”字乃撑拄也。“生理何颜面，忧端且岁时”“名岂文章著，官应老病休”，“何”与“且”字、“岂”与“应”字乃斡旋也。撑拄如屋之有柱，斡旋如车之有轴，文亦然，诗以字，文以句。（宋代罗大经《鹤林玉露》卷六）

此例中，作撑柱的“健字”，是作谓语的动词或形容词，用来斡旋的

① （清）周霭联《西藏纪游》，张江华点校，中国藏学出版社，2006年，第5—6页。

"活字"，则是占据谓语位置的虚词。在多数情况下，"活字"指表行为的动词，跟表名物的"死字"相对，例如：

> 小学不得令日日作诗作对，虚费日力。今世俗之教，十五岁前不能读记九经正文，皆是此弊。但令习字演文之日，将已说小学书作口义以学演文，每句先逐字训之，然后通解一句之意，又通结一章之意，相接续作去，明理演文，一举两得。更令记对类单字，使知虚实死活字，更记类首长天永日字，但临放学时面属一对便行，使略知对偶、轻重虚实足矣。（元代程端礼《程氏家塾读书分年日程纲领》卷一）
>
> 敏树是树艺之树，是活字。（元代许谦《读中庸丛说》卷下）
>
> 虚字对虚，实字对实，半虚半实者亦然，是死字不可对以活字，活字不可对以死字。（明代佚名《对类》）

活字指动词，以行为活动而命名。与之相对，名词就是死字，因表示名物的词本身不表达运动的意义，运动的意义由动词表达，故称。此外，动词是虚字中的一部分，结合字的虚实，就有虚死、虚活之分，其中虚活字就是活字，相当于现在的动词，虚死字则指其他虚字，如形容词、副词、连词等，例如：

> 虚活字极难下，虚死字尤不易。盖虽是死字，欲使之活，此所以为难。老杜"古墙犹竹色，虚阁自松声"及"江山有巴蜀，栋宇自齐梁"，人到于今诵之。予近读其《瞿塘两崖》诗云："入天犹石色，穿水忽云根。""犹、忽"二字，如浮云著风，闪烁无定，谁能迹其妙处。他如"江山且相见，戎马未安居""故国犹兵马，他乡亦鼓鼙""地偏初衣袷，山拥更登危""诗书遂墙壁，奴仆且旌旄"，皆用力于一字。（宋代范晞文《对床夜语》。）
>
> 盖字之有形体者为实，字之无形体者为虚，似有而无者为半虚，似无而有者为半实。实者皆是死字，惟虚字则有死有活，死谓其自然而然者，如高下洪纤之类是也。活谓其使然而然者，如飞潜变化之类是也。（明代佚名《对类》）

五、“半实”“半虚”和汉语的词类系统

“半实”和“半虚”是对实字和虚字这一组概念的细化，也是汉语词类研究深入的结果。这一概念，最初也见于宋代，以“半虚半实”作为一个概念使用，例如：

> 今人把“守气不如守约”做题目，此不成题目。“气”是实物，“约”是半虚半实字，对不得。“守约”只是所守之约，言北宫黝之守气，不似孟施舍守气之约；孟施舍之守气，又不如曾子所守之约也。孟施舍就气上做工夫，曾子就理上做工夫。（宋代黎靖德《朱子语类》卷五十二。从现代的理解来看，“气”是具体名词，而“约”是带有行为性的抽象名词，朱熹因此认为二者不可成对。）
>
> 耳、目，体也，死实字也。视、听，用也，半虚半实字也。“耳而目之”句，配以而字、之字，则死者活，实者虚矣。口中耳目，而意已视听矣。（清代袁仁林《虚字说》。此例中，视、听兼可指行为和行为的结果，故称半虚半实。）
>
> “今”，《说文》“是时也”，就当下切实指出，其字半虚半实，如“今女、今将、今也”之类。（清代丁守存《四书虚字讲义》）

在明代讨论对仗用字的《对类》中，列举了大量实字、虚字、半虚字、半实字，形成一个词类系统，参照郑奠、麦梅翘《古汉语语法学资料汇编》中的引例[①]，可以归纳如下（其中，双音词被认为是两个字的组合，比如“阴阳”是两个实字并用）：

> 助辞：然、则、乃、于、矣、欤、哉、若、只、于、之类、而已
>
> 虚字：长、短、衰、大小、古今、成败、是非，吹开、推开、妆成、凝成、飞来
>
> 虚活：闻、听、搜、需、添，吟哦、删裁、揄扬、铺张、搜寻、钻研

① 郑奠、麦梅翘编《古汉语语法学资料汇编》，中华书局，1964 年，第 110—113 页。

虚死：千、三、单、孤、众、半，昭昭、油然、轻清、光明、朦胧、团圆

半虚：香、馨、纹、颜、容、音、声、芬、阴、痕、芳

半虚死：行行、层层、般般、个个、片片、阵阵、寻常、丝毫、些须、赢余、锱铢

半实：声、光、威、情、怀、态、度、量、想，精神、精华、婚姻、典故、世务

实字：天、桃、梨、经、诗、文、词、易、礼，乾坤、云霞、春天、晨风、冬霜

另外，还有不同类别的组合：半虚半实类（如香边、影前）、上虚死下虚类（如轻敲、低临）、上虚死下虚活类（如闲游、狂歌）、上虚下半虚类（如千寻、几重）、上虚死下半虚死类（如微辞、妙趣）、上半虚死下虚活类（如东升、右转）、上虚活下实类（如行云、横空）、上虚活下半虚类（如商功、纪事）、上虚活下半虚死类（如生寒、指南）、上虚活下半实类（如调元、话外）、上虚死下实类（如长天、始霜）、上虚死下半实类（如无声、何言、有声、不常）、上半虚死下实类（如祥云、晴天、凉风）。

《对类》中，助辞是实字和虚字之外的一类，与王若虚同。此外，用现代的词类观念来看，实字相当于实体名词，半实字指抽象名词；虚字包括形容词和动词等，其中再作细分，虚活字指动词，虚死字指形容词、数词。量词和感知性强的形容词为半虚死字，方位词或入半实字或归半虚死字。

汉语语法研究中，词的归类非常复杂，至今未能做到十全十美。出现在明代的《对类》的虚字和实字两类之间，包含了半虚、半实等中间类别，形成一个连续统，其中有少数的字分类界限不清，部分类别关系也不明晰，比如虚字与虚活、虚死，半虚与半虚死之间的关系，存在重叠现象，同类的词会出现在相邻类别之中，不够精密。但从整体上看，尽管《对类》对汉语词的语法归类或有未精，但确实已经很清晰地勾勒出了汉语词类系统的轮廓。

六、字类的关系

每个词都有固定的词性，出现在相宜的句中位置，在句中承担相应的功能。但是，有些词会超出它的词性和词义限制，表示包含它原有意义在内的复杂意义，并承担上级语法成分的语法功能，占据上级的语法位置①。对于这类现象，现在通常叫作“词类活用”。一般认为，“词类活用”这个概念是陈承泽最先提出的，但在《马氏文通》之前，已经出现了不少相关的讨论，例如：

实字虚用，死字活用，此等用法，虽字书亦不能遍释，如“人其人，火其书，庐其居”“墟其国，草其朝”“生死肉骨”“土国城漕”之类，上一字俱系死实字，一经如此用之，顿成虚活……凡死皆可活，但有用不用之时耳。从其体之静者，随分写之，则为实为死；从其用之动者，以意遣之，则为虚为活，用字之新奇简炼，此亦一法，然其虚用活用，必亦由上下文知之，若单字独出，则无从见矣。（清代袁仁林《虚字说》）

此类意见，也见于清人的诗文分析研究中，例如：

昌黎《古寒》诗“六龙冰脱髯”，《寄李大夫》诗“无因帆江水”，冰字帆字，皆以实字虚用，死字活用，作去声读。（清代黄本骥《痴学》卷六）

“永夜角声悲自语，中天月色好谁看”注：“角声惨栗，悲哉自语，月色分明，好与谁看。……按《杜臆》：‘悲自语，好谁看，下三字连读。’悲字、好字，作活字用。《测旨》将角声悲、月色好连读于下两字，未妥。”（清代仇兆鳌《杜诗详注·宿府》）

“异方初艳菊，故里亦高桐”注：“《杜臆》：‘菊开花而吐艳，桐

① 参俞理明《词类活用和汉语构句中的辅重现象》，《古汉语研究》2008年第3期，第48—55页；俞理明《名词词类活用的语法-语义分析》，载《汉语史研究集刊》第12辑，巴蜀书社，2009年，第1—19页。

脱叶而枝高。’艳高二字，死字活用。”（清代仇兆鳌《杜诗详注·陪郑公晚秋北池临眺》）

“放筐亭午际，洗剥相蒙幂”注：“旧注‘洗其土，剥其毛。’按：‘相蒙幂’乃信手堆放之谓，不必依旧注，以幂字作覆食巾，实用。”（清代浦起龙《读杜心解·驱竖子摘苍耳》）

《前苦寒行二首》注：“苦寒，犹云严寒、盛寒，苦字不作活字用。公诗凡言热处，多用执热，执字亦不作活字用，与此同。”（清代浦起龙《读杜心解·前苦寒行二首》）

“地下无朝烛，人间有赐金”注：“赵注‘“朝烛”当音朝觐之朝。凡朝在早，则秉烛受朝，地下无之也。’按：朝与赐对，宜活用。赵说是。”（清代浦起龙《读杜心解·骊山》）

当然，与今人不同，清人使用的虚、实、死、活等概念，指的是虚字、实字、死字、活字，“活用”也不是“灵活运用”的意思，而是“当活字用”，对此，不可误读。

七、动字和静字

宋人还提出了“动字”和“静字”的概念，例如：

宪问篇。“霸诸侯”注云：“霸与伯同，长也。”愚意天下之主谓之王，诸侯之长谓之伯，此指其定位而名也。以德方兴而为天下所归则王平声，声转而为王去声。王政不纲而诸侯之长自整齐其诸侯，则伯声转而为霸，皆有为之称也。正音为静字，转声为动字。（宋代黄震《黄氏日抄》卷二）

元人继承了这样的意见，刘鉴据宋人贾昌朝《群经音辨》中论及词类活用中变音关系的“字音清浊”，提出朱笔标示破读字的原则，例如：

凡字之动字者，在诸经史当以朱笔圈之，静者不当圈也。(《切韵指南》

附《经史动静字者》）

字诂字有分体用、动静者，如号令、政令，实字也，其义体也，其声静也（音零去声）。使令之令，活字也，其义用也，其声动也（音零）。按此例至宋代始分晰精密，然而字音犹多死活并用，如学问、学校同音，明察、光明同音，攻门曰门，音等门户，筑城曰城，音等城郭之类，其例亦多有未尽拘者。（清代谢鼎卿《虚字阐义》卷二。体，指名物。用，行为。动，破读。静，读本音。）

至传道、传闻、传授之传，乃一定之平声；纪载之传，一定之去声。此音之分动静不可易者也。（《康熙字典·人部》“传”字释义）

据此，可以认为，“静字”表示读本音的字，“动字”指破读的字，即改变意义的同时也改变了读音。这些字音的变化，跟它们的词性变化有关，但词性变化不一定改变声调，且声调与词性没有直接联系。

此前，宋人也有谈及静字的，似与词性有关，但语焉不详，例如：

腔子多有句上合用虚字，如嗟字、奈字、况字、更字、又字、料字、想字、正字、甚字，用之不妨，如一词中两三次用之，便不好，谓之空头字。不若径用一静字，顶上道下来，句法又健，然不可多用。（宋代沈义父《乐府指迷》）

不过，到了清代，对“动字”“静字”出现了另外一种理解，即用动字指动词，静字指名词和形容词，例如：

盖，《说文》“苫也”，《释器》“白盖谓之苫”。苫、盖，物名，而“苫之”、“盖之”，用为动字。（清代王筠《说文句读》卷八）

几，《说文》“微也，殆也”，案“微也”是静字，“殆也”是动字，故两言之。（清代王筠《说文句读》卷八）

“示”下云“天垂象”，象，兽也，此借为静字。六书“象形”，又借为动字，《支部》“效，象也”，亦动字。（清代王筠《说文释例》卷五）

攻，击也，假借为工，《小尔雅·广诂》：“攻，善也。”《西周策》“是攻用兵”注：“巧也。”《小尔雅·广诂》：“攻，治也。”《考工记》凡攻木之“工”七。按犹《诗》“雉离于罗”“薪是获薪”“景行行止”“如涂涂附”“行彼周行”“载输尔载”“于时庐旅”“言授之絷，以絷其马”，《仪礼》“士羞庶羞”，《论语》“求善贾而沽诸”，皆一静字一动字也。（清代朱骏声《说文通训定声》丰部第一）

八、小　　结

（1）综观以上材料，可以梳理出汉语词类研究的简单脉络。

汉语词类的分析，至少在西汉已经开始，最初是被称为“词（辞）”的虚词，它们的共同特点是不充当句子成分，或不充当句子的主干成分。其后，对虚词的内部也有了分析，南朝梁刘勰把现在句首、句中、句末的虚词分为“发端”“札句”“送末”三类，唐刘知几指出了这类发端断句成分在构句中的关键作用；而柳宗元还把句末语气词分为“疑词”“决词”两类。

唐宋时人在词类分析中贡献卓著，实字、虚字、死字、活字，以及半实、半虚等概念的提出，为汉语词类的深入分析作出了具有开创意义的探索和实践，这种努力，为明代《对类》中系统的汉语词类分析观念的形成，提供了坚实的基础。

清人的词类分析知识已经相当普遍，相关的概念，甚至被用于其他语言的讨论分析之中，还用动字、静字代替活字、死字的概念，用动字指动词而用静字指名词和形容词。

（2）从语用的角度观察汉语词类分析的历程，可以看到，最初对虚词的分析，出于经典的训读，但南北朝以后，有人把这些概念用在了辞章的分析中，成为文学辞章分析的一种手段。伴随骈体文和格律诗的盛行，对仗成为文人必具的文学修养，对于诗文对仗技巧的分析研究，引发了对汉语词类的划分和细化。此后，词类分析，主要用于对仗的写作和诗文写作技巧的分析评价之中，具有很强的实用性，受到辞章学研究的高度重视，明《对类》就是一种服务于对偶写作的工具书。经典的训读中虽偶或用之，但不入传统小学研究的主流，相关的概念，比如“虚”“实”“死”“活”等，都没有成为小学研究的内容，至今的训诂研究中，虽或时有涉及“辞”的概念，但未见其他涉及词性相关的概念。

在古代汉语研究的学术传承中，以传统小学为主线，对古代的辞章研究关注不够，这就导致现有的各本中国语言学史中，大多未涉及汉语语法的历史研究，尤其是词类的研究。各本汉语语法学史，往往偏重于虚词，在其他词的分类方面着力不够，有待深入。

（3）古代词类分析观念的使用人群，似乎也有某种局限。像实字和虚字一类的概念，主要用于文学家或文学写作分析，其中约有半数是在谈论杜甫的诗歌时用到的，其他场合使用不多。但涉及文献解读的，在宋代几乎只限于朱熹和他的门人。这样的使用范围，让人感觉，这是一些相当深奥的概念，主要用于高端专业的学者和他们的作品，不是基础学习或基础教育中的内容。因此，尽管清代皇帝都学习和使用了这类概念，但民间对这些概念的理解和使用，却并不普遍，且认识不一，缺乏规范，相关的词类概念缺乏系统的整理和明确的界定，对这些概念的理解和使用时有混乱。这种局面，一直到《马氏文通》的出现，才得以结束。

《马氏文通》甚至更早的西方传教士的汉语语法著作中，都从汉语传统词类分析中吸取了不少成分。但是在学习西方的热潮中，人们更多地关注《马氏文通》与西方语言研究的联系，忽略了它对中国传统研究的继承和吸收，未免偏颇。有必要给予中国传统研究中的词类观念更多的关注，深入了解前人在这方面的各种努力和已有成就，充实和完善汉语词类研究史料，客观、全面、准确地反映汉语语法学的发展历史。

（原刊《汉语史研究集刊》第十八辑，巴蜀书社 2014 年）

语义标记和汉语构词的不对称现象

吕叔湘先生（1984）在“有‘大’无‘小’”一则中说：世间事物名称，一般说，有“大”必有“小”，如“大麦、小麦”“大脑、小脑”“大人物、小人物”“大年夜、小年夜”。可是也有不少名称是只有“大”没有“小”的，例如：

大海、大陆、大战、大殿、大楼、大厅、大粪、大衣、大庆、大自然、大少爷、大团圆、大杂院、大红（颜色）、大黄（药）、大本营、大后方、大革命、大门、大虫、大饼、大赦、大使、大师傅、大扫除、大舌头、大杂烩、（说）大话、（发）大水、（一场）大火

沈家煊[①]把这类现象称为构词方面的不对称，胡敕瑞则称作语义突显[②]。本文尝试运用标记论和语义分析等方法对这些词语作一探讨。

受汉语双音化的影响，上举各例中，一些单音语素复音化了，因此，有的词去了“大”就不能单说，如“陆、战、庆、衣、使、赦”等，需要加上相应的组合成分构成“陆地、战争、庆祝、衣服、使节、赦免”，才相当于它们在“大~”中的意义，但这不影响我们的分析，可以忽略不计。

以上各例之间是有区别的，我们把它们分成三组进行讨论。

---

① 沈家煊《不对称和标记论》，江西教育出版社，1999年，第2页。

② 据胡敕瑞在杭州商务印书馆语言学出版基金第二次中青年语言学者论坛（2004 年 5 月）上的交流发言，刊北京大学汉语语言学研究中心《语言学论丛》编委会编《语言学论丛》第 31 辑，商务印书馆，2005年，第1—21页，名为《从隐含到呈现（上）——试论中古词汇的一个本质变化》。

一、"~"前加"大"后意义变化，"大~"属于"~"的一种

这类词的不对称关系是形式上的，它们的对称成分用其他形式表达，这样的词举例如下：

大陆，大红（颜色），大门，大使，大赦，大粪，大虫

从语义关系来看，这组词中"大~"（比如"大陆"）与"~"（比如"陆地"）处在不同的层面上，"大~"是"~"中的一类；在"~"之下，"大~"有意义相对的词，只不过习惯上不用"小~"来对应"大~"，而是采用其他的方式。这样造成了形式上的不对称，而在词汇中，存在着与它们意义对称的成分，有时还不止一个。例如：

"大陆"与岛屿相对；

"大红"与桃红、粉红、橘红、紫红等相对；

"大门"与二门，或旁门、后门等相对；

"大厅"与"饭厅""门厅""过厅"等相对；

"大衣"与上衣、衬衣、内衣等相对（有方言把衬裤叫小衣，意义不同）；

"大使"即"特命全权大使"，是一个国家最高规格的使者，相对的有"公使""特使"；

"大赦"指广泛的赦免，对个别人的赦免叫"特赦"；

"粪便"指人和动物的排泄物，"大粪"表示人的粪便，区别于"鸟粪""牛粪"等；

"大虫"指老虎，与蛇称"长虫"或其他"~虫"相对，称"大"是它与人类争夺生存空间，造成侵害最甚。

这类词的语义关系可用图1表示：

陆地　　　红色　　　门　　　赦免
/ \　　　/ \　　　/ \　　　/ \
大陆↔岛屿　　大红↔桃红　　大门↔二门　　大赦↔特赦

图 1　“大~”的意义属于“~”的词的语义关系示例

这类“大~”的词语采用“大”作限定成分标示本身的意义特点，而与它相对的、规模小、程度低的同类词语没有采用“小~”的形式，主要原因如下：因已采用其他形式而没有采用相同的命名方式，如与“大陆”相对的“岛屿”；不是简单地处在另一极的对立状态，如麦子因主要有两类而分为大麦和小麦，而大红相对的桃红、橘红、紫红等为多向区别；其中的“大”本身并不与“小”对立，如“大门”的“大”表“第一”或“主要”，与“二”“次要”相对；出于某种语用心理，如对个别人的赦免称“特赦”，表示特殊待遇等，造成这类的“大~”没有对称的“小~”。

二、“~”前加“大”后意义变化，“大~”与“~”意义相对

这一类词，“大~”不与“小~”相对，而是与“~”相对，造成不对称关系。例如：

大战，大楼，大厅，大庆，大扫除，大舌头，大话

这些词语情况与上一组不同，一方面，从概念上说，“~”包括了“大~”，但是，“大~”在“~”的下位层没有直接相对的词语，形成缺位，导致“~”与“大~”的词语直接处在最小子语义场中。举例如下：“战争”包括“大战”，但“大战”直接与“战争”成为同一个最小子语义场的成分，没有更下位的关系了。此类关系可用图 2 表示：

战争　　　　　　　　　楼房
/ \　　　　　　　　　/ \
大战 ↔ O　　=大战 ↔ 战争　　大楼 ↔ O　　=大楼↔楼房

图 2　“大~”的意义与“~”相对的词的语义关系示例

用标记论来分析，当这些词不加“大”的时候，为零标记，表示一般、无区别的状态，属于中性；加了“大”之后，表示程度、范围等超出一般状态，处于极度或过度（不正常）的状态。

在这里，“大”不直接跟“小”相对，而是与它的常态（无区别状态）相对。造成这种现象的原因是，这些词语本身的语义偏向于“大”，只允许有“+超出”的意义（表示特别大），排斥“-超出”的意义，例如：

“战争”不指小规模的武装冲突；
“楼房”不指低矮狭小简陋的房屋（有“小楼”的说法，但不成词）；
“庆祝”要热烈，不能冷清；
“扫除”要干净，“大”强调彻底，不扫干净就否定了扫除的意义；
“大舌头”指说话不灵活，舌头小就灵活了，属常态；
“大话”没有事实根据，有根据的话就不“大”了，属常态。

三、“~”前加“大”后意义不变

大多数情况属于此类。加“大”与不加“大”意义基本没有区别，也就是说，“~”表示一种事物，“大~”并不是指“~”中的一种，而是指“~”本身，“大”在这里没有意义上的区别作用。“~”和“大~”在语义上没有包容关系，也不构成语义场中的上下位关系。例如：

大海—海，大殿—殿，大自然—自然，大少爷—少爷，大团圆—团圆，大杂院—杂院儿，大本营—本营①，大后方—后方，大革命—革命，大杂烩—杂烩，大师傅—师傅（专指厨师），（发）大水—水（灾），（一场）大火—火（灾）

从最小子语义场来看，“大~”和“~”同义，不构成互补的同场关系，

① 现代汉语中不用“本营”这个词，但这个词以前可以单用。参《汉语大词典》（罗竹风主编，汉语大词典出版社，1989年第1版，第4卷，第719页）。

它们互补的同场成分用其他的词来表示，比如“大海”与“湖泊”“江河”“溪流”构成同场关系，“大团圆”与“聚会”“分离”构成同场关系，“革命”与“保守”“反动”“改良”构成同场关系。这些词如果单独使用中心成分或改换限定成分，不能表达同一范畴中不同程度或范围的概念，如“大火”表示火灾，单独的“火”或烹饪时用的“大火”“小火”“中火”则不表示灾害，属于另外的语义范畴。

需要注意的是，这类定中结构与上两类不同，限定语素与中心语素的结合，没有引起意义的变化，或者说，限定语素没有给这个词带来新的意义，没有起到限定的作用。因此，要探讨一下这些词中的“大”是从什么地方来的，为什么这么用。

在前两组例子中，“大”表示的是一个附加的意义，通过“大”的表意作用，改变了中心语素的某些量的特征。但在本组词语中，“大”所表示的意义，是未加“大”时已经具备的，例如：

表范围宽广，例如：海、殿、自然

表程度剧烈，例如：革命、水（灾）、火（灾）

表众多汇聚，例如：团圆、杂院、杂烩

表地位高，例如：少爷、师傅

表基础根本，例如：本营、后方

可用义素分析的方法来显示这类词的义素，例如：

殿：[高大]+[房屋]

杂院：[众多]+[人家]+[居住]+[院子]

“大”进入这些词语时，在意义上，分别与这些词中原有的范围宽广、程度剧烈、数量众多、地位高贵或重要等相当。可以看出，本组中“大~”与前两组“大~”最主要的不同在于，它的语义来源于原词自身，是原词自有义素显示的结果，原词的本身意义决定了“大”的出现，因此，这是一种内标记的成分，即标记的是中心语素内固有的义素，使之显化为附加语素。

如果改变其中表示范围大、程度高的义素，那么这个义素的组合就不能再用这个词来表示了，即使增加附加语素也不行。比如，“低矮的房屋”是“小屋”，但不能说成“小殿”，因为“殿”有高大的含义，和“小”在语义上是冲突的；“一户人家居住的院子”不能叫作“小杂院”，因为“杂”有众多的意思，一户人家规模是小了，但与“杂”在语义上冲突，不能共存。由于“殿”“杂院”等词语本身含有表示范围程度方面极性量的意义，只能接受符合这个量的含义的成分限定，不能接受与它的量相冲突成分的限定，在这一点上，与上述第二组所讨论的词语相同。

原词所含的极性义素不同，但具有相同的表现。比如表示水域的有“洋”“海”“江” “河”“溪”等，可以分别加上表极性的“大”或“小”，“大洋”“大海”“大江”与“小溪”具有一致性，其中的“大”“小”可以不用，但不能互换，像“小海”“大溪”都不能说。相比之下，“大河”“小河”却都是可以的，因为“河”在量的含义上属中性，可以偏大，也可以偏小。

四、核心语素内语义标记造成的表达衍余

在汉语的复合词中，像以上第二组和第三组中的语素不对称现象不是个别的例外，在汉语词汇中可以看到相当数量的这类词语，比如带“小”的，举例如下：

小孩子、小刀子、小百姓（小老百姓）、小市民、小爬虫、小贩

还有其他的类似词语，例如：

老翁、老爷爷、尼姑（来自于与“比丘”相对的“比丘尼”“尼”）、女娘、女尼、女婢、女妹、幼苗、幼孺、坏家伙、坏蛋、坏东西、恩赐、私藏、潜逃

其中的限定语素，在单独使用的情况下都有反义成分，比如，“老”“幼”相对，“女”“男”相对，“坏”有反义词“好”。但是进入

这个组合后，因为语义冲突，它们的反义成分都不能参与构成和这些组合意义相反或相对的词语，因此有“坏家伙”“坏蛋”而没有“好家伙”“好蛋”，“坏东西”的反义形式“好东西”则只能用于否定，表示与“坏家伙”相同的意义，出现这种现象的原因是，“家伙”“蛋”“东西”称人都是贬义的，中心语素内含的贬义义素排斥了褒义的修饰成分。换句话说，这类词所附带的标记性的限定语素，要受中心语素中相关义素的制约，并与中心语素的意义保持一致。

从语用的经济原则来看，这类成分其实是赘余的。比如“大海”中的“大”所表示的意义，在不加“大”的“海”中就已经有了，加上“大”之后，表示的仍是那个意义。为什么会出现这样的成分？似乎可以用双音化来解释：“大”使单音节的“海”双音化了，符合汉语词汇双音化的演变规则。但是，我们也看到了不少的双音词因此而成了三音词，并且，我们也可以用其他的方式，比方同义连文，来构成双音词，如把“恩赐”说成“赐予”，而不必非用具有标记作用的限定语素来构成双音词。这说明，简单地从双音化的角度来解释是不够的。

广泛搜集同类的词语进行观察，我们发现，这类成分，都是从原词中提取了关键的、表示主要特征的内含义素，把它转化为外现的语素，就像在一个词的关键部分增加了一个着重号表示强调，使得这个词的意义更显豁、色彩更鲜明，反映了表达中的积极态度，是一种积极的“羡余”。

多数情况下，两个意义不同的语素组合在语义上互相选择，使意义从宽泛到专一，比如从“人”到“工人”再到“老工人”，在限定关系中，限定语素的增加和意义范围的缩小成反比例。但是，本文讨论的一些词语中，中心语素的意义和组合后的意义相同，增附的语素没有区别或选择的作用，而只是提示中心语素中的某个关键义素，对它进行强调，使这个义素外现。所以，这类没有限制作用的成分，与其说是限定成分，称为着重标记更为确切。

这种语义上的着重标记，在表义上似乎处于可有可无的状态，但它们有着重要的语用作用。这类羡余现象在语用中与经济原则相反相成——经济原则倾向使表达简略、省便，适用于一般情况或主观不在意，甚至有意淡化的场合；在需要强调或提示的时候，用反经济的方法，加强某些语言形式，包括语音上的加重、形式上的重复或增衍，引起对方对语流中某些部分的特别注意，达到强调的目的。

（原刊《汉语学习》2006 年第 6 期）

义素分析与汉语词汇研究

义素分析的方法在近年来词汇研究中受到重视，一些涉及词义关系的研究中采用义素分析，取得了很好的效果①，同时也出现了一些问题，这种方法的有效性和可行性因此受到质疑，有必要作一讨论。

一、义素分析

在布龙菲尔德的结构分析中，语素是最小的音义结合单位，语素以下，音节还可以再切分为音位，但对意义没有再作分析。结构主义分析在这里止步是有理由的，因为，在语素以下的分析中，语音和意义不再保持对应关系，从语素中分析出的音素，是纯形式的，它们只有表意的可能，而不是已然的表意单位。在语素以下的分析性研究中，放弃对意义的再分析，通常的理由是，因为意义过于复杂，无法把握。不过，反过来说：既然意义是复杂的，那么，更应该对它展开分析。义素分析使这种研究成为现实，而且，在义素分析中，结构主义的思路或方法仍然十分有效。②

面对纷繁复杂的词义，“义素分析法的理论基础是：义位是可以进行内部原子主义的分析的，正如音位可以进行原子主义的分析一样。……设若将某种语言的义位系统中的这些有限的构成分子也提取出来，那不是把词义的分析、描写也简单化了吗？这对语义学家们来说，不能不是一个极大的诱惑”③。用少数的义素来描写所有词语的意义，以简驭繁，确实十分诱人。

---

① 参曹炜《现代汉语词义学》，学林出版社，2001 年，第 90 页。

② 关于义素分析法的产生，参张志毅、张庆云《词汇语义学》，修订本，商务印书馆，2005 年。

③ 参曹炜《现代汉语词义学》，学林出版社，2001 年，第 86—87 页。

二、义素分析和音位分析

对语言符号的分析，在语素以下进入音义分离的阶段，出现了音位分析和义素分析，这是相对的两个方面，但在实际的分析中，二者之间有许多地方都不对应。

第一，音位分析和义素分析中的一些概念，比如“音位”“音素”和“义位”“义素”，看似相类，实不对应。从语音角度分析，得到语音最小单位“音素”；没有区别作用的音素归并成为“音位”，音位作为分析的基本单位，可以是几个近似音素的代表，它与音素同质。而“义位”则指一个词表达的具体意义，一个多义词可以有多个义位；从义位中分析出“义素”，义素是分析的基本单位，小于被分析的对象义位。

第二，音位分析的对象语音是物质性的，可以作纯客观的分析，一种语言的音素或音位数量都很有限；而义素分析的对象是意义，形成语义的要素来自多个方面，客观的事实和它们纷繁多姿的表现，通过人们的认识形成意义。参与意义形成的，不仅有客观的基础，还有人们的心理活动以及对事物的主观态度，等等。由此造成了语义的复杂性，语义分析在考虑词语客观基础的同时，也要考虑使用者的主观作用，因此，一种语言中义素的数量，肯定超过音素很多倍。

第三，语音分析中，被分析的形式无论处在复合状态还是单一状态，只要对象相同结果也一定相同；而从语素到词、词组，意义的组合不等于形式的组合。比如，在语音分析中，“北京”两个语素放一起分析还是各自分析，总体结果没有区别；而从语义的角度看，“北京”是一个概念，“北”“京”则是另外两个概念。因此，音位分析以语素为单位即可，分析两个语素跟分析由这两个语素组合的词结果是一样的。但在义素分析中，参与组合的成分与合成后的成分，是各不相同的对象。

第四，语音分析中，语素是基本单位；而义素分析的对象，不仅可以是词，也可以是语素（词素）或者词组。作为语义分析的对象，语素、词和词组作为表意单位是等值的，即语素并不小于词，也不小于词组。

第五，音位分析先把词分析为语素，然后再作分析；义素分析以词或其他词汇单位为对象，先按意义将对象分析为义位，再作义素分析。义素分析以义位为对象，一个词可能只有一个义位，也可能有多个义位。在音位分析中，词分析为语素，形式跟意义的分析是一致的，仍为独立的音义结合体；而义素分析中，词分析为义位，形式跟意义关系不再一致，义位不一定是独立的音义结合体，多个义位可以共享一个形式。

第六，从语音结构来看，音素的组合叠加，语音单位自然变大；但是，语义的组合叠加，意义范围却并不一定扩大，它可能不变，也可能缩小。

第七，人类对语音的认识和分析水平远远超过语义，拼音文字建立在语音分析之上，语音与文字对应，使得音位分析和表达都很容易。即使像汉语这样采用非拼音文字的群体，也对语音有深入的感受和认识，汉字中声符、记音的通假字、外来词用字，以及同源字、同音字（押韵），反映了不同词语之间的语音联系；语用中自然出现的双声词、叠韵词、析音词，等等，都有助于我们对音节以下的语音单位的感性认识。古代的汉语研究者采用汉字记录声、韵、调，是主动地对汉语的词在语音上作了声韵调的全面系统分析，这些都体现了人们对语音的认识或理解。从另一方面看，人们对意义词语的理解和认识也很早就已经很深入了，比如在汉字中，会意字和形声字中的意符，都在一定程度上反映了这些字表示的词的某些类属义素或特征义素，比如以从“氵”的字为例，这个形符大体能够表示以下的这些意义：

（1）水体，包括通名和专名，例如：湖、海、沟、池、渊、潭、源、瀑，江、河、汉、沂；

（2）特殊形态下的水：例如：潮、汐、波、浪、涟、涡、泡、沫、汽；

（3）液态的事物，例如：汗、泪、汁、酒、油、漆；

（4）带水或水中的事物，例如：泥、渣、污、沙；

（5）水的状态声响，例如：洪、涝、深、浅、涓、活；

（6）事物带水的状态，例如：湿、润、浓、淡、清、浑、涸；

（7）水作为施事或工具时的行为，例如：流、漫、涨、滴、浸、注、浇、冲、洗、沐；

（8）对有水事物的处置行为，例如：滗、沥、泄；

（9）导致出现液体的行为，例如：泣、涕、渍；

（10）其他事物在水中或水边的行为，例如：漂、泊、浮、泳、涉、渔，沿；

（11）邻接水的地面，例如：涯、津、浒、洲、浦、洼。

汉语研究历史上，最早的工具书《尔雅》以意义为纲，稍后的《说文》以字形的表意部分部首为纲，这样的编排方式，都与词的义素有关。但同义关系的归纳和部首的表意，都是不充分的。由于一个词内意义与其他词的意义关系是多向的，受联想关系的不同，可以从不同的角度切入，因而具有随意性，比如挤压出水的“榨”用“木”作意符，因为工具是木制的；“岸”指水边高出的地方，从“山”表示高，它们虽然都跟水有密切关系，含有“水”的义素，但都没有在字形上体现“水”的特征。因此，表意文字中，文字主要对应语素，对义素的部分展现，并不足以显示词的全部义素，义素分析在表达上先天不足。音素的表达，在拼音文字中是相当充分的，而义素的表达，在表意文字中是不充分的，意符只能部分地表达词中的某一个或部分义素。

第八，语素以单音节或多音节的形式出现，从中分析出的音素，可以用不单独表意的字母表示。义素分析找寻义位内的意义要素，但是，对义素的表达，却仍要借助于词或词组，因为，能够自由运用的最小表义单位是词，从一个义位中分析出几个义素，需要几个词来分别表达。其实，这个问题在义位的表达中已经存在，对于多义词中的不同义位，我们通常用不同的词组表达。这样，语音形式分析中，我们有比词或语素更小的形式单位来表达，而在语义分析的表达中，我们无法采用比词更小的单位，通常不得不采用词组。（有些语义分析采用了符号表示，但符号本身必须通过词语解释，只是符号在使用中比较简略和专业，在理解时却比较晦涩，多费周折。）

三、比较是义素分析法的基础

义素分析把一个义位分析为不同的义素，但是，在我们单独对某个义位作语义分析时，可能觉得无从下手，或顾此失彼，或漫无边际，难以穷尽。因此，在对义素分析中，通常采用或参考词典的释义，概括出词或义位的构成义素。但是，词典的释义又是怎么来的呢？它是通过意义关系最近的一些词语的比较而得出的。

但是，词典释义的表达，具有相对性，它考虑了不止一个层面上的语义差别。比如，《现代汉语词典》（第 7 版）“吐”有二基本义和二音：一为“使东西从嘴里出来”，读上声；另一为“（消化道或呼吸道里的东西）不自主地从嘴里涌出”，读去声。其实，“吐”的两个基本义，差别主要在于自主与不自主，“从嘴里出来”考虑了另外的相关词语的意义，如“擤、流、泻、屙、分泌”之类，它们都有“从体内排出”的意义，但是，途径（处所）不同，“呕、吐”从嘴，“擤”从鼻子（自主，固态或液态），“流”可以从鼻子、眼睛、嘴巴、身体的毛孔或创口（不自主，液态），等等。其实，排出的东西也是不同的，从身体其他部位排出的，都是人体的排泄物，但是，从嘴里出来的，除了呼吸道的排泄物外，大多是对人体有用的，不是排泄物，包括刚摄入、有待消化吸收的食物等。从“吐”的两个意义来看，读去声，表对人体不利的排出行为，吐出的东西都是人体需要的，这类含吐的词有呕吐、吐血、吃了就吐等；读上声表对人体有利的排出行为，吐出的东西或是人体不要的，这类含吐的词有吐痰、吐漱口水等，或是对人体影响不大而有其他方面功效的，如吐口水。词典的释义，考虑了两个“吐”跟其他表示人体排泄用词的比较差异（表 1），却并没有完全描写清楚两个“吐”之间的差别。

表 1　两个“吐”和其他表示人体排泄用词的比较差异

表示人体排泄的用词	是否具有自主性	排出部位	是否健康	排出物状态
吐 1	+	嘴	+	固态或液态
吐 2	—	嘴	—	固态或液态
擤	+	鼻	±	液态
流	—	九窍毛孔创口	—	液态
泻	—	肛门	—	液态
屙	±	肛门	±	固态或液态

总之，在以上的分析中，参与的因素有：部位、自主性、排出物对人的

利害，以及排泄状态是否健康，等等。如果综合各词来考察，这些都是很有必要的，但是，词典的释义不可能将这些内容完全考虑在内。因此，有学者提出义素分析应该基于最小语义场，这是有道理的。

因此，以一个义位为对象作义素分析是不恰当的。这种不恰当，并不完全在于语义本身的复杂性，还在于我们对语义研究的严重不足，我们还说不清楚大体上有多少个义素，或者大体上有多少类别的义素，以及不同类别义素之间的差异、它们对词义的作用或影响，这种认识上的欠缺与认识对象本身的复杂性形成强烈的反差。

在结构主义的分析中，把两个或多个语言成分作比较，分离出其中相同的部分，最后得到有区别作用的最小单位。在这样的基础上，我们可以直接对一个语言形式分析它的组成部分，不再依靠比较的分析。但是，这种不用比较的分析，是以比较的研究为基础的。所以，无论从方法论还是实用的角度来说，处于草创阶段的义素分析，应该在比较的前提下展开，即通过两个或多个词，或者两个或多个义位的意义比较来作义素的分析。

通常义素分析都以一组自由选定、意义关系密切的词作为比较对象，因此，从语言成分关系的角度来看，义素分析是一种建立在语义聚合基础上的分析，凡在意义聚合层面发生关联的词汇成分，都可能采用义素分析方法来辨析它们的意义。

从这一点出发，我们认为，义素分析法的适用范围应该更宽泛一些，它不仅可以用于不同层级的词汇单位内部，还可以在不同层级的词汇单位之间展开，即我们不仅可以用词与词来作比较，也可以将同一个词的不同义位作比较、将语素跟语素作比较、词组跟词组作比较；在必要的情况下，我们还可以把语素、词、词组以及它们的不同义位等放在一起进行比较。比较不仅可以以共时为基础，也可以在历时关系中展开。

四、最小语义场

对几个词进行义素分析，涉及对象的选择。有学者提出，义素分析应该以最小语义场为基础（参贾彦德《汉语语义学》），这样做可以增强研究的精密性，避免随意性，但也存在问题。

困难在于，确定最小语义场的原则或标准不好把握，比如“兄、弟、姐、妹”是一个最小语义场，还是“兄、弟”“姐、妹”分别是两个最小语义场，或者三者都是最小语义场？还有，“姐、弟”“兄、妹”“兄、姐”“弟、妹”是否是最小语义场？

最小语义场的要求还可能限制语义分析方法的使用范围，不利于义素分析法的有效利用。比如“老太太”和“小姑娘”，忽略作为背景的共同义素“女性”，其中的区别性义素是年龄（表2）：

表2 “老太太”“小姑娘”区别性义素分析

词	年龄
老太太	老
小姑娘	幼

也可以把“小孙女”的两个义位（1 年幼的孙女；2 排行最末的孙女）和“老太太”作比较（表3），有区别作用的义素是年龄、亲属、辈分、排行：

表3 “小孙女”的两个义位和“老太太”区别性义素分析

词	年龄	亲属	辈分	排行
老太太	老	否	否	否
小孙女$_1$	幼	是	是	否
小孙女$_2$	不限	是	是	是

或者把“小姑娘”和“小孙女”作比较（表4），区别性的义素是年龄、亲属、辈分、排行：

表4 “小孙女”的两个义位和“小姑娘”区别性义素分析

词	年龄	亲属	辈分	排行
小姑娘	幼	否	否	否
小孙女$_1$	幼	是	是	否
小孙女$_2$	不限	是	是	是

从语义关系来看，“老太太”与“小姑娘”关系较近，而二者与“小孙女”关系较远，但这并不影响它们之间的比较分析，差别仅仅在于关系较近者的区别性义素较少，关系较远者的区别性义素较多。在这两组分析中，作为一种手段，义素分析的有效性和准确性是一样的，意义关系的远近决定了区别性义素的数量，不影响分析的质量。因此，义素分析不必局限于最小语义场。

值得注意的是，区别性义素数量反映词语间在语义关系上的疏密，从这个意义来说，只有一个义素区别的最小语义场，确实最能体现语义的精细区别，因此，虽然在分析中不必严格遵守最小语义场的限制，但最小语义场的认识是非常重要的，它是义素分析的基础。

义素的比较分析不必受最小语义场的限制，但是，在多项比较中，处在最小语义差别关系中的义位，应该作最细致最彻底的处理。

五、义素的类别

1. 区别性义素

立足于词义比较看待义素分析，重要的不是每个词包含了多少个义素，而是通过两个或几个相关的词或义位间的比较，分析它们的意义特征。多数情况下，我们寻找义位间存在对立或差异的意义，因为正是这些有区别作用的义素才造成了它们之间的意义不同。因此，有些义素在分析的时候是无须顾及的，比如：弟弟和妹妹之间的区别性义素是性别，它们与“哥哥、姐姐”的区别性义素是“年龄”，至于它们都指“人”，“出自一个家庭”“具有血缘关系”“属于平辈”等义素，都是比较的前提、背景或基础，这些共有义素没有区别作用，可以采用零标记，在分析中不加考虑；而他们的高矮胖瘦强弱智愚等体貌心智以及其他方面特征则无法考虑。因此，在义素分析中，重要的是在共有的基础义素之上分析出可供比较的区别性义素，而不是分析出所有的义素。

2. 共有义素

比较需要一个基础，这个基础就是参与比较的各义位的共同点。比较对象之间的共同点，通过义素表现，就是共有义素。在多数情况下，参与比较的词汇成分会有许多共有义素，但是，比较的重心在区别，共有义素在比较中作为前提和基础，起背景作用。考虑到分析的简洁性和有效性，在比较中，罗列共有义素是不必要的。

共有义素和区别性义素对比分析。共有义素在分析中有相对性或层次性，在一组作比较的义位之间，有所有义位都共有的义素，也有部分义位共有的义素。部分义位的共有义素，与不具有这些义素的义位之间具有区别性。从比较的全局来说，重点考察的是区别性义素。

3. 相似义素

比较有求异比较和求似比较，多数情况下，比较中重在义位间意义差异明显的部分，即区别性义素。但是，在求似比较中，我们则把比较的重点放在意义的近似点上，以考察彼此之间的关联。相似义素是一种接近共有义素而又不是共有义素的成分。

4. 隐含义素和显示义素

比较中，还有一些次要的意义的差别，它们可能存在，但是，这种区别不具有完全典型性，比如，哥哥和弟弟之间的区别性义素主要是年龄，至于个子高矮、做事的能力、对事物的理解认识能力，通常哥哥强一些，弟弟弱一些，但却不是绝对或肯定的，这样的意义区别，需要依靠某些前提（比如童年时期）才可能作为常态存在，因此，这种区别性义素是限定条件下的区别性义素，具有附带的特点，一般不加考虑，处在隐含状态。

有些概念之间具有蕴含交叉关系，比如老年和成年，老年是成年的一种状态，但成年又不足以明确区别人的年龄。女性和哺育，女性具有哺育的能力，这与男性相区别，在男女一般比较时，哺育一项就隐含在女性中，不必专门列出。但是，如果用妈妈和男孩作比较，这个意义就凸显出来。因此，义素分析中，有些弱区别性的义素，在比较中没有必须出现的理由，可以隐含不现，我们称为隐含义素；而有些则是必须显现的义素，为显示义素，显示义素是强区别性或强比较性的。

六、运用义素分析作比较

根据比较的目的，比较可以分为两种类型，一种是求异比较，一种是求似比较。

1. 求异比较

求异比较是从具有基本共性的词中分析出它们的差异。比如，在“老太太”和“小姑娘”或者“老太太”和“小孙女”之间，都包含着共有义素，如女性、人，不过，在求异比较中，这些共有义素可以不必标示，这时有区别作用的义素，才有标示的必要，如表5中的年龄、性别：

表5 “老太太”“大姑娘”“小伙子”“小男孩”区别性义素分析

词	年龄	性别
老太太	老	女
大姑娘	青	女
小伙子	青	男
小男孩	小	男

一些事物的特性，并不一定在词义中得到强调或体现，因此，在义素比较中，有些词中有些义素是不起作用的，它以零形式出现，如表6标示“不论”之处：

表6 “老太太”“盲人”义素比较分析

词	年龄	性别	视力
老太太	老	女	有/弱/无（不论）
盲人	不论	不论	无

人有年龄和性别，可是，很多称人的词语对此并不强调，这类词语只有在与强调年龄、性别因素的词比较的时候才具有区别性。因此，有些区别性义素是对立性的，而有些区别性义素则是不置可否的。在对词进行对比分析

时，不起区别作用的义素则可以不考虑，以“盲人”与“聋人”的比较为例：其区别在于有无视力和听力，年龄、性别、行辈等义素则不考虑。上文比较“老太太”和“小姑娘”时，没有比较视力，虽然通常小姑娘的视力要好些，老太太的视力要差些，但这不是造成二者意义差别的区别性义素。

2. 求似比较

求似比较是在不同的义位之间，寻找它们的共同点，在有些词语的分析中，这种比较分析和求异比较一样，都有助于分析词义。求似比较举例见表 7。

表 7　“驹”“犊”“青年人”词义求似比较

词	年龄	生理心理特征	相关的行为特征
驹	幼小	未成熟	跑得快
犊	幼小	未成熟	莽撞
青年人	年少	未成熟	有才气/无所顾忌

因为青年人和驹、犊在年龄、生理心理特征、相关的行为特征等方面有相同或相似点，青年人经常被称为“驹”“犊”，其中“驹”喻指有才气、将来有作为的青年人；“犊”喻指无所顾忌的青年人。当然，从这些事物的客观类属来说，三者之间还有许多共性，都是哺乳动物，都有生命，但这些义素不体现它们的典型特征，可以使用零标记。这里也不需要注意它们之间的差异点。

七、共时关系中的义素分析

义素分析的方法，通常用于意义密切相关的同义词、反义词、类义词或同类词的意义区分；注意到词义的相关性，义素分析也被用来说明词的搭配关系，并产生了积极的效果，这里不加赘述。就我们的认识而论，只要意义上可以进行比较的词，都可以使用义素分析加以比较。

意义上关联的词，不论是客观事物分类中具有同类关系的词，还是那些具有相似属性或相似特征的词，它们之间的共同点为比较分析提供了基础。这类词都可以用义素分析的方法展开比较和分析，这种分析有助于探究不同词语之间的关系。

事物之间关系错综复杂，从语义关联的角度来看，一个词可能与其他的词或概念之间有复杂的多向联系，因而隐含了大量相关意义。以“煮”为例：涉及形成“煮”的基础工具，如火、锅、水；涉及所“煮”的对象，如饭和汤（结果），菜和肉；涉及“煮”的施事；等等。这些关联意义，对“煮”的使用和意义变化起着作用。当我们把表烹饪的行为词“煮”与“烤”或“炒”作比较的时候，其中有的关联意义就成了重要的区别性成分，见表8：

表8 “煮”“炒”“烤”词义比较

词	关联意义			
	火	锅	水	加工的食材形状
煮	用火	用锅	用水	没有限制
炒	用火	用锅	不用水	体积不能太大
烤	用火	不用锅	不用水	体积不能太小

再如，“煮米饭”和“炒米饭”的区别在于：①是否加水：煮米饭加水；炒米饭不加水；②材料和结果是否一致：煮米饭是把米煮成饭；炒米饭，是把煮熟的米饭炒出来，还是米饭。

八、历时关系中的义素分析

在共时关系中，多义词语各义位间存在义素差异，这种差异是词义历时变化沉积下来的，因此，通过对一个词各义位的义素分析可以理清它们的关系，描写出这个词的意义发展过程。

义素分析法对考察词义演变是个十分有效的方法。通过对一些实例的分析可以看到，词义的每一次变化，都体现为某个义素的变化。可以是词的一个义素连续发生变化，也可以是一个词的不同义素各自变化，其中每次变化都会形成新的义位。

义素的变化，可以是量的，也可以是质的。由于变化可以连续发生，并且不同义素都可以变化，其中有的变化结果保存了下来，有的却昙花一现，因此，反映在共时关系中，不少多义词的义位关系都错综复杂。

根据义素对词义和词性的决定作用，还可以再作一个分类。确定义位类属意义和语法属性的是中心义素，与表示附属性状的义素不同。词的中心义素明确而单一；而附属的义素则复杂繁多，涉及词的义位各方面的特征。比如“人”是能制造工具并使用工具进行劳动的高等动物（《现代汉语词典》第 7 版）。人这个释义的义素中，动物是中心义素，其他的是附属义素。

在词义发展中，义素变化可分为三个类型。

1. 附属义素的量变

此类型包括附属义素扩大缩小、增加和消失。在一般的引申关系中，一般是某个附属义素变化引起词义变化，如“郎”的“年轻，男性，高贵”三个附属义素的分别变化，产生了它的不同义位①。

2. 中心义素的质变

用某一事物、行为、性状，转指另一事物、行为、性状。中心义素发生变化，而表示性状的附属性特征义素作为基础义素保持不变，比如词义的转喻性变化。对转喻的分析往往比较复杂而主观，义素分析的结果要简明而客观一些。

以“包袱”为例：包袱本指包在一起供出行方便而携带的衣物，在相声等曲艺表演中可指精彩片段，二者之间共有的特征义素“隐含不露”“应急备用”是变化的基础，而把实物性的“衣物”改成了“话语（笑料）”导致词义的变化。“包袱”还有一个意义“沉重的思想负担”，将它的特征意义“包容”“杂乱众多”“影响行动”作为基础，中心意义“衣物”则改成了抽象的“思想”。

① 参俞理明《说“郎”》，《中国语文》1999 年第 6 期。

本文上举“驹”“犊”“青年人”之间的意义比较，也可以说明为什么“驹”“犊”可以喻指青年人，其中的关键就是，在主要附属义素一致的前提下，中心义素发生了变化。

转喻性的词义变化给人带来了特殊的感觉，就在于义位的中心义素发生变化，义位所指对象的事物类属发生了改变，而表示某些特征的附属义素保持不变。

3. 义素换位

相同的形式，可以有不同的意义类属，如“炒饭”，作名词时指一种饭，作动词时指一种烹饪方式。两者的区别就在于，前者以“饭”作为中心义素，后者以“炒”作为中心义素。

借代是一种特殊的词义变化，从义素分析的角度来看，是语义提取与形式提取的错位。即在提取一个义位的意义时，采用表领属的附加义素的形式，而略去表中心义素的形式，造成表达和内涵之间的不对应，比如，把“在茅台酿造的酒”称为“茅台”，“用五加皮浸制的酒”称为“五加皮”，表示类属意义的中心义素“酒”没有出现在词的形式中，而只采用了表示产地或原料的附加义素“茅台”和“五加皮”的形式。

有些词的词性变化，也与此有关。如“指”本是人体的一部分，后来表示人体行为，由名词转为动词。这样，动词“指”表示“用手指指点”，中心义素是“指点”，“指”的原义“手指”作为行为凭借的工具，转为附属义素。

［原刊《词汇学理论与应用（四）》，商务印书馆 2008 年］

词类活用和汉语构句中的辅重现象①

一、句法结构中的辅重现象

通常，句子以主干成分为核心构成，各种修饰、限定、补充成分，附加在主干成分上，在句中扮演次要角色。传统的主干成分分析法，充分体现了句子语法构成的这种特点。

但是，我们在考察古代汉语名词活用时发现，汉语句子还有一种辅重结构关系，即从句中某个层面看，句子的构成成分采用的不是主干成分，而是来自结构底层的辅助成分，例如：

[1] 神弗福也。(《左传·庄公十年》) 福，赐福。

[2] 童子隅坐而执烛。(《礼记·檀弓上》) 隅，在隅[角落]。

词类活用是一种语法-语义变化，新的意义增入，引发了词性变化。比如，本该处在宾语位置的“福”，在加入行为意义“赐”后，意义相当于词组“赐福”，兼有动词的功能，并占据谓语位置。在图 1 和图 2 中，“|”表示下一层次主干成分，“／”“＼”表示下一层次辅助成分，加□是可以不出现的句子成分，→指向□的意义蕴含者，加___的是出现的成分：

① 本文是 2006 年 9 月红河学院举办的第八届全国古代汉语学术研讨会论文《名词词类活用的语义语法分析》的一部分。论文在大会发言后得到众多先生的指教和鼓励，谨志谢忱。此文并为四川大学“985 工程”文化遗产与文化互动创新基地“中国语言文学（语言）研究方向”项目前期成果。

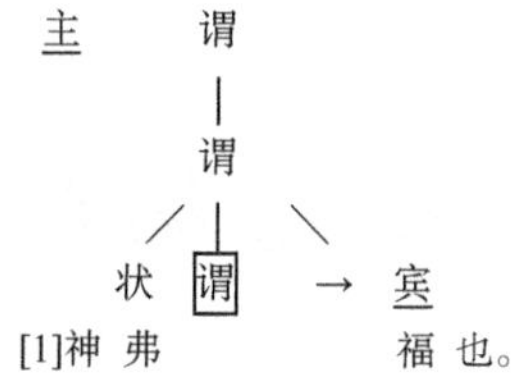

图 1 “神弗福也”句子分析

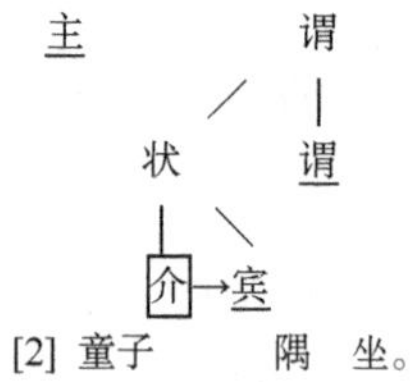

图 2 “童子隅坐而执烛”句子分析

从结构关系来看，名词活用时，居于主干位置的成分没有出现，它们的意义蕴含在受它们支配的、居于偏次的名词中，结果，参与组句的是斜线连接的偏次成分，而不是直线连接的主干成分。具体地说，在句中本来只该占据宾语或介宾位置的名词，在活用时，兼有了动词或介词的意义，并占据了动词或介词应该占据的谓语或状语位置。换个角度说，在组句的时候，一个动宾结构的语义关系只采用了可以充当宾语的名词，就是名词活用作动词；一个介宾结构的语义关系只采用了可以充当介词宾语的名词，就是名词活用作状语。

在动宾或介宾结构中，动词或介词居主干地位，但是，被句子采纳的却是居于辅助地位的名词，参考辅重论的解释①，我们把这种现象称为辅重结构或句子结构的辅重表现。

一些复杂的词类活用现象，是多重活用关系的体现，比如，名词的使动用法，举例如下：

[3] 寡人欲相甘茂。(《史记·樗里子甘茂列传》)

对“寡人欲相甘茂”的句子分析见图 3。其中第一层变化是“相”作动词，包含“担任”和“相”两个意义；然后，再增入使令意义，表示“使//担

① 参端木三《重音理论和汉语的词长选择》，《中国语文》1999 年第 4 期，第 246—254 页。

任/相”。活用名词的每一层变化，不仅增加了意义，同时也改变了语法地位，“相”在表示“担任相”时兼据谓$_2$的位置，表示使动时兼据谓$_1$的位置：

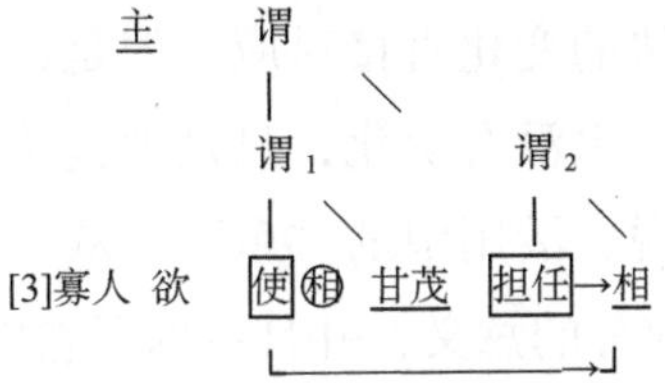

图 3 “寡人欲相甘茂”句子分析

图 3 中，加圈的㊖表示它由于兼表前一动词“使”的意义而位移。有的名词在句子中可以占据不同的语法位置，扮演多种语法角色，比较它们在不同位置上的语法-语义特征，颇有启发意义，其他举例如下：

[4] 王自东来。　　——东，东方。一般用法是表方位，作介词宾语。

[5] 决诸东方则东流。——东，向东。增加介词“向”，活用作状语。

[6] 秦师遂东。　　——东，向东行。增加介词“向”和动词“行”，活用作动词（谓语）。

[7] 王不如东苏子。　——东，使……向东行。增加介词“向”和动词“使”“行”，使动用法。

可以将例[4]—例[7]综合图示为图 4：

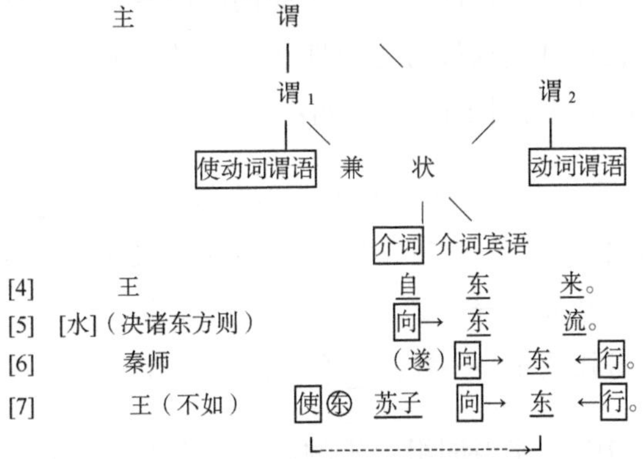

图 4 例[4]—例[7]句子综合分析

从[4]中方位词“东”的一般用法，到[5][6][7]中“东”的不同活用，是一个语义渐次增加的过程，语义的每一次增加，它的语法地位就向主干层提升一级，语义的变化与语法的变化直接对应。但是，“东”作为方位词的基本意义和用法既没有失去，也没有变化，只是被包孕在越来越复杂的、后来增入的意义中了。反过来说，活用中的“东”，从一个处在下层的辅助成分，兼具了不同层级的主干成分的意义，并且占据了它们的位置。观察图 4，可以发现，不同类型的名词活用具有如下共同之处。

（1）发生活用变化的是处在结构最底层的、辅助位置上的句子基础成分。

（2）活用中，占据主干地位的成分形式不出现，它们的意义由占据辅助地位的形式兼表。

（3）活用中，辅助成分兼有了本层次主干成分的意义之后，由一个下层成分单独占据了该层次的全部位置，实现语法地位上的升格。

（4）这种语法地位上的升格，在句子中，可以通过由辅助兼代主干的方式层层递升。

二、动词、形容词活用中的辅重表现

辅重表现不仅见于名词，也见于动词和形容词的活用中。动词和形容词活用作名词，表示具有这种行为或性状特征的人或事物，相当于一个由动词或形容词充当定语的定中词组，例如：

[8] 吊死问疾——死：死者，死去的人。疾：疾者，病人。

[9] 救焚拯溺——焚：被焚者，遭受火灾的人。溺：溺者，溺水的人。

[10] 乘坚策肥——坚：坚车。肥：肥马。

[11] 驾轻就熟——轻：轻车。熟：熟路。

在完全结构中，充当词组定语的动词或形容词，在活用中，兼括了它们的名词中心语，成为这个名词结构的代表形式，正是一种以偏概全的辅重表达。

形容词常常活用作动词。从语法-语义关系来考察，形容词活用作动词有两种情况。

（1）形容词表示名物兼含行为，这种情况不多见。其中，形容词先活用作名词，相当于受这个形容词修饰的名词词组，然后再由此活用为动词。名词活用作动词，或表示动宾关系，或表示状中关系，因此，形容词通过活用为名词再活用为动词，也具备这两类情况。例如：

[12] 遂墨以葬文公，晋于是始墨。（《左传·僖公三十三年》，杨伯峻注："谓着黑色丧服以葬文公也。晋自此以后用黑色衰绖为常。"）墨，[丧礼]穿黑色衣服。

例[12]中的语法-语义变化关系见图5：

形 ———— 形+名 —— 动+形名
墨（黑） —— 黑/服 —— 穿/黑服

图5 例[12]中的语法-语义变化关系

[13] 益烈山泽而焚之。（《孟子·滕文公上》）烈，用烈火烧。

例[13]中的语法-语义变化关系见图6：

形 —— 形+名 —— 介+形名 —— 介形名+动
烈 —— 烈/火 —— 用/烈火 —— 用烈火/烧

图6 例[13]中的语法-语义变化关系

（2）形容词表示带有某种性状的行为，即在这个形容词的基础上兼括一个行为的意义，可以用一个"形+动"的状中词组来表达，通常带宾语或受事主语，例如：

[14] 夫珠玉，人主之所急也。（《韩非子·和氏》）急，急需。

[15] 益以为神而远之。（《汉书·张骞传》）远，远离。

[16] 杂申椒与菌桂兮。（《楚辞·离骚》）杂，杂采。

[17] 自上观之，至于子胥比干，皆不足贵也。（《庄子·盗跖》）贵=

重，重视、看重。

[18] 今有美尧舜汤武禹之道于当今之世者，必为鲧禹笑矣。(《韩非子·五蠹》) 美，赞美。

[19] 吏之所卑，法之所尊也。(汉代晁错《论贵粟疏》) 卑=小、轻，卑视，小看、看轻；尊=重，重视、看重。

[20] 复前行，欲穷其林。(晋代陶渊明《桃花源记》) 穷=尽，走尽。

汉语状中关系与动补关系联系密切，有时可以互相转换，比如，例[17]中的“贵”、例[19]中的“尊”可解作“重视”或“看重”，例[19]中的“卑”可解作“卑视/小看”或“看轻”。不过，有的形容词活用宜于解作状中关系，有的则适于解作动补关系，这与形容词描写的对象在句中的地位有关。

a. 活用的形容词描写句中的主语（施事），多采用“形+动”的状中词组。比如例[14]中，“急”是人主的性状，宾语珠玉没有“急”的性状；例[16]中，“杂”表示“杂采”，即交错地摘采，其中“杂”表示主语行为的状态。活用的形容词表示主语处在某种状态下发出的行为，采用“形+动”的状中词组比较合适。

b. 活用的形容词描写句中宾语，多采用动补的“动+形”。像例[18]的“美尧舜汤武禹之道”中，“美”描写尧舜汤武禹之道，由于形容词与宾语的描写关系，还可以拆分这个动补词组，把这种描写关系在结构上更明确地体现出来，形成“动+宾+形”结构。在这个结构中，增入的动词作为主干动词，用于描写的形容词居次要谓语，而句中受事宾语则介于二者之间，成为兼语，具体分析如图 7 所示：

美+尧舜汤武禹之道——	赞美+尧舜汤武禹之道——	称赞+尧舜汤武禹之道+美
形 + 名 ————	动（动/形）+名 ———	动 + 名 + 形
谓 + 宾 ————	谓（述补）+ 名 ———	谓$_1$+ 兼 + 谓$_2$

图 7 “美尧舜汤武禹之道”句子结构变化分析

有些形容词作动词时，形容词与句中的宾语或受事的关系密切，不适宜用“形+动”来理解，而需要用“动+形”或“动+宾+形”来理解，例如：

[21] 载玄载黄，我朱孔阳。(《诗·豳风·七月》) 黄，染黄。

[22] 使上官大夫短屈原于顷襄王。(《史记·屈原列传》)短，说……短（坏）。

[23] 有能如此，道大名播。(唐代柳宗元《敌戒》) 大，增大。

形容词的意动用法，也属于这里讨论的b类。它的特点在于，这类用法的形容词兼带一个主观辨认的心理行为，即在形容词的基础上附增一个表示主观认定的心理动词，例如：

[24] 孔子登东山而小鲁，登泰山而小天下。(《孟子·尽心上》)

例[24]中，“小鲁”“小天下”中的“小”都要理解为“认为……小”，这个“小”有时也可以理解为“小看/轻视”或“看轻”，用动补词组或状中词组来表达，例如：

[25] 文人相轻，自古而然。傅毅之于班固，伯仲之间耳，而固小之。(《典论·论文》)

与此相应，形容词的使动用法，则是在形容词的意义上，增加一个致使性的行为，这个行为通常用“使”来表达，例如：

[26] 既来之，则安之。(《论语·季氏》) 安，使……安定。

有时，用于使动的形容词，也可以用一个动补词组来表达，例如：

[27] 孟子见齐宣王曰：“工师得大木，则王喜，以为能胜其任也。匠人斫而小之，则王怒，以为不胜其任矣。”(《孟子·梁惠王下》) 小，削小。

[28] 什一，去关市之征，今兹未能，请轻之。(《孟子·滕文公下》) 轻，减轻。

据此，形容词意动、使动与b组中其他形容词用法，都是在形容词的基础上附加一个行为意义，其中的语法-语义结构上的变化，大体是同类的，用图8表示。

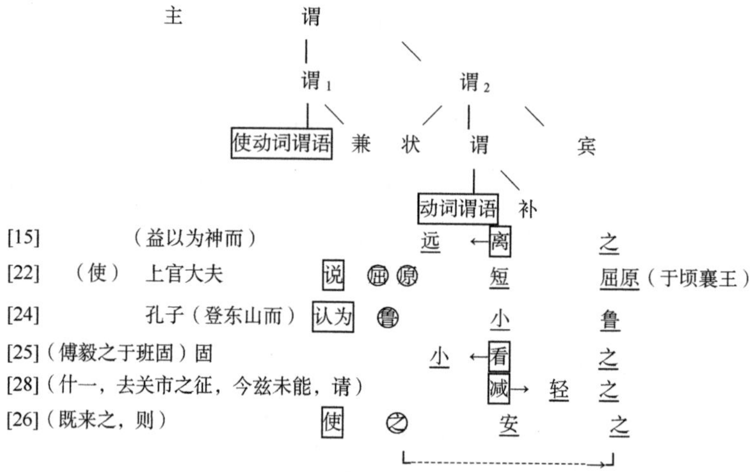

图 8　形容词意动、使动与形容词其他用法的语法-语义结构变化分析示例

图8中，[15]是形容词作动词的一般用法，[22]是形容词的意动用法，[24]是形容词的使动用法。这三类形容词的活用，在语法上都有一次越级升格，并在语义上增入了一个主干成分，增入成分常常以形容词为状语或补语，也可以使形容词降为次要谓语。差别在于，意动和使动具有特定的行为意义，意动用法含有认定义，使动用法含有致使义，其他用法则表一般行为。

至此，可以从语法-语义结构方面的特征对形容词作动词进行如下分类。

a. 形容词表示名物兼含行为：这时的形容词作动词相当于一个动宾词组（动+形/名）或相当于一个状中词组（介/形名+动）。

b. 形容词直接兼含行为：这时的形容词作动词一种是指向主语，相当于一个状中词组（形+动）；另一种是指向宾语，指兼含一般行为（动+[宾]+形，动+形，形+动），兼含认定行为（动+[宾]+形，动+形，形+动），兼含致使行为（动+[宾]+形，动+形，形+动）。

动词的使动用法，是在动词原有的意义之上，再加一个具有支配作用的致使行为义，构成一个复合的行为关系，即用一个简单的动宾结构表示复合的兼语结构的意义，情况与形容词的使动用法相同，无须赘言。

三、“程度副词+名词”中的辅重关系

汉语中的辅重现象不仅存在于古代，在现代也有表现。近年来，流行以“很”为代表的程度副词直接修饰名词，与古代汉语的词类活用相似，试以本文的思路，用辅重论作分析。

有一种意见认为，“程度副词＋名词”表示性状，具有形容词的特性，从大量的用例来看，这一点应该可以肯定。不过，表示性状并非都用形容词，因此，即使以词类活用作分析，这里的名词也不一定活用作形容词或成为形容词。以“很男子汉”这一组合为例，我们可以比较清楚地看到这一变化的实际情况。

“很男子汉”可以表示两个意义：一是形容男子，说他“很男子汉”就是“很有男子汉的气概”，结构上是“副+动+名$_{定}$+名$_{中}$”；另一种情况是形容女子或小孩等“非男子”，表示“很像男子汉的样子”，结构也是“副+动+名$_{定}$+名$_{中}$”。二者的结构意义没有差别，差别在于动词“有”或“像”具有不同的描绘摹写作用，出现在这个结构中的名词“男子汉”其实是结构中的定语，中心语是表示性质的抽象名词。

从结构分析的角度来看，“很有男子汉气概”的结构关系如图9所示：

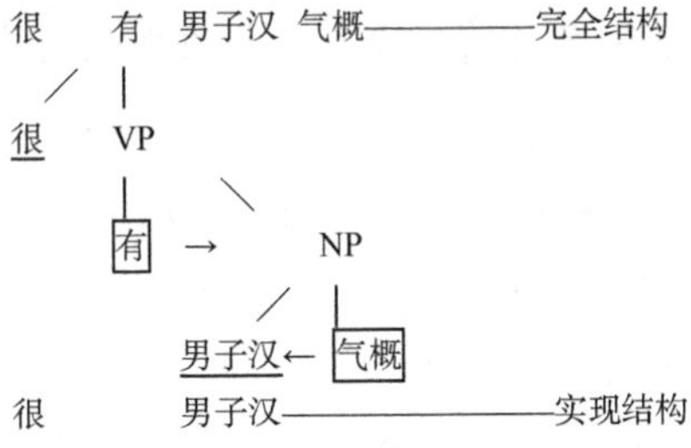

图9 “很有男子汉气概”结构关系图示

在辅重作用下，来自辅助地位的“很男子汉”便成立了，居于各层次中心位置的成分，都没有出现。用这个方式来分析其他的“程度副词＋名词”，基本没有例外，如“很西藏”是“很有西藏特色”，“很人道”是

“很有人道主义色彩”或“很符合人道主义精神”等，可以以一驭百。换个角度说，凡是能够进入“程度副词+有/像+名词$_{偏/具体}$+名词$_{正/抽象}$”组合中的“名词$_{偏}$”，都可以直接与程度副词组合成“程度副词+名词”，这可以解释为什么在很短的时间内，出现了数以千计的“很 N”，而且是从具体名词向抽象名词扩散。①

四、日常表达中的辅重现象

汉语中由辅重现象形成的简略表达，并不局限在词类活用中，在一些日常表达，如古今汉语中无动词的副词句，都可以用结构中的辅重现象解释。以否定副词为例，利用语境支持，否定副词可以兼代谓语，甚至单独成句。以下借用《汉语大词典》“不”字条下的几组例子作分析，为了方便讨论，我们重新作了编序：

①同“否”。《说文·不部》：“否，不也。”段玉裁注：“不者，事之不然也；否者，说事之不然也。故音义皆同。”《韩非子·内储说上》：“昭侯以此察左右之诚不。”陈奇猷集释：“诚不，谓昭侯知不割爪者为诚，其割者则否。”《后汉书·段颎传》：“羌悉众攻之，厉声问曰：‘田婴夏育在此不？’”清姚鼐《夏昼斋居》诗：“未知古与今，此意有迁不？”鲁迅《书信集·致许寿裳》：“今兹则颇无奈何，可不秋季再行应命？”

②副词。方言。用在句末表示疑问，跟反复问句的作用相等。《儿女英雄传》第十四回：“我且问你，褚一官在家也不？”叶圣陶《未厌集·小妹妹》：“我也问你，你愿意不？”

③副词。单用，做否定性的回答。叶圣陶《城中·微波》：“‘这两

① 2006 年四川大学许艳辉硕士学位论文《现代汉语名词的形容词用法研究》，以《现代汉语词典》为范围，用北大语料库和百度作搜索调查，发现约 1500 个名词可以进入“程度副词+名词”的组合。用本文的方法来观察，有个别的用例与上文的分析略有出人，但仍符合辅重分析，如“很人品”，相当于说“很有人品”，是把“有”的宾语“人品”直接跟副词“很”组合，变化少了一个层级。

年里头，你一向在上海吧。’‘不，前年夏天我到北京去了，是上礼拜才来上海的。’”

④副词。“不”字的前后叠用相同的名词，表示不在乎或不相干。《儿女英雄传》第四回：“倒不在钱不钱的；你老瞧，那家伙真有三百斤开外，怕未必弄得行啊！”

其中，①和②之间的区别没有道理，应该看作是同类[①]，它们跟③一样，都是在语境的支持下，略去表示行为的动词不说，由原来限定动词的否定副词占据谓语地位，完成表达。这个否定副词所据的地位，可以是一个正反并列的谓词性词组的反项部分，也可以单独占据句子的谓语，甚至单独成句。在它单独充当句子谓语的时候，它所否定的行为在上文中已经出现过了。“不”的这些用法，普遍地出现在其他的否定词中，比如古代汉语中的“未”“非”“无”等，我们曾经作过讨论，此不赘举；现代汉语的否定副词“没有”也有这样的用法，如“你那篇恋爱论文写完了没有？”（张天翼《温柔制者》）可见，否定副词依托语境中兼括谓语的广泛程度。

上列第④组不属于副词占据谓语的辅重关系，在“名+不+名”的结构中，行为意义被兼含在名词中，“钱不钱”可能是“要钱不要钱”“给钱不给钱”“花钱不花钱”等，其中与“钱”直接相关的某个动词就蕴含在“钱”之中，其中的语法-语义关系，属名词的活用。

在现代的口语中，也可以看到这样的表现。比较以下两个句子[②]：

买一张到王府井站的车票。

一张王府井。

第一句结构完整，但一般不说；第二句结构缺损，看来不合语法，其实是辅重结构的表现，其结构关系如图 10 所示：

---

① 详参俞理明《〈太平经〉中非状语地位的否定词“不”和反复问句》，《中国语文》2001 年第 5 期，第 466—470 页；俞理明《从东汉文献看汉代句末否定词的词性》，《汉语史学报》2004 年第 1 期，第 35—41 页。

② 此例为赵世举教授 2006 年 8 月长春汉语词汇学研讨会上，讨论词汇对句子的影响时所举，本文借以说明辅重结构的普遍性。

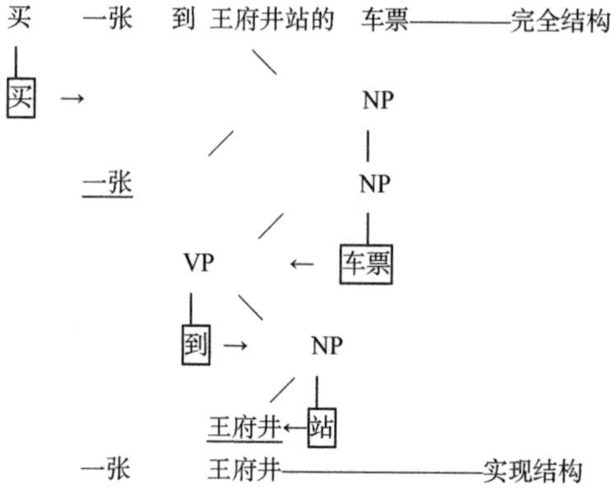

图 10 “买一张到王府井站的车票”“一张王府井”结构关系图示

跟前述分析相同，斜线标示的辅助成分，成为表达的实现形式，而用直线标示的中心成分，都没有在表达中出现，这不是巧合。可见，汉语句子结构中的辅重表达，并不限于古汉语的词类活用，也不是某些特别的情况，它具有一定的普遍性，我们可以在更大的范围内发现同类现象。

五、对辅重结构的认识

通常对句子的分析，都是以主干成分为中心展开的，我们因此认为，人们组词构句时，也是以主干成分为核心，通过添加辅助成分完成表达。但是，通过对古代汉语词类活用以及古今汉语中相关的辅重结构观察，我们发现，句子组构时，除了采用中心成分构架之外，在句子的某些局部，可以采用辅助成分构架的方式，即选择处在句子结构基层的辅助成分，兼代本层的主干成分来构成句子。当条件具备时，这种变化可以在一个句子中连续发生。

辅重结构的发现，基于句子的完全结构与不完全结构的比较。完全结构，指成分尽可能完备的句子结构，其中有些成分在现实句中可隐可现，或者不一定出现，但是参照同期或后来的相应句式，可以肯定它们能够在句中存在。

把当时可隐可现的成分或尚未出现的成分，看作存在的成分，这是因为，这种可能的存在，不是无凭无据的，它们在当时句子结构中有着现实的基础。在句子结构中存在着的某种缝隙，使某些新结构成分可能进入，为句子结构的发展完善提供条件。所以，通过未然的完全结构来观察原有的缺损结构，并非以今律古，而是通过发展变化中的因果关系，由果溯因。

本文尝试利用辅重分析，来解释语用层面上汉语句法中词类归属与句中功能不一致的现象，它或许有助于说明汉语语法的某些特点，并进而深化汉语的语法-语义研究。

（原刊《古汉语研究》2008年第3期，人大复印资料2009年第1期转载）

名词词类活用的语法-语义分析[1]

“词类活用”说，曾为汉语词类的确定和划分作出过重要贡献，至今在古汉语语法分析中占有重要地位。不过，从另一个角度来看，这是一个不准确的叫法，因为，它使人误以为这只是词的语法类别或词性的变化。其实，词类活用所表现的词性变异只是表象，它还涉及词的意义和句子的结构。

对于词类活用，有着不同的判断标准，我们的判断标准是：一个词，在它的基本词义和词性基础上，兼有了它在句中上位成分的语法地位和语义，表达相当于由这个词作为辅助成分的词组的意义，比如“衣”表示“穿衣”意义时，不仅占据受支配的宾语位置、表达受事的意义，还占据谓语位置、表达支配行为的意义。由于兼据了谓语位置，它的语法属性发生变化（名词兼具了动词的意义和功能）；由于兼有了支配和受支配的意义，它的语义也是复合的。因此，本文认为这类现象的准确表达，应该是词的兼位。[2]不过，由于活用的说法已经通行，本文仍然采用活用的叫法。

古代汉语中名词的活用通常包括以下几类：名词作状语（也有人认为，古代汉语中作状语是名词的功能之一，不算活用）；名词作动词；名词的使动用法；名词的意动用法。

这是一个十分粗疏的分类。不同类别的名词活用之间，存在着密切的关系。名词意义类型的区别主要是工具方位处所名词与一般名词之间的不同（前者没有作为施事或受事的能力，而后者具有施事或受事的能力），这种

---

① 本文初稿是 2006 年 9 月在云南红河学院第八届全国古代汉语学术研讨会上提交的论文，大会发言后，承与会多位专家热情指正和鼓励，谨志谢忱。会后对其中内容作了充实，有部分内容已在 2008 年第 3 期《古汉语研究》期刊以《词类活用和汉语构句中的辅重现象》为题发表。

② 比较之下，像司马迁《报任安书》“衣赭衣”一句中，占据谓语位置的前一“衣”就没有意义的复合和兼位的特点，只是“衣”的词性变化，即“衣”兼类作动词，表示“穿”的意思，支配后面的名词宾语“赭衣”。

不同，体现在名词的活用中，出现了明显的差别，需要区别对待。

一、名词充当状语

1. 施事名词作状语，表示主语跟它像似

这一类中，状语所表示的事物是句中动词行为的发出者，它被用来比喻主语表示的事物具有状语那样的行为。句中状语的意义是前指的，表示主语代表的事物具有状语表示的事物的特征，即"主语"像"状语"而具有相同的行为特征①，语义结构如下：

名$_1$（主）+名$_2$（状）+动（谓）=名$_1$+像名$_2$（状）+动

举例如下：

[1] 蚕食诸侯，使秦成帝业。（秦代李斯《谏逐客书》。蚕：[秦]像蚕[吞食]，渐而不断。）

[2] 各鸟兽散，犹有得脱归报天子者。（《汉书·李陵传》。鸟兽：[众人]像鸟兽[逃散]，杂乱无序。）

[3] 雄州雾列，俊采星驰。（唐代王勃《滕王阁序》。雾：[雄伟的州城中房屋]像雾一样[排列]，朦胧一片难以计数。星：[俊采]像流星[奔驰]）

对这类句子的分析如下：首先，主语代表的事物像状语代表的事物，因此，在二者之间可以加入一个谓词性的"像"；其次，这二者都具有谓语表示的行为或状态，其中，状语的行为或状态带有典型特征，主语的行为或状态在特征上与状语同类。这样，两种类似的行为特征关系（如"秦侵蚀诸侯"与"蚕食桑叶"）在句中表现为两种事物的类似（秦像蚕）。

2. 受事名词作状语，表示与宾语有类属关系

这一类中，状语所表示的事物是谓语动词的承受者，具有典型性，而宾

① 以下分析中，"()"标示语法地位，"[ ]"补出句中省略的成分，"___"表示增入的成分。

语表示的事物，跟状语表示的事物同类，并受到与状语同样的对待。句中状语的意义是后指的。句子反映的是主语所代表的人物之态度，即经主语（人物）的判断认定，把宾语表示的事物归入状语表示的事物类别中，即“宾语”类属于“状语”，语义结构如下：

名$_1$（主）+名$_2$（状）+动（谓）+名$_3$（宾）=名$_1$+像［动］名$_2$（状）+动+名$_3$//名$_1$+把名$_3$+当作名$_2$+动

举例如下：

[4] 大天而思之，孰与物畜而制之？（《荀子·天论》。物畜：像［畜］物那样畜［它］——把［它］当作物畜养：［它］是物的一种。）

[5] 齐将田忌善而客待之。（《史记·孙子吴起列传》。客待之：像［待］客那样待他——把他当作客接待：他是客人中的一位。）

有几个层面的关系要分开。一，状语名词也受谓语动词的支配：例[4]中，“物畜而制之”中的“物畜之”是“畜物”“畜之”，例[5]中“客待之”是“待客”“待之”；二，句中后者像前者：在例[4]“物畜而制之”中的“畜之（天）”像“畜物”，例[5]中“待之（孙膑）”像“待客”；三，产生这种关系的原因，是主语所代表的施事者把宾语所表示的事物归入了状语所表示的事物；结果，主观上本为两种事物的类属关系（如“天”是“物”）表现在句中是两种行为的类同（“畜天”同“畜物”）。

3. 名词表示工具/处所/方位时作状语，相当于在这类名词前加上一个表示相应行为的介词或动词

此类的语义结构如下：

工具/方位/处所名词（状）+动（谓）=介+工具/方位/处所名词+动

[6] 陵搜得，皆剑斩之。（《汉书·李陵传》。剑，用剑。）

[7] 失期，法当斩。（《史记·陈涉世家》。法，依法。）

[8] 群臣吏民能面刺寡人之过者，受上赏。（《战国策·燕策一》。面：当面。）

[9] 今夫贵人之子，必宫居而闺处。（汉代枚乘《七发》。宫，在宫；闺，

在闺。)

[10] 性犹湍水也，决诸东方则东流，决诸西方则西流。(《孟子·告子上》。东，向东；西，向西。)

在工具/处所/方位名词状语前增入的介词或动词，意义受工具/处所/方位名词的限制，其中，工具要求的是使用或依凭义，处所要求的是处在义，方位要求的是朝向或处在义。

4. 三种名词活用作状语具有不同的语义关系

（1）施事名词作状语，名$_1$和名$_2$都是动词的施事，名$_3$是名$_1$的受事，名$_2$的受事不出现。

此语义关系可用图 1 表示。

［秦］名$_1$ 蚕名$_2$ 食动 诸侯名$_3$。

名$_1$（主）→名$_2$（状） （名$_1$像名$_2$）

↘ ↓

动（谓）

↘

名$_3$（宾）

图 1 例[1]中名词活用作状语语义关系

（2）受事名词作状语，施事名$_1$发出动作，名$_2$和名$_3$都是动词的受事。

此语义关系可用图 2 表示。

田忌名$_1$ 客名$_2$ 待动 之名$_3$。

名$_1$（主）

↘

动（谓）

↙ ↘

名$_2$（状） ← 名$_3$（宾）（名$_3$是名$_2$的一种）

图 2 例[5]中名词活用作状语语义关系

（3）工具方位处所名词作状语，表示连续两个动作，其中状语作为谓语动作的背景或条件，它表示的动作被弱化，可用介词引出，但在名词活用中没有出现。在名词之间，名$_1$是施事，名$_3$是受事，名$_2$是行为有关的工具或方位处所。

此语义关系可用图 3 表示。

陵$_{名1}$　剑$_{名2}$　斩$_{动}$　之$_{名3}$。

名$_{1}$（主）→（介）→名$_{2}$（状）

↘

动（谓）

↘

名$_{3}$（宾）

图 3　例[6]中名词活用作状语语义关系

二、名词充当非判断谓语

这类现象，也称作名词活用为动词，有以下几种不同的情况。

1. 施事名词作谓语

施事名词作谓语表示这一事物发出它所特有的行为，相当于在这个名词后加一个相关的动词的状中结构。有些作谓语的施事名词，跟主语有比喻关系，相当于施事名词状语句略去谓语，例如：

[11] 夫子立而天下治，而我犹尸之。（《庄子·逍遥游》。尸：［我］像尸主占据。）

[12] 空以身膏草野，谁复知之？（《汉书·苏武传》。膏，［尸身］像油脂滋润。）

[13] 砯崖转石万壑雷。（李白《蜀道难》。雷：［万壑］像雷鸣响。）

有的施事名词谓语是主语的领属对象，具有工具性，和工具名词作谓语同类，语义结构如下：

名（谓）=[介+]名（施事主语）+动（谓）

举例如下：

[14] 狐死必首丘。（《楚辞·九章·哀郢》。首：用头向。）

[15] 北山愚公者，年且九十，面山而居。（《列子·汤问》。面：面对。）

2. 受事名词作谓语

受事名词作谓语表示某个行为施向这个名词所表示的事物，相当于在这个名词前加上一个表示相关行为的动词，名词本身表受事，语义结构如下：

名（谓）= 动（谓）+ 名（受事宾语）

举例如下：

[16] 神弗福也。(《左传·庄公十年》。福：赐福。)

[17] 孟尝君怪其疾也，衣冠而见之。(《战国策·齐策四》。衣冠：穿戴衣冠。)

受事名词作动词，动作的对象就是这个名词所表示的事物，因此，它不带受事宾语，通常表现为无宾句。但如果动词有双宾关系，作动词的受事名词后还可以再出现一个表与事的宾语，例如：

[18] 又从而振德之。(《孟子·滕文公上》。德：施德，给予……恩惠。)

表示与谓语行为目的或对象的其他人物（与事），一般由介词引入或充当双宾句的间接宾语。有时句中与事也可以作单宾语，这种单宾句中的与事宾语，可以用介词“为”介引移置动词前，因此，被称为“为动用法”，语义结构如下：

动（谓）+ 名（与事宾语）= 介 + 名（与事介宾）+ 动

举例如下：

[19] 管仲不死其君而归桓公。(《韩非子·难二》。死其君：为其君死)

与事单宾句跟名词作谓语无关，它相当于一个介词跟名词的组合，在语义上具有复合性。有时，句中不仅有与事宾语，还有受事名词谓语，理解起来就比较复杂了，语义结构如下：

名$_2$（谓）+名$_3$（与事宾语）=介+名$_3$（与事介宾）+动+名$_2$（受事宾语）

举例如下：

[20] 名余曰正则兮，字余曰灵均。(《楚辞·离骚》。名：命名。名余：

为我命名。）

[21] 父曰："履我。"（《史记·留侯世家》。履，穿鞋。履我：为我穿鞋。）

对于这样的情况，在理解的时候，应该分两个方面：一是理出句中的受事名词谓语的语义关系，如例[20]中的"名"就是"命名"，例[21]中的"履"就是"穿履"；二是理清句中的与事关系，例[20]中的"余"是"为余"，例[21]中的"我"是"为我"。在此基础上，结合二者，例[20]中的"名余"就是"为余命名"，例[21]中的"履我"就是"为我穿履"。

3. 工具/方位/处所名词作谓语

工具/方位/处所名词作谓语是在它们作状语的基础上，再加一个表示与这种工具/方位/处所有关行为的动词，语义结构如下：

工具方位名词（谓）= 介/动 + 工具方位名词（介宾）+ 动（谓）

举例如下：

[22] 秦师遂东。（《左传·僖公三十二年》。东：向东进发。）

[23] 从左右，皆肘之。（《左传·成公二年》肘：用肘推开。）

[24] 寻山口西北道二百步，又得钴鉧潭。（唐代柳宗元《钴鉧潭西小丘记》。道：顺路走。）

[25] 见白书，乃钻火烛之。（《史记·孙子吴起列传》。烛：燃烛照。）

[26] 夫南行之不可心北辕也。（顾祖禹《〈读史方舆记要〉总叙》。辕：驾辕出行。）

这种情况，在语法和语义分析中蕴含了两层关系，即先由工具/方位/处所名词作状语，再由作状语的工具/方位/处所名词占据谓语位置。

三、名词作复合行为谓语

一个动词可以表示复合的行为意义，比如动词的使动用法，这种复合的行为意义，现在我们往往用两个动词来表示。名词的意动用法和使动用法都属于这类情况。

1. 名词作意动谓语

意动用法表示施事对受事的主观评价，句中主语名词（施事）是评价行为的发出者，宾语名词（受事）是接受评价的对象，而谓语名词则兼具评价、判断以及评价结果的意义。其中，评价结果的意义是谓语名词的基本意义。语义结构如下：

名$_2$（意动谓语）+名$_3$（宾）=像［对待］名$_2$对待名$_3$//把名$_3$当作名$_2$//认为+名$_3$+是名$_2$

举例如下：

[27] 友风而子雨。(《荀子·赋》。友风：认为风是朋友。)

例[27]中，充当谓语的名词在表示判断结果的同时，也有判断功能，兼有判断谓语的性质，如“友”表示“是朋友”的意思；其次，充当谓语的名词还表示主语的评价行为，有“认为”的意义，所以“友”要理解作“认为……是朋友”。这种评价如果是比喻性的，“认为”义在理解时就不出现在字面上了，例如：

[28] 襟三江而带五湖。(王勃《滕王阁序》。襟三江：三江像是衣襟。带五湖：五湖像是衣带。)

名词的意动用法，与受事名词作状语关系密切，二者相比，句中都有三个名词，差别只在名词状语句中有动词作谓语，名词占据状语位置，而在意动句中没有动词谓语，名词不但占据了状语位置，还占据了谓语的位置，例如：

[29] [扁鹊过齐，]齐桓侯客之。(《史记·扁鹊仓公列传》比较：齐将田忌善而客待之。)

例[29]中三个名词的语义角色和语义关系都是一样的：施事名$_1$“齐桓侯”或“齐将田忌”发出判别行为，使名$_2$“客”与名$_3$“之”（分别指代扁鹊和孙膑）联系在一起。其中，名 $_3$ 表示判别对象，名 $_2$ 是具有典型特征的事物，作为评判的标准或判别的结果，在意动关系的理解中，还兼表判别行为。

当句中有动词占据谓语位置的时候，名词占据的是谓语修饰语的位置，属名词作状语，如"客待之"；当句中没有动词时，名词单独占据谓语位置，便是名词活用的意动用法，如"客之"。因此，这两个同义的结构可以互相转换，把"齐将田忌善而客待之"改作"齐将田忌善而客之"，或把"齐桓侯客之"改作"齐桓侯客待之"，意思是一样的。

二者也有一点区别。名词意动句如果强调施事者的表现态度，用一个状中结构的谓语句表达比较贴切（齐桓侯像客人那样对待他）；另一方面，如果注重施事者的心理认定，改写成兼语结构的复杂谓语句更为准确（齐桓侯认为他是客人）。由于这个句式具有两个不同的理解角度，因此，它一方面与名词作状语关系密切，另一方面又与使动句的语义结构相近。

意动用法的名词有受事性，而名词在表示施事或者工具/方位/处所时，只有施事性而没有受事性，因此，施事名词和工具/方位/处所名词都没有意动用法。

2. 名词作使动谓语

与动词的使动用法有关。动词的使动用法，就是用一个简单的动宾结构表达兼语结构的意义关系，动词兼备"使"的意义和它本有的行为意义，前一行为支配后一行为，例如：

[30] 我能起死人。(《吕氏春秋·别类》。起死人：使死人起身)

例[30]中"起"有"使"和"起身（复活）"两个意义，句子的宾语"死人"兼作"使"的受事和"起"的施事。名词作使动谓语，也有如下这样的用法。

（1）受事名词作使动谓语是及物的，它的意义是：名 $_2$（使动谓语）+名 $_3$（宾）=使+名 $_3$+动+名 $_2$（受事），例如：

[31] 齐桓公合诸侯而国异姓。(《史记·晋世家》。国异姓：使异姓立国)

[32] 霖雨泥我涂。(三国曹植《赠白马王彪》。泥我涂：使我［经过］的路途布满泥)

例[31]有两层变化，首先，是名词“国”充当一般谓语，相当于动宾组合的“立国”；其次，这个“立国”有了使动用法，表达“使”和“立国”两个行为。

有时，这类句中的宾语可以不出现，但能够补出，例如：

[33] 天子不得而臣［之］也，诸侯不得而友［之］也。(汉代刘向《新序校释》)

使动和意动有共同之处，它们都相当于一个兼语句，句中的兼语，由使动句或意动句中的宾语移位而来，而充当谓语的名词则留在句末。不同在于，这些兼语句中的行为有差异，具体差异如下：①使动用法的语法语义关系是主语＋使＋宾语（兼语）＋做＋某事；②意动用法的语法语义关系是主语＋认为＋宾语（兼语）＋是＋某类人/物（可以是某个典型人/物）。

使动用法和意动用法，它们的前一行为具有“使令”和“认为”的区别，这种区别已经表现在对它们的命名上。二者的后一行为也不相同，其中，使动用法的后一行为是动作性的，意动用法则是判断描写性的，在名词的意动用法中表示判断，在形容词意动用法中表示描写，这正与名词与形容词作谓语的功能相吻合。

（2）工具/方位/处所名词的使动用法，是在它们作动词谓语的基础上，再加上一个表示复合行为的意义（兼语句的意义）：工具/方位/处所名词（谓）＋名$_3$＝使＋名$_3$＋介+工具/方位/处所名词（介宾）＋动（谓）。例如：

[34] 欲辟土地，朝秦楚，莅中国，而抚四夷也。(《孟子·梁惠王上》。朝：使……朝见)

[35] 故王不如东苏子，秦必疑齐而不信苏子矣。(《史记·苏秦列传》。东：使……向东去)

四、名词活用的语义语法分析

1. 语义复加

以上分析显示，出现在谓词性位置的名词，是在它的原有名物意义上，增入了新的意义，跟原有的意义组合在一起完成表达，新增的意义可以用相应的词来表达。

2. 结构兼位

这种意义添加可以从结构上作分析。一方面，增入的意义，在语法上占据一个距离最近的高一级位置，而使名词原来占据的位置下降。充当谓语的名词内含意义越复杂，它原有意义所能占据的语法位置就越低下，不同用法的语义差异，跟语法结构的层次表现一致（表 1）：

表 1　占据不同位置的名词的语义和语法结构差异

名词位置	施事名词	受事名词		工具方位处所名词
状语	介+名^{施}	介+名^{受}		介+名^{工方所}
谓语	↓	↓	动+名^{受}	↓ 介+名^{工方所}+动
意动	介+名^{施}+动	介+名^{受}+动+[宾] 动^{认辨}+[宾]+判断词+名^{受}	↓	↓
使动			动^{使令}+[宾]+动+名^{受}	动^{使令}+[宾]+介+名^{工方所}+动

另一方面，由于事实上并没有新的形式介入，名词在句中的语法角色，随着意义的新增入而扩大，兼占了两个或多个语法位置。有些名词的非体词性用法，是词义一再复合、结构一再兼位的结果，比较方位词“东”在以下几种用法中的意义：

（1）常态句：王自东来。　　——东，东方。无增加义。

（2）作状语：决诸东方则东流。——东，向东。增加介词，为介宾关系。

（3）作动词：秦师遂东。　　——东，向东行。再增动词，为介宾作状语的状中关系。

（4）使动句：王不如东苏子。——东，使……向东行。再增加使令动词，为介宾作状语的状中行为受使令关系。

在“东苏子”中，“东”兼括了介词“向”、行止动词“行”和使令动词“使”，连同它本身的意义，相当于常态表达中的四个词，并从它本应占据的位置出发，兼有了四个语法位置。

3. 词性变化

这种名词在语义上的增加不同于词义扩大缩小一类的变化，增入的意义在语法上是一个上位的意义，占据了结构的中心位置。增入的意义对于原有的意义，具有支配性，从而改变了它的词性，使这个名词有了谓词特性。

但是，应该明确，在这类用法中，名词原本所表示的意义和语法功能并没有从句中消失，它们保持在原来的语法位置上发挥作用。比如“东”不论在哪一种情况下，它的方位意义“东方”和所占的语法位置始终不变，只是它被包容在另一个更大的、上一级的复合性的语法成分中，失去了独立性，并在意义和结构上都不占主导地位了。

4. 词在结构上的越级升格

一个名词表达了应该由它所构成的词组的意义：一方面，这个名词原有的意义和功能只是理解中的词组的组成成分；另一方面，这个理解中的词组并没有出现在句中，而是由这个名词来表现。因此，尽管这个名词在形式上没有变化，但是，它在表达中的意义增加，并在语法上占据了更多的位置，由一个下位的语法成分成为一个上位成分。比如，一般名词“衣冠”应是行为对象，在动词后作宾语。但在例[17]中，由于没有表示相关行为的动词，“衣冠”占据了整个谓语的位置，相当于一个动宾组合，这是在语法上的越级升格。

词的越级升格，可能只越一级，也可能连升数级。如“客”在动词前表示“像客”的时候，越出了一级，同一个介宾成分直接充当了状语；而在例[29]的“客之”中，它再次越级，兼括了介词和动词，即由一个本来处在介宾位置的名词，占据了句中“介+宾+动”这么一个状中词组的位置。

从句子的结构层次来看，这种升格是逐级、层层递升的，如图 4 所示：

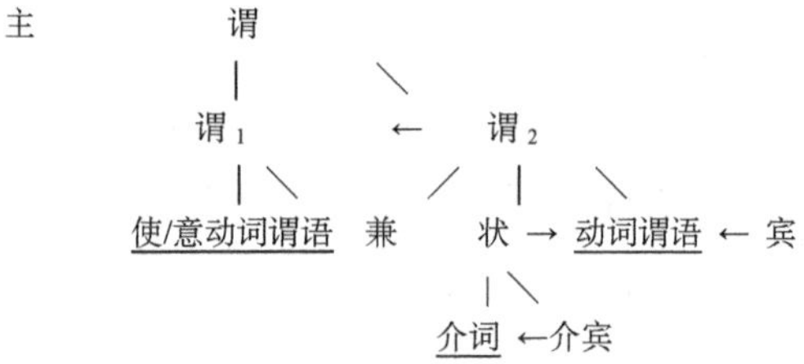

图 4 词的越级升格句子结构分析

词的活用中来自下层次的成分可以升入上层次而占据上一层次的语法位置。比如，原来作宾语的受事名词活用为一般动词时，升格占据谓语的位置，动词谓语的意义被兼括在名词形式之中：主+谓+宾——主+（受事名词作谓语）：原宾语占据谓语位置，相当于动宾词组。假如它为使动用法，则是：主+谓$_1$+兼+谓$_2$+宾——主+（受事名词作谓语并含使动）+（兼语转化为形式宾语）：原宾语兼有两个动词意义，并占据主要谓语位置；原兼语落在后面，成为形式宾语。

词在语法上的越级升格，就是处在句中底层结构的偏辅成分兼括主干成分的意义，并向上占据主干成分的语法地位，成为一个句子的主干成分或接近主干的成分。

可以这样认为，这类现象反映了语言交际中，完整的语义表达与不完全的结构关系的矛盾。这种矛盾体现为，句中某些理应占据上位的语义-语法功能的成分的缺席，而由一个处在句子结构基层、本来并不承担这些语义-语法功能的下位成分，通过越级升格来兼表它们的意义。

5. 辅重

词的越级升格规则，表现为一个结构中占辅助地位的成分兼括中心成分，且层层上升。在图4中，我们看到，用直线连接的主干成分，都加了下画线，在句中可以不出现，而用斜线连接的枝节成分，都未加下画线，它们是活用句中一定要出现的成分。这种有悖于句子主干成分分析法的现象，可以借助辅重论来解释：

辅重论和信息理论有一定关系。根据信息理论，容易预测到的符号信息量小，不容易预测到的符号信息量大……中心成分一般是词一级的单位，而辅助成分一般是短语级的单位。由于短语的数量远远超过词的数量，某个特定短语的出现比某个特定词的出现更难预测，因此一个短语的信息量比一个词的信息量要大。如果信息量大的单位读得相对重，信息量小的单位读得相对轻，那么辅助成分应该比中心成分读得重。①

根据这个意见，在表达中，处在句子主干地位的成分弱于处在枝节地位的成分。因为，处于主干地位的成分相对容易测知，而处于辅助枝节地位的成分主要表示区别，是语义表达的重心。这种辅重关系，在名词的兼位中自下而上表现为：

a. 动宾关系，宾语是辅，动词（谓语）是正，宾语名词兼括谓语动词；

b. 介宾关系，宾语是辅，介词与动词性质相同，是正，介宾名词兼括介词；

c. 状中关系，状语是辅，中心语（动词）是正，来自状语的介宾名词兼括谓语动词；

d. 兼语结构的两个动词之间，前一动词是正，后一动词是辅；后一动词兼具使/意动词的意义和位置，结果，夹在两个行为之间的兼语便落到了句末，成为使动或意动句的宾语。

处在句法辅助地位的成分，由于它的区别作用，是一个信息量更大的单位，因而在语义上是重心。因此，站在表达的角度，说话人在组句的时候，只使用表意上最主要的词语，而忽略了支撑句子的主干成分，结果，导致这些成分在语法上兼并中心成分而越级升格使用，形成辅重结构。可以把这种变化表示为图 5：

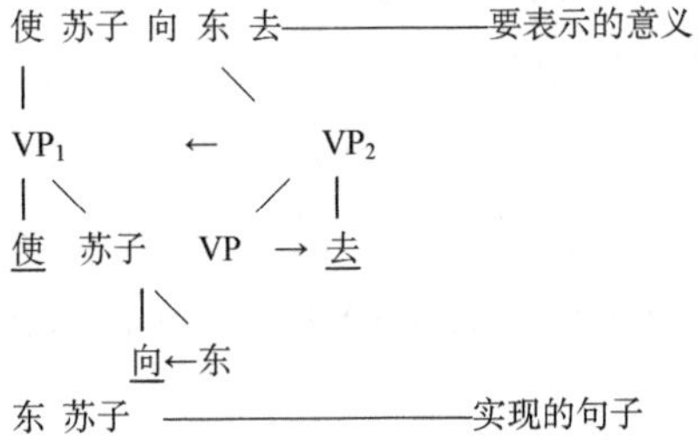

图 5　句子辅助成分在语法上兼并中心成分而越级升格使用示例

① 端木三《重音理论和汉语词长选择》，《中国语文》1999 年第 4 期，第 246—254 页。

汉语句子中的这类辅重结构关系，跟一般句子结构的基础不同，它不是在主干成分支撑下形成整个句子的各层次，再附上辅助性成分而成句的；相反，它是在构句时，采用了本来居于下位的辅助性成分，直接构成句子或句子的上位组合，句子的主干成分所应表达的意义，包含在被采用的下位的辅助性成分中，在句中没有独立的表达形式。

五、结　　语

“活用”是一个相对的概念，它与“常态”相对。本文认为，词的常态，是指词在语言中普遍呈现的一般状态，它以我们现有的语言经验为基础，是一种具有广泛历史材料支持的人们对语言的认识，而活用则是一种相对特殊的状态。由于我们认识的局限性，常态可能并不反映语言现象的初始面貌。

词类活用跟词义词性的变化有关。比如名词“冠”在活用作动词的时候，是“戴冠”的意思，但如果“冠”的意义偏向于行为“戴”，原有的名物义“冠”在句中另有名词来代替，如“冠素”，这时，应该说这个活用的名词已经转化为动词了，因为这里的“冠”只占据一个动词的位置而表示行为的意义，成为一个兼类词了。

因此，本文强调，词类活用，就是一个位居偏辅地位的词语单独占据了它的上一级语法成分的位置（这个位置本该由它跟另一个词语共同占据），从而发生了语法地位和语义内涵的变化。

不过，我们的分析很可能给人一种错觉：名词活用就是句中省略了中心成分，而以位居偏辅的名词兼代中心成分，是一种后起的语言现象。事实并非如此，从汉语的历史事实来看，很多名词作状语的用例早于它们作介词宾语的事实，名词的使动或意动用法也早于同义的兼语句，如何认识这种现象呢?

需要注意的是，虽然我们通过语言形式来表达意义，但是，在语言表达中，形式与意义之间的关系并非总是同步的，二者会有错位或不协调的时候。词类活用，是一种表达中的形式缺失或形式不完备，在这种情况下，形式的不齐备并不等于意义的缺失，没有自身形式表现的意义，可能附在其他形式中表现出来。我们认为，词类活用，就是这种意义附加的结果。这种情况的存在，有赖于我们的语法经验和对语义关系的了解。

句子表达，通常是对名物性的概念之间的关系进行表述，这种表述，有赖于我们语言经验中的语法常识。在一般情况下，句子的形式构成符合一般语法要求，比如N+V+N对应“主+谓+宾”，它们在理解上自然没有什么需要特别处理的地方。但是，句中有些词语的关系与一般句子结构中的意义关系不一致，或者比较一般句子出现主干成分缺失现象，这并不能阻止我们用正常的结构观念来分析这些句子，不同在于，我们可能作出一些认识上的调整和补充。

比如，当 N+V+N 不对应“主+谓+宾”而对应“谓+宾”的时候，V 前的 N 就成了谓语的附属（修饰）部分，表示行为中的某项条件；而当 N+N+N 对应“主+谓+宾”的时候，第二个 N 就具有谓语所应有的行为意义。我们通过对汉语句子结构的基本形式，来分析解读发生词类活用的特殊句子，进而弄清发生活用词的实际含义。

汉语的语法缺乏形态，词在进入句中时，没有严格的形式要求，因此，在句子组构中，被选择的成分比较自由，但是，汉语的语法意识左右着人们对句子的理解，正是因为有这样的语法意识，词类活用的种种用法才频频出现在各类文献中，没有成为交际障碍。不过，即使如此，也要承认，既然是活用，它们在所有句子中只占很少的一部分，而不是常用形式。在后来的发展中，随着句法结构的完善，一些用特殊手段，通过一个词表示的复杂语法语义关系，采用了多个词表达，并且形式化了。比如，古代普遍流行的方位词作状语，后代通常加上了介词；兼语句的流行，也减少了使动句和意动句的运用。

词的活用或兼位现象，在汉语语法中有较为普遍的表现，它既是造成汉语词类分析的一个难点，也是汉语语法特性之一，不应该把这种现象的研究局限在词的词类关系上，而应该从语义和语法关系的复合化角度，在更广的范围内展开观察和研究，或许，我们因此能对汉语语法有更深入的认识。

（原刊《汉语史研究集刊》第十二辑，巴蜀书社 2009 年。本次发表略有修改。）

补记：文中采取了比较保守的态度而袭用的“词类活用”这个概念。事实上，这不是词性的问题，而是“词的兼位”，属于句结构的问题，是因结构成分缺损而引起的下位词顶替缺位成分的现象，支持这类现象出现的，是句子本身的结构关系，因而，它在汉语古今雅俗语体中普遍存在。

2019 年 7 月

汉语否定副词的语法差异和语法分类

在汉语词类中，副词分类的依据是最明确的，但是，当涉及副词内部的分类，即副词的次类，各家意见就很不一致，这主要是由分类标准不同导致的。根据只作状语或以作状语为主这种鲜明的句法功能上的特点，副词很容易跟其他词类区分开来。但是，在区分副词内部的小类时，句法功能的标准不能重复使用，人们通常采用意义标准来作分类。其中，否定副词就是根据副词的否定义所得的副词次类，也是目前汉语副词内部分类中很常见的一个次类。

一、否定副词内部的语法差异

词的分类，以及词类内部的次类分析，都是词的语法分类，它是建立在词的构句功能（构式功能）基础上的。也可以这样认为，属于同一分类中的词，应该具有相同的构句功能，即能够出现在同样的语法位置，表示同样的语法意义，并且可以在一定条件下实现同类替换，而不改变句子的结构意义或构式意义。然而，否定副词却并非如此，从构句的作用来看，现代汉语中三个典型否定副词“不”“没”“别”之间，除了在谓语前作状语这一共同的功能和否定义之外，存在明显的语法-语义的差异。例如：

[1] a 你不回家。/你不高兴。

b 你没回家。/你没高兴。

c 你别回家。/你别高兴。

在例[1]三组句子中，“不”“没”“别”都居于状语的位置，这也是副词成为一个词类跟其他词类区分的标志。但是，作为否定副词中的同类，它们在语法上的特点并没有通过副词内部的再分类体现出来，被归入同一次类的这三个副词，在进一步的比较中，可以发现它们在句中有不同的构式功能，在语法上是互不兼容的。例如：

[2] a 水不开。/花不红。/我不走。
b 水没开。/花没红。/我没走。
c*水别开。/*花别红。/*我别走。

与例[2]的“*我别走”相比，可以说“你别走”，但“他别走”一般也不能说，除非对话人“你”对“他”有控制力或影响力。“别”表示说话人对主语所表示对象（通常是对话人）行为的某种限制性要求，并非事实的表述，是一个主观性很强的副词。因此，副词“别”首先需要一个有行为能力的自主名词作主语；其次，出现在这个句子主语位置上的成分，通常是与说话人相对、受说话人影响的对话人；再次，“别”表示对行为有意愿上的否定，而不是对事实的否定，因此它和“不”一样，所否定的行为不能带有已然性。例如：

[3] a 你不看。*你不看见/想到/去过。
b 你没看。你没看见/想到/去过。
c 你别看。*你别看见/想到/去过。

“没”否定行为变化过程的发生，其中的动词可以表示已然的行为，而“不”“别”不带有时间因素，不宜出现在这样的组合中。“不”可以用来表示静止状态下的简单否定，“没”“别”则不然。例如：

[4] a 你不知道。/你不清楚。/你长不高。/? 你不长高。
b*你没知道。/*你没清楚。/*你长没高。/你没长高。
c*你别知道。/*你别清楚。/*你长别高。/你别长高。

“不”适宜于对行为和性状程度的否定，但不宜用于动态的谓词前，动态的“你不长高”不能单独成句，但如果加上适当的后续句，使它成为一种静止条件，句子就可以成立，如“你不长高，就……”。“没”带有时间因素，叙述以往的事实，适宜修饰过程性明显的谓词，“长高”二词中，“长”的过程性明显，更能接受“没”的修饰，一些句子如果加上凸显过程性的成分，也可以成立，如“你还没清楚”或“你没弄清楚”；“别”阻止未然的行为性状，带有主观性和未然性，也不宜用于简单的否定中。

因此，在大多数情况下，这三个基本的否定副词之间是不能通用的。除了都能作状语之外，它们在语法意义和构句功能上很不相同，即没有语法上的类同关系，不应该归入同一个语法次类中。

二、词义和语法分类的关系

汉语很少使用形态标记，因此，通常的词类分析，除了依据词的语法功能（有人称之为广义形态）之外，多借助于意义。

词的意义可以在一定程度上反映词的语法特点，比如表示名物意义的词多占据主语、宾语或定语的位置，表示行为状态意义的词多占据谓语等位置，因此，从《马氏文通》开始，意义就被用来作为区分词类的一个依据。但在词类分析的实践中，人们又备受意义的困扰，通过意义来分析词类，利害参半。出现这种局面，是我们对词的意义认识不足。

借助义素分析法对词义的分析，可以看到，一个词的内部可以区分出多个义素，这些义素都是这个词意义的组成部分；同时，从一个词中分析得到的各个义素，可以出现在不同的词之中。这样，一个词在意义上可能跟多个词发生联系，如果不加限制地根据意义来分类的话，它可能跟几个不同类别的词发生类同关系。比如对上述三个否定副词做如下语义分析：

不：[否定]+[程度（或行为）]——说话人叙述不存在或发生（某一性状程度或行为）。

没：[否定]+[以往]+[时间]——说话人叙述在过往时间不存在（某一行为或性状变化）。

别：[否定]+[（行为人）从事]+[（说话人）意愿]——说话人希望行为人

不发生或发出（某一行为）。

否定副词以它们共有的否定义而成为同一个副词次类。但是，虽然意义与功能有密切关系，不同的意义可能对应不同的语法功能。但是，在我们依据词的意义来划分词类时，应该注意，一个词内含的多个意义中，有的意义对它的语法属性起作用，有的不起作用。因此，需要对一个词所内含的义素作进一步的分析。

事实上，如果以一个词的某个特定义项为基础作词义分析，其内含的各义素中可分为中心义素和其他的义素：只有一个义素占据中心地位，可以决定词的语义类别和语法属性，这是它的中心义素，或者称语法性义素；其他的义素不能决定词的语义类别和语法属性，只是反映这个词在意义方面的某些特点，这是词的特征义素，或者称词汇性义素。比如古代汉语中指人的“郎”，最初表示{年青}+{高贵}+[男性]+[人]，其中“人”是它的中心义素，“年青”“高贵”和“男性”都是它的特征义素。[①]特征义素往往色彩鲜明、引人注目，但是它不能决定这个词的语义类别和语法属性，不足以用来作为判断词性的依据，可以决定一个词的语法属性的是它的中心义素。

这里，应该对本文所说的“中心义素”，与词源研究中的“核心义素”作一区别。在词源研究中，人们把具有同源关系的几个词之间的相同义素称为“核心义素”，核心义素反映同源词之间的意义关联，具有历时性。具有引申关系的、同一个词的不同义项之间，也存在着这样的核心义素，它不一定反映这个词的语法-语义类属。本文的“中心义素”则指一个词项中几个义素之间的关系，它能够反映这个词的语法-语义类属，中心义素来自词内的共时的意义关系。需要提醒的是，同一个义素出现在不同的词项中，可能占据不同的地位，它可能处在中心地位，也可能位于附属地位，比如“领港”在表示一种行为“引领船只在港口行驶时”（[引领]+[船只]+[港口]+[行驶]），它的中心义素是动词性的“引领”；而在表示“从事领港工作的人”（[人]+ [引领]+[船只]+[港口]+[行驶]）的时候，中心义素不再是“引领”，而是“人”了。

由此看词的语法分类中所采用的意义标准，会有两种可能的结果。如果

---

① 俞理明《说“郎”》，《中国语文》1999 年第 6 期，第 445—447 页。

采纳的是中心义素的意义，即它的语法意义，那么，分类的结果自然符合这个词的语法特性，这也是根据意义来分析词类在很多时候仍然有效的原因；但如果采纳的是一个词的特征义素的意义，即非语法性的词汇意义，分类的结果就不符合这个词的语法特性。不区分这两类意义，在借助意义作词类分析时，就会出现混乱和困扰。

三、否定义不是语法分类的依据

把否定副词归为一类，显而易见，是由于它们共有的否定义。问题是，在语法的分类中，否定义并不适宜作为分类的依据。

意义有对立关系。否定义是一种消极义，消极义普遍地存在于语言中，它跟相对的积极意义的词形成对立关系或反义关系。在名词、动词、形容词等词类中，都存在着相当数量的反义关系。反义关系是一种概念上的意义相对关系，这种概念上的相对，不论表现为量变还是质变，都是处在同一语法范畴之内，不影响它们与其他词语的组合（结构）关系，因此也不影响它们的语法属性。反之，我们通常凭借词的反义关系，可以简单地确定它们之间在语法上的同质性，举例如下："朋友"是名词，那么跟它相对的"敌人"也是名词；"好"是形容词，跟它相对的"坏"也是形容词；等等。

否定义是一种极端的反义关系，在汉语其他词类的次类分析中，一般都不单独成类。比如现代汉语中的动词"没有"（在古代汉语中是"无"）和它的对应词"有"，二者都属于存现动词，从来没有人提出存在"否定动词"这个小类。古代汉语中，"莫"被称为否定性的无定代词，跟肯定性的无定代词"或"相对，也没有"否定代词"这么一个次类。

副词的情况比较特殊，在于副词中否定性成分比较多，而且古代汉语中否定性副词之间彼此通用情况较多，很容易使人把它们放在一起加以关注。不过，这些都不足以成为否定副词立类的理由，否定性的副词应该跟意义对应的肯定性副词一起，归入适当的类。

考虑到否定义与肯定义的对应关系，也有学者主张把否定肯定的副词归为一类，称为肯定否定副词，或仍然叫作否定副词，例如：

赵元任《汉语口语语法》：不、没（有）、非（要）、岂、不必、不如、不妨、决不、绝不、毫不、并不。[①]

张志公（署名为人民教育出版社编辑）《汉语知识》：不、没、没有等；必定、必等；也许、或许等。[②]

吕香云《现代汉语语法学方法》：必、必定、准、不、没、没有、别、非、莫、不必、未曾。[③]

黄伯荣、廖序东《现代汉语》：必、必须、必定、必然、当然、准、的确、不、没有、没、未、别、莫、勿、未必、不必、何必、不便、不用（甭）、不妨。[④]本书第四版（2007）中，删去了“必然、当然、未必、何必、不便”，增加了“是否、不曾”。[⑤]

黄伯荣、李炜《现代汉语》：必须、必定、一定、的确、准、不、没、没有、别、勿、未、不用（甭）。[⑥]

在以上分析中，首先，各家对于肯定否定副词中具体包括哪些词意见不尽一致，说明各家对于“肯定”和“否定”的认识是有差别的。其次，这个类别中的肯定性副词与否定性副词之间，大多没有明确的反义或对应关系，很少能够构成反义词关系，在结构功能上也没有一致的类同关系。这个分类的内部成员之间缺乏语法上的一致性。

从宏观上看，分类的原则应该具有普遍性，即使副词的肯定与否定的对立能够成立，但以肯定否定作为词的语法次类分析标准，仍缺乏系统的支持。因为，在副词之外，其他汉语词类的内部，如名词、动词、形容词等，虽然存在大量肯定与否定的对立，但都没有据此立类的，比如不存在肯定否定名词、肯定否定动词、肯定否定形容词的分类。显然，尽管这些肯定否定

---

① 赵元任《汉语口语语法》，吕叔湘译，商务印书馆，1979年，第347页。

② 人民教育出版社编辑《汉语知识》，人民教育出版社，1979年，第110—111页。

③ 吕香云《现代汉语语法学方法》，书目文献出版社，1985年，第256页。

④ 黄伯荣、廖序东主编《现代汉语》，第2版，甘肃人民出版社，1981年，第300页。

⑤ 黄伯荣、廖序东主编《现代汉语》（下册），增订4版，高等教育出版社，2007年，第17页。

⑥ 黄伯荣、李炜主编《现代汉语》（下册），北京大学出版社，2012年，第17页。

的意义关系之间有密切的联系，并有相同的语法特征，但未能成为一个与其他同类词在功能上有区别的语法聚合。

总之，不论是单独以否定义作为分类依据，还是把肯定与否定并列作为分类依据，这些意义都只是词的特征义，而不是体现它们语法属性的中心意义，不足以成为词的语法分类的依据。因此，否定副词其实是词类中的另类，它的立类有悖于通行的词类分析原则。

四、否定副词的归类

我们赞同将词的意义联系作为词的语法分类的参考依据，是因为词与词之间不仅存在意义的对应关系，并且这种对应关系与它们的语法特性一致，把这种关系带入句中，使它们能够在句中实现互换而不改变句子的结构意义（或称构式意义），这种意义，其实就是词的语法意义，它区别于词的词汇意义。

词在语法上的意义关联，可以从两个方面来看：一个是同义关系，即两个同义的词，在句中可以实现互换；另一个是类义关系或意义类别关系，即两个词属于同一意义范畴，彼此之间存在着某种量的差异，但具有质的一致性，由此产生的用词替换，只有量度方面的意义差异，不影响句子结构和结构意义的变化。否定副词的意义归类，主要立足于后一类型的意义联系。

从意义类别关系展开对比，可以发现“不”在句中的使用，主要分为两个方面：一个方面是在修饰行为动词等词的时候，“不”是一个否定标记，它对应于一种零标记状态下的行为动词，比如：走—不走，看—不看，等等，在这种情况下，它没有在意义上有关联的、可以互换的副词。另一个方面是当“不”修饰形容词和心理动词的时候，就跟程度副词发生紧密的意义关联，可以形成一个表示程度的语义序列，例如：

不红—有点红—比较红—相当红—非常红
不想—有点想—比较想—相当想—非常想

可见，从语义类别的角度来看，“不”跟程度副词“有点”“比较”“相当”“非常”之间，存在直接的关联，它们都属于程度范畴，差异在于量的不同，在此，“不”的语义特征是：[否定]+[程度]，即表示零程度，区别于表示轻微、中度、高度的其他程度副词。据此，可以认为，“不”在意义类别上跟程度副词具有类同关系，应该归入程度副词之中，表示程度的起点“零度”。

“没”则跟时间副词关系密切。表示未然的“没”和跟它同义的“未曾”等，经常跟表示已然的“已”“曾”或“已经”“曾经”等词形成反义关系，直接对应。它的语义特征是：[否定]+[以往]+[时间]（行为发生），跟表示[肯定]+[以往]+[时间]（行为发生）的“曾经”和“已经”相对立，都属于时间范畴，例如：

没见过（未曾见过）—曾经见过—已经见过（刚见过/早已见过）

此外，“没”同样跟具有时间因素的过程性的程度副词的关系密切，例如：

没红—有点红了—相当红了—完全红了

需要说明的是，一些词可兼用于性状程度和过程性的表达，但用于性状程度时的表达是静态的，用于过程性表达时则是动态的；用于性状程度表达时，通常表示高于性状基准的程度，而用于过程性表达时，则以达到基准为终极。“没”表示过程的用法基于它的时间因素，表示变化的起点。如果在一个过程中，不强调时间因素的话，“没”也可以跟“不”形成同义关系，比如“饭没熟凑合着吃”和“饭不熟凑合着吃”同义，但二者的背景不同，“没”是动态、可变的，“不”是静态、不变的：“饭没熟”，可以改作“饭还没熟，等会儿就熟了”，让过程延续下去；而“饭不熟”，则要改作“饭不熟，加水重新煮一下”，启动一个过程来处理它。

据江蓝生的意见，否定词“别”来源于“不要”。[①]“别”的用法跟古代汉语中的“勿”相当，在现代汉语中，“别”表示说话人对他人的劝阻告诫

① 江蓝生《禁止词“别”考源》，《语文研究》1991年第1期，第42—47页。

或不希望他人他物有某种情况发生，它的语义结构是：[否定]+[（行为人）从事]（某行为）+[（说话人）意愿]，重在表达说话人对行为人将有行为的否定意见，因此主要用在祈使句中，和它在意义上相对的语义结构是：[坚持]+[（行为人）从事]（某行为）+[违背]+[（对方）意愿]的，而表示主观意愿的是“非要”或“偏/偏要”，例如：

叫他别去，他非要去。

你别管了—我偏要管。

因此，从类别上说，“别”应该归入情态副词，它反映的是一种主观的态度或意愿，而不是实际的行为状况，按张谊生[①]的意见，主观性强烈的副词与评注有关。

五、结　语

张谊生指出，“否定副词同其他副词的一个明显的不同之处是，它们是从逻辑的角度划分出来的”，这是很中肯的。不过，副词是语法的类，它的内部再分类应该尊重语法原则，离开语法的角度，用另外的标准分立一个次类，在方法论上有明显缺陷。用语法之外的标准划分出的副词次类，自然也不是语法的类，不可避免地带来这个次类跟其他次类的矛盾，引起副词内部各次类关系的混乱。

因此，本文认为，在副词再分类中应该坚持语法的标准。在采用语法功能之后，排除词汇意义的干扰，从词的语法意义入手，注意不同副词与句中其他成分在语义关系上的差异，观察它们在句子构成中的不同作用，区分不同副词的不同构式功能，充分发掘副词的语法语义特征，才能理清副词内部的语法关系。

（原刊《汉语副词研究论集》第二辑，上海三联书店 2015 年）

① 张谊生《现代汉语副词研究》，学林出版社，2000 年，第 226 页。

从汉魏六朝佛经材料看判断句的发展

汉魏六朝汉译佛经的用语，虽然有外来因素的影响，但在整体上，比当时中土文献更为通俗，更多地反映了当时汉语变化的趋势，是研究中古汉语不可替代的语料①。汉语的判断句，从先秦以来，不断地发生变化，其中，汉魏六朝时期汉译佛经中的一些材料值得关注。

一、“N1者，N2是也”句

“N1者，N2是也”是汉代产生的判断句型，在汉译佛经中有不少用例，例如：

佛告拘怜：“尔时忍辱道人者，我身是也。恶生王者，拘怜是也。”（汉代昙果、康孟详译《中本起经》卷上）

佛告诸比丘：“尔时高行梵志，则吾身是也。五百弟子，今若曹是也。时谏师者，舍利弗是也。”（汉代昙果、康孟详译《中本起经》卷下）

其中的“者”或“也”字可以不用，作“N1（者），N2是（也）”，例如：

自然波罗蜜，般若波罗蜜是。（汉代支谶译《道行般若经》卷三）

须菩提白佛言：“摩诃波罗蜜者，天中天，即般若波罗蜜是。”（汉代支谶译《道行般若经》卷三）

于彼淫女，该容等是也。（汉代昙果、康孟详译《中本起经》卷下）

① 俞理明《汉魏六朝佛经在汉语研究中的价值》，《四川大学学报（哲学社会科学版）》1987第4期，第57—60页。

这类句式，在六朝佛本生故事中尤其多见，此不赘举。在问答句中，由于提问者提供了话题，答句中 N1 可以不出现，直接用 N2 与“是也”组合作“N 是也”，例如：

何所为大珍宝？佛是也。（汉代支谶译《道行般若经》卷五）

须菩提白佛言：“何等为阿耨多罗三耶三菩？”佛言：“本无是也。”（汉代支谶译《道行般若经》卷六）

“佛是也”相当于说“大珍宝者，佛是也”，“本无是也”相当于说“阿耨多罗三耶三菩者，本无是也”，其中的 N1 承问句而省。

据解植永（2006）考察，佛经中这类句式的大量出现虽然有佛经原文的影响，但它实际是汉语判断句发展的结果，因为此前的汉语文献中已经有了这样的用例，例如：

柱，相国是也。（汉代刘向《列女传》卷六）

有鷩冕。鷩，雉之憋恶者，山鸡是也。（汉代刘熙《释名·释首饰》）

它来自于上古汉语中的“S（VP）+NP+是也”句，例如：

水由地中行，江、淮、河、汉是也。（《孟子·滕文公下》）

这是一个由判断句充当谓语的主谓谓语句，即一个判断句中包孕了另一个判断句作谓语。其中，代词“是”作判断性的主谓谓语“江、淮、河、汉是也”中的小谓语，同时复指句中大主语 VP（水由地中行）。此句中的“是也”有向语气词发展的倾向，致使 VP 与 NP 构成直接的判断关系，这是另外的话题。这里要谈的是，这类句式中的“VP”换为 NP 就构成了“N1 者，N2 是也”句，意义与“N1 者，是 N2”句相同而并用，其中的“者”或“也”可以省略，例如：

萨芸若者，即般若波罗蜜是，天中天。般若波罗蜜者，是菩萨摩诃萨母，天中天。无所生无所灭，即般若波罗蜜是。（汉代支谶译《道行般若经》卷三）

尔时天帝者，大迦叶是也。文陀竭王者，则是吾身。（汉代昙果、康孟详译《中本起经》卷下）

其有对哭取死尸者，则是贼魁。（西晋竺法护译《生经》卷二）

妻子恩爱、财宝重业，则是牢狱。（西晋竺法护译《普耀经》卷四）

表面看来，“N1 者，N2 是也”句与“N1 者，是 N2”是一个词序的问题，N2 后的“是”移位到 N2 的前面，完成了句式的变化。但这样的解释存在障碍，因为“N1 者，N2 是也”句中的“是”是体词性的代词，“N2 是也”本身形成一个判断关系，N2 后有时可以加入一个“者”作“N2 者是也”：

人闻吾法信受奉行如意所得，喻如沃田所收无数，今比丘、比丘尼、优婆塞、优婆夷者是也，随意入深、神通无碍。人闻道言背而不信，喻如下田没溺不生，今六师尼揵等是也。（汉代昙果、康孟详译《中本起经》卷下）

这是两个并列的“S（VP），N 是也”包孕判断句，VP 充当了判断句的前项，相当于 N1。带有下画线的第一句在 N2 后加了“者”，显示“N2”与“是”之间是判断关系。当然，一般情况下，判断标记“者”要加在 S 后，并且“是”的前面可以有通常用于表语前的附加成分，例如：

彼仁王者，我则是也。（三国吴康僧会译《六度集经》卷二）

世间若有阿罗汉者，斯等则是。（南朝宋求那跋陀罗译《杂阿含经》卷四十二）

“者”可以出现在 N2 后，且“是”前可以有前附成分，都说明“N2 是也”中的“是”是代词作表语，它跟 “N1 者，是 N2 也”中作系词的“是”词性不同。因此，要说“N2 是也”移位为“是 N2 也”，就需要说明“是”的词性为什么发生变化，以及移位的原因和过程，否则，这一解释未免过于随意。

还有一种可能的分析，是表语 N2 前移至句首，而在表语的原位用“是”

复指，把 N2 看作表语前置。这种分析也不尽妥当，因为我们不能从意义关系来决定语言成分在句中的语法角色。从形式语法来说，表语就是判断句的后项，如果离开了这个位置，放到了判断句的前面，它就不再是表语，而是主语了。

因此，这是两个用词相似、意义相同，但来源和形成过程都不相同，在语法成分和结构-语义关系方面各异的两个并行句式，它们的差异可以表示如下：

N1 者， N2 是 也。 N1 者，是 N2 也。

主语 + （主语 + 表语[代词]） 主语 + 系词 + 表语

二、“非是”的含义

“非”在古汉语中主要用来否定判断句谓语，系词“是”产生之后，在东汉的文献中出现了“非是”的组合：

数极自然变化，非是故相反驳。（东汉赵壹《刺世疾邪赋》）

或不痛计见是身，但为身法更痛，便可报：若贤者无有痛更，亦不见所更，宁当应有是不？是时，阿难，比丘不痛为见，计非是身，宁应是法更痛亦见是身不？（东汉安世高译《人本欲生经》）

须菩提白佛言：“泥洹是限，非是诸法。”（东汉支谶译《道行般若经》卷六）

魏晋以下，“非是”在汉译佛经中得到普遍使用，据粗略统计，仅《大正藏》前四卷（阿含部和本缘部）中就有 52 种佛经使用了超过 300 次，其中主要集中在六朝时期，例如：

是时小儿反为解说，其义甚妙，昔所希闻。比丘闻之，欢喜甚悦，怪此小儿：“乃有智慧，非是凡人。”（三国吴康僧会译《六度集经》卷六）

是法甚深，所入无限，成最正觉，寂然微妙，难逮难知，非心所思，非言所畅，非是凡圣所能逮及。（西晋竺法护译《普曜经》卷七）

此是奸臣所为，非是细民所可能知。（西晋法炬、法立译《法句譬喻

经》卷四）

尔时日大城郭从须弥山东出、绕须弥山王西入围绕，复从山东出绕须弥山西入。时人有言："是昨日日也。"或有人言："非是昨日日者。"（西晋法立共法炬译《大楼炭经》卷六）

汝等不应请我住世。何以故？今者非是劝请我时。（东晋法显译《大般涅盘经》卷上）

然此苦行为下贱业，至苦至困，凡人所行，非是圣道。（东晋瞿昙僧伽提婆译《中阿含经》卷四）

初见妙色，后复变易。岂非是大患乎？（东晋瞿昙僧伽提婆译《增壹阿含经》卷十二）

将由悭贪故存于怀，斯是乞人非是贤士。（后秦竺佛念译《出曜经》卷十二）

答曰："是不净，非是净也。"（后秦佛陀耶舍、竺佛念译《长阿含经》卷八）

此名为仙圣，非是旃陀罗。（后秦鸠摩罗什译《大庄严论经》卷八）

是时鹰住树上语王言："汝还我鸽。此是我食，非是汝有。"（后秦鸠摩罗什译《众经撰杂譬喻》卷上）

彼女白王言："我非是下姓生，乃是高族婆罗门之女。"（南朝宋求那跋陀罗译《杂阿含经》卷二十三）

佛即语言："迦叶，汝非阿罗汉，亦复非是阿罗汉向。"（南朝宋求那跋陀罗译《过去现在因果经》卷四）

汝自以愚痴作恶，非是父母师长君天沙门道人过也，罪自由汝。（南朝宋慧简译《阎罗王五天使者经》）

傍[旁]人语言："汝是愚人。云何须财名他为兄，及其债时复言非兄。"愚人答言："我以欲得彼之钱财，认之为兄，实非是兄。"（南朝齐求那毗地译《百喻经》卷一）

是婆罗门耳，非是鬼也，终不啖汝。（西秦圣坚译《太子须大拏经》）

龙王白言："我非是人，皆是龙王。"（北魏慧觉等译《贤愚经》卷十一）

彼二臣者，非是罗汉比。（北魏吉迦夜、昙曜译《杂宝藏经》卷十）

帝释天王所说之偈名为善说，毗摩质多罗阿修罗王所说之偈非是善说。（隋代阇那崛多译《起世经》卷八）

此相怯弱，非是男儿大丈夫相，此是妇女媚惑之饰。男儿不假庄严其身。（隋代阇那崛多译《佛本行集经》卷十三）

若非是母、亦非是姨、非是姊妹，彼诸树木即便垂覆……彼等相将入于彼处，欢娱受乐。（隋代达摩笈多译《起世因本经》卷二）

"非是"后的表语可以承上文省略，例如：

时夫人出已，取辟支佛钵，于其屏处小便钵中，以甘蔗汁盖覆钵上，与辟支佛。辟支佛受已，寻知非是，投弃于地，空钵还归。（旧题三国吴支谦译《撰集百缘经》卷五。"寻知非是"即"寻知非是甘蔗汁"。）

"汝是受法耶？"对曰："非是。"（后秦佛陀耶舍、竺佛念译《长阿含经》卷十。"非是"即"非是受法"。）

但以下句中不带表语的"非是"，不是省略表语所能解释的：

时彼牧人作如是念："佛世尊者是一切智，为非是乎？"（后秦鸠摩罗什译《大庄严论经》卷十一）

箭毛复言："我今还宫，足自别知为是如来至真等正觉，为非是耶？"（失译《别译杂阿含经》卷十五）

旷野复言："汝审真实是如来至真等正觉，为非是耶？"（失译《别译杂阿含经》卷十五）

上列各句中，"为非是"表示与"是"或"为"意义相反的否定判断。其中，"为"可作表判断的系词[①]，或作选择连词；"非是"既可作表判断的系词，也可理解为形容词"不正确"。这样，有以下几种可能的解释：

（1）"为"虚化表示选择，单用于选择的后句或兼用于两句之中，"非

① 洪诚《王力〈汉语史稿〉语法部分商榷》，《中国语文》1964 年第 3 期，第 173—202 页。伍宗文《"为"的系词性质补议》，载四川大学汉语史研究所编《汉语史研究集刊》第七辑，巴蜀书社，2005 年，第 31—43 页。

是”与“是”相对，表示否定判断，表语承上省略。但是，按照这样的解释，“为是……为非是”句中“为是”的“为”也须理解成连词，有点牵强。

（2）“为”和“非是”两个判断词的连用表示否定判断，表语承上省略。但正反义的判断词连用直接表示否定判断，不符合语法常规（比较“是否”这样的组合），难于为人接受。

（3）“为”表示判断，“非是”作表语，这样的解释可以模拟其他判断句式。但是，作表语的“非是”应该是形容词性的，表示“不正确”“错误”的意思，这样的理解在句中又很不妥帖。

（4）“为”是句中的主判断词，“非是”也是一个判断词，它的表语承上省略，由它构成的判断项已经名物化，作“为”的表语，形成“为+（非是+省略的表语）”这样一个双重的包孕判断关系。有一些例子可以佐证，例如：

善业即知，言：“是华不出于忉利天上释所散花，出于幻耳。”释言：“是花非从树出，如贤者善业所可说。斯事本寂，自幻树出矣。”释言：“是花从幻树出也。不从树出者为非是，非是者为非花。”（三国吴支谦译《大明度经》卷二。此例中两个“非是”都指“非是花”，前一“非是”作“为”的表语，后一“非是”作下一判断句主语。）

得限而学，学法已成，视一切人，见不与取，其意恐惧，心厌秽之，畏诸三界，不以喜乐，则为非是诸佛法器。（晋代竺法护译《佛说文殊师利现宝藏经》卷上。此例“非是”后的表语没有省略。）

若如来说最胜行者、得胜解者，彼乃以为非是行者、非得解者。（后秦鸠摩罗什译《佛说华手经》卷八。兼语动词“以为”后常常带判断结构，“非是”后表语没有省略。）

此外，“非是”还有形容词的用法，表示“不正确”或“错误”，产生的时代比它的否定判断义晚，用例不多，例如：

若作斯语，非为毁佛、非过言耶？为是佛说为非是乎？（失译《别译杂阿含经》卷七）

往昔波罗奈国有一贫人唯生一子，然此一子多有儿息，其家贫穷。时世饥俭，以其父母生埋地中，养活儿子。邻比问言："汝父母为何所在？"答言："我父母年老会当至死，我便埋之。以父母食分，欲养儿子，使得长大。"第二家闻，谓此是理。如此辗转，遍波罗奈国，即以为法。复有一长者亦生一子，此子闻之，以为**非是**。即作是念："当作何方便，却此非法。"（北魏吉迦夜、昙曜译《杂宝藏经》卷二）

而圣子今亦不合背舍老父王而自出家。彼法**非是**，更无有法。（隋代阇那崛多译《佛本行集经》卷十八）

尔时彼有一婆罗门在于众中高声唱言："稀有稀有，此之王子是真实智。譬如有人得美饮食而和杂毒，谁乐欲啖？如是此事，后虽得乐，而未离于有为生老病死之法。此岂**非是**，还求后生？"（隋代阇那崛多译《佛本行集经》卷二十）

尔时二使说此偈已，重白圣子，作如是言："大圣王子，如我所见，此意**非是**。细观法行，于世财利及以五欲，非巧方便。"（隋代阇那崛多译《佛本行集经》卷二十一）

言无定者，如是如是，是是亦然，**非是**亦然。心意觉想一切诸业，是众是我，是彼是此，是名无定。（隋代阇那崛多译《佛本行集经》卷二十二）

三、"是"在当时判断句中的地位

虽然"非是"作为否定判断的用词在六朝已经相当普遍，但它的影响是有限制的。在很多时候，"非是"常常与旧有的否定判断形式"非"并列使用：

汝今疑我非婆罗门从远求耶？非是博学出家人乎？（旧题三国吴支谦译《菩萨本缘经》卷中）

妻子奴婢非是我有，我非其主。（旧题三国吴支谦译《斋经》）

此博掩子，非是长者，非仁贤人。（西晋竺法护译《生经》卷一）

彼魔波旬非是梵天，亦非梵天眷属，然自称说“我是梵天”。（东晋瞿昙僧伽提婆译《中阿含经》卷十九）

所谓以具信故能随顺教，非是无信能随顺教。持净戒故能随顺教，非是毁禁能顺教也。以多闻故能随顺教，非以少闻能随顺教。非以悭吝能行布施，以舍心故能行布施。非以愚痴能修智慧，以慧心故能识法相。（失译《别译杂阿含经》卷八）

此非大梵世间天主，非吃萨那欲界之主，亦非天帝及毗沙门库藏之主，亦复非是日月天子。此之太子名悉达多，是净饭王释种童子。（隋代阇那崛多译《佛本行集经》卷十二）

是诸人辈当知，我今非是天也，亦非龙也，乃至我非大梵天也。（隋代阇那崛多译《佛本行集经》卷四十九）

如此一切诸恶业，非父非是母所作。（隋代达摩笈多译《起世因本经》卷四）

与此相应，与“非是”对应的肯定判断也可以不用“是”或其他系词性的成分，例如：

此神足者卑贱下劣凡夫所行，非是贤圣之所修习。（后秦佛陀耶舍、竺佛念译《长阿含经》卷十二）

此则极短寿，非是长存者。（南朝宋求那跋陀罗译《杂阿含经》卷四十四）

这类现象，在使用副词“乃”的强化肯定判断句式中也存在。“乃是”可以与“非是”构成对立判断，也常常与“非”对举构成对立判断，例如：

佛告王曰：“亦非释梵诸天神等来听法也，乃是昔日悭贪长者得生天上，来供养我。是彼光耳。”（旧题三国吴支谦译《撰集百缘经》卷六）

我等实是女，非男也。唯有清净太子乃是男也。（东晋瞿昙僧伽提婆译《增壹阿含经》卷三十一）

形相虽非人，道德乃是人。（后秦鸠摩罗什译《大庄严论经》卷十四）

佛语王言：“非厨兵过也，乃是外贫穷老母所施。”（后秦鸠摩罗什

译《众经撰杂譬喻》卷上）

如大雨雹，雨已，乃是减损，非增益也。（南朝宋求那跋陀罗译《杂阿含经》卷三十二）

此非婆罗门，乃是剃发道人。（失译《别译杂阿含经》卷五）

今此国土非我所得，乃是父王转用见授。（北魏慧觉等译《贤愚经》卷八）

非袈裟过，乃是心中烦恼过也。（北魏吉迦夜、昙曜译《杂宝藏经》卷二）

此乃是贼住居之处，本非仙人所居地也。（隋代阇那崛多译《佛本行集经》卷五十五）

这类现象，当然是句式发展中新旧交替的表现，但也说明系词“是”在这个句式中的地位还有待于巩固，还没有成为判断句中必有或惯常的成分。

四、“不是”的使用

“不是”在先秦时期已经成词，与“非”同义，是形容词，表示“不正确”“错误”，也可指错误的事物，具有名词性，例如：

是不是而非不非。（《吕氏春秋·正名》）

是不是，然不然。是若果是也，则是之异乎不是也亦无辩；然若果然也，则然之异乎不然也亦无辩。（《庄子·齐物论》）

或一是而一不是也，不可常用也。（《墨子·小取》）

故非礼，是无法也；非师，是无师也。不是师法，而好自用，譬之是犹以盲辨色，以聋辨声也，舍乱妄无为也。（《荀子·修身》，“不是”，意动用法，认为……错误。）

在汉译佛经中，也有许多这样的用例，例如：

若人说至诚，知不欲受至诚。若人说不至诚不可意，说病是不是，如

是我无有。（东汉安世高译《佛说七处三观经》）

尔时王子即答妻言："善哉王女，汝有深智，精进勇猛，是我善伴。设我不是，应当呵责，云何乃出如是粗言？"（旧题三国吴支谦译《菩萨本缘经》卷中）

汝诸尼干为尔不是，而作斯言。（西晋法炬译《佛说苦阴因事经》）

世尊语尼干弟子释烈破曰："若我所说是者，汝当言是。若不是者，当言不是。"（东晋瞿昙僧伽提婆译《中阿含经》卷三）

时彼长者睹彼瑞应，叹未曾有。内自克责，知为不是，五体投地，自求悔过。（后秦竺佛念译《出曜经》卷二十四）

汝所为作甚为不是。（后秦鸠摩罗什译《大庄严论经》卷一）

比丘应如是思惟："我不是、不类、不应作罪，令彼见我。若我不为此罪，彼则不见。"（南朝宋求那跋陀罗译《杂阿含经》卷十八）

或闻其法见有字句不正，便生讥毁，效其不是。由是之故，于佛法中永失其善，堕于三恶。（南朝齐求那毗地译《百喻经》卷二）

臣等睹见不能堪忍，故欲除王更求贤能。王闻遂惊，语诸臣言："我实不是，负累汝等。请自改厉，更不敢尔。愿见宽放，与民更始。"（北魏慧觉等译《贤愚经》卷十一）

表示否定判断的"不是"出现得较晚[①]，我们在语料库里能够找到的最早的中土文献用例在晋代，例如：

《易》称"积善之家必有余庆，积不善之家必有余殃"，称家者岂不是官？（唐代房玄龄《晋书·祖逖传》）

《晋书》由唐人编定，不过，史书语料的时代不能仅据史书的纂写时间，而应该充分考虑语料的实际[②]。这里记载王隐与祖纳、陶梅议论时所说的话，本自当时的实际话语，可作晋时语料看待。在汉译佛经中，有一些表示

① 向熹《简明汉语史》，修订本，商务印书馆，2010年。

② 方一新《东汉魏晋南北朝史书词语笺释》，黄山书社，1997年。俞理明、顾满林《东汉佛道文献词汇新质研究》，商务印书馆，2013年。

否定判断“不是”的同期或更早的用例，例如：

彼即与世物杂，为不是大佑人者。（东汉安玄译《法镜经》）

不是独我家耗，世悉亦尔。（三国吴支谦译《佛说义足经》卷上）

不是舍利弗所问，亦不是摩诃目揵连、摩诃迦叶、优为迦叶、迦翼迦叶、那翼迦叶、施罗比利迦私所问。（西晋法炬译《前世三转经》）

善知识人不作是念：“我豪族家生，此余比丘不是豪族家。”己身与彼而无有异，是谓名为善知识法。（东晋瞿昙僧伽提婆译《增壹阿含经》卷八）

或有一人不是豪贵，出家学道。彼行法如法，随顺于法，向法次法。彼因此故，得供养恭敬。（东晋瞿昙僧伽提婆译《中阿含经》卷二十一）

时彼女人闻斯偈已，复作是念：“彼必不是摩尼夜叉，乃是瞿昙沙门。”（失译《别译杂阿含经》卷十五）

彼所陈说非真正义，亦复不是至道之本。（后秦竺佛念译《出曜经》卷三十）

我不求请，亦非彼奴，亦非庸[佣]作，不是彼民；我不作贼，不中陷人，不斗乱王：为以何过而见加毁。（后秦鸠摩罗什译《大庄严论经》卷十二）

语使雨宝，亦复不能。又复不是提婆跋提夫人所生。（北魏慧觉等译《贤愚经》卷九）

“不是”有时与“非是”并出的，例如：

是以持水者，我说不是沙门。是谓非沙门道迹、非是沙门。（东晋瞿昙僧伽提婆译《中阿含经》卷四十八）

“不是”后也有省略表语的现象，例如：

正欲道实，恐畏不是。正欲不道，复为诸女逼切使语。（旧题三国吴支谦译《撰集百缘经》卷八。“恐畏不是”即恐畏不是天女。）

复有沙门、婆罗门作是说：此是现在泥洹，非不是。（后秦佛陀耶舍、竺佛念译《长阿含经》卷十四。“非不是”指“非/不是现在泥洹”，是一包孕否定判断句。)

“非是”与“不是”具有同义关系，它们代表了汉语判断句的不同发展阶段[①]。本文抽样调查的叙事性强的阿含部和本缘部佛经，其中与本文有关的“非是”320多例，主要用于否定判断，只有近10例表示性状的“非是”；“不是”只有50多例，表示否定判断和消极性状的各占一半。

从中可以看到，“不是”作为否定判断用词虽然数量不到“非是”的十分之一，但正在兴起。因为，在“不是”的内部，后起的、表示否定判断的用法，在频率上已经跟原有的表示性状的意义相抗衡了，顺着这个趋势发展，后来它就以表示否定判断为主了。

相反，专门表示否定判断的“非是”却面临“不是”的挑战，一方面，“不是”的用法渗入到“非是”中，使它背离了判断用法，而出现形容词的用法，另一方面，“不是”作为否定判断用词，与“非是”形成竞争关系。

五、助动词的介入

助动词在意义上可支配其他行为，因此后接动词。在“不”否定系词“是”的同时，助动词也出现在判断词“是”之前，何亚南[②]认为这是“是”被视同动词的重要标志。助动词用于判断词“是”之前，中土文献出现得比较早[③]，多出现在人物对话中。例如：

此非守宫，当是蜥蜴。(汉代荀悦《前汉纪·孝武皇帝纪》卷一)

孝孙素谨善，少且亲爱，当是长安轻薄儿误之耳。《后汉书·顺阳怀侯嘉传》

① 汪维辉《系词“是”发展成熟的时代》，《中国语文》1998年第2期，第133—136页。

② 何亚南《〈三国志〉和裴注句法专题研究》，南京师范大学出版社，2001年。

③《太平经》卷114有“不顺作逆，而求久生，是行当可久见于天神？日月星辰，安肯久照？为天神所佑，而争欲危之，是谁过乎？不当是善行孝顺之人邪？”一句，其中“不当是”有点像助动词加判断动词。但细察文意，这个“是”应该是“认为…正确”“肯定”的意思，不是判断句。

此非恶人，当是教化未及至耳。(《后汉书·循吏传·仇览》)

肃宗崩，范奔赴敬陵。时庐江郡掾严麟奉章吊国，俱会于路。麟乘小车，涂深马死，不能自进，范见而愍然，命从骑下马与之，不告而去。麟事毕，不知马所归，乃缘踪访之。或谓麟曰："故蜀郡太守廉叔度好周人穷急，今奔国丧，独当是耳。"(《后汉书·廉范传》，又见司马彪《续汉书》、宋代李昉《太平御览》卷四百二十引《东观汉纪》)

方望既去隗嚣，遂说安陵人弓林曰："更始必败，刘氏真人当受命。刘婴本当嗣孝平帝，王莽以婴为孺子，依托周公，以夺其位，以为安定公。今在民间，此当是也。"(晋代袁宏《后汉纪·光武皇帝纪》卷二)

幼时吴尚书广陵闵鸿见而奇之，曰："此儿若非龙驹，当是凤雏。"(唐代房玄龄《晋书·陆机传附孙拯传》)

吾等以广平公之故，陷身逆节。今以乘舆南幸，自当是杖义之理，匪但救广平之祸，足可以申雪前愆。(唐代房玄龄《晋书·姚兴载记》)

尝作《天台山赋》，辞致甚工，初成，以示友人范荣期，云："卿试掷地，当作金石声也。"荣期曰："恐此金石非中宫商。"然每至佳句，辄云："应是我辈语。"(唐代房玄龄《晋书·孙楚传附孙绰传》)

《三国志》注中也有四个用例[①]，此不赘举。可见汉晋时期助动词已经进入了判断句，但汉译佛经中，这类用例出现得稍晚，例如：

是处那忽有此大河，而复乃尔波湍惊急。当是如来见于我等随从不舍，而故作此，绝行道耳。(东晋法显译《大般涅盘经》卷上)

此必不是毗沙恶鬼。所以然者，我今见之，极有欢喜之心。设当是恶鬼者，随意食之。(东晋瞿昙僧伽提婆译《增壹阿含经》卷十四)

色若无常，为当是苦，为非苦乎？(失译《别译杂阿含经》卷十六)

能断结者名有惭愧，若不断结名比丘者，伎人剃发应是比丘。然诸伎人虽复剃发，不名比丘。(后秦鸠摩罗什译《大庄严论经》卷四)

于时迦叶供养火毕，而欲灭之，不能令灭。心自思惟："此必当是沙

① 参何亚南《〈三国志〉和裴注句法专题研究》，南京师范大学出版社，2001年。

门所为。”即往佛所，而白佛言：“我朝燃火，今欲灭之，而不肯灭。”佛即答言：“汝可还去，火自当灭。”（南朝宋求那跋陀罗译《过去现在因果经》卷四）

今未应是汝山泽自守时。（旧题南朝宋宝云《佛本行经》卷二）

王大夫人名曰苏摩，即觉有娠。聪明女人，能得此智，知所怀妊，分别男女。便自说言：“我所怀妊，必当是男。”（北魏慧觉等译《贤愚经》卷九）

汝家贫穷，困苦理极。树下釜金，应是我有，就用与汝，卿可掘取。（北魏慧觉等译《贤愚经》卷十一）

或当是此城内人民，闻我名声，多解多知，谓言我来于此，欲共诸婆罗门，问难论义？（隋代阇那崛多译《佛本行集经》卷三）

时彼人辈各相谓言：“此之仙人，应是毗提耶国而出。”作是语已，为其立名，称为毗提耶国仙人。（隋代阇那崛多译《佛本行集经》卷五十八）

这样，在判断词“是”的动词化过程中，佛经材料与中土文献呈现相反的过程。其中，“不”加判断词“是”，在汉代佛经材料就已出现，而中土文献是在晋代以后；助动词介入判断句，在汉晋时期的中土文献已有众多用例，而东晋以后的佛经材料才出现这类现象。判断词“是”的动词化，似乎是两股语用势力合力的结果。

六、佛经材料在判断句研究中的价值

句法上的包孕关系，是指主谓结构充当某个句子成分的现象，即一个本来可以独立成句的、自足的语言单位，降级成为另一个句子中的构成成分[①]。包孕关系这个概念曾经很流行，现在被主谓词组所取代。本文采用这个概念，主要是想强调这一句子结构中的重叠关系：即在一层主谓判断关系之

① 黎锦熙《新著国语文法》，修订重排版，商务印书馆，1992年。

中，还有一层主谓判断关系。

从本文的观察来看，汉语判断句在历史的发展中，有一些关系复杂、不易解释清楚的句式，多与包孕关系有关。分析中，如果把具有双重包孕关系的句式，看成是单层的结构，有些现象就无法得到合理的解释。

汉语判断句的构成分析包括三个层面：判断项的词性、语气标记、判断中介成分，不同的判断句式在这三个方面的情况，影响它们的典型程度，这三个方面的历史发展的趋向也不相同。具体如下：

（1）判断两项的词性，可能有：N1+N2、VP1+N2、N1+VP2、VP1+VP2 四种组合，比较古今汉语判断句的两项，词性的典型特征没有发生变化，仍以N1+N2最为典型。但进入判断句中充当判断项的VP，对判断句曾经产生过的关键影响，不可忽视。VP 进入判断结构，致使判断句的结构复杂化，由此诱发判断句的系列变化，改变了判断句内部成分的关系，成为汉语判断句发展的内部动因。

（2）判断句的语气标记有五种类型："……者……也""……，……也""……者，……""……，……"以及中间没有停顿的两项组合。在汉语判断句历史发展中，判断语气标记原有的典型特征逐渐消失，在现代汉语中，不仅标记性的词汇成分"者""也"不复存在，连句中的停顿也没有了，早先最不典型的语气标记类型成为现代汉语判断句的典型。因此，判断句中语气标记成分的消长，是汉语判断句发展的一个标志性因素，考察不同判断句式在语气方面的典型程度，以及判断句语气标志在不同时期判断句中的作用，也是判断句历史研究的一个重要方面[①]。

（3）判断中介成分指出现在判断两项之间的成分，它的情况十分复杂，需要逐一分说。早先的判断句或不用中介成分，或用前附性的副词作中介成分。后来，在副词性成分之外，产生了系词性成分。再后，这一系词性成分又被认定为谓词性成分，形成判断中介成分"副词—系词—动词"三个发展阶段。不同阶段，各成分角色的变化，也是判断句发展的表现。

早期判断句中的副词性成分，比如"非""乃""即""惟"等，依附

① 参何亚南《〈三国志〉和裴注句法专题研究》，南京师范大学出版社，2001 年。

于整个表语（谓语）且以整个表语充当它的修饰成分，在句子结构分析中是状语，整个句子是两分的结构。

系词和表语共同构成判断句的谓语、共同接受副词性成分的修饰；但系词在结构上又独立于表语，因此它在判断谓语的修饰成分和表语之间呈左右不定的状态：从结构分析来看是“主语+副词+（系词+表语）”，仍是两分结构；从连接关系上看，修饰成分与系词共同连接判断主语和表语，与判断句中单纯的副词性中介成分作用相同，也可以视为“主语+（副词+系词）+表语”，有三分的倾向。这种三分倾向，在语用中得到强化，导致了一系列的变化。由于替换剩余①的原因，在判断句的构成中，依附于名词性谓语的“非”“即”“乃”跟“副+系”的组合“非是”“即是”“乃是”具有相同的功能。结果，导致“非是”“即是”“乃是”被重新分析为一个语法单位，形成跨层组合。与此相应，原来被清晰地定位为副词的“非”“即”“乃”，在部分人看来是系词了。

判断句“主语+系词+表语”组合，也有两可性。先秦“为”用于判断，王力先生②认为是动词句表示判断，洪诚先生③认为是系词，二说不同。但即使“为”是系词，它所构成的判断句式也不典型，因为它不具备当时判断句的最典型特征之一：句中停顿，它的后续发展也跟判断句的主流若即若离，只是汉语判断句发展中的一个插曲。但是，表判断的“为”的出现，有利于系词“是”的成长，也是汉语判断句在认知上由两分分析向三分分析转变的开端，“为”的动词背景对汉语判断句所造成的影响，不可忽视。从传统的句式结构来看，系词和表语共同构成谓语，句子是两分的。但这种句式结构与同样包含两个名词项的动词句作共时模拟时，情况有所不同。在判断句

---

① 替换剩余，即一个固定的句法组合模式（或称为构式，或称为结构），在应用中，组合的某些部分可以随语境需要进行经常性的替换，而组合中的其他部分保持不变。这种现象，常常导致跨层结构词的产生，比如在判断句中，作为判断项的两个名词可随表达需要随时变换，而处在句子中间的副词和系词保持不变，成为剩余成分，并固化为结构的标志，成为一个新词，如本文讨论的“非是”。参俞理明《汉语词汇中的非理复合词——一种特殊的词汇结构类型：既非单纯词又非合成词》，《四川大学学报（哲学社会科学版）》2003 年第 4 期，第 86—91 页，人大复印资料同年 11 期转载。

② 王力《汉语史稿》，新一版，中华书局，1980 年。

③ 洪诚《王力〈汉语史稿〉语法部分商榷》，《中国语文》1964 年第 3 期，第 173—202 页。

“名词主语N1+系词+名词表语N2”与及物动词句“名词主语N1+动词+名词宾语N2”比较中，系词与动词相类。

汉语系词“是”的出现，以及判断句三分倾向的增强，影响副词“非”和“不”的使用。因为在判断句的三分分析中，居于两个名词之间的系词，跟陈述句中的动词发生模拟，系词“是”有动词化的倾向。但副词“非”主要用于否定名词谓语，是一个典型的两分结构中的附加成分，不适宜作三分结构中谓词的否定标记，结果，在判断句中被通常否定动词谓词的“不”所取代。汉魏六朝时期，“不是”的产生，以及助动词的介入，都是系词“是”动词化的表现，此后，它与后面名词的关系不再是“系词+表语”构成谓语，而是“谓语+宾语”的动宾关系。

因此，判断句中停顿语气的消失、系词“是”的切入、否定判断形式由“非”转为“非是”再到“不是”“当是/应是”等，都是汉语判断句发展中一系列值得充分关注的关键变化。在这一方面，佛经材料给我们带来的启发，难能可贵。

七、余　论

基于上述讨论，我们也可以设想一个更为严密的判断句历史研究的方案。

范畴论把同类事物区分为典型与不典型，而典型程度的差异，主要表现在该类事物的不同特征上。在此引入优选论的思路，对同一特征的差异作分级区别，就可以看出同类事物之间在典型程度上的差异。用这样的思路，以原生的判断结构为基点，通过判断句的三个主要特征作分析，情况如下。

（1）判断两项词性的典型度，取决于判断项的词性，名词是典型的，谓词不典型，包孕在判断句中的判断结构更不典型，因此，句子分级表现为：①NP+NP。②VP 者+NP。③VP+NP。④NP+VP（非判断结构）。⑤NP+VP（pro.+NP 判断结构）。⑥NP+VP（NP+pro.判断结构）。⑦VP+VP。

在②中，谓词性成分出现在“者”之前就名物化了，有了名词的特点。但③不带“者”的谓词出现在判断句中，就是一个比较大的变化。判断句的后项，可以是谓词性的，但谓词性判断的后项中需要再作区分，⑤⑥是用主谓关系的判断结构形成包孕判断句，变异程度要大于一般谓词性谓语④；而判断结构充当判断后项时（⑤⑥），是由一个代词（pro.）复指主语的，这个代词出现在判断结构的前项与后项也是有差异的。尽管古今判断句的两项都以 NP+NP 为典型，但发生变异的不典型的判断句，对于汉语判断句的发展产生了重要的作用。换个角度说，判断句在这方面典型性的降低，跟判断句的变化具有同步关系，或者说，判断句在这方面典型性的高低直接反映了它的变化程度。

（2）判断句的标记分两个方面：一个是有形的标记，即是否使用"者""也"；另一个是无形的标记，即在判断两项之间是否有一个停顿，句子分级表现为：①……者，……也。②……，……也。③……者，……。④……，……。⑤……也。⑥……。

古今汉语判断句的非常大的一个变化就是判断句旧有标记的消失，不同因素的消退过程反映了判断句的变化历程，值得关注。

（3）判断两项间的中介成分，是一个从无到有的过程，不同的中介成分在不同的发展阶段相继出现在判断句的中间：①无中介成分。②单用副词：非、惟、乃、即，等等。③单用动词：为。④单用代词：此、是，等等。⑤由修饰判断谓语的成分构成的复合成分：非是、乃是、即是，等等。⑥由修饰动词的附加成分构成的复合成分：不是、当是、应是，等等。

判断两项间介入成分的复合化，是判断句发展中的一个转折点。介入成分本由修饰判断谓语的成分构成，后由通常修饰动词的成分构成。那些本来不修饰判断谓语的修饰成分的介入，促使判断句的结构特征跟一般主谓句类同，判断句的结构由两分转向三分。

判断句的发展是动态的，因此，各时期判断句的整体面貌不尽相同。语言变化中的新旧交替和新旧共存使得同一时期的材料中同时出现具有不同特征的语言成分，它们分别反映变化的语言材料中呈现的不同发展倾向。在这一过程中，虽然在整体上是新陈代谢、后起成分取代旧有成分，但并非所有新出现的变化都是未来发展的趋势，也并非所有的旧有特征都会被取代，变化常常会适可而止。

面对这样的复杂变化过程，研究既需要有细节的描写，也需要有宏观的把握。通过对判断句三个方面特征的观察，统计特定材料范围内所有判断句在上述特征中的分布，可以用量化的方式展现出这一时期判断句在不同特征上的分类，定位这一时期判断句的典型特征。比较不同时期判断句在这些特征上的差异，可以清晰地勾勒出判断句的发展轨迹，展示变化的动态。

（原刊《汉语史学报》第十四辑，上海教育出版社 2014 年。人大复印资料 2015 年第 9 期转载）

“上厕所”的来源和它的理据①

一、共时现象的历时追溯

汉语动词“上”“下”在以处所名词作宾语表示位移行为的时候，是很有规则的，在移向空间或心理高位的时候用“上”，反之用“下”。空间位置和心理评价都有相对性，因此，在不同的背景之下，同一个处所名词，有时适用“上”，有时适用“下”。但是，现代汉语口语中“上厕所”一语似乎对这一规则提出了挑战，作为一个心理评价偏低且空间并不显示高位的名词，“厕所”只能“上”，不能“下”。对此，运用认知语言学的研究方法和思路，有学者提出了解释。刘国辉②认为，说“上厕所”是因为过去厕所在屋外，“上”表示由内向外的移动，杨子和王雪明③则认为“上”并不表示位移，而是表示实施行为的意义，“厕所”也不是表处所，而是一个事件。这些分析，都立足于共时的层面对这一现象展开分析，给人不少启发。不过，这些推导分析的客观性和真实性有待验证。

通常，我们在说话的时候，有一个组词成句的过程，但是，这一过程并非总是从词开始的，很多时候，我们采用固定组合来直接构句。这种固定组合是前人语言经验凝固的结果，对于这种由历史积淀造成的组合，仅从现代层面的组词成句来作观察是不够的。“上厕所”是一个历史造成的固定组合，需要从历史角度才能弄清它的真实来历。

---

① 本文承匿名专家指教，增色不少，谨志谢忱。文中不妥之处，责任概由作者自负。

② 刘国辉《汉语空间方位词“上”的认知语义构式体系》，《四川外语学院学报》2008 年第 2 期，第 13—17 页。

③ 杨子、王雪明《“上”、“下”动词性组合的不对称性解析——缘何不能说“下厕所”与“上馆子”》，《语言科学》2009 年第 1 期，第 42—47 页。

汉语有着丰富的历史文献，这些历史文献作为语料，保留了大量历史材料，能反映许多现代语言成分的形成，有助于我们考察它们的来源和形成规则。本文运用描写的方法，追溯古代有关“上厕所”这一概念的各种表达形式以及承袭关系，为弄清“上厕所”这一组合的成因作一尝试。

语义场的研究，通常是在共时层面上分析意义有联系的成分。不过，语言是动态的，一个意义的表达，在不同时期不同地域可以有不同的方式，其中有些方式会在一定的时间和地域内共存，形成先后交替、辗转相承的复杂局面，在这种情况下，如果墨守共时规则，就会割裂材料的历史关联，有碍历时关系的梳理。因此，本文认为，历时研究中的语义场分析，可以从泛时的角度，汇集同一语义相关的各种材料，理清其中的承继关系，探寻其成因。

从历史的角度来看，语义近似的成分并不一定有源流关系。词语之间的亲疏，通过语义、结构和构词成分三个不同层面的相似程度表现出来。我们首先通过语义的一致性划定考察的范围，其次通过结构的一致性排除与本话题无关的历史成分，再次通过构词语素的异同来考察这个成分的直接来源。

二、古代排泄义的不同表达类型

“上厕所”一词的理性意义指人的排泄行为，排泄物的污秽和排泄过程的裸露，使这个行为具有不雅和隐私的特点，需要避忌。因此，在表达中，排泄行为虽然可用直白的动词，比如“溲、屎、尿、屙”（标记为 A 组）等，但人们通常用其他动词来委婉地表示，如“下、后、泄、泻、拉、撒”（标记为 B 组）等。不过，久用之后，B 组动词就失去隐晦的色彩，跟 A 组混同。

在更为委婉的表达中，人们联系跟排泄有关的行为或感受，采用隐缺的方法，隐去表示排泄意义的词语，而采用表示排泄前后的行为或感受的词语作间接表达。比如从排泄后的感受出发，用“便、利、便利、方便、解手”“大便、小便、大小便”（标记为 C 组）等原本有方便、舒适意义的词，或者，采用排泄前后的动作来代替这个动作。用来代称排泄行为的相关动作中，有的动作具有非位移的特点，比如“更衣（原意：换衣服，解衣束衣）、净手（原意：洗手）”（标记为 D 组）等，另一类动作则是以处所为背景，具有位移的特点，比如“如厕、登东、上毛厮”（标记为 E 组）等。

在上述各语义相关的表达手段中，A、B、C、D 组各词语在结构上跟“上厕所”没有明显的联系，只有 E 组跟“上厕所”一样，是“V+N 处所”的组合。

三、历代跟“上厕所”有关的表达方式

对表排泄义的“V+N 处所”组合的考察涉及两个方面，一个是 V 的使用情况，另一个是 N 处所的使用情况。

六朝以前，表示处所的 N 有“厕、圂、溷、圊、轩”等，其中“厕”是基本用词，经常跟一些动词（V）连用，如“如、于、入、奏、之、在、凑”等，表示排泄行为，例如：

[1] 将食，张，如厕，陷而卒。(《左传·成公十年》。清代吴浩《十三经疑义》卷四：“‘陷’字与上‘张’字对。将食而腹张，故如厕。如厕而张者陷，陷即卒。”)

[2] 乃变名姓为刑人，入宫涂厕，中挟匕首，欲以刺襄子。襄子如厕，心动，执问涂厕之刑人，则豫让。(《史记·刺客列传》)

[3] 至春，竖奉剑从王之厕，王去，竖后，王令人召之，即仆于厕，呕血死。(《史记·扁鹊仓公列传》)

[4] （郅都）尝从入上林，贾姬在厕，野彘入厕，上目都，都不行。(《汉书·酷吏传·郅都》,《史记》作“贾姬如厕”。)

[5] 明旦，上未起，何罗亡何从外入。日磾奏厕，心动，立入坐内户下。(《汉书·金日磾传》。颜师古注：“奏，向也。日磾方向厕而心动。”)

[6] 彭城夫人夜之厕，虿螫其手，呻呼无赖。(《三国志·魏志·方技传》)

[7] 王机时为广州刺史，入厕，忽见二人著乌衣，与机相捍。(唐代房玄龄《晋书·艺术传·鲍靓》)

[8] 彝后因醉诣璞，正逢在厕，掩而观之。(唐代房玄龄《晋书·郭璞传》)

[9] 会腹胀，起凑厕，所持古剑，可以辟恶。厕毕，取裹剑纸，忽见剑光粲然，执之欲回，不复见室宇人物。(宋代李昉等《太平广记》卷三百三十三引唐代戴孚《广异记·裴徽》)

其中“如厕”一语使用最广泛，明清以下文献中还时常可见，它主要用来代指排泄行为，也可以用它的原义，只表示前往而不涉及排泄，例如：

[10] (韩)馥自怀猜惧，辞绍索去，往依张邈。后绍遣使诣邈，有所计议，因共耳语。馥时在坐，谓见图谋，无何，如厕自杀。(《后汉书·袁绍传》。李贤注引《九州岛春秋》：“至厕，因以书刀自杀。”)

[11] 尝诣石崇家，如厕，见有绛纹帐，裀褥甚丽，两婢持香囊。寔便退，笑谓崇曰：“误入卿内。”崇曰：“是厕耳。”寔曰：“贫士未尝得此。”乃更如他厕。(唐代房玄龄《晋书·刘寔传》)

跟“厕”组合的动词，“如、之、入、奏”都有前往义，“在”有处在义。入厕和排泄两个行为先后相承，并有手段-目的关系，用表示手段的前往某处、处在某处，代指在该处的目的行为“排泄”，完成委婉的表达。

唐宋以后，动词“上”和“登”进入“V+N 处所”结构，它们最初都与“厕”组合，例如：

[12] 刘季和性爱香。直宫，尝上厕，过香炉上。(唐代徐坚《初学记》卷二十五引晋代习凿齿《襄阳记》)

[13] 建德民虞敬上厕，辄有一人授草手内与之，不睹其形，如此非一。(宋代李昉《太平御览》卷一百八十六引《幽明录》)

[14] 王敦为驸马，如厕，左右侍者甚众，敦乃脱衣裸体而登厕，无羞

愧色。（唐代李亢《独异志》卷上）

[15] 庾亮镇荆州。亮登厕，忽见厕中一物。（宋代李昉等《太平广记》卷三百二十一引《甄异录·庾亮》）

[16] 元和中，内侍刘希昂将遇祸。家人上厕，忽闻厕中云："即来，且从容。"（宋代李昉等《太平广记》卷三百七十三引《博异志·刘希昂》）

[17] 钱思公虽生长富贵，而少所嗜好。在西洛时，尝语僚属言："平生惟好读书，坐则读经史，卧则读小说，上厕则阅小辞，盖未尝顷刻释卷也。"（宋代欧阳修《归田录》卷二）

[18] 其一僧遗袈裟、笠子而去。行茶者至，众皆以为圣僧罗汉，争分袈裟、笠子无孑遗者。顷之，僧还，乃登厕来。（宋代范镇《东斋记事》卷四）

[19] 洎罢就寝，抽身潜起。妻谓其登厕耳。（宋代洪范《夷坚志·夷坚丙志》卷十五）

唐宋时期这方面的用例不多，部分用例还涉及六朝。不过有关六朝的文献都是唐宋时写定或转录，因此仍暂定为唐宋用语。

似乎可以认为现代汉语中的"上厕所"即"上厕"的词汇复音化的变体（"厕所"替换了"厕"），"上厕"跟"如厕"相承，表示前往义。但是，当时取代"如"的还有"登"，怎么解释表上移义的"登"跟"上"的同义关系？在作更全面的了解之前，不能定论。

元明以下，表排泄的"V+N 处所"组合中，"登"和"上"成为主要动词，跟它们组合的名词也有了变化，多是"厕"的变体，比如"东厕（东厮、东司）、东、茅厕（茅厮、毛厮、毛司、毛厕）、茅房（毛房）、茅坑（毛坑）、厕坑、坑厕、坑"等，例如：

[20] 你偏不知我的性儿，上茅厕去也骑马哩。（明代臧懋循《元曲选·东堂老劝破家子弟》楔子）

[21] 只听得张世开高叫道："小厮，点灯照我往后面去登东厕。"（《水浒传》第一百零三回）

[22] 荆公见屋傍[旁]有个坑厕，讨一张毛纸，走去登东。（《警世通

言》卷四）

[23] 原来支成登东厮去了。……且说支成上了东厮转来……却不见了李勉。(《醒世恒言》卷三十）

[24] 来至平望，日已落山，大家香舡都联做一帮歇了。舡中内眷都捉队儿上岸，上茅厮中方便。(明代陆人龙《型世言》第十回）

[25] 小人早间上东厕，拾得一饭篮，并无别物。(孙高亮《于少保萃忠传》第十一回）

[26] 弗躲，登坑去了。(清代华广生《白雪遗音·玉蜻蜓·游庵》)

[27] 疑是在后院上毛厮，走去一看，也没有。(清代曹去晶《姑妄言》第七回）

[28] 纪逢春说：“石大哥，我上茅房出恭，你要不要跟我蹲着去。”（清代贪梦道人《彭公案》第一百五十二回）

[29] 见人家上毛厕就屁股痒痒,知道坐得下坐不下呢?(清代郭则《红楼春梦》第五十回）

[30] 一裁缝上厕坑，以尺插墙上，便完忘记而去。随有一满洲人登厕，偶见尺，将腰刀挂在上面。(清代游戏主人《笑林广记·要尺》)

[31] 见一个挑夫，将空担靠在一个墙上，向别个铺家讨了一张手纸，上毛房去了。(清代丁秉仁《瑶华传》第四十一回）

[32] 家人说：“和尚上哪去？”和尚说：“我上毛坑。”（清代郭小亭《济公全传》第三十三回）

其中，“N 处所”发生了变化。在先秦时期，“N 处所”表示一种建筑，用“厕”这个词。但是，后来的“N 处所”有的仍是建筑性的，如“茅房”；有的却是器物性的，如“坑”。与之相应，有些“N 处所”似乎介于两可之间，比如原来常用的“厕”，既可理解为一座建筑物，也可理解为容纳粪便的便器。建筑跟便器与人的关系是有区别的，作为使用者，人能进入建筑，但不能进入便器，二者的词义差别，直接影响它们对动词和动词意义的选择。

四、“上”的使用分析

汉语位移动词“上”“下”跟处所词组合，选配的依据有两个：一个是空间的，由低向高用“上”，反之用“下”；另一个是心理的，由卑向尊用“上”，反之用“下”。同一事物，立足于不同的对比位置，可以有不同的表达，比如，从重庆到武汉是“下”，而从南京到武汉是“上”；从深圳到广州应该用“上”，但从北京到广州则用“下”。前者取决于空间的高下，后者受心理和地理学中以北为上、以南为下的认知习惯等影响。同一事物，所取角度不同，“上”“下”的使用也不同，比如做饭，可以说“下厨”，也可以说“上灶”。立足于心理评价，传统文化中厨事属于奴仆婢妾的职分，因此说“下厨”；而立足于空间比较，灶台居高位，就说“上灶”。表达的基点和角度不同，造成了表达的分歧。在心理上不可能居高位的“厕所”，只用“上”不用“下”，是否跟它的空间特征有关？一些古人的用例可以帮助我们解答这个疑团。

（1）“上”可以跟“马桶、净桶”组合，例如：

[33] 丫鬟不知，只说果然要上马桶，就把他送到方便之处，自己走出门来。（清代李渔《连城壁》卷七）

[34] 浣芳上过净桶，尚不即睡，望着玉甫，如有所思。（清代韩邦庆《海上花列传》第三十五回）

（2）“上马桶”的“上”跟空间位置有关，表示移向空间高位，例如：

[35] 捱到自家门首，肚疼不可忍，跳下轿来，走入里面，径奔楼上。坐在马桶上，疼一阵，撒一阵，撒出来都是血水。（《喻世明言》卷三）

（3）从有些叙述来看，“上厕”也表示移向空间高位，例如：

[36] 一日挑了油担出门，中途因里急，走上茅厕大解。（《喻世明言》卷二）

[37] 任珪却去东厕里净手……只因来上厕，争些儿死于非命。……任珪刚跨上东厕，被周得劈头揪住，叫道：“有贼！”（《喻世明言》卷三十八）

[38] 三人正欲安寝，郑恩只觉得一阵肚痛起来，要去出恭。慌忙出了房门，寻往后面天井中去，见有茅厕在旁，登上去解。（清代吴璿《飞龙全传》第九回）

[39] 只见他哼哼的走到后面，找着厕所，方欲上去。（清代吴趼人《痛史》第六回）

“上”的这个用法，跟厕所整个建筑的空间位置无关，而跟厕所内部的形制有关。唐宋厕所中，出现了积蓄粪便的大坑，例如：

[40]常监饮药酒，服地黄太多，因腹疾，夜起如厕，弟子不知。被一黑物推之，陷于厕中。叫呼良久，弟子方来，自颈已下，悉被沾污。（宋代李昉等《太平广记》卷八十四引《逸史·宋师儒》）

[41] 一日，走到坑厕上屙屎，只见壁上挂着一个包裹……乃是二十多包银子……“此必有人家干甚紧事，带了来用，因为登东司，挂在壁间，失下了的……。”左思右想，带了这个包裹，不敢走离坑厕，沉吟到将晚，不见人来。放心不下，取了一条草荐，竟在坑板上铺了，把包裹塞在头底下，睡了一夜。明日绝早，只见一个人头蓬眼肿，走到坑中来。见有人在里头，看一看壁间，吃了一惊道：“东西已不见了，如何回去得？”将头去坑墙上乱撞。兴儿慌忙止他道：“不要性急！有甚话，且与我说个明白。”那个人道：“主人托俺将着银子到京中做事，昨日偶因登厕，寻个竹钉，挂在壁上。已后登厕已完，竟自去了，忘记取了包裹。而今主人的事既做不得，银子又无了，怎好白手回去见他？”（《初刻拍案惊奇》卷二十一）

常监跌入粪坑“自颈已下悉被沾污”，兴儿（郑兴儿）能在坑板上睡觉，可见唐宋时出现了又大又深的粪坑。而先秦时期的厕所，情况不同，例如：

[42] 雎佯死，即卷以箦，置厕中。宾客饮者醉，更溺雎。故僇辱以惩

后，令无妄言者。(《史记·范雎蔡泽列传》)

范雎被置厕中，虽沾污秽，却没有没顶之灾，可见当时厕中没有大坑。[①]厕坑使用，是在坑（或是大缸）上架一木架支撑人体，使用时要有登上的动作，因此，出现了“上厕、登厕”一类的说法。从语料来看，厕中大坑出现的时代，跟“登、上”的使用相应，稍后，“坑”也成为厕所的别名，面对这个“坑”，“下”表示跌落进去，自然不宜。

五、“上厕所”的形成分析

处所和依附物（行为者）的关系，可以有两种，一种是容纳关系，一种是相邻或对照关系。容纳关系，以周边为界，强调范围的内和外；相邻对照关系，以本身或本身的表面为参照，强调相对位置。不同的取向，表达的意义不同。比如，“水中”既可以和“水下”同义，也可以跟“水上”同义，因为“水中”表示容纳关系，边界以上下为限，就跟对照义的“水下”（水面之下）同义，如果它的边界以前后左右为限，就与对照义的“水上”（水面之上）同义。另一方面，同一个形式也可能有不同的意义。比如都是“手上”，“手上沾了泥土”中的“手上”是相邻对照的，指手的表面；“手上拿着书”中的“手上”是容纳性的，表示“书”在“手”的控制之内。

早期的“$N_{处所}$（厕）”是一建筑性质的处所（房子），具有容纳关系，因此“V”采用了前往、滞留义的动词，如“如、之、奏、入、在”等，表示进入或停留在厕内（使用厕所）。唐宋以后“$N_{处所}$”发生了变化，既指房子，也指厕坑，而在指厕坑的时候，它是相邻性的，即行为对象并不进入厕坑，而是处在厕坑之上（使用厕所），这就影响了对动词的选择，原来水平位

---

① 例4贾姬在厕中遭遇野猪，大约是因为野猪觅食。作者早年亲见，一些家畜，如狗、猪都有吃人的粪便的习性。这一情况，在古代词汇中也有反映。现代词典中，“圂”字一般分列两个义项：猪圈、厕所，其实它们是同一处所，杨树达《积微居小学金石论丛·释圂》（上海古籍出版社，2007 年，第 34 页）：“按豕在囗中得为厕者，《晋语》云：‘少溲于豕牢而得文王’，知古人豕牢本兼厕清之用。故《韦昭》云：‘豕牢，厕也，’是也。”后来因农业需要，才有存蓄粪便作肥料的粪坑出现。

移的动词"如"被向上位移的动词"上、登"所取代，出现了不等义替换。

问题的复杂性在于"N 处所（厕）"。在表达中，"厕"新增的厕坑义不仅促成了动词的更换，它本身也由这两个意义分化出"东厕、茅厕、茅房"（房子）与"茅坑、厕坑、坑"（厕坑）两组形式，但字面上的区别并没有贯彻到语用中，这两组词的使用出现了混用。非容纳性的"坑"在后来的使用中，也能表示房子，出现了例[41]"走到坑厕""将头去坑墙上乱撞"这样的表述；而在字面上明确表示房子的"茅房"等也可以理解为厕坑的，"上茅房"并不是登上房顶而是登上其中的厕坑。容纳与相邻这两种关系在表达形式上的混同，加上"上"本身的原因，使"V"的向上意义淡化，以致它们的合理性受到怀疑。比如具有明确向上义的"登"，在"登坑"一语中被俗写作音近的"蹲坑"，以求表意明确。

这一过程可表述如下：

（1）受厕所形制变化的影响（出现蓄粪大坑），"V+N 处所"中"N 处所（厕）"分化出相容关系的建筑义（房子）和相邻关系的器物义（粪坑）。

（2）由于使用厕所行为的变化，含有上移义的动词"登、上"替换了平移义的"如"，跟"厕"组合。尽管动词发生变化，但"登厕、上厕"与"如厕"仍保持同义关系，表示排泄行为。就本身的意义而言，"如厕"跟"登厕、上厕"有别，但二者在表义上也有共同点，早先"如厕"是跟排泄紧邻的行为，厕所形制变化之后，在"如厕"跟排泄之间，加上了一个"登厕"行为，排泄行为的紧邻关系不再是"如厕"，而是"登厕、上厕"了，替换性的变化随之发生。

（3）"厕（N 处所）"的意义分化引起词形变化，新词形从构词语素分析，有的表房子（东厕、茅房、茅厕），有的表粪坑（坑、厕坑、茅坑）。

（4）"厕"的新词形都跟"厕"有密切的关系，因而受"厕"的影响，在使用中混同，表房子的"东厕、茅房、茅厕"都可以跟"上"组合。

（5）"上"表示移向空间高位和心理高位，包括一些空间位置不高、心理评价高的处所，不过，"上"在表示这类处所时，失去了在空间向上的特征，被混同于一般位移。因此导致本来与上移的"登（厕）"同义的"上（厕）"，在重新分析中跟平移的"如（厕）"混同。这就造成了"上"在使用中的两个不同趋向：强调上移义，通过词汇替换，可以跟“马桶、净桶”组合；也可忽略它的上移义，表示前往义，则出现了例[24]“上茅厮中方便”，例[32]用“上毛坑”回答“上哪去”。

这里，存在两两交叉的四组同义关系：动词“上—登”（上移）与“上—如”（平移），名词“厕—茅房”（房子）与“厕—坑”（粪坑）。它们之间的组配，本来是界限分明的，“上”本来跟“登”同义，跟相邻性的“坑”组合；但在重新分析中，被当作“如”的同义词，也可以跟容纳性的建筑名词组合。“厕”分化出的两个意义采用了不同的新词形，这本来可以强化上移行为与平移行为之间的区别，但这些新词又因为跟“厕”的同义关系相互混同，反而混淆了动词的行为特征，最后湮没了“上”的“登上”意义。

六、余　论

从共时的角度来看，现代汉语中存在着不少违背规则的例外情况，但是，追溯历史可以发现，这些例外往往是在某种情况下通例的表现。通过各种词义演变手段造成的间接表意，使得构词语素的意义跟词的实际意义不一致，词内成分可分析性减弱；时间的阻隔又使这种整体认读的词汇成分造词理据被淡忘；类推作用下词汇系统自身的调整变化（自系统性），使这类词汇成分离开了其在原系统中的位置，依附于其他类别，成为其中的例外。位移义的“如厕”“上厕”等通过隐缺性间接表意被用来表示排泄，这种隐缺，是在一个习惯性的系列表达中，隐去要表达内容的表达形式，采用前后相关的表达形式，来表达自己想要表达的意思①。本来是“如厕/上厕—排泄—净手”这么一个连续行为，可以隐去“排泄”这个形式，而采用“如厕/上厕”或“净手”这样的相关形式，去掉它们自身原来蕴含的意义，而表达“排泄”的意义，使“如厕”这样的词组凝合为词。这种整体化后的词义来

① 俞理明《汉语词汇中的非理复合词——一种特殊的词汇结构类型：既非单纯词又非合成词》，《四川大学学报（哲学社会科学版）》2003年第4期，第86—91页。

自于词外被隐去的相邻成分，不能从呈现形式的构词语素直接推得，造词理据模糊了。在类推关系中，空间的上移义淡化了的"上厕"被归入移向心理高位的类别（比如"上街""上县城"），跟"厕"在语义上的低位形成冲突，成为这个系统中的例外。这样的词汇成分，如果从它们真正的来源来看，其实并不属于例外，例外的感觉，来自于对它们来源的错误解释，以及分析中系统关系错位（把空间位移当作心理位移）造成的不当归类。

（原刊《语言科学》2010年第2期）

主要参考文献①

[苏联] 阿热戈夫《词汇与基本词汇的问题》，王鋆译，《科学通报》1952年第7期，第453—454页。
毕继万《“老外”一词还是慎用为好》，《语文建设》2000年第11期，第35页。
曹炜《现代汉语词义学》，学林出版社，2001年。
曹炜《现代汉语词汇研究》，北京大学出版社，2003年。
（宋）陈彭年《钜宋广韵》，影印本，上海古籍出版社，1983年。
陈望道《修辞学发凡》，大江书铺，1932年。
陈望道《修辞学发凡》，新一版，上海人民出版社，1976年。
陈月明《现代汉语亲属称谓系统以及文化印记》，《汉语学习》1990年第5期，第57—60页。
程湘清《先秦双音词研究》，载程湘清主编《先秦汉语研究》，山东教育出版社，1992年，第45—113页。
崔山《谈汉语亲属称谓的社会称呼法》，《汉语学习》1990年第1期，第35—37页。
《当代中国》丛书编辑部编辑《当代中国的农作物业》，中国社会科学出版社，1988年。
段开琏《中国民间方言词典》，南海出版公司，1994年。
（清）段玉裁注《说文解字注》，凤凰出版社，2007年。
（清）段玉裁注《说文解字注》，中华书局，2013年。
方龄贵《元明戏曲中的蒙古语》，汉语大词典出版社，1991年。
方一新《东汉魏晋南北朝史书词语笺释》，黄山书社，1997年。
冯胜利《上古汉语轻动词的句法分析优于词法加缀说例证》，载何志华、冯胜利主编《承继与拓新：汉语言文字研究》下卷，商务印书馆（香港）有限公司，2014年，第233—

① 主要参考文献中外国人名中译名只保留姓。

257页。
符淮青《现代汉语词汇》，北京大学出版社，1985年。
高名凯、石安石主编《语言学概论》，中华书局，1963年。
高守纲《关于词类活用问题的再认识》，《古汉语研究》1991年第4期，第51—56页。
龚千炎《中国语法学史稿》，语文出版社，1987年。
（南朝梁）顾野王《宋本玉篇》，宋人重修影印本，北京市中国书店，1983年。
郭在贻《训诂学》，湖南人民出版社，1986年。
[英] 哈特曼、[英] 斯托克《语言与语言学词典》，黄长著等译，上海辞书出版社，1981年。
汉语大字典编辑委员会编纂《汉语大字典》第1卷，湖北辞书出版社、四川辞书出版社，1986年。
汉语大字典编辑委员会编纂《汉语大字典》第2卷，四川辞书出版社、湖北辞书出版社，1987年。
汉语大字典编辑委员会编纂《汉语大字典》第6卷，湖北辞书出版社、四川辞书出版社，1989年。
何九盈《中国古代语言学史》，河南人民出版社，1985年。
何亚南《〈三国志〉和裴注句法专题研究》，南京师范大学出版社，2001年。
洪成玉《判断词“是”的来源——与王力先生商榷》，《河北师院学报（哲学社会科学版）》1980年第1期，第26—33页。
洪诚《王力〈汉语史稿〉语法部分商榷》，《中国语文》1964年第3期，第173—202页。
洪业、聂崇岐、李书春等编纂《杜诗引得》，影印本，上海古籍出版社，1985年。
胡敕瑞《从隐含到呈现（上）——试论中古词汇的一个本质变化》，载北京大学汉语语言学研究中心《语言学论丛》编委会编《语言学论丛》第三十一辑，商务印书馆，2005年，第1—21页。
黄伯荣、李炜主编《现代汉语》（下册），北京大学出版社，2012年。
黄伯荣、廖序东主编《现代汉语》，第2版，甘肃人民出版社，1981年。
黄伯荣、廖序东主编《现代汉语》（下册），增订4版，高等教育出版社，2007年。
黄尚军《四川方言与民俗》，2版，四川人民出版社，2002年。
黄征《汉语俗语词研究的几个理论问题》，《杭州大学学报》1992年第2期，第45—52页转第30页。
吉常宏《汉语称谓大词典》，河北教育出版社，2001年。
贾彦德《汉语语义学》，第二版，北京大学出版社，1999 年。
江蓝生《禁止词“别”考源》，《语文研究》1991年第1期，第42—47页。
江蓝生《说“措大”》，《语言研究》1995年第1期，第7—11页。
蒋骥骋《俗语源简论》，《古汉语研究》1990年第2期，第12—18页。
蒋绍愚《古汉语词汇纲要》，北京大学出版社，1989年。
蒋绍愚《古汉语词汇纲要》，商务印书馆，2005年。
黎锦熙《新著国语文法》，订正本，商务印书馆，1924年。
黎锦熙《新著国语文法》，修订重排版，商务印书馆，1992年。
李荣《汉语的基本字汇》，《科学通报》1952年第7期，第449—452页。
李志忠《含“二”词语的贬义色彩》，《新疆师范大学学报（哲学社会科学版）》2000年第3期，第83—90页。
林玉山《汉语语法学史》，湖南教育出版社，1983年。
刘国辉《汉语空间方位词“上”的认知语义构式体系》，《四川外语学院学报》2008年第2期，第13—17页。
刘敏芝《“博士”是怎样指称手艺人的》，《中国语文》1999年第6期，第454—455页。
刘叔新《汉语描写词汇学》，商务印书馆，1990年。
[英] 罗宾斯《普通语言学概论》，李振麟、胡伟民译，上海译文出版社，1986年。
罗竹风主编《汉语大词典》第1卷，上海辞书出版社，1986年。
罗竹风主编《汉语大词典》第1—12卷，汉语大词典出版社，1986—1993年。
吕叔湘《语文杂记》，上海教育出版社，1984年。
吕香云《现代汉语语法学方法》，书目文献出版社，1985年。
（清）牟庭《诗切》，齐鲁书社，1983年。
[英] 帕默尔《语言学概论》，李荣等译，商务印书馆，1983年。
（清）平步青《霞外捃屑》，新一版，上海古籍出版社，1982年。
曲彦斌主编《中国秘语行话词典》，书目文献出版社，1994年。
曲彦斌主编《中国民俗语言学》，上海文艺出版社，1996年。
人民教育出版社编辑《汉语知识》，人民教育出版社，1979年。

任福禄《古代汉语“词类活用”说质疑》，《西藏民族学院学报（哲学社会科学版）》1992年第2期，第75—84页。

沈家煊《不对称和标记论》，江西教育出版社，1999年。

史有为《汉语外来词》，增订本，商务印书馆，2013年。

孙常叙《汉语词汇》，重排本，商务印书馆，2006年。

孙良明《中国古代语法学探究》，增订本，商务印书馆，2005年。

孙玄常《汉语语法学简史》，安徽教育出版社，1983年。

[瑞士] 索绪尔《普通语言学教程》，高名凯译，商务印书馆，1980年。

谭代龙《〈马氏文通〉动字静字术语溯源研究综论》，载四川大学汉语史研究所、四川大学中国俗文化研究所编《汉语史研究集刊》第十一辑，巴蜀书社，2008年，第196—210页。

汪维辉《系词“是”发展成熟的时代》，《中国语文》1998年第2期，第133—136页。

王安节、鲍海涛《汉语亲属称谓分类说略》，《吉林师范大学学报（人文社会科学版）》1990年第2期，第93—97页。

王力《古代汉语》，中华书局，1962年。

王力《汉语史稿》，科学出版社，1958年。

王力《汉语史稿》，新一版，中华书局，1980年。

王力《中国语言学史》，山西人民出版社，1981年。

王文虎、张一舟、周家筠编《四川方言词典》，四川人民出版社，1987年。

王希杰《论骂人话》，《赤峰学院学报（汉文哲学社会科学版）》1990年第4期，第46—51页。

吴金华《〈三国志〉双音节雅言词散论》，《古汉语研究》2007年第2期，第2—9页。

伍铁平《词义的感染》，《语文研究》1984年第3期，第57—58页。

伍宗文《“为”的系词性质补议》，载四川大学汉语史研究所编《汉语史研究集刊》第七辑，巴蜀书社，2005年，第31—43页。

肖娅曼《汉语系词“是”的来源与成因研究》，巴蜀书社，2006年。

肖娅曼《系词“是”论争的再回顾及其他》，载四川大学汉语史研究所、四川大学中国俗文化研究所编《汉语史研究集刊》第十三辑，巴蜀书社，2010年，第40—55页。

谢晓安《现代汉语的基本词汇——和孙常叙先生讨论基本词汇的特点本质》，《人文杂志》1958年第1期，第48—52页。
向熹编著《简明汉语史》（上），高等教育出版社，1993年。
向熹《简明汉语史》，修订本，商务印书馆，2010年。
解植永《中古汉语“是”字后置式判断句的来源》，载四川大学汉语史研究所编《汉语史研究集刊》第九辑，巴蜀书社，2006年，第34—47页。
徐时仪《古白话词汇研究论稿》，上海教育出版社，2000年。
徐通锵《基础语言学教程》，北京大学出版社，2001年。
徐宗才《俗语》，商务印书馆，1999年。
颜森《高安（老屋周家）方言词汇（二）》，《方言》1982年第2期，第156—160页。
杨军《古代汉语“名词用如动词”的提法应当否定——兼论简单兼类词与复杂兼类词》，《陕西理工大学学报（社会科学版）》1987年第3期，第46—52页。
杨军《古代汉语“隐型兼语”初探——关于名词的分化与演化现象》，《新疆师范大学学报（哲学社会科学版）》1983年第2期，第62—66页。
杨子、王雪明《“上”、“下”动词性组合的不对称性解析——缘何不能说“下厕所”与“上馆子”》，《语言科学》2009年第1期，第42—47页。
姚美玲、郭芹纳《释“水手”》，《古汉语研究》2000年第3期，第51—52页。
俞理明《汉魏六朝佛经在汉语研究中的价值》，《四川大学学报（哲学社会科学版）》1987年第4期，第57—60页。
俞理明《词语缩略中的任意性基础和约定作用》，《语文建设》1999年第6期，第8—12页。
俞理明《汉语词汇中的非理复合词——一种特殊的词汇结构类型：既非单纯词又非合成词》，《四川大学学报（哲学社会科学版）》2003年第4期，第86—91页。
俞理明《词语缩略的界定及其理论诠释》，《四川大学学报（哲学社会科学版）》2000年第2期，第124—128页。
俞理明《说“郎”》，《中国语文》1999年第6期，第445—447页。
俞理明、顾满林《东汉佛道文献词汇新质的表义分析》，载四川大学汉语史研究所、四川大学中国俗文化研究所编《汉语史研究集刊》第十五辑，巴蜀书社，2012年，第19—31页。
俞理明、顾满林《东汉佛道文献词汇新质研究》，商务印书馆，2013年。

俞理明、谭代龙《共时材料中的历时分析——从〈根本说一切有部毗奈耶破僧事〉看汉语词汇的发展》，《四川大学学报（哲学社会科学版）》2004年第5期，第66—71页。
张博《组合同化：词义衍生的一种途径》，《中国语文》1999年第2期，129—136页。
张伯江《词类活用的功能解释》，《中国语文》1994年第5期，第339—346页。
张家文《古汉语名词活用说的再认识》，《古汉语研究》1999年第3期，第7—11页。
张静、张桁《古今汉语比较语法》，河南人民出版社，1964年。
张联荣编著《古汉语词义论》，北京大学出版社，2000年。
张谊生《现代汉语副词研究》，学林出版社，2000年。
张永言《词汇学简论》，华中工学院出版社，1982 年。
张志毅、张庆云《词汇语义学》，商务印书馆，2001年。
张志毅、张庆云《词汇语义学》，修订本，商务印书馆，2005 年。
（清）赵翼《陔余丛考》，排印本，商务印书馆，1957年。
赵元任《汉语口语语法》，吕叔湘译，商务印书馆，1979年。
赵振铎《中国语言学史》，河北教育出版社，2000年。
郑奠、麦梅翘编《古汉语语法学资料汇编》，中华书局，1964年。
周一民《〈北京方言词典〉订正》，《方言》1989年第1期，第75—77页。
朱德熙《自指和转指：汉语名词化标记“的、者、所、之”的语法功能和语义功能》，《方言》1983年第1期，第16—31页。
朱庆之《佛典与中古汉语词汇研究》，文津出版社，1992年。
朱晓文《称谓语的多角度研究》，《修辞学习》2005年第4期，第72—74页。